Heinrich Preschers

Europäische Annalen

Jahrgang 1797. Band 3

Heinrich Preschers

Europäische Annalen
Jahrgang 1797. Band 3

ISBN/EAN: 9783744703314

Hergestellt in Europa, USA, Kanada, Australien, Japan

Cover: Foto ©ninafisch / pixelio.de

Weitere Bücher finden Sie auf **www.hansebooks.com**

Europäische Annalen

Jahrgang 1797.

Dritter Band

von

D. Ernst Ludwig Posselt.

Tübingen
in der J. G. Cottaischen Buchhandlung
1797.

I.

Neueste KriegsGeschichte.

3.

Ohngefähr zu gleicher Zeit, da zwischen dem Erzherzog Karl und dem General Buonaparte der WaffenStillstand zu Stande gekommen war, dringen, hievon noch nicht benachrichtigt, auf den beiden Flanken der fränkischen Armee, rechts der Obrist Casimir über Fiume und Triest, links der General Loudon über Bötzen und Trient an der Etsch hinauf vor. Die Fortschritte dieses leztern werden das Signal zum Ausbruche eines VolksAufstands gegen die Franken auf dem ganzen festen Lande der Republik Venedig. Gefechte bei Salo. Einschliesung und Belagerung der Franken in den Castellen von Verona. Die Generale Kilmaine und Victor ziehen schnell alles, was von fränkischen Truppen in der Lombardei und in Romagna liegt, zusammen, marschiren gegen Verona, und nehmen es wieder; während General Buonaparte, nach geschlossenen FriedensPräliminarien mit Oestreich, nun selbst auch mit der fränkischen HauptArmee aus Teutschland nach Italien zurükzieht. Das ganze Gebiete der Republik Venedig ist izt von fränkischen Truppen überschwemmt. Revolution, wodurch die (fünf volle Jahrhunderte hindurch aristokratische) StaatsForm dieser Republik zur Demokratie umgeschaffen wird. Die HauptStadt Venedig selbst wird ohne SchwerdtSchlag von den Franken besezt.

(Epoche von der ersten Hälfte des Aprils bis in die Mitte des Mai.)

———

Der grose Zwek der fränkischen Regierung bei Eröfnung des Feldzuges von 1797 war, den furchtbarsten Feind, den sie bis dahin auf dem festen Lande zu bekämpfen hatte — Oestreich — zum Frieden zu zwingen. Der zerrüttete Zustand ihrer Finanzen machte ihr dis zur gebieterischen Nothwendigkeit; denn obgleich im innern Frankreich, durch die unermeßlichen Zuflüsse, die es aus so vielen eroberten Ländern zog, die UmlaufSumme des baaren Geldes izt unstreitig grösser ist, als sie vor dem Kriege war, so sind es doch nur Einzelne, die sich während des allgemeinen Unglücks Schäze gehäuft haben: die Kassen des Staats selbst waren fast zu keiner Epoche so erschöpft. Bei den ungeheuren Ausgaben, welche die Regierung bestreiten müste, waren die Millionen, welche Moreau und Jourdan aus Teutschland, Buonaparte aus Italien in den NationalSchaz abgeschikt hatten, fast schon im Augenblicke ihrer Ankunft wieder verschwunden; schon seit einigen Monden konnte man nicht einmal den öffentlichen Beamten mehr ihren Gehalt auszahlen. Das vor wenigen Jahren so allmächtige Werkzeug der PapierGeld=Fabrication war nun ein für allemal vernichtet: lange schon waren die Mandaten in gleiches Grab mit den Assignaten versunken; kaum hatten sie, selbst in ihrer ersten Entstehung, noch so viel Werth behauptet, als gerade nöthig war, um den Feldzug von 1796 wenigstens eröfnen zu können. Um sich aus ihrer Verlegenheit zu reissen, hatte die Regierung zu

Ende des Jahres 1796 eine Bank nach Art der englischen zu errichten gesucht; aber eine deßhalb nach Paris berufene Versammlung der einsichtsvollsten Handelsleute Frankreichs hatte geradezu erklärt, daß die Nation, durch die bisherigen Erfahrungen geschrekt, jedem neuen Papier Gelde, unter welcher Form man es ihr auch bieten möchte, ein unbezwingbares Mistrauen entgegensezen würde; und die Zeit war izt nicht mehr, da man demselben, wie unter Robespierre, Credit hätte erdrohen können. Was wollten nun aber die öffentlichen Steuern, deren Erhebung noch so unregelmäßig war, und die auswärts eingetriebenen Contributionen, gegen so unermeßliche Bedürfnisse, wie die Fortführung des Krieges sie veranlaßte? Man weiß, wie fürchterlich Ludwig XIV, in den glänzenden Tagen der fränkischen Monarchie, seine Eroberungen in Rüksicht auf die Finanzen nüzte, * und wie er nichts destoweniger durch sein langes WaffenSpiel diese Monarchie an den Rand des Bankerots brachte; zum Beweise, daß auch der glüklichste Krieg das verheerendste Uibel für die Finanzen ist, und zum Aufschluß des Räthsels, wie die fränkische Republik, nachdem sie aus Holland, aus den teutschen Ländern auf beiden Ufern des Rheins und aus den verschiedenen Staaten Italiens so unge-

---

* Welche ungeheure Summen unter andern der Marschall von Villars im Jahre 1707 in Teutschland erpreßte, erhellt daraus, daß er selbst erzählt: „er habe sie in 3 „Theile getheilt: den erstern, um sein Heer zu besolden, „das in diesem Jahre dem Könige keinen Heller „gekostet; den zweiten, um die Billets wieder „einzulösen, welche das Jahr zuvor den Offizieren an „Besoldungsstatt gereicht worden; und den dritten (mit „einem WortSpiele auf sein zum Herzogthum erhöhtes „Schloß Vaur) à engraisseur son veau." Vie du Maréchal, Duc de Villars, ecrits par lui-mems ets. Tom. I.

heure Summen bezogen, zu Anfang des Jahres 1797 doch kein dringenderes Bedürfniß kannte, als durch einen schleunigen Frieden die grose Leere ihrer SchazKammer zuzudeken.

Daher, daß dieser Feldzug schon wieder eröfnet ward, nachdem kaum der vorige sich geendigt hatte; daher die Kühnheit in dem Plane, und die Schnelligkeit in der Ausführung desselben.

Am Schluße des achtzehnten Jahrhunderts, nachdem man, bei unsrer hochverfeinerten Taktik, bei der Vervollkommnung aller Arten von VertheidigungsMitteln die Züge eines Alexander's oder Karl's XII lange schon in die Zahl der Unmöglichkeiten gesezt hatte, wagt es Buonaparte, noch einmal ein SeitenStük dazu zu liefern. Mit alles vor sich hinreissender Schnelligkeit stürzt er sich, um die Mitte des März, über die Piave, den Tagliamento, den Isonzo, bringt über die Italischen und Norischen Alpen in Kärnthen und Steiermark ein, und erscheint, schon in der ersten Hälfte des Aprils, an den Ufern der Mur, 9 Posten von Wien.

Allein obgleich der Erzherzog Karl nur eine sehr schwache Armee gegen ihm über hat, so kan er doch izt, da er im Herzen der östreichischen Monarchie steht, alle Augenblicke Verstärkungen an sich ziehen; und während auf Buonaparte's linken Flanke der Tiroler LandSturm aufbricht, erhebt sich, auf der rechten, die Bevölkerung von ganz Ungarn und Croatien.

Aber um zu Gunsten des kühnen Feldherrn, noch ehe diese Massen sich gegen ihn organisiren können, eine mächtige Diversion zu wirken, ertheilt die fränkische Regierung ihren beiden Armeen am Rhein den Befehl, ohne Aufschub am rechten Ufer dieses Stroms zu erscheinen: der Uibergang wird auch wirklich mit der entschlossensten Kühnheit und mit entschiedenem Glüke von ihnen vollzogen.

Inzwischen hatte General Buonaparte eine Stellung genommen, worinn seine ganze Macht, in eine furchtbare Masse concentrirt, wenn der WaffenStillstand und unmittelbar darauf die FriedensPräliminarien nicht zu Stande gekommen wären, mit Nachdruck hätte fortwirken können, und (dem unermeßlichen Plan gemäs, der im vorjährigen Feldzuge verunglükt war) die baldige Vereinigung mit den Sambre- und Maas- und Rhein- und MoselArmeen hätte hoffen dürfen. Zugleich auf drei Seiten, durch Tirol, durch Kärnthen und durch Krain, war er in die östreichischen ErbStaaten vorgedrungen: er hatte, indem er seine Macht auf diese Art theilte, nicht zu fürchten gehabt, daß er überall zu schwach seyn möchte; denn dis war zugleich die Art, wie die Oestreicher selbst auch ihre Truppen gestellt hatten; überdis hatte er sich genöthigt gesehen, so und nicht anders anzugreifen, um sich einen Rükzug offen zu halten, und sicher zu seyn, stets seine Magazine und Depots deken zu können.

Aber nachdem er, zu Folge einer Reihe von Gefechten, Triest, Görz, Klagenfurth und Brixen in seiner Gewalt, und die Oestreicher, die, um sich wieder zu sammeln und zu verstärken, sich weit hinter die Gebirge zurükgezogen hatten, ihre Bewegung vor ihm verbergen, über seine verschiednen Divisionen herfallen, und sie einzeln schlagen konnten, hütete er sich wohl, seinen linken Flügel in Tirol (unter General Joubert) nach Innspruk, und die Division des rechten Flügels, in Krain, (unter General Bernadotte) nach Istrien vorrüken zu lassen; er vereinigte sie vielmehr insgesammt in Kärnthen, indem er alle seine Depots in Klagenfurth concentrirte. Hierdurch hatte er, statt dreier Communicationen, nur eine zu deken; und statt daß die italienische Armee zuvor eine Linie von 80 Stunden umfaßt hatte, war sie nun auf einem Punkte zusammengedrängt, von wo aus sie zugleich Wien, Ungarn und Baiern bedrohte.

Ein Mann von Talent und Muth, der Obrist Casimir, der an der Spize des Szluiner GränzRegiments an dem Flusse Fiumara stand, nüzte indeß bald die Schwäche der Franken auf den äussersten Punkten ihrer rechten Flanke, und vertrieb sie den 10 April von Fiume, welches sie erst am 4ten in Besiz genommen hatten, und wenige Tage darauf (14 April) auch von Triest, wo er ihnen an Queksilber, Getraide und Gütern aller Art, die sie hier zusammengebracht hatten, noch einen Werth von 2 Millionen entriß, und 2 Kanonen erbeutete; fast zu gleicher Zeit waren, in der Vermuthung, daß Triest noch in fränkischer Gewalt sey, 22 Kisten mit Geld für Buonaparte's Armee in dem dortigen Hafen eingelaufen, die nun in die Hände der Oestreicher fielen. Aber noch am nemlichen Tage kam hier die Nachricht von dem zu Judenburg geschlossenen WaffenStillstand an. Nicht nur wurden dadurch Casimir's weitere Unternehmungen gehemmt, sondern Triest selbst ward nun auch wieder, diesem WaffenStillstand gemäß, auf's neue durch die Franken besezt; alles, was darinn erbeutet worden war, muste wieder an sie zurükgegeben werden.

Aehnliche, nur durch ihre Folgen bedeutendere Ereignisse hatten auf Buonaparte's linker Flanke, in Tirol, statt. Die tapfern Tiroler, ungeduldig ein fremdes Joch zu tragen, hatten sich, während FeldMarschalllieutnant Kerpen, um den Paß von Innsbruk zu deken, in der Stellung von Sterzingen hielt, im WinstGau, bei Meran, zu dem ohngefähr 1200 Mann starken Korps des GeneralMajors Loudon gesammelt. Zur nemlichen Zeit, da Buonaparte den drei Divisionen unter General Joubert den Befehl zugeschikt hatte, sich von Tirol aus durch das DrauThal in Kärnthen an die HauptArmee anzuschliesen, führte Loudon ein Unternehmen auf Bozen aus, wozu er schon seit mehreren Tagen die Vorbereitungen getroffen hatte. Mit seinem durch etwa 10,000 Mann vom LandSturme verstärkten

Korps grif er die Franken, welche die umliegenden Päſſe beſezt hielten, am 4 April mit ſolchem Erfolg an, daß er noch am nemlichen Abend ſich Meiſter von dieſer Stadt machte. In der Nacht verließen die Franken nun auch Mittewald, verbrannten die beiden Brüken zwiſchen Oberau und Aicha, und zogen ſich in Eile nach dem PuſterThal zurük. FeldMarſchallieutnant Kerpen ließ ihnen nun von Sterzingen aus ſogleich ſeine VorPoſten nachrüken, und brach mit einem Theile ſeines Lagers nach Mauls auf, während GenerMajor Loudon, durch ein gutangebrachtes Manövre, ihnen über Botzen durch den GuntersWeg in den Rüken gekommen war. Durch die auſſerordentlichſtarke, zur Vertheidigung ihres Landes aufgeſtandne Tiroler VolksMaſſe geſchrekt, zogen ſie ſich nun auf das ſchleunigſte aus den von ihnen beſezten Poſten Klauſen und Seeben zurük, wurden mit gleicher Eile auch aus Brixen vertrieben, und ſchlugen ihren gänzlichen Rükzug über das PuſterThal ein, von wo aus ſie ſich durch das DrauThal in Käruthen an ihre HauptArmee anſchloſen.

General Loudon kam nun wieder nach Botzen zurük, und brach, um Tirol vollends ganz von den Franken zu befreien, am 9 April gegen Trient und Roveredo auf. Schon den 12 April waren die Franken nicht nur aus dieſen beiden Städten, ſondern auch aus Torbole und Riva, am GarderSee, vertrieben, und dieſe Orte nun wieder von den Oeſtreichern beſezt worden. Die wenigen Franken, die in dieſen Gegenden geſtanden hatten, zogen ſich mit einem Verluſte von 12 Kanonen und 400 Gefangenen, gegen Rivoli zurük.

Das Vordringen der Oeſtreicher, die von dem mitlerweile zwiſchen den gegenſeitigen HauptArmeen zu Stande gekommenen WaffenStillſtande noch nichts wuſten, bewirkte eine Kataſtrophe, die ſchon an ſich ſelbſt, noch mehr aber durch die Zeit, in welche ſie fiel, und durch

die Folgen, welche sie hatte, allzumerkwürdig ist, um
hier nicht mit voller Ausführlichkeit erzählt zu werden.

Den 15 März hatte sich — wie wir bereits weiter
oben erzählt — die Stadt Bergamo, mit ihrem Ge=
biete, durch eine Revolution von der Regierung von Ve=
nedig losgerissen, und ihren Wunsch erklärt, der neuen
Cisalpinischen Republik einverleibt zu werden.
Ihrem Beispiele war unmittelbar darauf auch Brescia
gefolgt. Diese Floke, die zuerst in den Venetianischen
Provinzen jenseits des Mincio zündete, schlug bald
in ein Feuer auf, welches das ganze feste Land von
Venedig umschlang.

Die Franken, die, wie wir weiter oben erzählt, schon
vor geraumer Zeit die wichtige Position von Bergamo
in Besitz genommen hatten, waren bei der Revolution,
wodurch diese Stadt sich dem Gehorsam der Republik Ve=
nedig entriß, nur leidende Zuschauer geblieben,
ohne auf irgend einer Seite Theil daran zu nehmen: sie
schränkten sich nur darauf ein, die Morde abzuwenden,
welche die revolutionären Bergamotten zu verüben vor=
hatten; namentlich retteten sie dem Podesta Ottolini
das Leben, obgleich dieser seinen Haß gegen die Franken
so weit trieb, daß er nicht nur das Ausreissen der östrei=
chischen Gefangenen in die Schweiz begünstigt, sondern
selbst auch einzelne fränkische Soldaten durch seine Sbirren
auf den Strassen hatte ermorden lassen.

Dieser Agent der Regierung von Venedig war nicht
der einzige, dessen Betragen von entschiedenem Groll gegen
die Franken zeugte. Der Grund davon ist nicht schwer
aufzufinden..... Venedig, einst die Nebenbuhlerin
von Königen und Kaisern, lange die SchiedsRichterin des
Gleichgewichts in Italien, bestand seit einem Jahrhun=
dert nur noch in der Dunkelheit schwacher Staaten fort;
nur das gegenseitige Mistrauen und die politische Eifer=
sucht benachbarter grosen Mächte liesen sie noch vegetiren.
Unter diesen Mächten war Oestreich weit die furcht=

barste für sie: von allen Seiten, nur nicht vom Meere und vom Po her, war sie durch die Besizungen dieser kolossalen Macht eingeschlossen, deren Antheil von Istrien und dem Friaul, so wie Krain, Kärnthen, Tirol, Mailand und Mantua, $3\frac{1}{2}$ Viertel der Gränzen von Venedig ausmachten. Und wenn diese Republik schon durch ihre topographische Lage in Abhängigkeit von jener Macht gesezt ward, so ward sie es noch weit mehr durch den wehrlosen Zustand ihres Gebietes: ihre Besizungen auf dem festen Lande sind blos hin und her mit alten, unhaltbaren Nestern, wahren Ruinen aus dem Mittel-Alter besät, die man Schlösser oder Castelle nennt, die im Grunde aber nichts als ruhige AufenthaltsOrte für einen Podesta oder Castelano waren. Das Daseyn der Republik Venedig hieng daher lediglich von der Mäsigung des Wiener Hofes und der Gunst der Conjuncturen ab. Sie selbst fühlte dis; aber in dem Zustande von Schwäche, worinn sie versunken war, begnügte sie sich damit, ihren Sturz weiter hinaus zu schieben: alle ihre übrigen Gesandtschaften sah sie für ParadeSpiel an; nur die am WienerHofe allein betrachtete sie wie den HauptTheil ihrer Politik. *

Wenn in dem jezigen Kriege Genua, vermöge seiner Lage, sich immer mehr auf Frankreichs Seite neigte, so war Venedig, aus gleichem Grunde, immer mehr für Oestreich. Hiezu kam nun noch, seit dem Feldzuge von 1796, der obgleich geheime, doch entschiedene Haß, den die Häupter einer unbedingten ErbAristokratie nothwendig gegen ein Volk hegen musten, welches, durch die Gewalt der Meinungen und seiner Siege, im Herzen von Italien die Keime der demokratischen StaatsForm immer kühner entfaltete, und dadurch alle unpopulären Republiken mit einer nahen Revolution bedrohte. Schon hatten die auf beiden Ufern des Po von

---

* Geheime StaatsPapiere im königl. Pallast der Tuilerien gefunden. A. d. F. B. 1. S. 195 ff.

den Franken ausgestreuten Floken in den Venetianischen
Provinzen jenseits des Mincio gezündet. Auf der einen
Seite, gegen das innere Italien hin, in unmittelbarer
Berührung mit dem revolutionären Vulcan, der hier noch
mit der Heftigkeit des ersten Ausbruchs seine Flammen
ergoß; auf der andern, gegen Teutschland hin, durch
die fränkische Armee unter General Buonaparte von
aller Verbindung mit Oestreich abgerissen, schien der
bisherigen Regierung von Venedig izt keine weitere Aus=
sicht auf ihre Erhaltung mehr übrig, als in sofern General
Buonaparte, der mit solcher Kühnheit bis in's Herz
der östreichischen ErbStaaten vorzudringen gewagt hatte,
irgend einen HauptSchlag leiden würde, in welchem Falle
sie die Gefahren seines Rükzuges auf eine furchtbare Art
hätte vermehren, und ihrer einst so berühmten Politik ei=
nen neuen Triumph verschaffen können.

Gewiß ist's, daß sie schon seit geraumer Zeit mit eben
so viel Heimlichkeit als Eifer sich zu bewafnen gesucht
hatte. Beträchtliche Vorräthe von Gewehren und Kriegs=
Munition waren nach mehreren HauptOrten abgeschikt;
ein starkes Korps regulirter KriegsVölker aus Dalmatien
nach Venedig herüber gezogen worden. Der Vorwand war,
die Bergamotten und Brescianer wieder zum Ge=
horsam zu zwingen, oder doch die weitere Ausbreitung der
an der westlichen Gränze entstandenen Revolution zu hin=
dern: aber den Franken, die nur mit schwachen Besazun=
gen die verschiedenen Castelle des Venetianischen festen
Landes besezt hielten, entgieng der geheime Haß nicht,
der aus dem Betragen der Agenten dieser Republik gegen
sie vorleuchtete; und je mehr diese ihre Rüstungen in
Dunkel zu hüllen suchten, desto reger ward das Mistrauen
von jenen.

Bald fiel ihnen eine Proclamation in die Hände,
die aus Verona vom 22 März datirt, und von dem
ausserordentlichen OberAufseher (Proveditore) des ge=
sammten festen Landes von Venedig, Franz Battaglia

unterzeichnet war.* Durch dieselbe wurden „alle treuen
„Unterthanen der Republik Venedig — da der tolle Eifer
„einiger Räuber, die weder Geseze noch Ordnung wollten,
„das leichtsinnige Volk von Bergamo verführt habe,
„sich gegen seine rechtmäsige Obrigkeit zu empören, und
„eine Horde verruchter Aufrührer in die übrigen Städte
„und Provinzen des Staats auszuspeien, um hier gleich=
„falls das Volk aufzuwiegeln — aufgefodert, gegen diese
„Feinde des Staats in Masse die Waffen zu ergreifen, sie
„zu zerstreuen und zu vertilgen, ohne auch nur Einen da=
„von, selbst wenn er sich gefangen ergäbe, am Leben zu
„lassen. Die Regierung werde ihnen bald Unterstüzung in
„Geld und in regulirten sclavonischen Truppen zuschiken,
„die schon zum Aufbruch bereit seyen. Niemand" — heißt
es darinn zulezt — „darf mehr an dem glüklichen Aus=
„gang dieser Unternehmung zweifeln; denn wir können
„mit Gewißheit versichern, daß die östreichische Armee
„die Franken in Tirol und Friaul eingeschlossen, und
„vollkommen geschlagen hat. Die schwachen Reste dieser
„blutdürstigen und gottlosen Horden, die unter dem Vor=
„wand, ihre Feinde zu bekriegen, das Gebiete der Re=
„publik, die sich stets als aufrichtige Freundin und neu=
„tral betrug, verwüstet, und deren Unterthanen geplün=
„dert haben, sind in vollem Rükzuge, und durchaus un=
„vermögend, den Empörern die Hand zu bieten; ja wir
„erwarten nur den günstigen Augenblik, um ihnen den
„Rükzug, wozu sie gezwungen sind, zu versperren. Wir
„laden überdis die der Republik noch treugebliebenen Ein=
„wohner des Landes Bergamo, so wie die der andern
„Provinzen ein, die Franken aus den gegen alles Recht
„von ihnen besezten Städten und Castellen zu vertreiben."

Sey es, daß diese Proclamation (die vielleicht
absichtlich einen Ton trug, der, indem er auf die Ge=
müther des rohen Volkes wirkte, doch den Franken, wenn
sie in ihre Hände fiel, Zweifel an deren Aechtheit erregen

* S. im nachfolg. Cod. dipl. II, 1.

konnte,) wirklich den Provebitore Battaglia zum Verfasser hatte, oder nur, aus weiter reichenden Planen, erdichtet war — bald hatte sich eine beträchtliche Volks-Rotte in den westwärts vom GarderSee liegenden Thälern und Bergen unter die Waffen gesammelt. Die Regierung von Venedig wollte indeß bei allem, was geschah, fremd scheinen: glükte der Schlag, so konnte sie noch immer aus dem Dunkel hervortreten; mißlang er, so konnte ja Battaglia leicht flüchtig werden, und sie mißbilligte dann laut alle seine Schritte. Der Venetianische Resident Foscarini in Mailand ersuchte inzwischen den fränkischen Commandanten der Lombardei, DivisionsGeneral Kilmaine, daß er jenen Haufen Bewafneter, dessen Absicht sey, in Bergamo die Ordnung wieder herzustellen, darinn nicht hindern möchte; zugleich betheuerte er ihm jedoch, daß solche zu dieser Unternehmung, keineswegs von der Regierung von Venedig einen Auftrag hätten. Kilmaine wieß diß Begehren mit Festigkeit ab, „da die Folgen davon seyn würden, daß „jene Räuber, die sich der Stadt Bergamo bemächtigen „zu wollen vorgäben, um darinn Ordnung wieder „herzustellen, und als erste Probe von ihren Absich„ten bis in das Gebiete der Lombardei hinein „gestohlen und gemordet hätten, wenn sie nur „erst Meister von Bergamo wären, unzählige Morde „darinn begehen, alles Eigenthum verwüsten, die Hilfs„Quellen der fränkischen Besazung aufzehren, ihr alle Le„bensmittel in der obern Stadt und in dem Castell ver„weigern, und sie wahrscheinlich zulezt sowohl jene, als „dieses zu verlassen zwingen würden. Die Regierung „von Venedig, die solche (wie wenigstens Foscarini „ihm sage) in dem jezigen Augenblike nicht authorisirt „habe, werde sie dann eben so wenig dazu authorisiren, „und versichern, daß alles ohne ihren Befehl und „Wissen geschehen sey. Er ersuche ihn daher, da er „nie zugeben werde, daß diese Räuber.Horde sich in Ber-

„gamo festseze, denselben zu bedeuten, daß sie sich nach
„ihren Wohnungen zurükbegeben, sich dort ruhig halten,
„und immerhin ihrer Regierung treu bleiben sollten. Ge=
„wiß werde Er sie nicht davon abwendig machen; aber
„ein für allemal sey es eine höchstseltsame Art, seine
„Treue für eine Regierung durch Stehlen und Mor=
„den zu bethätigen, und er wolle sich gerne überzeugt
„halten, daß die von Venedig weit entfernt sey, ein
„solch bittres Epigramm zu verdienen." *

Nun hatte der fränkische General Balland, der
in Verona kommandirte, wegen eines in der (am west=
lichen Ufer des GarderSees liegenden) Stadt Salo durch
einen fränkischen Freiwilligen begangenen Mordes, eine
kleine TruppenAbtheilung dahin abgeschikt, die bei dem
dortigen StadtRathe nähere Erkundigungen darüber ein=
ziehen sollte, damit man dem Mörder den Prozeß ma=
chen, und dadurch allen Anlaß zu einem Bruche der Neu=
tralität abschneiden könnte. Ohngefähr um die nemliche
Zeit waren auch Revolutionärs von Bergamo und
Brescia in Salo eingetroffen — wie die Franken
behaupten, auf Einladung der Einwohner von
Salo, die sie unter dem Vorwand, daß sie mit ihnen
fraternisiren wollten, dahin lokten; wie die Regie=
rung von Venedig in Umlauf brachte, von freien
Stüken, durch das Verlangen angetrieben, die Revo=
lution auch in diesen Gegenden zu verbreiten. Sie fan=
den Anfangs gute Aufnahme: aber bald fiel man auf sie
her; ein Theil von ihnen ward verwundet; andre wurden
als Gefangene nach Venedig abgeschikt. Die kleine
fränkische TruppenAbtheilung litt gleiches Schiksal; sie
ward getödtet oder gefangen. Denn schon war mitlerweile
ein Korps regulirter Venetianischer Truppen aus Dalma=
tien, unter dem General, Grafen Fioravante, an
den Ufern des GarderSees angekommen.

General Balland foderte deshalb, in einem Schrei=

* S. im nachfolg. Cod. dipl. II, 2.

ben an den Venetianischen Gouverneur in Verona, öffentliche, der Gröse des Verbrechens angemessene Genugthuung. * Zugleich benachrichtigte er den General Buonaparte sowohl von diesem Vorfall, als von andern gehässigen und verdächtigen Bewegungen der Venetianer, z. B. dem Heranzuge ihrer Truppen aus Dalmatien, der geheimen Zufuhr und Vertheilung von Waffen rc., und wieß inzwischen den Commandanten der fränkischen Flottille auf dem GarderSee an, vor Salo zu erscheinen, und die Herausgabe der dort befindlichen fränkischen Soldaten zu fodern. Lezterer führte sogleich (2 April) diesen Auftrag aus; aber auf die Antwort, daß keine fränkischen Soldaten in Salo wären, kehrte er von da wieder zurük. Am folgenden Tage kam ein andrer fränkischer Offizier, um von dem Commandanten in Salo die Zurükgabe von 4 für die fränkische Flottille bestimmten Kanonen zu fodern, die unterwegs von den Bauern dieser Gegenden hinweggenommen worden seyen: er erhielt zur Antwort, daß solches wahrscheinlich durch die Bauern des Thales Sabia geschehen sey, und man sich daher an diese wenden müsse.

Während dieses Hin= und Herhandelns waren die Einwohner von Salo, durch die Venetianischen Besazungen an den Ufern des Sees durch einige sklavonischen Truppen, und eine grose Zahl Bauern aus den Bergen und dem Thale Sabia unterstüzt, mit Kanonen gegen die Stadt Brescia angerükt, um sich derselben mit Gewalt zu bemächtigen: ein Theil von den Einwohnern der Stadt, worinn, wie gewöhnlich, zwei entgegengesezte Parteien herrschten, begünstigte sie; die Venetianischen Truppen hatten in beträchtlicher Zahl ein Lager bei St. Euphemie, eine Stunde von Brescia, bezogen. Den 4 April fiel eine lebhafte Kanonade vor, die aber nichts entschied. Den 5ten erhielten die Venetianer eine Verstärkung an Reiterei, die von Verona her zu ihnen

* S. im nachfolg. Cod. dipl. II, 3.

ließ, auch war ein Schwarm von 10,000 BergBewohnern im Begrif, das Lager von St. Euphemie zu verstärken, als die republikanischen Bergamoten, mit denen sich eine Zahl Lombarden vereinigt hatte, ihnen hierinn zuvorkamen, die Venetianer angriffen, in die Flucht schlugen, und bis an Lonato hin in die Nähe des GarderSees verfolgten: sie rükten nun auch gegen die 10,000 Bauern los, die schon an den Thoren von Brescia angekommen waren, und trieben sie auseinander.

Noch hatten die Franken an diesen blutigen Ereignissen durchaus keinen Theil genommen. Der Marsch einer Colonne unter den Befehlen des GeneralAdjutanten Landrieux war die erste feindliche Bewegung von ihrer Seite: während sie von Brescia aus sich gegen Salo in Marsch sezte, rükte General Lahoz, an der Spize der lombardischen und der polnischen Legion, auf einer andern Strasse gegen diese Stadt an, wohin sich auch eine grose Zahl Revolutionärs von Bergamo und Brescia zogen. Sie fanden ein starkes Korps Sclavonier unter dem General Fioravante gegen sich über, welches Kanonen hatte, und durch die Einwohner von Salo und die Bauern aus den Gebirgen verstärkt war. Die Colonne unter Landrieux zerstreute einen grosen Trupp Empörter bei Rezzate, und brannte einige Häuser ab, aus denen man auf sie geschossen hatte; den 10 April zog sie nach Corsina, welches sie nach einem Gefechte hinwegnahm. General Lahoz hatte inzwischen Bainina besezt, und vereinigte sich mit Landrieux bei Corsina. Beide Colonnen richteten nun ihren Marsch auf Sarezzo, dessen sie sich, nach einer langanhaltenden Kanonade, bemächtigten; die Venetianer verloren dabei einige hundert Mann, 3 Kanonen, eine grose Zahl von Flinten; auch fand man bei ihnen viele Stüke von der Proclamation des Proveditore Battaglia. Am folgenden Tage (11 April) sezte sich das vereinte fränkische lombardische TruppenKorps über Nave gegen Salo in Bewegung.

Während es auf der LandSeite gegen diese Stadt heranzog, hatten schon Tags zuvor (10 April) 2 Chaloupen und 4 grose KanonierBarken von der Flottille auf dem GarderSee, mit ohngefähr 500 Mann am Bord, sich derselben genähert. Diese Schiffe stellten sich vor dem ExerzierPlaze auf, wo einige Venetianische BürgerMilizen unter dem Gewehr standen. Der Commandant der fränkischen Marine lies dem Proveditore Zigogna und dem General Fioravante bedeuten, „daß „sie ihre Soldaten auseinander gehen machen sollten, weil „dieser Plaz für die fränkische Armee nothwendig sey, „die ihn besezen müsse, um die Fortschritte der Oestrei„cher aufzuhalten, deren nahe Ankunft man ankündige." Jene antworteten hierauf: „da auch die Republik Venedig, „mit den Brescianern, im Kriege sey, so könne man „einem solchen Antrage unmöglich entsprechen." Nur lies der fränkische Commandant die Stadt sofort über eine Stunde hindurch mit der ganzen Artillerie seiner Marine, jedoch ohne viel Wirkung beschiesen, da die Besazung von Salo die fränkische Flottille durch ihr Feuer in ziemlicher Entfernung hielt. Der Proveditore sowohl, als der General hatten indeß geglaubt, durch die Flucht für ihre Sicherheit sorgen zu müssen, und die Einwohner von Salo, welche ein Bombardement befürchteten, steckten die weisse Fahne auf. Die Franken hielten nun mit dem Feuern inn; aber noch wagten sie sich nicht in die Stadt, und sezten sich nur auf der naheliegenden Insel fest, wo sie den ganzen folgenden Tag über blieben. An diesem Tage begab sich der Commandant der fränkischen Flottille allein ohne alle Begleitung in die Stadt, und versprach den Einwohnern, „daß die Brescianer die Waffen „gegen sie niederlegen würden, wenn sie nur einwilligen „wollten, solche auch ihrer Seits niederzulegen; er selbst „wolle inzwischen, zur Sicherheit der Erfüllung dieser

„Zusage, als Gessel in ihren Händen bleiben." Die Einwohner von Salo antworteten hierauf, „daß sie in Abwesenheit des Proveditore und des Generals in einer so „wichtigen Sache, wozu vielleicht selbst die Vollmacht „dieser beiden nicht zureiche, sich zu nichts entschliesen „könnten."

Während dieser Unterhandlungen füllten sowohl die Stadt, als die umliegenden Gegenden sich mit einer ungeheuren Zahl Milizen und Bauern aus den benachbarten Thälern an, welche die Generale Lahoz und Landrieur gegen den GarderSee vor sich hergetrieben hatten. Die Kanonade hatte den 10 April von dem See her aufgehört; sie fieng nun den 11ten von der LandSeite an. Das vereinte fränkisch=lombardische TruppenKorps war nemlich inzwischen über Nave gegen Salo angerükt, und hier auf die Venetianer und die in groser Zahl versammelten Empörten gestossen. Die leztern stellten sich, als ob sie die Waffen streken wollten, aber sobald die Truppen näher kamen, gaben sie Feuer auf sie. Diese Treulosigkeit ward durch ein schrekliches Gemezel und durch die Plünderung des Landes gerächt; nur die Nacht that der Wuth der Kämpfenden Einhalt.

Am folgenden Tage (12 April) begab sich ein fränkischer General in die Stadt, und befahl dem Commandanten der fränkischen Marine, sich mit seiner Flottille zu entfernen, welches dieser auch sogleich that. Dann verlangte er, den Proveditore und den Venetianischen General zu sprechen; aber diese waren noch nicht zurükgekehrt, und indeß man, auf die Versicherung, daß sie nicht weit entfernt wären, ihre Ankunft erwartete, suchte der fränkische General den Einwohnern von Salo begreiflich zu machen, „daß das Bombardement, womit die Flottille „diese Stadt vor zwei Tagen geängstiget, sich auf die „ihm zugekommene Nachricht gründe, daß die Venetianischen Milizen nur die Ankunft der östreichischen Truppen aus Tirol erwarteten, um sich an solche anzuschlie=

„sen, und die Franken und Brescianer im Rüken zu fas„sen;" er gab ihnen noch 24 Stunden BedenkZeit, um die Waffen niederzulegen, und den fränkischen Truppen ihre Thore zu öfnen.

Den 13 April rükten auch die Brescianer von Lonato gegen Salo an, und da die anberaumte Zeit fruchtlos verstrich, so hatte den 14 April ein allgemeiner Angriff statt, der sich mit der Zerstreuung der Venetianischen Truppen und Milizen, mit der Verheerung und Eindscherung von Salo und von mehreren nahgelegenen Schlössern, worunter auch das des Generals Fioravante war, endigte. Dieser General, so wie der Proveditore Zigogna, hatten grose Mühe, sich noch unter dem Schuze eines Detachements Venetianischer Reiterei über die Gebirge nach Tirol zu retten. Die Sieger füllten zwanzig Wagen und zehn grose Barken mit den besten Habschaften, und warfen das, was sie nicht mit fortbringen konnten, in den See, oder auf die Strassen.

Das siegreiche TruppenKorps theilte sich nun, nach der Einnahme von Salo, in zwei Colonnen; die eine zog wieder gegen die Gebirge der Landschaft Bergamo zurük, um vollends die Trümmern der Zusammenrottung von Salo zu zerstreuen und zu vernichten; die andre nahm ihren Weg gegen Peschiera und Verona.

Denn während die Venetianer, unter dem Vorwand, sich wieder Bergamo und Brescia unterwerfen zu wollen, am westlichen Ufer des GarderSees den KriegsSchauplaz eröfnet hatten, hatte sich in allen Provinzen des festen Landes von Venedig immer mehr ein allgemeiner VolksAufstand gegen die Franken organisirt; und wer mochte zweifeln, daß in einem Staat, worinn man kaum unbelauscht athmen kann, nicht die Regierung selbst insgeheim diese Bewegungen veranlaßt und begünstigt habe? Mancherlei falsche Gerüchte waren in Umlauf gebracht worden, die den Feinden der Franken neuen Muth einflösten; und das schnelle Vordringen des

Generals Loudon an der Etsch hinab schien solchen noch das volle Gepräge der Wahrheit aufzudrüken. Ein fränkisches ArmeeKorps von 15 bis 18,000 Mann war in Tirol eingerükt; und izt sah das Volk kaum noch 12 bis 1500 Mann daraus zurükkommen: es wußte nicht, daß die fränkischen Divisionen unter General Joubert sich durch das DrauThal in Kärnthen an die HauptArmee angeschlossen hatten, und glaubte, sie wären aufgerieben. Bekannt war überdis, daß in Peschiera, in Verona und den benachbarten Städten nur sehr schwache fränkische Besazungen lägen; ein sclavonisches TruppenKorps, unter den Befehlen des Generals Fioravante, war schon nach den Ufern des GarderSees durchgezogen, und man kündigte das Nachrüken noch mehrerer Truppen von Venedig aus an; die Oestreicher, unter General Loudon, waren schon bis an Rivoli vorgedrungen, und liessen eine mächtige Unterstüzung hoffen; man betrachtete Buonaparte's Lage als verzweifelt; man hielt sich überzeugt, daß er sich in einen äusserst beschwerlichen Rükzug verwikelt sehen würde, und in solchem Falle — äusserten die Venezianischen Offiziere schon laut — sey es dem Löwen von St. Marco vorbehalten, auch dismal das Sprichwort wahr zu machen, daß Italien das Grab der Franken sey.

General Buonaparte, der von dem, was in den Provinzen des festen Landes der Republik Venedig vorgieng, inzwischen benachrichtiget worden war, erließ aus seinem HauptQuartier zu Judenburg (9 April) ein Schreiben an den Doge,* voll gerechter Indignation. „Glaubt ihr denn" — sagt er darinn — „daß ich in dem „Augenblike, da ich im Herzen von Teutschland stehe, „nicht Macht genug habe, dem ersten Volke der Welt „Achtung zu verschaffen? Ihr habt das edelmüthige Betragen, das wir stets gegen euch erprobt, mit der schwär-

* S. im nachfolg. Cod. dipl. N. 4.

„jesten Treulosigkeit vergolten. Ich schike euch hier mei„nen Adjutanten. Krieg oder Friede! Zerstreut ihr „nicht augenbliklich die Zusammenrottungen; liefert ihr „mir nicht auf der Stelle die Urheber der begangenen „MordThaten aus: so ist der Krieg erklärt. Der Türke „ist ja nicht an euren Gränzen; kein Feind bedroht euch. „Ihr habt euch hinter eine Maske verkrochen, und Prie„ster verhaften lassen, um einen Aufstand zu entschuldi„gen, den ihr selbst gegen die fränkische Armee ange„sponnen habt. In 24 Stunden wird dieser elende Auf„stand zerstäubt seyn; wir sind nicht mehr in den Zeiten „Karl's VIII. Indeß, wenn ihr Troz des Wohlwollens, „welches die fränkische Regierung euch bewies, mich zum „Kriege zwingt; glaubt nicht, daß nach dem Beispiel des „von euch bewafneten Gesindels der fränkische Soldat die „Fluren des schuldlosen und unglüklichen Volkes eures „festen Landes verheeren wird. Nein, ich werde diß „Volk in meinen Schuz nehmen, und es wird einst die „Verbrechen segnen, welche die fränkische Armee zwan„gen, es eurer tyrannischen Herrschaft zu entziehen."

Die Regierung von Venedig bezeugte hierauf ihren lebhaften Kummer über die nachtheiligen Begriffe, die der fränkische OberFeldherr in Betreff der Aufrichtig„keit ihres Betragens hege. „Friede und gutes Einver„ständniß mit der fränkischen Republik sey stets das Haupt„Ziel ihrer Bemühungen gewesen. Ein so trauriger als „unerwarteter Aufstand, der in ihren Städten jen„seits des Mincio ausgebrochen sey, habe die allge„meine Treue und Ergebenheit der Völker für ihre recht„mäßige Regierung aus eigner Bewegung zu den Waffen „greifen gemacht, um den Aufruhr zu dämpfen, und die „Gewaltthätigkeiten der Empörten abzutreiben. Wenn „bei einer so grosen Verwirrung einige Unordnungen vor„gefallen, so sey die Regierung so weit entfernt, hieran „einigen Antheil zu haben, daß sie vielmehr nur so eben „durch eine öffentliche Kundmachung, um größeres Un=

"glük zu verhüten, den Gebrauch der FeuerGewehre für "ihre Unterthanen bloß auf den Fall persönlicher Verthei="digung, selbst gegen Empörte, eingeschränkt habe. Sie "werde die, so sich unterfangen, an fränkischen Soldaten "Morde zu verüben, zu entdeken suchen und zur verdien="ten Strafe ausliefern. Sie schike zu dem Ende 2 De="putirten an ihn ab, die zugleich auch ihn ersuchen soll="ten, sich bei der fränkischen Regierung dafür zu ver="wenden, daß die Städte jenseits des Mincio "wieder zur Ordnung und in ihren vorigen Zustand zurük="gebracht werden möchten." *

Aber sey es, daß diese Versicherungen geheuchelt wa=ren, oder die Regierung von Venedig izt selbst nicht mehr den vollen Ausbruch des insgeheim von ihr genährten Feuers verhindern konnte — der Marsch eines Theils des Loudonschen Korps, der unter dem Grafen von Neipperg schon aus Tirol her in das Venetiani=sche vorrükte, erhöhte den durch die Priester, die laut zu einem Kreuzzuge gegen die Franken aufriefen, ohnehin entzündeten Muth des Volkes, welches nun gar nicht mehr an einer vollkommenen Niederlage der fränki=schen Armee zweifelte. In allen Städten und Dörfern des festen Landes tönte die SturmGloke gegen die Fran=ken, und in nicht vollen drei Tagen stand von dem Friaul an bis gegen Bergamo hin eine unermeßliche Menge unter den Waffen: die schwachen fränkischen Besazungen wurden ermordet, oder gefangen gemacht; man sezt die Zahl der Getödeten auf 5 bis 600; und die der Gefan=genen (mit Einschluß derer, die bis zum 17 April in Verona genommen wurden) auf 2 bis 3000. General Balland, mit seiner Besazung in Verona überfallen, gewann kaum noch Zeit, sich mit deren Trümmern, und mit einigen hundert Mann von den Divisionen in Tirol, die ihren Rükzug von Roveredo auf dem linken Ufer der Etsch genommen hatten, in die drei Castelle dieser

* S. im nachfolg. Cod. dipl. II, 5.

Stadt zu flüchten. Ein andrer fränkischer Trupp, der sich über Rivoli auf dem rechten Etschufer zurückgezogen hatte, ward gleichfalls plözlich durch das bewafnete LandVolk angefallen; einem Theile davon gelang es noch, nach Peschiera zu entkommen; die andern wurden gezwungen, sich in Castel nuovo hineinzuwerfen, wo sie zu Gefangenen gemacht wurden. Bei dieser Lage der Sachen erschien (17 April) General London mit einem Theile seines Korps bei Verona. Die Venetianische VolksMasse hofte nun, daß er mit ihr gemeine Sache gegen die Franken machen würde; aber sogleich am folgenden Tage kam ihm von der Armee des Erzherzogs Karl der Befehl zu, einen WaffenStillstand mit ihnen abzuschliesen. *

Inzwischen hatte am nemlichen Tage die nur 80 Mann starke fränkische Besazung zu Chiusa, an der Etsch, sich gezwungen gesehen, mit den Venetianern zu capituliren, indem sie sich samt ihrer Artillerie gefangen ergab; mehrere derselben wurden von den wildfanatischen Bauern in Stüken gehauen. Uiber 40,000 Mann, sowohl Bauern als Bürger von Verona, hielten den General Balland in den Castellen von Verona, zu deren Vertheidigung er in Allem nicht über 2 bis 3000 Mann hatte, blokirt: das Feuer war lebhaft auf beiden Seiten; die Franken warfen Bomben in die Stadt, wodurch viele Häuser zerstört wurden; man drohte ihnen dagegen, daß man für jede Bombe, die sie noch würfen, 20 von ihren Gefangenen erschiessen würde: da sie Mangel an Lebensmitteln hatten, so hofte man, daß sie sich bald auf Gnad und Ungnade würden ergeben müssen.

Aber der Kommandant der Lombardei, General Kilmaine, lange schon über das mehr als zweideutige Betragen der Regierung von Venedig mistrauisch, hatte, sobald er von den blutigen Ereignissen bei Salo benach-

* S. im nachfolg. Cod. dipl. I.

richtigt worden war, in der gegründeten Besorgniß, daß solche nur VorBoten von noch ernstern seyn möchten, schon vom 12 April an den verschiedenen Besazungen im Mailändischen und Mantuanischen den Befehl ertheilt, an die Etsch abzuziehen; während General Victor an der Spize seiner in den Gebieten von Bologna, Ferrara, und in Romagna liegenden Truppen sich eben dahin in Marsch sezte. Bald hatten sie ein ArmeeKorps von 12 bis 15,000 theils Franken, theils republikanischen Italienern zusammengebracht. Mit diesen rükten sie gegen Verona vor, zerstreuten das bewafnete LandVolk in mehreren hizigen Gefechten, und befreiten (23 April) die in den Castellen eingeschlossenen fränkischen Truppen. Von da aus drangen sie (den 26) nach Vicenza, (den 28) nach Padua und Treviso vor, während zu gleicher Zeit ein TruppenKorps, welches General Buonaparte aus Krain abschikte, über Udine vorrükte, so daß schon zu Ende des Aprils das ganze Gebiet von Venedig von fränkischen Truppen überschwemmt war.

Ein kaum 30jähriger General konnte izt nach Willkür über das Schiksal einer Republik verfügen, welche 1300 Jahre bestanden hatte, ohne daß je ein Feind in ihren Schoos eindringen konnte; deren Regierung sich seit dem Jahre 1296, durch so viele WeltKrisen hindurch, ohne die mindeste Aenderung behauptet; und die, einst eine der bedeutendsten Mächte Europens, ohngeachtet ihrer nach und nach erlittenen Verluste, noch immer 14 Provinzen und mehr als 15 Millionen Gulden Einkünfte besaß. . . . Izt, nachdem alles feste Land bereits unter der Gewalt seiner Waffen, und die ganze Macht der Regierung von Venedig einzig auf die HauptStadt dieses Namens eingeschränkt war, in deren Angesicht schon ein fränkisches TruppenKorps von 20,000 Mann stand, erließ er eine förmliche KriegsErklärung gegen die Regierung von Venedig.* Am Schluſſe derſelbe foderte er den fränkiſchen Geſandten in Venedig (Lallemand) auf, dieſe Stadt zu verlaſſen; er befahl den verſchiednen Agenten der Republik Venedig in der Lombardie und auf dem feſten Lande, ſich innerhalb 24 Stunden daraus zu entfernen. Die verſchiedenen DiviſionsGenerale ſollten von nun an die Truppen der Republik Venedig als Feinde be behandeln, und in allen Städten des feſten Landes den Löwen von St. Marco umſtürzen laſſen.

Wir haben weiter oben geſehen, daß zwei Abgeordneten des Senats von Venedig, mit der Zuſicherung, daß ſolcher die genaueſte Neutralität beobachten werde, und alles, was geſchehen, durchaus ohne ſein Vorwiſſen und gegen ſeinen Willen geſchehen ſey, zu eben der Zeit in das HauptQuartier des Generals Buonaparte abgeſchikt worden waren, da auf dem ganzen feſten Lande ein allgemeiner VolksAufſtand gegen die Franken erſt recht wüthend, allgemein und gleichzeitig ausbrach. Buonaparte, den ein ſolcher Widerſpruch zwiſchen Wort und That, in einem Staate, wo die Regierung durch das ſchlaueſte Syſtem von Späherei bis auf die unbedeutendſten Kleinigkeiten herab alles zu ſehen und zu hören gewohnt war, nicht ohne Grund mit Argwohn und Unwillen erfüllte, wieß izt durchaus alle gütliche Uibereinkunft ab. Erſt nachdem die fränkiſchen Truppen in wenigen Tagen wie ein reiſſender Strom das ganze Gebiete von Venedig überſchwemmt, und alle Unruhen erdrükt hatten — zu Anfang des Mai begannen die Unterhandlungen, während in allen Venetianiſchen Städten der Löwe des heiligen Marcus, und mit ihm die bisherige Regierung umgeſtürzt, an deren Stelle Municipalitäten angeordnet, und FreiheitsBäume gepflanzt wurden. Selbſt die ſtolze, unermeßlichreiche HauptStadt Venedig, die ſich, bisdahin noch von keinem Feinde bezwungen, nach dem Ausdruke ihres Dich-

* S. im nachfolg. Cod. dipl. II, 6.

ters, * für ein Werk der Götter gehalten hatte, war nun schon von der LandSeite her ganz eingeschlossen, und erwartete ihr Schikfal in dumpfer Hingebung aus dem Munde des gefürchteten Buonaparte. Dieser foderte izt die Abschaffung des grosen Raths, des Raths der Zehner, die Gefangennehmung der drei StaatsInquisitoren, des Proveditore Battaglia, und des Commandanten von Lido, der auf ein fränkisches Schiff hatte feuern lassen; ferner die Freiheit aller, die wegen politischer Meinungen eingekerkert wären, so wie die Entwafnung der Stadt Venedig.

Der grose Rath hatte inzwischen, mit aufgepflanzten Kanonen vor der Pforte, einem Ausschusse (Consulta) von dreißig Mitgliedern seine ganze Gewalt übertragen. Alles war in Verwirrung; und hier zeigte sich nun die volle Schwäche eines Staats, der sich selbst überlebt, und dessen Erhaltung so lange schon ihren Grund nur in der Eifersucht seiner übermächtigen Nachbarn hatte. Unter allen RegierungsArten ist ErbAristokratie die schlechteste, und unter allen ErbAristo=

* Man kennt Sannazar's berühmte Verse:

„Viderat Adriacis Venetam Neptunus in undis
 Stare urbem et toto ponere jura mari .
Nunc mihi Tarpeias quantumvis Iupiter arcès
 Objice et illa tui moenia Martis, ait.
Si pelago Tibrim praefers, urbem adspice utrumque.
 Illam homines dices, hanc posuisse Deos.

und in seinen Eleg. III. ad Federicum Ferdinandi filium.

Quis rursum venetae miracula proferat urbis?
 Una instar magni quae simul orbis habet
Una Italum regina, altae pulcherrima Romae
 Aemula, quae terris, quae dominaris aquis.

kratien war die in Venedig die gehässigste. Ihre lange Dauer bewies nichts für ihre innere Kraft oder Güte, sondern nur, daß das System der Tyrannei hier mit der feinsten Kunst raffinirt, und durch die Umstände begünstigt worden war; die Regierung von Venedig war in der That, was der Fürst des Machiavel in der Theorie ist. Aber mehr ihre insulare Lage, als ihre Politik, hatte bisher verhindert, daß sie noch nicht fremde Eroberung geworden war. Als ihre Vergrößerungssucht und ihr unbändiger Stolz den Bund von Cambrai gegen sie veranlaßt hatten, war es weder ihre Weisheit noch ihr Muth; denen sie ihre Rettung zu danken hatte, sondern ihre Lagunen, und vorzüglich das so widersprechende Interesse der Coalirten: und doch war sie damals vielleicht die erste SeeMacht Europens, und besaß weitgedehnte Länder im griechischen InselMeere und die Herrschaft über das MittelMeer, welche die Coalirten ihr nicht nehmen konnten. Jzt hingegen — was konnte schwächer seyn, als eine Regierung, die gegen einen auswärtigen Feind weder Festungen, noch Armeen, und seit mehr als einem Jahrhundert dem Ersten, der sie erobern wollte, preis, sich nur durch die gegenseitige Eifersucht der grosen Mächte erhalten hatte? eine Regierung, die sich im Innern nur durch Terrorism behauptete, nur indem sie dem Volke alle Energie aussog, und es durch zügellose Ausschweifungen, durch die Straflosigkeit der größten Verbrechen an sich kirrte, einzig in der Absicht, daß es nicht die Rechte der Aristokratie antaste?

Wenn die Geschichtschreiber bei dem Ende eines einzelnen merkwürdigen Mannes einen kurzen Zurükblik auf sein ganzes vorheriges Leben zu werfen pflegen, so dürfte es hier, wo wir das Ende einer so berühmten Regierung zu erzählen haben, nicht ausser seinem Orte seyn, etwas ausführlicher bei den Ursachen ihres Verfalls zu weilen.

Der geringe Ursprung von Venedig; sein schnelles

Emporstreben; der plözliche Uibergang, den es (1296) von einer populären StaatsForm zur unbändigsten Aristokratie nahm; die unglaubliche Leichtigkeit, womit eine dem Anschein nach so schwere Revolution gelang; das ehemalige Uebergewicht und die nachherige gänzliche Unbedeutenheit des Doge; die Errichtung einiger StaatsAemter (z. B. des Raths der Zehner, der StaatsInquisitoren ꝛc.) die ein vorübergehendes Bedürfniß gebot, aber die, mit unbedachtsamer Leichtigkeit wiederholt und verlängert, zulezt beständig, und mit einer für alle Zweige der Regierung gefährlichen Uibermacht ausgerüstet wurden; die grose Ungleichheit des Vermögens in den adelichen Familien, die solche fast unversöhnlich von einander sonderte; endlich die Rivalität, oder vielmehr der gegenseitige Haß mehrerer HauptKorps dieser Republik — sind zusammen die wahren ErkenntnißGründe von deren neuestem Zustande, und liesen jeden denkenden Beobachter ohne Mühe ahnen, daß sie der Epoche nahe sey, wo ein Staat, der sich selbst überlebt hat, unter auswärtiger Gewalt versinken, oder sich durch eine Revolution in seinem Innern verjüngen muß.

Der Handel, welchen Venedig mehrere Jahrhunderte hindurch in die entferntesten und reichsten Gegenden fast ausschliesend führte, war die wahre Grundlage seiner Gröse, da er ihm die Mittel verschaffte nach einander so viele kostspieligen Kriege zu führen, und durch den beständigen Umtrieb von Schiffahrten, die man damals als lange und schwer betrachtete, ihm die ansehnlichste SeeMacht gab, wovon man bisdahin wuste. Die Reichthümer der Einzelnen, die, besage der neuesten Erfahrung an England, den wahren Reichthum eines Staats ausmachen, waren beträchtlich, und die Einfalt der Sitten sezte sie nicht in Gefahr, jeden Augenblik verschleudert zu werden. Die Wohlhabenheit, die, in Verhältniß mit den eingeschränkten Bedürfnissen dieser Zeiten der Einfalt und des Glükes, allen Ständen der Bürger gemein war, knüpfte sie an das Vaterland fest, dem sie solche zu danken hatten, und machte das besondre Interesse vor dem GemeinWohl schweigen; alle Wünsche und alle Bemühungen der Einzelnen wirkten zur Unterstüzung und Verehrung der Macht des Staates bei. Die Redlichkeit, womit man damals in den HandelsSpeculationen zu Werk gieng, stimmte die Gemüther dahin, sich ohne Mistrauen die öffentlichen Verordnungen gefallen zu lassen, welche von Zeit zu Zeit durch die selbstgewählten öffentlichen Beamten vorgeschlagen wurden, und machten die Einwendungen, welche einige tieferblikende Männer solchen entgegensezten, fast unnüz und zuweilen sogar gehässig. Vorzüglich dieser Stimmung der Geister muß man die Leichtigkeit zuschreiben, womit, unter der Leitung der angesehensten StaatsBeamten, und besonders unter dem Einfluß der Würde des Doge, im Jahre 1296 jene merkwürdige Revolution bewirkt ward, die man in Venedig unter dem Namen der Schliesung des grosen Rathes (Serrata del magno Consiglio) kennt. Es ist sehr leicht, ein HandelsVolk zu regieren, so lange der Luxus nicht die Einfalt untergraben, und durch den Handel erworbener groser Reichthum, indem er den weiteren Fleis für die besondern Geschäfte eines Jeden fast unnüz macht, deren Aufmerksamkeit auf die öffentlichen Angelegenheiten richtet.

Mehr aber, als sonst irgend etwas, muß die Erwerbung des festen Landes — so nennt man die Venetianische Lombardie — welche der Macht Venedigs die Krone aufzusezen schien, unter die für die wahre Gröse dieser Republik unglüklichen Epochen gezählt werden. Von da an sah sie sich gezwungen, ihre Macht zu theilen, durch deren Vereinigung ihre Marine so furchtbar geworden war; auch ihr Handel litt auf gleiche Weise durch diese Zerstükung der Hilfsmittel, weil Jeder hierin dem Staate nachahmen, in den neuerworbenen Provinzen sich Besizungen ankaufen wollte, und hiezu einen Theil des Geldes verwendete, welches er bisdahin ausschliesend dem See-Handel gewidmet hatte. Diese Zertheilung der Staats-Kräfte und der besondern Reichthümer schwächte die einen wie die andern, und die Republik, die gerade durch diese Ausdehnung ihres Gebietes minder mächtig ward, ließ sich durch den precären Einfluß blenden, den ihre neuen Erwerbungen auf dem festen Lande ihr eine Zeitlang in den Angelegenheiten Italiens gaben. Sie wandte, um solche zu erhalten und zu vergrösern, ungeheure Kosten auf, die zu nichts dienten, als daß sie die Eifersucht der andern Mächte wekten, und ihren Sturz vorbereiteten.

Zu dieser ersten, innern Ursache ihres Verfalls gesellten sich mehrere andre, worunter einige zufällige und unvorgesehene waren. Die merkwürdigste derselben ist die Entdekung des Vorgebirges der guten Hofnung, wodurch der HauptHandel der Republik, d. i. der, den sie mit den Gewürzen und andern reichen Produkten Indiens, welche izt die Holländer gemeinschaftlich mit andern thätigern Nationen unmittelbar von daher holen, über die Levante getrieben hatte, an der Wurzel abgeschnitten ward. Die Portugiesen, welche diesen neuen Weg um Afrika herum entdekten, hatten izt nur eine leichte Reise zu Meer zu machen, um aus der Quelle so vieler Reichthümer zu schöpfen; und von diesem Augenblike an konnte Venedig, dem solche nur durch ZwischenHände und durch das kostspielige Mittel der Caravanen zukamen, nicht mehr die Concurrenz mit ihnen aushalten. . . . Fast zur gleichen Zeit entrissen die Türken dieser Republik eine andre Quelle von Reichthümern, indem sie ihr die Dardanellen, und folglich den Eingang in das das schwarze=, so wie auch, andrer Ursachen wegen, in das Caspische Meer verschlosen, an dessen Ufern sie einen äusserst gewinnvollen Handel geführt hatte. Seit der Zeit schränkte sich der Handel von Venedig ohngefähr auf die nemlichen Gegenstände ein, worinn er noch gegenwärtig betrieben wird; nur mit dem wesentlichen Unterschied, daß die Venetianer izt mit drei bis vier mächtigern, thätigern und reichern Nationen, als sie selbst sind, eben den Handel theilen, den sie damals fast allein, oder wenigstens ohne irgend einen furchtbaren Concurrenten führten.

Während zwei so unerwartete Ereignisse, wie die Entdekungen der Portugiesen in Indien, und die Eroberungen, die ein tief aus der Tatarei hervorgekommenes Volk in Europa machte, der Republik Venedig die Quellen ihres Handels abschnitten, schwächte sie sich auch noch durch die langwierigen Kriege, die in Italien geführt wurden. Abwechselnd begünstigte oder bekämpfte sie die beiden grosen Mächte, die sich mit so viel Erbitterung um diese schönen Provinzen schlugen, und diese arglistige Politik zog ihr den Haß beider Mächte zu, denen ihr Uibergewicht in den Angelegenheiten Italiens schon Mistrauen eingeflöst hatte. Die Festigkeit, womit sie sich allen Anmasungen des römischen Hofes widersezte, hatte gleiche Wirkung. Auf solche Art verbanden die persönliche Abneigung Maximilian's I, Erzherzogs von Oestreich und Ludwig's XII, Königs von Frankreich, und vorzüglich der flammende Haß des Papstes Julius II, der seit langer Zeit Projekte von Herrschsucht und Rachgier gegen sie hegte, diese drei Fürsten, denen in der Folge noch mehrere andre beitraten, und sie schlosen insgeheim zu Cambrai jenen fürchterlichen Bund, der nichts Geringeres als die gänzliche Vernichtung der Republik Venedig zum Zwek hatte. Wenn diese leztere auch einem so heftigen Stosse nicht unterlag, so blieb sie doch in allen ihren Theilen dadurch erschüttert, und seit dieser Epoche erscheint sie in der Geschichte in sehr veränderter Gestalt. Die verderblichen, blutigen und, bei der Treulosigkeit ihrer Alliirten, für sie, unglüklichen Kriege, die sie hierauf gegen die Osmanische Pforte zu führen hatte, durch welche sie nach und nach ihrer schönsten Besizungen in der Levante beraubt ward, vollendeten dann noch den Zustand von Schwäche und Erschlaffung, in den sie gefallen war. Seitdem war ihr, bei dem so ungeheuren Uibergewicht der grosen Mächte, und dem TheilungsGeiste, der unter ihnen emporgekommen war, so wie vorzüglich bei der Uibermacht des Hauses Oestreich, dessen weitgedehnte Staaten sie einschlosen und gleichsam auf allen Seiten beherrschten, um so weniger auch nur ein Schein von Hofnung mehr geblieben, sich je wieder davon zu erholen, als inzwischen jener alte Eifer, jene leidenschaftliche Liebe für's Vaterland, wodurch diese Republikaner sich sonst ausgezeichnet hatten, erloschen, und an deren Stelle die kleinlichen Kalküle eines individuellen EhrGeizes und ein zügelloser Hang zum Luxus getreten waren, der zu allen Zeiten für FreiStaaten so verderblich, zu den andern Uibeln Venedigs sich gerade in einer Epoche gesellte, da die Verminderung der ehemaligen HilfsQuellen ihn noch schädlicher machte. *

Man hätte, wie aus dem bisher Gesagten erhellt, fast mit Gewißheit glauben sollen, daß die nächste Gefahr für Venedig von Oestreich herkommen werde: aber nun war es Frankreich, welches nicht nur dadurch, daß es diese Republik wieder in ihre seit fünf Jahrhunderten verlorene demokratische Form herstellte, sie von jener Macht abriß, und dagegen an sich festknüpfte, sondern auch noch ein wie aus den Wolken herabgefallenes Mittel erhielt, den Kaiser für einen Theil seiner in den FriedensPräliminarien bedungenen Abtretungen durch einen Theil des Gebietes dieser Republik zu entschädigen, die nun unter Buonaparte's Händen eine ganz neue Schöpfung werden sollte. In den ersten Tagen des Mai hatten einige Senatoren von Venedig in der Lagune Margbera, eine Stunde von der HauptStadt, mit diesem General eine Unterredung von mehreren Stunden. Er

* Mémoires historiques et politiques sur la Republique de Venise, redigés en 1792. P. II, Introduct.

bestand darinn vorzüglich auf der gänzlichen Umänderung der bisherigen RegierungsForm, und bewilligte, auf ihr Ansuchen, einen kurzen WaffenStillstand, worinn unter andern bedungen ward, daß die Regierung von Venedig, um den Frieden zu schliesen, Abgeordnete schiken sollte, wozu die Senatoren Dona, Giustiniani und Mocenigo ernannt wurden.

Inzwischen hatte sich die fränkische Armee, den mit Oestreich geschlossenen FriedensPräliminarien gemäs, schon gröstentheils aus Teutschland nach Italien zurükgezogen, und bedekte izt mit ihrer ungeheuren Masse das gänze feste Land von Venedig: die Division des Generals Massena stand zu Vicenza, die von Joubert zu Bassano, Serrurier zu Sacute, Augereau zu Padua und Victor zu Verona.

Der von Buonaparte der Stadt Venedig bewilligte WaffenStillstand sollte in der Nacht vom 6 auf den 7 Mai zu Ende gehen. Der Venetianische Admiral Condulmer hatte, einige Stunden zuvor eine Zusammenkunft mit diesem General, um eine unbestimmte Verlängerung desselben zu erhalten. Die Regierung gab sich den Schein, als arbeite sie daran, sich zu demokratisiren; aber sie spann insgeheim Gewebe von List. Buonaparte willigte in die nachgesuchte Verlängerung; doch traf er zugleich seine Anstalten auf den Fall, daß die Feindseligkeiten statthaben müsten.

Aber die Nachrichten, welche die Consulta (den 9) erhielt, vermehrten ihre Besorgnisse, und bestimmten sie, einen festen Entschluß zu fassen. Die Sclavonier, über 12,000 Mann an der Zahl, welche die Regierung aus den Provinzen in die HauptStadt gezogen hatte, liessen eine Plünderung befürchten; einige Oligarchen unterstüzten sie; schon mehr als ein Haus hatte durch ihren Raub gelitten. Das allgemeine Mißvergnügen, das ihr Aufenthalt erregte, und die Reden, die er veranlaßte, wurden von den Spionen der Regierung als VorZeichen eines revolutionären Feuers gedeutet, welches einen nahen Ausbruch drohte. Die Colsulta ward hierüber bestürzt, und äusserte deutlich genug ihre Meinung, daß man dem Drange der Umstände weichen müsse. Sogleich befand sich die Regierung in einer vollkommenen Desorganisation: es war nun kein ander Mittel mehr, sich zu retten, als sich in die Arme der Franken zu werfen, und die Republik friedlich zu ihrer ursprünglichen demokratischen Form herzustellen. Von der fränkischen Gesandtschaft in Venedig war izt niemand, als der Secretär Villetard, anwesend: zwei Abgeordnete wandten sich an ihn; aber da er nicht wuste, ob sie von der Regierung nicht etwa blos zu ihm geschikt wären, um die Gesinnungen der Franken auszuspähen, so wieß er sie mit einer unbedeutenden Antwort ab. Inzwischen wurden die Umstände mit jedem Augenblike kritischer: die Bestürzung der Consulta erreichte ihren Gipfel; und izt war es, da mehrere Mitglieder derselben, und unter andern der Doge selbst, eine gänzliche Umänderung in der StaatsForm vorschlugen. Man beschlos die berüchtigten Gefängnisse, Piombi genannt, worinn so viele SchlachtOpfer der Aristokratie Leben und Freiheit verloren hatten, zu öfnen, und dem Volke zur Schau auszustellen. Der grose Rath sollte die Operationen der Consulta genehmigen, und man faßte vorläufig die Kundmachungen, das grose Ereigniß der Umschaffung der Regierung in eine Demokratie betreffend, ab. *

Mitlerweile brachte der Anblik jener schreklichen Gefängnisse, woran die raffinirteste Tyrannei ihre Kunst erschöpft hatte, alle Wirkung hervor, die man davon erwarten konnte; der GemeinGeist in Venedig nahm in einem Tage einen Schwung, den sonst oft kaum Jahre geben.

Den 12 Mai war eine ausserordentliche Versammlung des grosen Rathes, worinn mehr Ruhe herrschte, als man erwartet hatte. Er genehmigte fast einstimmig die Umänderung der bisherigen aristokratischen

* S. im nachfolg. Cod. dipl. II, 7, 8, 9, 10.

StaatsVerfassung in eine demokratische, und legte seine Gewalt nieder, welche einstweilen durch eine Municipalität von 60 Mitgliedern aus allen Ständen der Bürger verwaltet werden sollte. Aber kaum war diese merkwürdige lezte Sizung des bisherigen Souverains geendiget, so rotteten sich ein Trupp von Gondolieris und Dalmatiern zusammen, durchzog die Stadt mit einer Fahne des heiligen Marcus, beschimpfte die Vorübergehenden, und zwang sie, zu dem Rufe: „es lebe der heilige Marcus!" Die alte Regierung sah ruhig diesem Getümmel zu. Die Rotte, weil sie keine Widerstand fand, ward immer verwegener und zahlreicher; bald verbreitete sie Schreken durch die ganze Stadt: sie zog nach den Häusern derer, die zu Mitgliedern der neuen Municipalität bestimmt waren, plünderte, und sengte, und tödete die, welche sich nicht hatten flüchten können. Die Bürger, ohne Waffen, und in der Unmöglichkeit solche zu finden, suchten ihre Zuflucht Jeder in seinem Hause: eine Bevölkerung von 150,000 Seelen sah sich so sechszehn Stunden hindurch allen Beleidigungen und Gewaltthaten von 4 bis 500 Räubern preis. Endlich wagte es ein braver Offizier, dessen Namen man nicht kennt — wie soll man sagen? — die Nachlässigkeit der Regierung zu ersezen? oder dem geheimen Verrathe der Aristokratie zu widerstehen? Zwei Kanonen, die er auf der Brüke Rialto aufpflanzte, zerstreuten schon auf die erste Ladung die Rebellen, deren Zahl auf 8 bis 900 angewachsen war.

Von nun an genoß Venedig einer Ruhe, welche vier Tage darauf (16 Mai) durch das Einrüken einer fränkischen TruppenAbtheilung von 4000 Mann, die von den Forts und dem MarcusPlaze Besiz nahmen, noch mehr Schuz erhielt. Sogleich Tags darauf versammelte sich nun die neue provisorische Municipalität zum erstenmal, und erließ zugleich eine Kundmachung an das Volk, wodurch eine allgemeine Amnestie festgesezt, den armen ExPatriciern beiden Geschlechts für die Bereitwilligkeit, womit sie ihre bisher genossenen Vorzüge aufs gegeben, Pensionen, so wie denen, die bei dem Auflauf am 12 Mai gelitten, Entschädigung zugesagt, und alle Schulden, welche die vorige Regierung gemacht, als giltig anerkannt, und unter die Gewährschaft der Nation gestellt wurden. Während diese Municipalität die Verwaltung der HauptStadt führen würde, sollte eine andre CentralVerwaltung, aus Repräsentanten der Municipalität und aus einer verhältnißmäßigen Zahl von Repräsentanten der Venetianischen Provinzen vom festen Lande, von Istrien, Dalmatien, Albanien und von den Levantischen Inseln, unter dem Namen **Departement** zusammengesezt, für das Wohl der ganzen Republik wachen.

Alle Titel und UnterscheidungsZeichen des ehemaligen Adels wurden abgeschaft. Der Titel **Bürger** verdrängte den, der **Excellenz**. Auf dem MarcusPlaze ward ein **FreiheitsBaum** errichtet. Von nun an war: „Freiheit, Gleichheit" das Motto auf allen öffentlichen Schriften. Die Farben der Venetianischen Kokarde sollten roth, grün und weiß seyn.

So verlor sich eine 500jährige Aristokratie — den einzigen Auflauf vom 12 Mai abgerechnet — ohne einige Erschüttrung, ohne Blutvergiessen, selbst ohne den mindesten Zwist unter beiden Ständen, mit dem Aussenschein einer vollkommenen Harmonie, mit einer Würde, die mit der Lage, worinn die Republik Venedig sich izt befand, so wenig verträglich schien, wie nach einem freiwilligen und lange vorbereitetem Plane, in Demokratie. Die ehemaligen Patricier waren die eifrigsten, das Glük der neuen StaatsForm zu preisen, und erhielten sich durch diese Klugheit einen Einfluß und eine Achtung, die sie sonst nimmer zu hoffen gehabt haben würden.

(Alles, was ferner Bezug auf das Schiksal der Republik Venedig hat, gehört nicht mehr zur KriegsGeschichte des Feldzuges von 1797, sondern wird künftig unter einer eignen Rubrik geliefert werden.

———

Da der jezige Krieg für Zeitgenossen und Nachwelt allzumerkwürdig ist, als daß nicht alles, was auf irgend einen Theil desselben Licht werfen kan, von hohem Interesse seyn sollte, so muß es insonderheit der Mühe werth seyn, die Lage, worinn am Schlusse desselben die siegreichste und kühnste unter allen Armeen der fränkischen Republik sich befand, näher kennen zu lernen. Bekanntlich hat das Vordringen zweier östreichischen Korps, — des einen, unter Obrist Casimir, auf der rechten Flanke derselben über Triest, und des andern, unter General Loudon, auf deren linken Flanke bis an Verona hin — in Verbindung mit dem gleichzeitigen Volksaufstand gegen die Franken auf dem festen Lande von Venedig, bei einem Theile des Publikums die Meinung beglaubigt, als ob Buonaparte zur Zeit des Abschlusses der FriedensPräliminarien sich in einer höchstkritischen Lage befunden, woraus nur noch das Glük, welches im ganzen Laufe dieses Krieges für die Waffen der fränkischen Republik unstreitig so oft gewirkt, ihn noch habe retten können. Ohne der 10,000 Mann HilfsTruppen, die der König von Sardinien, vermöge seines kurz zuvor geschlossenen AllianzVertrags mit dieser Republik, ihm hätte stellen müssen, noch des mächtigen Beistands zu erwähnen, den Er von den beiden fränkischen Armeen am Rhein, nach ihrem kühnen Uibergang über diesen Strom und ihren schnellen Fortschritten auf dem rechten Ufer desselben, so bald zu erwarten gehabt haben würde, macht General Massena hierüber folgende Bemerkungen:

„Die Empörung der Venetianer" — sagt er — „war unmächtig, und war schon vor der Rükkunft „der Armee nach Italien erstikt. Um Italien zu er„halten, hatte General Kilmaine hinlängliche Besa-

„zungen in allen festen Plätzen, und in allen Venetiani=
„schen Castellen, ferner zwei polnische und zwei lombar=
„dische Legionen, und die ganze Division des Generals
„Victor, die aus Romagna zurükkam. Alle Castelle
„von Verona, die Festungen Porto=Legnago, Pe=
„schiera und Palma nuova waren in der Gewalt
„der italienischen Armee, und in Vertheidigungs=Stande.
„Ein Theil der Venetianischen Staaten war gegen die Re=
„gierung selbst in Aufruhr.

„Die Oestreicher" — sagt man — „konnten
„von Tirol aus Italien angreifen. Als ob
„es möglich gewesen wäre, Peschiera, Mantua und
„Italien, worinn eine nicht unbeträchtliche Macht ver=
„theilt lag, mit Detachements anzugreifen! Sie
„konnten Triest hinwegnehmen: aber dis machte neue
„Detachements nothwendig; und die Erhaltung von Triest
„bot so wenig Interesse dar, daß General Buonapar=
„te nie mehr als ein paar hundert Mann Reiterei darinn
„hielt, und dem General Friaud, der sich mit 1200
„Mann Infanterie und einem einzigen HusarenRegiment
„in Krain hielt, befohlen hatte, im Fall eines Angrifs
„sich auf Gbrz, Palma nuova und Klagenfurth
„zurükzuziehen.

„Die Kriegskunst besteht darinn, mit einer schwä=
„chern Armee doch immer auf dem Punkte, den man
„angreift, oder auf dem Punkte, der angegriffen
„wird, mehr Macht zu haben, als sein Feind; aber
„diese Kunst lernt sich nicht aus Büchern, auch selbst
„nicht durch bloses Schlagen: es wird dazu ein eigner
„Tact erfodert, der eigentlich das ist, was man Kriegs=
„Genie nennt."

II.
Codex diplomaticus zur Geschichte des Feldzugs vom Jahre 1797.

I.
Waffenstillstand für Tirol und Italien, vom 18 April 1797.

„Wir Unterzeichnete, Balland, DivisionsGeneral an der Etsch, und Graf Neipperg, Befehlshaber des VorTrabs vom ArmeeKorps des Generals Loudon, haben für Tirol und Italien folgende Bedingungen des WaffenStillstandes, der am 7 April zwischen der kaiserlichen und fränkischen HauptArmee geschlossen worden ist, festgesezt:

Artikel 1. „Der WaffenStillstand fängt den 18 April an, und dauert bis auf den 23 April.

2. „Die Gränzen für die fränkischen Truppen sind: Bassano an der Brenta, Volargne, Pastungo, Lazice, und die Hälfte des GarderSees.

3. „Die Gränzen der kaiserlichen Truppen laufen über Quero, Feltre, Kofel, Thiene und Schio, Peri, Rivalta, Malsesine, Limon, Rocca d'Anfo, Lower, und längs des Tirols bis Ponte de Legno, am Ursprung des OglioFlusses. Der ganze LandStrich zwischen beiden Gränzen ist neutral.

4. „Dieser WaffenStillstand wird verlängert, wie der WaffenStillstand zwischen beiden HauptArmeen weiter erneuert wird, Die Aufkündigung geschieht 24 Stunden zuvor.

„Geschrieben auf der Citadelle zu Verona, den 18 April 1797.
       Loudon, Neipperg,
        Balland."

II.

ActenStüke, die Feindseligkeiten zwischen Frankreich und Venedig, und die Revolution des leztern Staates betreffend.

(*Bemerkung. Da dis Ereigniß von so groser Wichtigkeit ist, und noch so manches Dunkle in sich schliest, so liefern wir hier Alles, was Bezug darauf hat, in chronologischer Reihe.*)

I.

Proclamation des Proveditore Battaglia, an das Volk des festen Landes von Venedig.

„Wir Franz Battaglia, der Durchlauchtigsten Republik Venedig ꝛc. ausserordentlicher Proveditore des festen Landes.

„Der schwärmerische Eifer einiger Räuber, welche Feinde der Ordnung und der Geseze sind, hat das leicht zu bewegende Volk von Bergamo aufgereizt, sich gegen seinen rechtmässigen Herrscher zu empören, und eine Horde besoldeter Bösewichte in andre Städte und Provinzen des Staats zu schifen, um solche aufzuwiegeln.

„Wir ermahnen die getreuen Unterthanen, gegen diese Feinde des Staats in Masse zu den Waffen zu greifen, sie zu zerstreuen, zu vertilgen, und keinem, wer der auch sey, Gnade zu ertheilen, selbst wenn er sich auch zum Gefangenen ergäbe. Wir sichern ihnen zu, daß die Regierung ihnen die schleunigste Unterstüzung in Gelde, so wie an Waffen und regulirten Truppen zukommen lassen wird. Die im Solde der Republik stehenden Sclavonier sind schon auf dem Marsche, um sich mit ihnen zu vereinigen.

„Niemand zweifle an dem glüklichen Erfolg dieser Unternehmung. Die östreichische Armee hat die Franken in Tirol und Friaul eingeschlossen und vollkommen geschlagen, und verfolgt die Reste dieser blutdürstigen und gottlosen Horden, die, unter dem Vorwand, ihre Feinde zu bekriegen, die Länder der Republik verwüsten, und deren Unterthanen plündern, da solche doch stets sich als aufrichtige Freundin und neutral bezeugte. Die Franken können also den Empörern nicht zu Hilfe kommen; wir erwarten vielmehr den günstigen Augenblik, um ihnen den Rükzug abzuschneiden, wozu sie gezwungen sind. Wir laden überdiß die Einwohner der Landschaft Bergamo, und die andern Völker, welche treu geblieben sind, ein, die Franken aus der Stadt und den Castellen zu vertreiben, welche sie gegen das VölkerRecht besezt halten, und sich an unsre Commissaire Pet. Hieron. Zanchi und Pet. Locatelli zu wenden, die ihnen die erforderlichen Anweisungen und einen Sold von 4 Liv. des Tages für die ganze Zeit, da sie in Activität sind, geben werden.

„Verona, den 22 März 1797.

Unterzeichnet: Battaglia, ausserordentl. Proveditore des festen Landes.

Joh. Maria Allegri, Kanzler Seiner Excellenz."

―――――

2.

Schreiben des fränkischen Commandanten der Lombardei, DivisionsGenerals Kilmaine, an den Residenten der Republik Venedig zu Mailand, Hrn. Joh. Vinc. Foscarini.

„Herr Resident! Ich habe die Ehre, Ihnen zu sagen, daß die Verschiedenheit der Meinungen unter den Einwohnern von Bergamo auf keine Weise unter meiner Aufsicht war, zumal wenn keine Partei den Interessen der fränkischen Armee zu schaden suchte, deren Sicherheit unumgänglich den Besiz der Stadt und des Castelles von Bergamo erfodert. Diese Position ist allzuwichtig, um nicht meine ganze Aufmerksamkeit auf sich zu heften: wir haben uns genöthigt gesehen, uns derselben zu bemächtigen, bei dem offenbar feindseligen Betragen des Podesta Ottolini, und aller derjenigen, die ihn umgaben, vorzüglich aber bei der hartnäkigen Weigerung der Regierung einen Mann abzurufen, der sich alle Arten geheimer List gegen uns erlaubt, und die Sachen so weit getrieben hatte, daß er sogar durch seine Sbirren fränkische Soldaten ermorden ließ. Die Grausamkeit seines Betragens gegen die Einwohner geht mich nur so weit an, als sie die Menschheit überhaupt betrift: aber endlich haben dann die Einwohner, seiner drükenden Schändlichkeiten müde, ihn mit Hohn davon gejagt, und vielleicht haben sie die Regierung zu sehr mit einem ihrer Agenten vermischt. Ein Trupp Bewafneter (an deren Spize sich die von Ottolini gebrauchten Mörder, der Mitschuldige des östreichischen Agenten Savazzi, und alle die befinden, deren Andreazzi sich bedient hatte, um das Ausreissen und Entkommen der östreichischen Gefangenen in die Schweiz zu bewirken) gibt vor, er wolle sich Meister von Bergamo machen, um dort die Ruhe herzustellen; und zur ersten Probe ihrer Absichten fangen sie damit an, bis auf das Gebiete der Lombardei hinein zu stehlen und zu morden: und Sie sagen mir, ich soll solche machen lassen, ohne daß jedoch Sie selbst sie autorisiren wollen, und ohne daß sie von der Regierung von Venedig autorisirt seyen? Sie werden mich nicht für so sinnlos, oder für so gleichgültig in Betreff des Wohls der fränkischen Armee halten, daß ich einen solchen Rath befolgen sollte. Die Folgen, die daraus entstehen würden, wären, daß diese Räuber, einmal von Bergamo Meister, unzählige Mord-Thaten darinn begehen, das Eigenthum verheeren, die Hilfsquellen unserer Besazung erschöpfen, unsern Truppen alle Mittel zur Subsistenz in der obern Stadt und in dem Castell verweigern, und wahrscheinlich zulezt sie zwingen würden, sowohl dieses als jene zu räumen. Die Venetianische Regierung, die sie in diesem Augenblike nicht autorisirt, (denn das sagen Sie mir ja!) würde sie alsdann eben so wenig autorisiren, und versichern, daß Alles ohne ihren Befehl und ohne ihr Wissen geschehen sey. Nein, mein Herr, ich werde nicht zugeben, daß diese Horde von Plünderern und Räubern sich in Bergamo festseze. Ich verlange sogar von Ihnen, obgleich Sie mit denselben nicht in Correspondenz sind, ihnen zu befehlen, daß sie sich nach ihren Wohnungen zurükbegeben, sich dort ruhig halten, und ihrer Regierung getreu bleiben. Gewiß werde ich, sie nicht davon abwendig machen; aber ein für allemal, es ist eine seltsame Art mit ihrer Treue zu prahlen, indem sie stehlen und morden, und es würde ein bittres Epigramm gegen Venedig seyn, welches gewiß weit davon entfernt ist, solches zu verdienen.

„Ich bin mit vorzüglicher Hochachtung ꝛc.

Unterzeichnet: Karl-Odouart Kilmaine."

3.

Schreiben des fränkischen DivisionsGenerals Balland, an den Venetianischen Gouverneur zu Verona, vom 2 April.

„Herr Gouverneur! Ein grosses Verbrechen ist zu Salo begangen worden. Man hat sich an der Majestät des fränkischen Volkes vergriffen, und zugleich die heiligen Rechte der GastFreundschaft und der Neutralität verletzt. Es ist nicht mehr ein unbekannter Mord, durch Zänkereien veranlaßt, oder durch schlechtes Gesindel verübt; das Verbrechen ward von Bürgern, die im Namen der Venetianischen Regierung bewafnet waren, an fränkischen Soldaten, welche die NationalUniform trugen, verübt. Ein Franke hatte in Salo einen Mord begangen. Es ward eine TruppenAbtheilung dahin geschikt, um bei dem StadtRath wegen des Vorgangs Erkundigung einzuziehen, auch um die strengste Neutralität zu beobachten. Nichtsdestoweniger wurden, dem VölkerRecht zum Hohn, die Freiwilligen, die zu jener TruppenAbtheilung gehörten, mit den Brescianern vermengt und, gleich diesen, getödet oder gefangen genommen. Noch mehr; zwei Freiwillige, die auf Ordonanz waren, dort vorbeizogen und sich in nichts mengten, wurden von jenen Bürgern, einzig darum, weil sie Franken waren, ermordet. Und noch gestern ward in dieser Stadt (Verona) ein Freiwilliger im Dienste von vier Bürgern bis in das Castell verfolgt, und mit einem SteinWurf an der Seite verwundet.

„Ein so feiges und grausames Betragen muß dem meinigen nicht zur Richtschnur dienen; als Franke und Republikaner muß ich mit mehr Edelmuth und Würde handeln. Ich erkläre mich daher gegen Sie, so wie ich mich bereits erklärt habe, als ich das zu Salo begangene Verbrechen erfuhr. Ich habe dem Commandanten der fränkischen Flotille den Befehl zugeschikt, sich augenbliklich vor Salo zu zeigen, die Herausgabe der Franzsen, welche dort waren, zu fodern, und dafern man sich feindselig betragen wollte, Gewalt gegen Gewalt zu gebrauchen. Ich habe von meiner Anordnung meinem General en chef Bericht erstattet, und ihm eine Abschrift von den von mir gegebenen Befehlen beigeschlossen.

„In Betreff der Waffen bin ich darüber betreten, daß Sie solche heimlich in diese Stadt einführen lassen. Ich weiß, daß Ihre Lage ein kriegerisches Ansehen erfodert; aber es ist Ihrer Würde entgegen, sich zu betragen, als ob Sie Mistrauen in uns sezten. Die fränkische und östreichische Waffen, die ich hinwegnehmen ließ, sind ein schwaches Hilfsmittel; und die Venetianische Regierung ist stark genug, um es zu verachten. Ich weiß auch anderswoher, daß Ihre Regierung an drei verschiedenen Orten einen beträchtlichen Vorrath von Waffen hat einschiffen lassen, und daß sie dergleichen auch zu Lande, auf Wagen und auf andre Weise, herbeischaft. Ich habe Ihnen mündlich und schriftlich oft meinen festen Entschluß kund gethan, daß ich die Neutralität handhaben und achten werde. Sie wissen, daß ich deshalb eine Reihe von Befehlen ertheilt habe, und daß ich über deren Beobachtung halte; ich verlange weiter nichts, als daß Sie mich sogleich benachrichtigen, wann die Neutralität verlezt wird, um den Schuldigen zu strafen. Ich bin berechtigt, von Ihnen ein Gleiches zu erwarten.

„Das zu Salo begangene Verbrechen kan nicht ungestraft bleiben. Ich fodre daher eine gerechte und öffentliche Genugthuung, die der Gröse des Verbrechens angemessen sey. Gerechtigkeit und eignes Interesse machen Ihnen eine solche Genugthuung zur Pflicht. Dis ist das einzige Mittel, die Folgen zu verhindern, welche dieser unangenehme Vorfall haben kan. Ich bin in der Lage, um handeln zu können, wenn ich dazu gereizt werde. Wenn Sie nicht den Ausbrüchen, welche begangen werden, steuren, so sage ich Ihnen voraus, daß Sie für alle Folgen verantwortlich seyn werden; und wenn inzwischen, bis die Antwort des General en chef ankommen wird, das Venetianische Volk vergißt, was es dem fränkischen schuldig ist, so werde ich mich der Macht bedienen, die ich in Händen habe, um mir Achtung zu verschaffen, und jeden feindlichen Angrif abzutreiben. Ich spreche mit Ihnen, mein Herr Gouverneur, die einzige Politik, welche freien Völkern geziemt, und ich werde mit gleicher Offenheit handeln.

„Ich bitte Sie, mir eine aufrichtige und bestimmte Antwort zu geben, die mir für Ihre Grundsäze und für Ihr Betragen bürge. Je nachdem Ihr Betragen gegen mich seyn wird, wird das meinige gegen Sie seyn. Inzwischen will ich hoffen, daß ein gegenseitiges Zutrauen und redliches Betragen stattfinde, und Nichts sich ereigne, wodurch die Allianz und Freundschaft, womit beide Nationen unter sich verbunden sind, gestört werden könnte.

„Gruß und Hochachtung.

Unterzeichnet: Balland."

4.

Schreiben des Generals en chef Buonaparte an den Doge von Venedig, aus dem HauptQuartier zu Judenburg, den 9 April.

„Das ganze feste Land der Durchlauchtigsten Republik Venedig steht unter den Waffen. Auf allen Seiten ist das FeldGeschrei: „Tod den Franken!" Viele hundert Soldaten der fränkischen Armee in Italien sind schon ein Opfer davon geworden. Vergebens gebt ihr vor, daß ihr diese Zusammenrottungen misbilliget, die ihr selbst angeordnet habt. Glaubt ihr, daß ich in einem Augenblike, da ich in dem Herzen von Teutschland stehe, nicht stark genug seyn werde, um dem ersten Volke der Welt Achtung zu verschaffen? oder glaubt ihr, daß die ItalienLegionen die Ermordungen dulten werden, die ihr angestiftet habt. Das Blut unsrer WaffenBrüder wird gerächt werden; und ich kenne unter den fränkischen Bataillonen keines, das, wenn es zu einem so edlen Dienste beordert wird, nicht seinen Muth verdoppelt, und seine Kraft verdreifacht sehen wird.

„Der Rath von Venedig hat das edle Betragen, welches wir stets gegen ihn beobachtet, mit der schwärzesten Treulosigkeit vergolten. Ich schike Ihnen dieses Schreiben durch meinen Adjutanten. Friede oder Krieg! Wenn ihr nicht sogleich alle Mittel anwendet, um die Zusammenrottungen zu zerstreuen;

wenn ihr nicht sogleich die Urheber der Morde, die begangen worden, gefangen nehmet und in meine Hände ausliefert: so ist der Krieg erklärt. Der Türk steht ja nicht an euren Gränzen Kein Feind bedroht euch. Ihr hattet Priester gefangen sezen lassen, um auf sie die Schuld einer Zusammenrottung zu wälzen, die von euch gegen unsre Armee gerichtet war. Diese Zusammenrottung wird in vierundzwanzig Stunden zerstreut seyn; wir sind nicht mehr in den Zeiten Karl's VIII. Wenn ihr die Gewogenheit der fränkischen Regierung gegen euch verschmähet; wenn ihr mich veranlaßt, Krieg gegen euch zu führen, so denket gleichwohl nicht, daß, nach dem Beispiel des Gesindels, welches ihr bewafnet habt, die fränkischen Soldaten die Felder des schuldlosen und unglüklichen Volks eures festen Landes verheeren werden. Nein; ich werde dasselbe schützen, und es wird einst die Verbrechen segnen, welche die fränkische Armee veranlaßt haben, das Volk eurer tyrannischen Regierung zu entziehen.

Unterzeichnet: Buonaparte."

5.
Antwort der Regierung von Venedig darauf.

„An den OberGeneral der fränkischen Armee in Italien, den 15 April 1797. In dem Senat.

„Das Schreiben, welches Ihr erster Adjutant und Brigaden-Chef in Ihrem Namen dem Senat vorgelegt, hat diesem den lebhaftesten Kummer verursacht, da er daraus die schlimmen Begriffe ersehen, die man Ihnen über die Aufrichtigkeit seines Betragens beigebracht hat. Aber bei seiner Bekümmerniß findet er eine Art von Trost darinn, daß Sie ihm frei lassen, sich durch eine schleunige und bestimmte Antwort gegen Sie zu rechtfertigen.

„Der Senat ist immer auf dem festen Entschluß beharrt, Frieden und gutes Einverständniß mit der fränkischen Republik zu unterhalten: alle seine Schritte haben stets hierauf abgezwekt, und er beeilt sich, seine desfalsigen Gesinnungen, selbst bei den gegenwärtigen Umständen, zu bewähren.

„Ohne Zweifel kan diese aufrichtige und feierliche Erklärung durch Ereignisse, die nicht mit denselben in Verbindung stehen, nicht verdunkelt werden. Denn da ein so trauriger als unerwarteter Aufstand in unsern Städten jenseits des Mincio ausgebrochen ist, so haben die allgemeine Treue und Ergebenheit der Völker gegen ihre rechtmäsige Regierung sie aus eigner Bewegung zu den Waffen greifen gemacht, in der einzigen Absicht, die Empörung zu dämpfen, und die Gewaltthätigkeiten der Widerspenstigen abzutreiben. Wenn bei einer so grosen Verwirrung einige Unordnungen vorgefallen sind, so kan man sie nur den durch die Empörung bewirkten Unruhen beimessen; und der Wille der Regierung ist so entfernt davon, daß sie so eben durch eine öffentliche Proclamation * den Gebrauch der Feuer Gewehre für ihre Unterthanen blos auf den Fall persönlicher Vertheidigung, selbst gegen Empörte, eingeschränkt hat, um gröseres Unglük zu verhüten.

"Da aber die Regierung geneigt ist, alle Masregeln, die Ihrem Verlangen gemäs sind, zu ergreifen, so werden Sie, Herr Ober-General, nach Ihrer Billigkeit erkennen, wie nöthig es ist, daß dieselbe gegen alle Angriffe von aussen gesichert, und die freiwillige Anhänglichkeit des Volks an sie gegen die Unruhen, die man im Innern erregen wollte, geschüzt sey.

"Der Senat wird, da er gleichfalls geneigt ist, Ihrem Begehren in Betreff der Bestrafung und Auslieferung derer, die sich unterfangen haben, an Leuten von Ihrer Armee MordThaten zu verüben, Genüge zu leisten, die wirksamsten Masregeln ergreifen, um die Urheber derselben zu entdeken, und zu verhaften, damit sie die verdiente Strafe erleiden.

"Um alle diese unangenehmen Sachen zur gegenseitigen Zufriedenheit zu beendigen, haben wir für gut gefunden, zwei Deputirte zu ernennen, welche ausdrüklich beauftragt sind, Ihnen zu bezeugen, wie angenehm es uns seyn würde, wenn Sie gefälligst Ihre Vermittelung einlegen wollten, um Ihre Regierung zu bewegen, die Städte jenseits des Mincio, die sich von uns entfernt haben, zur Ordnung und in ihren ursprünglichen Stand zurükkehren zu machen, und Sie aufs neue von der Aufrichtigkeit unsrer Gesinnungen gegen die fränkische Republik, so wie von unsrer Werthschätzung und vollkommenen Achtung für Ihre Person, zu versichern."

* Innhalt der obengedachten Proclamation.

„Das Betragen der Republik Venedig, mitten unter den Stürmen und Unruhen von Europa, war immer, und ist noch stets edel; und ihre Grundsäze von Neutralität und Freundschaft gegen alle kriegführenden Mächte waren jederzeit offen und weltkundig. Sie achtete deshalb gar nicht auf die hinterlistigen Versuche einiger UibelGesinnten, welche über die Geradheit ihrer Gesinnungen Zweifel zu erregen sich bestrebten. Allein diese giengen in ihrer Treulosigkeit so weit, daß sie die beleidigendsten Verläumdungen gegen die Aufrichtigkeit der friedfertigen Gesinnungen der Republik verbreiteten, und dazu eine unächte Proclamation unterlegten, welche aus Verona vom 22 Merz 1797 datirt ist, und in welcher dem ausserordentlichen Proveditore Battaglia nicht nur Grundsäze zugeschrieben werden, welche denen, die von dem Senat immer öffentlich bekennt wurden, schnurgerade entgegen stehen, sondern auch Ausdrüke, die gegen eine mit unsrer Republik in Freundschaft stehende Nation beleidigend sind. Die Republik Venedig sieht sich deshalb in der Nothwendigkeit, feierlich diese Schrift von Battaglia als unächt zu erklären, und ihre getreuen Unterthanen zu belehren, daß sie sich nicht durch solche Verführungen betrügen lassen: sie sollen nicht glauben, daß die GrundSäze von Freundschaft und gutem Einverständniß gegen die fränkische Nation auf irgend eine Weise verändert worden seyen. Der Senat ist übrigens überzeugt, daß die edle Denkungsart dieser Nation die treulose Absicht solcher Verläumdungen zu erkennen wissen wird, die künstlich in verschiedenen Blättern verbreitet wurden. Der Senat ist überzeugt, daß die fränkische Nation auf diese Verläumdungen ihre Verachtung werfen, und sich's dagegen zum Anliegen machen wird, der Republik Venedig das gerechte Zutrauen zu erhalten, worauf diese den gegründetsten Anspruch hat, sowohl wegen ihrer standhaften Gesinnungen, als wegen der Festigkeit ihres untadelhaften Betragens.

„Gegeben im Rath zu Venedig, den 12 April 1797.

Unterzeichnet: Andreas Alberti, Secretär."

6.

Manifest des fränkischen OberGenerals Buonaparte gegen die Regierung von Venedig.

"HauptQuartier Palma nuova, den 14 Floreal, Jahr 5, (3 Mai 1797.)

"Während die fränkische Armee sich in den EngPässen von Steyermark schlägt, und weit hinter sich Italien und die HauptNiederlagen der Armee, unter dem Schuze von wenigen Bataillonen, zurükgelassen hat, beobachtet die Regierung von Venedig folgendes Betragen.

1. "Sie nüzt die heilige Woche, um 40,000 Bauern zu bewaffnen, vereinigt mit denselben 10 Regimenter Sclavonier, organisirt sie in verschiedene ArmeeKorps, und stellt sie auf verschiedenen Punkten aus, um uns alle Art von Communication im Rüken unsrer Armee abzuschneiden.

2. "Ausserordentliche Commissaire, Flinten, Munition von aller Art, eine grose Zahl von Kanonen, werden aus der HauptStadt Venedig selbst abgeschikt, um die Organisation der verschiedenen ArmeeKorps zu vollenden.

3. "Man läst auf dem festen Lande alle, die uns wohl aufgenommen, verhaften; hingegen werden alle, die man als wüthende Feinde des fränkischen Namens kennt, und besonders die 14 Verschwörer von Verona, die der Proveditore Prioli vor drei Monden hatte verhaften lassen, weil sie sich mit dem Plane einer Ermordung der Franken trugen, mit Wohlthaten und mit dem vollen Zutrauen der Regierung überhäuft.

4. "Auf den öffentlichen Pläzen, in den KaffeeHäusern und andern VersammlungsOrten von Venedig beschimpft und mishandelt man alle Franken, indem man sie mit den Namen: Jacobiner, KönigsMörder, GottesLäugner, bezeichnet. Die Franken sehen sich genöthigt, Venedig zu verlassen, und bald darauf verbietet man ihnen förmlich den Eingang in diese Stadt.

5. "Man befiehlt dem Volke von Padua, Vicenza, Verona, zu den Waffen zu greifen, die verschiedenen ArmeeKorps zu unterstüzen, und endlich den Anfang dieser neuen St-

cilianischen Vesper zu machen. „Es war" — sagen die Venetianischen Offiziere — „dem Löwen von St. Marco „vorbehalten, das Sprichwort zu erfüllen, daß Italien das „Grab der Franken ist."

6. „Die Priester auf der Kanzel predigen einen KreutzZug; und die Priester im Venetianischen sagen nie etwas andres, als was die Regierung will. SchmähSchriften, treulose Proclamationen, anonymische Briefe, werden in mehreren Städten gedrukt, und fangen an, alle Köpfe in Gährung zu sezen; und in einem Staate, wo keine PreßFreiheit ist, unter einer eben so sehr gefürchteten, als insgeheim verabscheuten Regierung, wird von den Buchdrukern nichts gedrukt, von den Schriftstellern nichts geschrieben, als was der Senat will.

7. „Alles scheint Anfangs dem treulosen Projekt der Regierung das Gelingen zu versichern: auf allen Seiten fliest fränkisches Blut; auf allen Strassen fängt man unsre Zufuhren, unsre EilBoten und alles auf, was der Armee angehört.

8. „In Padua wird ein BataillonsChef mit zwei andern Franken ermordet. In Castiglione di Mori werden unsre Soldaten entwafnet und ermordet. Auf allen HauptStrassen von Mantua nach Legnago, von Cassano nach Verona, werden mehr als 200 unsrer Soldaten ermordet.

9. „Zwei fränkische Bataillone, die der Armee nachziehen wollten, treffen bei Chiari auf eine Division der Venetianischen Armee, die sich ihrem Durchzuge widersezen will: es kommt zu einem hartnäkigen Gefechte, und unsre tapfern Soldaten öfnen sich den Weg, indem sie diese treulosen Feinde in die Flucht schlagen.

10. „Zu Valeggio ereignet sich ein andres Gefecht; auch zu Desenzano muß man sich schlagen: überall sind die Franken nur schwach an Zahl; aber sie wissen wohl, daß man die feindlichen Bataillone nicht zählt, wann diese nur aus Mördern bestehen.

11. „Am zweiten OsterFeierTage werden, auf das Geläute der Gloken, alle Franken in Verona gemordet: man schont sogar nicht der Kranken in den Spitälern, noch der Wiedergenesenden, die auf den Strassen hin und her gehen, und in die Etsch geworfen werden, wo sie von tausend DolchStichen durchbohrt umkommen: über 400 Franken werden ermordet.

12. „Acht Tage lang belagert die Venetianische Armee die drei Castelle von Verona. Die Kanonen, die sie in ihre Batterien einführt, werden ihr mit dem Bajonet hinweggenommen. Die Stadt wird in Brand gesezt; und die bewegliche Colonne, welche mittlerweile ankommt, schlägt diese Elenden in eine gänzliche Flucht, indem sie 3000 Mann feindlicher Truppen, worunter mehrere Venetignische Generale sind, zu Gefangenen macht.

13. „In Dalmatien wird das Haus des fränkischen Consuls in Zante abgebrannt.

14. „Ein Venetianisches KriegsSchiff nimmt eine östreichische Convoi unter seinen Schuz, und feuert mehrere Ladungen auf die Corvette la Brune ab.

15. „Der Befreier Italiens, ein Schiff der fränkischen Republik, welches nicht über 3 bis 4 kleine Kanonen und 40 Mann hat, wird in dem Hafen von Venedig selbst, und auf Befehl des Senats, in Grund geschossen. Der jugendliche und edle Laugier, der als SchiffsLieutenant es commandirt, sobald er sich von dem Fort und der AdmiralGalere beschossen sieht, und von beiden nur auf PistolenSchuß entfernt ist, befiehlt seiner Mannschaft, sich unter das Verdek zu begeben: er allein, unter einem Regen von KartätschenKugeln, steigt auf den höchsten Theil des Schiffes, und sucht durch seine Reden die Wuth dieser Mörder zu entwafnen; aber er fällt entseelt nieder. Seine Mannschaft wirft sich nun in's Wasser, um durch Schwimmen zu entkommen: aber sie wird von 6 Schaluppen verfolgt, die durch Truppen im Solde der Republik Venedig besezt sind, welche viele, die ihre Rettung im hohen Meere suchen, mit ArtHieben tödten. Ein Steuermann, mit vielen Hieben verwundet, geschwächt, überall von Blut triefend, hat das Glük, das Land zu erreichen, indem er sich an ein Stük Holz hält, welches von dem Kastell des Hafens hervorragt; aber der Commandant selbst hakt ihm die Hand mit der Art ab.

„In Betracht aller dieser Beschwerden, vermöge des Tit. XII. Art. 328 der Constitution der fränkischen Republik, und bei dem EilErfoderniß des Falles, ersucht der OberGeneral den fränkischen Minister bei der Republik Venedig, diese Stadt zu verlassen: befiehlt den verschiedenen Agenten der Republik Venedig in der Lombardei und auf dem festen Lande von Venedig, sich von da innerhalb 24 Stunden zu entfernen; befiehlt den verschiedenen DivisionsGeneralen, die Truppen der Republik Venedig als Feinde zu behandeln, in allen Städten des festen Landes den Löwen von St. Marco niederwerfen zu lassen. Jeder wird, bei dem morgenden TagsBefehle, eine besondre Anweisung für die weitern KriegsOperationen erhalten."

7.

Proclamation der Regierung von Venedig, vom 13 April, die Tags zuvor beschlossene StaatsVeränderung betreffend.

„Der Durchlauchtigste Doge macht zu wissen: Nachdem der grose Rath immer seine eigne Gröse auf die Glükseligkeit der Nation gegründet, und stets nach diesem Maase den Gebrauch seiner Macht ausgeübt hatte, einer Macht, wovon er sich immer nur als Depositair betrachtete, und nachdem er bemerkt, daß diese Macht nicht länger in den Händen der Patricier ausschlieslich und vereinigt bleiben sollte, so hat er gestern beschlossen, eine provisorische Regierung einzuführen. In dieser neuen Regierung wird und soll die heilige katholische Religion bleiben, wie wir sie von unsern VorEltern ererbt haben; die Sicherheit der Personen und des Eigenthums soll gehandhabt werden, und durch diesen Aufruf wird das geliebte Volk zum Gehorsam gegen die Gesetze aufgefodert. Nachdem aber die geringe Zahl der hier befindlichen militairischen Macht die Übelgesinnten verleiten könnte, Ausschweifungen zu begehen, und die gute Ordnung und Ruhe zu stören, so wird eine bestimmte Anzahl fränkischer Truppen nächstens hier eintreffen, welche, indem sie als Freunde einrüken werden, auch als solche zu behandeln sind."

8.

Proclamation der Regierung von Venedig, vom 16 Mai, die Einsezung einer einstweiligen Municipalität betreffend.

"Der Durchlauchtigste Doge macht zu wissen: daß Kraft des Schlusses des grosen Raths vom 12 dieses, und nach den Grundsäzen, welche in der Kundmachung vom 13 dieses angezeigt worden, die Regierung von izt an durch eine einstweilige Municipalität verwaltet werden soll. Diese wird in dem Saale des grosen Raths eingesezt. Alle Venetianische MilitairBeamte sollen sich heute Mittag in den erwähnten Saal begeben, um gedachter Municipalität den Eid der Treue abzulegen. Den 16 Mai 1797.

Valentin Marini, Secretär."

9.

Proclamation der Municipalität von Venedig, vom 16 Mai.

"Die Venetianische Regierung wünschte die lezte Stufe von Vollkommenheit der republikanischen Verfassung zu geben, welche mehrere Jahrhunderte hindurch den Ruhm dieses Landes machte. Sie will immer mehr die Bürger dieser HauptStadt eine Freiheit geniesen machen, welche zugleich Religion, Personen und Eigenthum sichert. Sie will zu dem MutterLande die Einwohner des festen Landes, welche sich von jenem getrennt haben, zurükberufen, um so mehr, als diese doch noch immer für ihre Brüder in der HauptStadt die alte Zuneigung beibehalten.

"In diesen Hinsichten, und aus Überzeugung, daß die Absicht der fränkischen Regierung dahin gehe, die Macht und die Glükseligkeit des Venetianischen Volkes zu vergrösern, indem sie mit dessen Schiksal das der freien Völker Italiens verbindet, verkündigt die Regierung von Venedig hiemit feierlich, vor ganz Europa, und besonders vor dem Venetianischen Volke, die freie und redliche Umänderung und Verbesserung, welche sie in der StaatsVerfassung dieser Republik zu machen für nöthig erachtet hat. Bisher waren nur die Edelleute durch das Recht der Geburt zu der Verwaltung des Staats zugelassen. Heute nun entsagen diese Edelleute freiwillig diesem Recht, so daß es hinführo immer die verdientesten Männer der ganzen Nation seyn werden, welche zu Verwaltung der StaatsAemter zugelassen werden. Jene werden darum nicht minder ergeben und thätig für das Wohl des Vaterlands, und nicht minder eifersüchtig seyn, in den Augen des souverainen Volkes die ererbte Achtung zu verdienen, welche mit ihrem Namen verbunden war, indem sie dem Vaterlande die nemlichen Dienste leisten werden, die ihre VorEltern demselben geleistet haben.

„Mitlerweile, bis das Volk sich versammeln kan, um selbst seine Obrigkeiten den demokratischen Formen gemäs zu wählen, bleibt die Verwaltung dieser HauptStadt den Bürgern anvertraut, deren Namen dieser Kundmachung unten beigefügt, und aus allen Klassen von Einwohnern gewählt worden sind. Diese einstweilige Verwaltung wird sich Municipalität nennen.

„Eine andre CentralVerwaltung wird aus Repräsentanten der Municipalität, und aus einer verhältnißmäsigen Zahl von Repräsentanten der Venetianischen Provinzen vom festen Lande, von Istrien, Dalmatien, Albanien, und von den Levantischen Inseln, unter dem Namen Departement zusammengesezt, und für das Wohl der ganzen Republik wachen.

„Dis Departement wird sich damit beschäftigen, die Bande des Patriotism zwischen den Provinzen und der HauptStadt enger zu knüpfen: denn nur dadurch kan diese Republik ihren vorigen Glanz und ihre alte Freiheit wieder erhalten. Indem die Venetianischen Adelichen auf eine rühmliche Art ihre Titel zum Opfer darbringen, ist ihr lezter Wunsch, zu sehen, daß alle Kinder des Vaterlands, gleich und frei, in innigster Verbrüderung, die Wohlthaten der VolksHerrschaft geniesen, und in Ehrfurcht für die Geseze den heiligsten Titel, welchen sie wieder erlangt haben, den des Bürgers, ehren mögen.

„Den 16 Mai 1797.   Nic. Corner, Präsident."

10.

Weitere Proclamation der Municipalität von Venedig, vom 16 Mai, in Bezug auf die erfolgte StaatsVeränderung.

„Die Municipalität von Venedig, in deren Hand, in Folge der Abdankung des grosen Rathes, die VolksSouverenetät einstweilen niedergelegt worden ist, erklärt im Namen der Nation, daß derselbe durch die Entsagung seiner Privilegien sich um das Vaterland wohl verdient gemacht hat. Sie bezeugt insonderheit den Mitgliedern der Regierung und dem Befehlshaber der öffentlichen Macht im Augenblike der Insurrection vom 12 Mai die öffentliche Dankbarkeit.

„Nicht minder eifrig, als der grose Rath, an dessen Stelle sie tritt, die Demokratie auf den Grundlagen der BruderLiebe zu errichten, erklärt sie, im Namen der Nation, förmliche Amnestie für alle politischen Meinungen, Schriften, Reden, Betragen und Handlungen; welche in dem neuen System als Irrthümer oder Verbrechen betrachtet werden könnten, mit alleiniger Ausnahme der den Räubern vom 12 dieses Monats, welchen keine Macht Straflosigkeit zugestehen kan, gebührenden Strafe.

„Sie ladet, dem zu Folge, alle Bürger, welche noch einige Empfindlichkeit wegen des vergangenen beibehalten haben möchten, ein, solcher in den Umarmungen einer aufrichtigen Aussöhnung zu entsagen; und um der ganzen Nation desfalls ein groses Beispiel zu geben, sendet sie zwei ihrer Mitglieder ab, um sich von der Grosmuth des fränkischen OberGenerals die Freiheit der ehemaligen StaatsInquisitoren, Bürger Augustin Barbarigo, August Maria Gabrielli und Contarin Corner, und des Bürgers Pizzamano, so wie die Niederschlagung des gegen sie angefangenen Prozesses; auch zugleich die Loslassung aller ehemaligen Patricier, Offiziere, Soldaten und Individuen zu erbitten, die, als abhängig von der vorigen Regierung, von der fränkischen Armee, oder den Municipalitäten des Venetianischen festen Landes verhaftet worden sind.

„Da sie überdis den wenig begüterten Patriciern, die in diesem Umstande ihr persönliches Interesse dem Wohl des Vaterlands aufgeopfert haben, im Namen der Nation einen ausgezeichneten Beweis von deren Dankbarkeit zu geben wünscht, so erklärt sie, daß auf die NationalGüter oder auf eine LoteriePensionen zu ihrem Unterhalt ausgeworfen werden sollen, bis sie in der neuen Regierung eine ihnen angemessene Anstellung erhalten haben werden. Gleiche Masregeln sollen auch für die ehemaligen Patricierinnen, welche Theil an den öffentlichen Wohlthaten hatten, so wie für die Sekretairs, Minister und andre Personen, welche Pensionen zu ihrem Unterhalt bezogen, getroffen werden. Die Municipalität sezt diese Handlung der Dankbarkeit unter die Garantie der NationalGrosmuth, welche nicht zuläßt, daß die, so durch die Plünderungen vom 12 dieses Monats Schaden gelitten, die unschuldigen Opfer davon bleiben, und zu dem Ende nimmt die Nation deren Entschädigungen auf sich, welche durch einen hiezu bestimmten Ausschuß mit Billigkeit und Mäsigung liquidirt werden sollen.

„Damit endlich der Uibergang von der alten zur neuen Ordnung der Dinge dem NationalCredit eine Garantie weiter gewähre, so nimmt die Nation auf ihre Rechnung alle Schulden, welche durch die vorige Regierung bei PrivatPersonen, sowohl in Bezug auf die Bank, als die verschiedenen Depots in der Börse und dem öffentlichen Schaze gemacht worden, nach den glaubwürdigen Urkunden, die von den Agenten der verschiedenen Verwaltungen werden vorgelegt werden.

„Die provisorische Municipalität erklärt, daß sie sich dem Wohl des Vaterlands, dem Schuze der Religion, des Eigenthums und der Sicherheit ihrer MitBürger weihen wird: sie ladet dieselbe ein, sie durch ihre patriotischen Gesinnungen, durch ihre Einsichten, Tugenden und Waffen zu unterstüzen; und voll Vertrauens in ihren patriotischen Eifer schwört sie, die Freiheit auf den Grundlagen der Demokratie zu behaupten.

„Gegeben den 16 Mai 1797.
Nic. Corner, Präsident."

III.
Revolution in Genua.

§. 1.
Allgemeiner ZurükBlik in die Geschichte von Genua. Uiber dessen Wichtigkeit für Frankreich, schon vermöge seiner topographischen Lage.

Genua ist die HauptStadt eines Staats, den die Römer Ligurien nannten, und der noch izt ohngefähr die nemlichen Gränzen hat, wie damals. Die Revolutionen, welche diese Stadt erfuhr, machten sie die Niederlassungen verlieren, die der Geist und Muth ihrer Einwohner in Asien und Afrika gebildet hatte.

In jenen finstern Zeiten, da ein fanatischer Schwindel den grösten Theil Europens befiel, Fürsten ihre Staaten, Hausväter ihre Familien verliessen, um über Meere hin um einige elende Schollen Erde, das heilige Grab genannt, mit einer Unklugheit zu kämpfen, die so sehr des unglüklichen Erfolgs werth war, den sie hatte, gehörten die Genueser zu der sehr kleinen Zahl von Völkern, welche die zur Ausführung dieses Projekts nöthigen Hilfsmittel besassen: sie hatten die Kunst der Schiffahrt auf einen solchen Grad vervollkommnet, daß sie damals die geschiktesten Piloten des MittelMeers, und fast das einzige HandelsVolk von Europa waren. Ihre genaue Kenntniß von den Gegenden, wo man den Krieg führen wollte, und die vortheilhafte Lage ihres Landes machten, daß Genua die Niederlage und der SammelPlaz der zu diesen erstaunenswürdigen Unternehmungen nöthigen Rüstungen ward.

Die Genueser öfneten ihre Häfen allen Mächten Europens. Das fruchtbare Italien füllte ihre Magazine mit jenen Vorräthen von Lebensmitteln an, deßen so unermeßliche Armeen bedurften. Trefliche Mechaniker, erfanden sie eine neue Artillerie, deren man sich in den Belagerungen, die den Europäern so viele festen Pläze unterwarfen, mit Erfolg bediente; und während die Flotten der andern Nationen nur Streiter nach Asien überführten, folgten ihnen die der Genueser, die ihre Führer und Lieferanten waren, mit allen Arten von Mund= und KriegsVorräthen beladen, und gewannen dadurch grose Reichthümer.

Man ist jedoch dem Antheil, den die Genueser an den Kriegen in Palästina nahmen, eine weiterreichende Gerechtigkeit schuldig: mit schlauer Industrie einigten sie zugleich eine glänzende Tapferkeit, und viele von ihnen zeichneten sich durch merkwürdige Thaten gegen die Muselmänner aus. Aber in ihren Eroberungen fanden sie einen Vortheil, den die meisten der damaligen Kreuz= Fahrer vernachläßigten: statt solche tiefer in das Innere des Landes hinein zu erstreken, machten sie sich's vielmehr zum besondern Augenmerk, für ihren Theil einige See= Städte zu erhalten, wo sie Comptoirs anlegten, welche sie in Stand sezten, mit Leichtigkeit einen Handel fortzuführen, wovon sie allein allen Gewinn zogen.

Ein Betragen, welches so abstechend von dem der meisten andern Nationen war, hatte auch einen sehr verschiedenen Erfolg. Nachdem so viele ununterbrochne und unnüze Anstrengungen fast alle Länder an Manschaft und Geld erschöpft, und eine traurige Erfahrung dem verblendeten Europa endlich die Augen geöfnet hatte, überliesen die mehrsten Fürsten, welche an der Spize dieser thörichten Unternehmungen standen, einige kleine Staaten, die sich in diesen weitentlegenen feindlichen Gegenden gebildet hatten, ihrer eignen Macht, und musten solche bald zertrümmert sehen, während die Genueser, die durch diese für die andern Völker so verderblichen Kriege sich die grösten Reichthümer gesammelt hatten, Gebieter des Handels waren, und noch immer in Asien und Afrika die Niederlassungen erhielten, die sie ihrer wohlberechneten Politik zu danken hatten. Damals erhob sich Genua zu jenem hohen Grade von Ansehen, wovon es seitdem so tief herabgesunken ist. In diesen seinen schönen Tagen sah man Mächte vom ersten Rang um seine Allianz buhlen; nicht selten gab es der politischen Wage den Ausschlag, und entschied die grösten Streitigkeiten.

Die Republik Pisa, Nachbarin und Rivalin von Genua, durch die langen und schreklichen Kriege berühmt, worinn sie mit demselben um die Inseln Corsika und Sardinien stritt, hatte sein Betragen während der KreuzZüge nachgeahmt. Sie theilte mit ihm die Besizungen, welche die Ursache ihrer alten Zwistigkeiten waren, und die Vortheile, welche jene Conjuncturen ihnen verschaft hatten. Ihre Rivalität erhielt dann für das übrige Europa mehr Interesse; endlich (1290) triumphirte Genua über Pisa, dessen Macht ganz auf die Seite der Sieger übergieng.

Eine dritte Republik, gleichfalls SeeStaat, deren Macht durch die Entzweiung der beiden erstern angewachsen war, trat an die Stelle von Pisa, um den Genuesern die Reichthümer des Handels streitig zu machen. Auch über diesen neuen Feind erfocht Genua so grose Vortheile, daß es bald das stolze Venedig in die Nothwendigkeit sezte, die Gnade eines seiner Bürger anzuflehen. Dem Eigensinn des Peter Doria, der solches belagerte, nachdem er alle seine Besizungen auf dem festen Lande hinweggenommen hatte, hatten es die Venetianer vielleicht allein zu danken, daß sie nicht gleiches Schiksal mit den Pisanern hatten.

Wenn man die Rolle betrachtet, die damals in Europa die Einwohner eines Landes spielten, welches höchstens 60 Stunden in der Länge und 5 bis 6 in der Breite hat, und zwischen den unfruchtbarsten BergKlippen des Apennins eingeengt ist, so muß man dadurch nothwendig auf die Betrachtung geleitet werden, welche überwiegende Vortheile zu allen Zeiten die SeeMacht gewährte. Die, welche die Genueser damals im MittelMeere hatten, war unstreitig der der andern Nationen überlegen: aber der Ruhm und die Reichthümer, welche ihr daraus zuflosen, wurden bald die Quelle einer Menge von Uibeln, und stürzen diesen Staat in die Tiefe herab, worinn wir ihn izt erbliken.

Nicht mit der Republik allein knüpfte man Allianzen; mehrere Souverains suchten auch die Verbindung mit Bürgern, welche durch ihren Credit und ihre unermeßlichen Reichthümer mächtig waren. Diese leztern Allianzen in einem Staate, der auf Gleichheit gebaut seyn sollte, indem sie in der Ungleichheit der GlüksUmstände eine immer weitere Kluft aufrissen, erzeugten darinn Rotten, die ihn lange Zeit hindurch zerwühlten. Ausser denen der Guelfen und Gibellinen, die er mit ganz Italien gemein hatte, waren noch einige den Bürgern von Genua besonders eigne. Diese Rotten entzweiten oft das Volk, und oft vereinten sie es gegen den Adel. Die Würde eines OberHaupts der Republik, die vermöge der Verfassung des Staats beständig war, hatte selten ein Jahr hindurch in der nemlichen Person Bestand, und ward oft sogar abgeschaft. So viele innern Revolutionen erlaubten den Genuesern nicht, die auswärtigen Geschäfte vortheilhaft zu leiten: sie sahen sich allmählich aller ihrer fremden Besizungen beraubt, und auf ihr unfruchtbares Gebiete und die einzigen Vortheile eingeschränkt, welche dieser Staat der Natur zu danken hat, als z. B. seine Häfen, seine treflichen AnkerGründe, seinen Golf und seine Communication mit dem übrigen Italien.

Die Schwäche der Genueser zog ihnen Feinde zu,

von denen sie bisdahin gefürchtet worden waren, und sie sahen sich außer Stande, ohne fremden Beistand ihnen die Stirne zu bieten. Die Rotte, welche gerade der andern überlegen war, bestimmte hierinn die Wahl der Nation: so riefen z. B. die Adorni Frankreich zu Hilfe, und unterwarfen ihre Republik Karl'n VI; und bald darauf riefen die Doria und Spinola, ihrer Seits, den Markgrafen von Montferrat, und späterhin den Herzog von Mailand herbei; denn der gegenseitige Haß der herrschenden Parteien bewirkte fast immer schnelle Revolutionen, die in einem Augenblike wieder die Gewalt umwarfen, die kaum begründet worden war.

Wann die Mächte, denen die Genueser sich unterworfen sahen, in Angelegenheiten verwikelt waren, auf welche der Besiz dieses Staates wesentlichen Einfluß haben konnte: so vermochte diese Betrachtung sie zuweilen, Maßregeln zu ergreifen, um die Gewalt mehr zu befestigen: aber da sie nie auf jene Sicherheit hinarbeiteten, welche nur eine gänzliche Reform der Regierung und die Vernichtung der Parteien ihnen geben konnte, so ließen sie in dem Geiste dieses Volkes eine Stimmung fortdauern, die allzugefährlich für dessen Ruhe war.

Ein immer stolzer, eifersüchtiger, interessirter Adel; ein Volk, welches das Andenken der Freiheit, die es nur erst verloren hatte, und deren Werth es kannte, störrisch und nach deren WiederErlangung lüstern machten, sezten diese Republik beständig dem geheimen Spiele der Fremden aus.

Während der fast unaufhörlichen Kriege, wodurch Italien von der Unternehmung K. Karl's VIII an bis zum Schlusse der Regierung K. Franz I zerwühlt ward, gieng der Staat von Genua, dessen Besiz für die kriegführenden Mächte so vortheilhaft war, aus einer Hand in die andre. Die innern Kräfte dieses Staats wurden durch diese neuen Revolutionen fast vernichtet; nur die

Vortheile, die dessen Besizer abwechselnd davon zogen, erhielten ihm noch eine Art von Ansehen.

Nach der Revolution, deren Schöpfer Andreas Doria war, (1528) fühlte dieser grosmüthige Bürger, der die Freiheit seines Vaterlands dem eiteln Ansehen vorzog, womit das Volk ihn verzieren wollte, daß, um solche zu befestigen, eine Reform in den Gesezen nöthig sey. Er suchte besonders sein Land dem Joche zu entziehen, welches Kaiser Karl V und dessen Nachfolger vergebens ihm auflegen wollten; doch konnte er nicht hindern, daß die Verbindungen, worinn Genua mit Spanien stand, dasselbe gegen seinen Willen in alle Händel dieser Macht verwikelten. Es ward das Opfer davon in jenen berühmten Kriegen, die Richelieu und Mazarin durch FriedensSchlüsse endigten, welche für Frankreich und Savoyen vortheilhaft waren, denen die Rechte der Genueser bei vielen Gelegenheiten, besonders zur Epoche des Mantuanischen ErbfolgeKrieges, aufgeopfert wurden.

Seit der Revolution des Andreas Doria machte Frankreich keinen ernsten Versuch weiter, um sich auf's neue in den Besiz von Genua zu sezen, wenn man drei Unternehmungen ausnimmt, die man wegen ihres geringen Erfolgs hier mit Stillschweigen übergehen könnte.

Die erste war die Expedition des Marquis von Termes, im Jahre 1553, worinn dieser ihm den grösten Theil der Insel Corsika unterwarf. Frankreich behielt die wichtigsten Pläze darinn bis zum Jahre 1559, da Heinrich II in dem 17ten Artikel des FriedensSchlusses mit König Phillpp II von Spanien sich verpflichtete, den Genuesern die Pläze, die er in diesem Königreich innhatte, zurükzugeben.

Die zweite war die Verschwörung des Fiesko, welche von lange her durch Mittel vorbereitet, woran Frankreich so vielen Antheil hatte, endlich im Jahre

1554 mit einem Erfolg ausbrach, der den Hofnungen der Krone nur wenig entsprach.

Die dritte war der Feldzug von 1625, worinn der Connetable Lesdiguieres, indem er zu der Armee des Herzogs von Savoyen ein Korps fränkischer Truppen stoßen ließ, im Einverständniß mit diesem Fürsten, die Eroberung des Staates von Genua unternahm: in dem Vertrage, der beide Armeen vereinigte, war bestimmt worden, daß ihre Eroberung zwischen Frankreich und dem Hause Savoyen getheilt werdrn sollte. Aber diese neue Unternehmung hatte nicht mehr Erfolg, als Fiesco's Verschwörung. Seit der Zeit schien Frankreich diese Republik ganz zu vergessen, und die Macht, unter deren Schuze sie nun stand, vernachläsigte sie nicht weniger: Spanien, nachdem es sie durch Anlehen erschöpft hatte, wovon es die Zinnsen nicht allzugenau bezahlte, opferte sie den mit dem Hause Oestreich neuverbündeten SeeMächten auf, während die Stadt Marseille sie vollends ihres Handels nach der Levante beraubte.

Es war izt nicht mehr jene berühmte Republik, welche einst die Meere mit ihren Schiffen bedekt, deren Macht mit glänzendem Erfolg in mehr als einem ErdTheile Krieg geführt, und mehreren Staaten Italiens das Gesez gegeben hatte: man erkannte Genua kaum mehr in dem Zustande von Versunkenheit, worinn (1684) sein Doge vor dem stolzen Ludwig XIV erschien, um diese Republik wegen einiger unüberlegten Schritte zu entschuldigen, wozu ihre Verhältnisse mit Spanien sie hingerissen hatten.

Unmerklich erstrekte sich die Geringschäzung, die man gegen die Genueser bewies, auf alle Vortheile, die man in den Kriegen in Italien von ihrem Staate ziehen konnte. Frankreich, durch seine Verbindungen mit Savoyen gewohnt, seine Armeen nur durch die AlpenPässe hindurch zu führen, ver=

nachläſſigte Genua gänzlich. Im Kriege von 1700 erhielt Ludwig XIV von dem Herzoge von Savoyen, Victor Amadeus II, einen Durchzug für ſeine Truppen: ſeine Armeen, mit denen ſeines Enkels, Philipp V, vereinigt, hatten Anfangs das gröſte Glük; aber durch die Untreue des Herzogs von Savoyen ward ſolchem nachher ein Ende gemacht. Von da an hätte Frankreich die Augen über die Vortheile öfnen ſollen, welche die Poſition von Genua ihm bot; aber es war andern Zeiten und andern Umſtänden vorbehalten, die Wichtigkeit dieſes Staats gehörig zu würdigen.

Der Wormſer Tractat (1743), durch welchen Maria Thereſia, die durchaus keine Rechte an die den Genueſen gehörige Stadt und Marquiſat Final hatte, ſolche dem Könige von Sardinien überließ, brachte bald den Tractat von Aranjuez hervor. Die Genueſer, gezwungen der Neutralität zu entſagen, ſuchten nun ihre Sicherheit in einer Allianz mit Frankreich und Spanien.

Die Ereigniſſe, welche dieſem Tractat folgten, muſten endlich Frankreich den Irthum benehmen, worinn ſowohl die Schwäche der Genueſer, als die Politik des Königs von Spanien es unterhalten hatten. Es ſah mit welcher Leichtigkeit der Tractat von Aranjuez das Syſtem eines Krieges änderte, worinn Spanien vergebens ſeine Schäze und ſeine Macht erſchöpft hatte, um in Italien einzudringen, und nun die eben ſo ſchwere als nothwendige Vereinigung der Armee des Generals de Gages mit der des Infanten durch die bloſe Stimmung der Genueſer und durch die Lage ihres Landes in's Werk geſezt ward.

Seitdem wuſte Frankreich die Wichtigkeit der Lage von Genua noch ganz anders zu ſchäzen, indem es nach einander deſſen Vertheidigung den Generalen Bouflers und Richelieu übertrug.

Es ist der Mühe werth, diese Wichtigkeit hier noch etwas näher zu zergliedern. *

Jedermann kennt die Karte des Staates von Genua; man weiß, daß diese Republik sich längs dem ganzen Gestade des MittelMeeres von Vintimiglia bis zu dem kleinen Herzogthum Massa hindehnt, das solche von Toscana sondert. Dieser Raum, welcher den Namen Riviera von Genua führt, ist die GrundLinie eines DreiEks, dessen dieser GrundLinie entgegengesezter Winkel sich auf der Spize der Appenninen, an der Quelle der Flüsse Scrivia und Trebia, bildet. Das Innere dieses DreiEks macht den Staat von Genua aus. Die Seite nach den Alpen hin gränzt, von dem an die See stossenden Theile anzufangen, an die ehemalige Graffschaft Nizza (izt das Departement der SeeAlpen,) an Piemont und Montferrat. Die, welche sich gegen Toscana hinzieht, gränzt, um auf gleiche Weise wieder mit dem an die See stossenden Theile anzufangen, an das Herzogthum Massa, einen Theil von Toscana, die Kaiserlichen Lehen, das Herzogthum Piacenza und die Landschaft Tortona. Ausserdem besizen die Genueser über den Apenninen, auf der RükSeite dieser Gebirge, gegen der Lombardei hin, einige Festungen, als z. B. Gavi und das Castell von Novi, die, vermöge ihrer Lagen, die HauptStrasse, welche aus der Lombardei und dem Pimontesischen nach dem Staate von Genua führt, noch genauer schliesen könnten, als sie es wirklich thun.

Die Communicationen dieses Staats mit dem übrigen Italien, die Zahl und das Genie seiner Einwohner, die Lage seiner Haupt-

* S. Campagnes des Français en Italie, ou precis historique des différentes expéditions des Armées Françaises au-dela des Monts &c. par J. F. L. F. à Paris, (an 4) 1796.

Stadt und die HilfsQuellen, welche sie enthält, verdienen noch eine besondere Aufmerksamkeit.

Die Stadt Genua, welche auf der Linie liegt, die man die Riviera von Genua nennt, scheidet solche in zwei ohngefähr gleiche Theile, die man unter dem Namen Riviera di Ponente, und Riviera di Levanto von einander unterscheidet. Die Bevölkerung derselben beläuft sich auf 90 bis 100,000 Seelen. Biß auf die neueste Revolution, wovon wir sogleich sprechen werden, war der Adel darinn im Besize der Regierung; und mächtig durch die vormals durch den Handel erworbenen Reichthümer, und die Bank. Das Volk hatte für denselben einen stupiden Gehorsam; es gab in mehreren Gelegenheiten auffallende Beweise seiner Störrigkeit gegen jede Art fremden Jochs. Besonders heftig ist sein Haß gegen den König von Sardinien, den es wie seinen ErbFeind betrachtet.

Die Stadt Genua selbst ist am Ufer des Meeres, in Gestalt eines Amphitheaters, auf dem Abhang eines Berges erbaut, dessen GrundFläche einen Umfang von ohngefähr 4 italienischen Meilen einnimmt. Sie liegt zwischen den WaldStrömen Polzevera und Bizagno, welche zweien fast parallel hinlaufenden Thälern den Namen geben, durch die man, wenn man diesen Flüssen hinaufwärts folgt, auf die Spize der Apenninen gelangt.

Ein doppelter Umkreis von FestungsWerken umschließt sie: der innere nimmt die Hälfte des Berges ein, auf dessen Abhang die Stadt erbaut ist; der äussere umfaßt den ganzen Berg, und bildet ein genaues DreiEk, dessen GrundLinie das Meer ist. Die beiden Seiten dieses DreiEks erheben sich auf Escarpaments, die gegen die beiden erstgenannten Thäler gerichtet sind, und bilden auf der äussersten Höhe des Berges einen spizigen Winkel. Von dieser Höhe geht ein Rüken aus, der sich durch sehr schwierige Escarpaments herabzieht, die sowohl auf seiner rechten als linken Seite an den beiden Flüssen liegen. Auf der entgegengesezten Seite, wodurch er mit der Stadt zu= sammenhängt, zieht er sich auf eine Art von Col, der die beiden Thäler Polzevera und Bizagno mit einander verbindet. Uiber diesen Col hinaus fängt er von neuem an, und verlängert sich bis auf die Spize der Apenni= nen hinauf.

Das Terrain, worauf die FestungsWerke von Genua angelegt sind, ist mit dem grösten Verstande ge= nüzt. Die Flanken und Büen sind hier mit einer ge= nauen Kenntniß der bizarren Lagen, welche solches umge= ben, vervielfältigt. Der Wall ist von ungeheurer Brei= te, wodurch er alle Arten von Werken faßt, die seine Ver= theidigung verstärken können. Die HauptSchwierigkeit, worauf man stosen würde, wenn man Genua bela= gern wollte, wäre die Artillerie manövriren zu machen, wodurch man dessen FestungsWerke bestreichen soll: denn der Berg, auf dem solche angelegt sind, ist rechts und links mit einer Menge Linien umgeben, die ohngefähr parallel damit laufen; diese Linien werden durch Berge gebildet, die niedriger als der, worauf die Stadt liegt, und durch wilde Bäche und ungangbare Thäler von ein= ander getrennt sind. Nun weiß man, daß der Vortheil der Belagerer vorzüglich in der Möglichkeit besteht, ge= gebenen Linien willkürliche Linien entgegensezen zu können: hier aber verliert der Beläger diesen Vortheil; alle Terrains, wo er seine Artillerie aufführen kan, sind bekannte Punkte, und können durch mehrere andre, zu dem Ende ausgewählte Punkte der Befestigungen die Stadt bestrichen werden. Welche Wirkung könnte man nun aber von Batterien erwarten, die, schwach an Zahl und Bau, weit mehreren und besser angelegten Batterien entgegengesetzt sind?

Bei dieser glüklichen, man könnte sagen, einzigen Lage der FestungsWerke von Genua, hat diese Stadt alle Vortheile zur Vertheidigung und zum An=

grif, die man sich für einen grosen KriegsPlaz wün=
schen kan.

Die DefensifVortheile eines KriegsPla=
zes sind von zweierlei Art: die einen betreffen blos die
Erhaltung des Plazes selbst; die andern sind von wei=
term Umfang; sie begreifen vorzüglich die Vertheidigung
der mittelbar oder unmittelbar durch diesen Plaz beschüz=
ten Länder, und die Möglichkeit, unter die Kanonen,
oder in den innern Raum derselben eine Armee zu flüch=
ten, die nach irgend einem Schlage, den sie erlitten, ausser
Stand wäre, sich im Felde zu halten.

Die OffensifVortheile eines KriegsPla=
zes bestehen vorzüglich in den Mitteln, welche seine Lage
gewährt, den Krieg in die benachbarten Länder
zu spielen, in seinen wohlangefüllten Magazinen
und Zeughäusern, in seinem weiten Umfang um
solche zu fassen, in der Zahl und dem Genie seiner
Einwohner, in der mehreren oder mindern Leichtigkeit
Leute zu finden, welche die für eine grose Armee
nöthigen Arbeiten fertigen können. Alle diese
Vortheile vereinigt Genua in sich.

Aus dem Umfang des äussern Umkreises von Genua,
der ein gleichseitiges Dreiek bildet, von dessen Seiten je=
de ohngefähr anderthalb Stunden in der Länge hat, kan
man leicht ermessen, daß in dem Innern seiner Festungs=
Werke eine ganze Armee gelagert werden kan. Ge=
nua hat Magazine von unermeßlicher Geräumigkeit,
wohlgebaut, und auf's beste gelegen. Die Genueser
haben in ihrer HauptStadt wenigstens 400 Kanonen,
und ein Arsenal, aus dem man 50 bis 60,000 Mann
Infanterie vollkommen bewafnen kan. Ferner ist in die=
ser Stadt eine grose Menge sehr sinnreicher Künstler
und Arbeiter, so wie Handelsleute, welche Ma=
gazine von allen für eine Armee nöthigen Waaren, und
Bankiers, welche Geschäfte mit ganz Europa haben;
überdis kan alles, was Genua hier Nüzliches in sich

schließt, mit jener Leichtigkeit vermehrt werden, welche einer SeeStadt, die am MittelMeere eine der günstigsten Lagen hat, eigen ist. Endlich hat Genua auch eine sehr kurze Communication mit den zwei Pläzen, die wahrscheinlich Gegenstand der ersten Versuche aller Mächte sind, welche von hier aus die Lombardei oder die Staaten des Königs von Sardinien angreifen wollen: Alessandria und Tortona sind beide nur ohngefähr 10 Stunden davon entfernt; man gelangt vor diese zwei Pläze durch einen sehr schönen und breiten Weg, der für alle Arten von Geschüz und BelagerungsErfodernissen brauchbar ist; auch wird diese Strasse durch Pläze geschüzt, die den Genuesern gehören, und in den ZwischenPunkten liegen, nemlich Gavi und das Castell von Novi.

Dis sind die besondern Vortheile der Stadt Genua selbst: laßt uns nun die des Staates von Genua betrachten.

Die militairischen Vortheile eines kleinen Staates, der alle Tage durch eine überlegene Macht angegriffen werden kan, bestehen in den Hindernissen, die seine Lage der Armee, welche darin eindringen will, entgegensezt; in der Schwierigkeit, die für die KriegsOperationen nöthigen Dinge, wodurch man zu dessen Eroberung gelangen kan, dahin zu bringen; in einer gewissen Form, welche die Vereinigung aller Theile leichter und schneller macht, um dem Bedrohten zu Hilfe zu kommen, und den Feind zu den ihm nachtheiligsten Dispositionen zwingt, wenn er sie alle zumal angreiffen will; endlich in der Leichtigkeit, fremden Beistand, wenn solcher nöthig wird, zu erhalten. Wirft man nun den Blik auf eine Karte des Staates von Genua, so wird man ihm schwerlich irgend einen dieser Vortheile streitig machen. Wir berühren hier nur zwei derselben. Der erste ist, daß die einzige für den Marsch einer Armee, die das zu Ausführung einer ernsten Unternehmung nöthige Geräthe mit sich führt, taugliche Strasse, die nur so eben erwähnte ist, welche von Genua nach Alessandria und Tortona zieht. Es sind zwar noch einige andre Strassen in den verschiedenen Theilen dieses Staats, die mit dem innern Italien communiciren; aber keine ist für den Transport der Artillerie und Munition brauchbar. — Ferner, wie unbeträchtlich auch die SeeMacht seyn mag, womit diese Republik wirkt, so ist sie doch immer hinreichend, um in den Staat von Genua alle Hilfe zu bringen, die man ihm zukommen lassen will. Frankreich kan mit groser Leichtigkeit und in sehr kurzer Zeit eine beträchtliche Macht hier vereinigen, und wenn auch wegen der oder jenen Schwierigkeiten, die Truppen, welche es hier zu einer Armee sammeln will, nur nach und nach, und langsam eintreffen können, so sicheren ihm die DefensifVortheile dieses Staates die Mittel, diese Armee allmählig zu bilden, ohne befürchten zu müssen, daß andre Mächte eine Invasion unternehmen könnten, um die Zurüstungen zu einer von ihm projektirten Offensife zu vernichten.

§. 2.
Genua während des jezigen Krieges. Dessen neue, durch die Convention von Montebello (6 Jun. 1797) festgesezte StaatsForm.

Man erkennt aus dem Obigen hinlänglich, wie wichtig Genua für Frankreich ist. Aber wenn bisher jener Staat, je nachdem gerade eine Partei darinn obsiegte, bald für bald wider Frankreich war, so muste dieses leztere, wenn sich ihm die Gelegenheit bot, seine Verbindungen mit demselben enger zu knüpfen, und nicht mehr den Wechseln des ParteiKampfs einiger wenigen vermächtigen Familien zu überlassen, eine solche Gelegenheit mit Eifer nüzen. Hieraus vorzüglich mit müssen wir uns die Revolution erklären, wodurch nur so eben auch in Genua, wie in Venedig, die bisherige aristokratische RegierungsForm in eine demokratische, nach dem Modell der fränkischen, umgeschaffen ward.

Zwar in dem jezigen Kriege aller grosen Mächte des südlichen Europens gegen die neue Republik Frankreich war Genua, ohngeachtet aller Auffoderungen Oestreichs und aller Drohungen Englands, welches sogar eine Zeitlang seinen Hafen blokirt hielt, fest auf einer Neutralität beharrt, worunter eine unverkennbare VorGunst für Frankreich vorleuchtete; denn bei dem glüklichsten Ausgang der grosen Unternehmungen der coalirten Mächte hätte es mehr zu fürchten als zu hoffen gehabt, weil in solchem Falle wenigstens der temporäre Verlust der grosen GeldSummen, die es in Frankreich stehen hat, gewiß gewesen seyn würde, sein ErbFeind Sardinien zur Coalition gehörte, und wenig Beispiele in der Geschichte sich finden, daß nicht die grosen Mächte, wenn es zum Frieden kommt, das Interesse der kleineren Alliirten leicht vergessen. * Aber wer bürgte Frankreich dafür, daß diese Stimmung einst auch, unter veränderten Umständen, die nemliche bleiben würde? Nur durch Erstikung der Parteien mittelst einer gänzlichen Reform in der Regierung dieser kleinen, aber durch ihre Lage ihm so wichtigen Republik, konnt' es seinen Verhältnissen mit derselben feste Dauer zu geben hoffen.

Nun kennt man den kühnen Schwung, den Buonaparte's Siege, und mehr noch die Politik dieses grosen Mannes, dem VolksGeiste in Italien gaben. Hatten doch schon, dis und jenseits des Po, Staaten, die seit Jahrhunderten an's Gehorchen gewohnt waren, sich in freie VolksStaaten umgeformt! war doch selbst die halbtausendjährige, so schlau berechnete Aristokratie von Venedig, die, gleich ihrem Emblem, dem Löwen des heiligen Marcus, bisher

* Spittler's Entwurf der Geschichte der europ. Staaten, Th. 2. S. 157.

in stolzer Ruhe allen Stürmen getrozt hatte, wie über
Nacht dahingeschwunden! Wie mochte, in einer rund
umher durchglühten Atmossphäre, das Volk von Genua
allein kalt; unter Stössen, die selbst die mächtigsten
Staaten rüttelten, seine Regierung allein unerschüt-
tert bleiben? — Demokratie war izt das Losungs-
Wort in ganz Italien geworden: auch ein groser Theil der
Genueser wünschte, nicht nur frei zu scheinen, sondern
auch zu seyn.

Von der Zeit an, da die Franken so grose Fortschritte in Italien gethan, hatte die Mehrheit derselben von der Nothwendigkeit einer Revolution in ihrer
Regierung zu sprechen angefangen, aber seitdem vollends
die Cispadanische Republik gegründet, und vorzüglich seitdem die Lombardei für unabhängig erklärt
worden war, äusserte sich laut die Stimmung, solche zu
bewirken. Von nun an konnte man mit Gewißheit voraussehen, daß die genuesische Aristokratie fast
rund um von demokratischen Regierungen umzingelt,
sich nicht lange mehr würde halten könne: man glaubte
nicht ohne Grund, daß die Absichten und das Interesse
der Franken sowohl als der neuen Republikaner die Epoche
dieser Veränderung beschleunigen würden. Von da an
wurden die Gruppen zahlreicher; die Redner sprachen mit
mehr Freiheit über die Misbräuche der bisherigen Regierung und über die Rechte des Volks: man fieng an,
Abends, in den Strassen patriotische Lieder zu singen; die
gewaltsamen Masregeln, wodurch die Regierung die Gruppen zu zerstreuen gesucht hatte, machten solche nur noch
zahlreicher.

Am 21 Mai versammelten sich die Revolutionairs —
man erlaube uns, statt des so oft misbrauchten heiligen
Namens Patrioten, uns dieses, ohnehin auch bezeich-
nendern, zu bedienen — auf dem SpazierPlaze Aqua-
verde: sie begnügten sich izt nicht mehr blos, patriotische Lieder zu singen und von Freiheit zu sprechen; so wie

Edelleute, die man als eifrige Verfechter der Aristokratie
kannte, vorübergiengen, wurden sie ausgezischt, und mit
dem Geschrei: „fort mit den Excellenzen" ver=
folgt. Man begab sich hierauf nach dem SchauspielHause
und von da, weil man die Thüren des Saales verschlossen
fand, zu dem fränkischen Gesandten Faypoult, um
ihn zu bitten, die Freilassung einiger kurz zuvor verhafte=
ten FreiheitsFreunde zu verlangen. Faypoult
versprach, der Regierung deshalb eine Note zu übergeben,
und ermahnte zugleich die Revolutionärs, friedlich ausein=
ander zu gehen.

Aber nach dem, was an diesem Tage vorgefallen war,
glaubten die Feurigsten unter diesen, daß sie schon stark
genug wären, um sich zu erklären, und die bezwekte Re=
volution zu Stande zu bringen. Dem zu Folge war des
andern Tages früh eine Versammlung in Banqui. „Die
„so gewünschte Zeit sey nun gekommen"· — sagten die
Redner — „da das Volk wieder zur Ausübung seiner
„Rechte zurükgreifen, und der Regierung seinen Willen
„bekannt machen müßte." Man holte den berühmten
Materialisten Morando herbei, dessen Haus bis dahin
zum VersammlungsOrte gedient hatte; er ward einstim=
mig zu einem der fünf Abgeordneten ernannt, die man
wählte. Morando wird als ein Mann voll Energie und
Feuer geschildert, aber ohne vorstechende Talente, die
zwar seine Collegen hatten, aber ohne zugleich damit je=
nes Ansehen zu einigen, welches die mindern VolksKlassen
nur dem Glüke oder der Geburt weyhen. Diese Deputir=
ten, und andre Revolutionairs, erklärten, daß es izt
nicht darum zu thun sey, Gewalt zu brauchen, oder je=
manden Beleidigung zuzufügen, sondern nur, den Wil=
len des souverainen Volkes zu erkennen zu geben.
In der That waren sie auch unbewafnet, und nichts kün=
digte das Projekt eines gewaltsamen Angrifs an.

Die Regierung von Genua, von dem, was vorgieng,
unterrichtet; in der Besorgniß, daß die Revolutionärs ei=

nen Theil der unterſten VolksKlaſſe, der einzigen Stütze der Ariſtokratie, gewonnen haben möchten, nahm die Partei, zu unterhandeln, ſowohl um Zeit zu gewinnen, als um ſich, falls die weitern Ereigniſſe ihr nicht günſtig wären, dadurch den Rüken freizuhalten: ſie ertheilte, in einer öffentlichen Urkunde, die Verſicherung, daß ſie bereit ſey, in alle Foderungen und Wünſche des Volkes einzuwilligen, und ſprach darin von proviſoriſcher Regierung. Dieſe Urkunde ſchikte ſie durch zwei Abgeordnete an den fränkiſchen Geſandten, und lies ihn erſuchen, ſich nach Banqui zu begeben, um die dort verſammelten Bürger dieſer ihrer Geſinnungen zu verſichern, und ſie dadurch zu vermögen, ſich wieder zur Ruhe zu begeben. Faypoult entſprach dem Geſuche: die RegierungsActe ward angeſchlagen; die Revolutionärs umarmten ſich mit dem trunkenſten Entzüken, und glaubten nun am Ziele ihrer Wünſche zu ſtehen. Faypoult begab ſich hierauf nach dem Pallaſte, um die Regierung von dem Erfolg zu benachrichtigen, und fertigte einen EilBoten nach Mailand ab, um den General Buonaparte zu melden, daß die Revolution in Genua friedlich zu Stande gekommen ſey, und ihn um ein TruppenKorps zu bitten.

Aber während die Regierung auf ſolche Weiſe mit den Revolutionärs zu unterhandeln ſchien, hatte ſie nach dem Pallaſte die Köhler (die in Genua faſt das nemliche, was die Lazaroni's in Neapel ſind), die Sbirren, und andre von der unterſten VolksKlaſſe entboten, welche durch die Prieſter, dieſe ewigen Diener des Despotism, die ViertelMeiſter und andre Emiſſairs, durch alle Arten von Mitteln aufgereizt und gewonnen worden waren: ein Theil derſelben ward in den Pallaſt eingeführt, und man theilte denen, die nicht damit verſehen waren, Waffen und Munition aus.

Da die Revolutionärs bemerkten, daß man feindliche Anſtalten gegen ſie treffe, ſo ſannen ſie darauf, auch ih-

rer Selts sich zu bewafnen: sie begaben sich nach dem
Thor der Brüke, die an Banqui stöst, nach mehreren
andern Thoren, nach dem alten VorWerk am Ufer, und
den Batterien. Die Truppen, welche diese Posten bewach,
ten, sezten ihnen nicht den mindesten Widerstand entge,
gen; sie bemächtigten sich der Waffen, die sie da fanden,
liesen aber niemand zurük, um solche zu bewachen. Ein
Trupp Revolutionärs, zu dem sich die SeeLeute und an,
dre von der untersten VolksKlasse geschlagen hatten, zog
nach Darsena, und sezte die ganze Bemannung einer
Galeere in Freiheit.

Diese Unternehmungen, deren Zwek war, sich Waffen
zu verschaffen, kosteten Zeit. Als daher die Revolutionärs
nun nach dem Pallaste zogen, um die Regierung aufzufo,
dern, ihr Versprechen zu halten, fanden sie solchen mit
allen seinen Vertheidigern, den Köhlern, und einem zahl,
reichen PöbelSchwarm, dem man Waffen ausgetheilt hat,
te, angefüllt, und umgeben. Sie hatten versäumt —
was ihnen ein Leichtes gewesen seyn würde — einen Theil
dieser Leute zu gewinnen, weil sie deren nicht zu bedürfen
glaubten: sie waren sicher, daß fast alle bessern Bürger
in ihrem Wunsche übereinstimmten; auch bewafnete sich
in der That niemand von den leztern zum Schuze der Re,
gierung, welche gewiß nicht ermangelt haben würde,
selbst sie unter die Waffen zu stellen, wenn sie nicht ge,
wußt hätte, daß sie nicht auf sie zählen dürfte.

Die Armee der Aristokratie, der man nachher den Na,
men des Volkes gab, begann den Angrif, und trieb die
Revolutionärs zurük. Diese leztern, schlecht bewafnet, und
ohne militairischen Anführer, sahen sich genöthigt, sich
nach dem alten VorWerk am Ufer, der Brüke zurükzuzie,
hen, wo sie sich den ganzen Tag, und die Nacht hindurch,
vertheidigten. Seitdem sie bemerkt hatten, daß man ein
Gefecht liefern müste, wozu sie nicht vorbereitet waren
und daß die Macht zu ungleich wäre, hatte ihre Zahl sich
beträchtlich vermindert: etwa 20 von ihnen waren auf

dem Plaze geblieben; noch mehrere waren verwundet und gefangen. Man kennt aus ReiseBeschreibungen den Theil des genuesischen Volkes, den bisdahin der starrste Aberglaube, und die Freiheit, fast ungestraft zu morden, an die Regierung festgeknüpft hatte: aber doch würde man Mühe haben, sich einen Begrif von der wilden Grausamkeit dieser Menschen zu machen, die izt durch ihre Priester aufgewiegelt, durch das Geld, das man unter sie vertheilt hatte, und die Aussicht auf Plünderung entflammt waren. Nicht die bewafneten Genueser allein, sondern alle, die, ohne irgend Theil an den Ereignissen dieses Tages genommen zu haben, nur überhaupt wegen ihrer demokratischen Gesinnungen bekannt waren; ja selbst auch mehrere Franken wurden auf den Strassen erschossen oder mißhandelt, und nach dem Pallaste geschleppt; selbst der Gesandte Faypoult blieb, bei der Gefahr sich öffentlich zu zeigen, bis zum Abend darinn zurük; seine Lage war izt die peinlichste. Als Garant des Vertrags zwischen der Regierung und dem Volke aufgerufen, ohne irgend etwas von dem, was ausser ihm vorgieng, anders als durch den Kanal der Aristokraten, die ihn umgaben, zu erfahren, drangen diese leztern in ihn, an den General Buonaparte zu schreiben, daß eine GegenRevolution stattgehabt habe, und es izt keiner fränkischen Truppen mehr bedürfe. Faypoult muste sich, bei dem Zwang seiner Lage, vorerst diesem Verlangen folgen.

Aber nicht lange freuten sich die Aristokraten ihres Sieges. Bald brach der Unwille der bessern Bürger aus: aufgebracht, die Stadt zügellosen Horden preis zu sehen, bewafneten sie sich (24. Mai), thaten zahlreiche StreifWachen, und zwangen die Regierung, Proclamationen zu erlassen, wodurch ihre Soldknechte entwafnet, und den Unordnungen Einhalt gemacht wurde.

Zu der Besorgniß, welche der Entschluß der Handelsleute und Proprietairs, welche eigentlich das Volk von Genua ausmachen, der Regierung einflößte, gesellte sich nun die Nachricht, daß die Revolution bereits auch auf der Riviera di Ponente ausgebrochen; daß es darüber zwischen beiden Theilen zu blutigen Hand-Gemengen gekommen, aber schon fast überall Freiheits-Bäume gepflanzt worden seyen. Noch dringender war die Furcht vor der Ahndung der Franken, von denen mehrere, während der sogenannten Revolution vom 22, ohne daß sie irgend an jenen Ereignissen Theil genommen, geplündert oder ermordet, und deren Gesandter verhöhnt und bedroht worden war, nachdem die Regierung, welche, um ihr Betragen zu rechtfertigen, eine Deputation an den General Buonaparte hatte abschiken wollen, ihn zu dem Ende zu sich berufen hatte.

Aber Buonaparte, dem inzwischen von allem, was in Genua vorgefallen, nähere Nachricht zugekommen war, schikte (26 Mai) einen seiner Adjutanten mit einem Schreiben an den Doge dahin ab, worinn er von der Regierung in Genua als vorläufige Bedingungen „1. die Freilassung aller Franken, und die Entschädigung „derer die geplündert worden; 2. die Entwafnung des „Volkes; 3. die Bestrafung derer, welche solches gegen „die Franken aufgereizt hätten", foderte.

Die Regierung hatte vorher das Gerüchte in Umlauf gebracht, daß Buonaparte die Abgeordneten der genuesischen Revolutionärs nicht einmal anzuhören gewürdigt, sondern sich laut zu Gunsten der Republik erklärt habe. Die Foderungen, welche der Gesandte Faypoult nun mit der gemessensten Bestimmtheit machte, waren für sie ein Donnerschlag. Nach langen Debatten wurden die beiden ersten bewilligt; auf die dritte ward geantwortet, daß die als Aufwiegler des Volkes gegen die Franken bezeichnenden Personen, nach allen darüber eingezogenen Erkundigungen, sich dieses Verbrechens keineswegs schuldig gemacht hätten. Der fränkische Gesandte bestand jedoch auch auf dieser Foderung unabweichlich, und drohte, im Weigerungsfalle, um 7 Uhr abzureisen: auch traf er wirklich schon alle Anstalten dazu, und fast alle Franken, die noch in Genua waren, machten sich bereit, um ihm zu folgen. Nun schikte die Regierung drei Abgeordneten an ihn, welche bevollmächtigt waren, in die Verhaftung der StaatsInquisitoren Franco Grimaldi, Franz Spinola und des Bruno Cattaneo, einzuwilligen.

Während dieser Unterhandlung hatte sich eine unermeßliche Menge von den angesehensten Bürgern auf dem Plaze vor dem fränkischen GesandtschaftsPallaste versammelt; mehrere darunter hatten die Absicht, sich der Abreise des Gesandten zu widersezen, und sich nach dem Pallaste zu begeben, um die Regierung zu bitten, einen Bruch mit der fränkischen Republik zu vermeiden. Sobald man erfuhr, daß der Gesandte nun bleiben würde, erhob sich das lebhafteste FreudenGeschrei; von allen Seiten erscholl: „es lebe die Demokratie! es lebe die Freiheit!" Faypoult erschien auf dem Balcon: und rief: „Es lebe das Volk von Genua! es lebe „das fränkische Volk!" Dann wandte er sich zu den Abgeordneten der Regierung, die bei ihm waren: „Sie „hören hier" — sagte er ihnen — „den Wunsch des „Volkes von Genua."

Da die bewilligten Foderungen nur noch Präliminarien waren, so sann izt die Regierung darauf, wie sie weitern Foderungen zuvorkommen, und vorzüglich die Ankunft eines fränkischen TruppenKorps, von dem man sagte, daß es bereits im Anzuge sey, abwenden möchte. Zu dem Ende bevollmächtigte sie drei Abgeordnete (Cambiaso, Carbonara und Serra), um dem fränkischen Gesandten zu erklären, daß sie geneigt sey, den Schluß vom 22 Mai, wodurch sie sich verpflichtet hatte, sich alle Aenderungen, die das Volk wünsche, gefallen zu lassen, seinem ganzen Umfang nach in Vollziehung zu bringen. Die nemlichen Abgeordneten reißten sodann, in Gesellschaft des Gesandten Faypoult, in das HauptQuartier des Generals Buonaparte, nach Montebello. Hier kam, den 5 und 6 Jun., eine Convention zu Stande, wodurch für die Republik Genua eine neue RegierungsForm, nach dem Muster der fränkischen, festgesezt ward.

Die GrundZüge derselben waren: Die Souverainetät in der Republik Genua soll von nun an auf dem Volke beruhen. Die gesezgebende Gewalt soll zweien repräsentirenden Räthen anvertraut werden; wovon der eine aus 300, der andre aus 150 Mitgliedern bestehen soll. Die vollziehende Gewalt soll ein von den zwei Räthen zu ernennender Senat von 12 Mitgliedern, unter dem VorSize eines Doge ausüben. Jede Gemeinde soll eine Municipalität und jeder District eine Verwaltung haben. Nach diesem Umriß soll sogleich durch eine gesezgebende Commission, innerhalb eines Monats von dem Tage ihrer ersten Sizung an, eine Constitution für die Republik Genua entworfen werden. Inzwischen sollen von nun an alle Privilegien, der Adel ꝛc. ꝛc. abgeschaft seyn. Bis die neuverfassungsmäsige Regierung eingeführt seyn wird, soll, vom 14 Jun. an, eine einstweilige Regierung von 22 Mitgliedern, unter dem VorSize des gegenwärtigen Doge, (der von nun an Bürger Präsident Doge hies,) eingesezt werden. Diese einstweilige Regierung soll für die billige Entschädigung der am 22 und 23 Mai geplünderten Franken sorgen. Dagegen verspricht die fränkische Republik allen Genuesern, die sich wider sie vergangen, Amnestie, und der Republik Genua selbst ihren Schuz, und den Beistand ihrer Armeen, um, nöthigen Falls, die Vollziehung des obigen neuen RegierungsEntwurfs zu erleichtern, und deren Gebiet in seiner Integrität zu handhaben.

So ward auch Genua, fast ohne BlutVergiesen, der grosen Masse neuer VolksStaaten in Europa beigesellt.

§. 3.
Urkunden, die neueste Revolution in Genua betreffend:

I.

Proclamation der Regierung von Genua, vom 28 Mai, die Absendung einer Deputation an den General Buonaparte betreffend.

„Der Doge, die Gubernatoren und Procuratoren der Republik Genua.

„Da die Regierung sich ein Anliegen daraus macht, die öffentliche Ruhe zu erhalten, und die Besorgnisse aller Klassen von Bürgern, welche vielleicht durch ungewisse Gerüchte, die von unverständigen und übelgesinnten Personen, boshafter Weise, ausgestreut worden, zu beseitigen: so thut sie kund, daß sie eine Deputation erwählt, und derselben den Auftrag ertheilt hat, die auswärtigen Gefahren abzuwenden, welche etwa noch obschweben könnten, und sich über die Mittel und Wege zu berathschlagen, wie den Fortschritten der innern Bewegungen ein Ziel gesezt werden kan. Um sowohl den einen, als den andern Zwek zu erreichen, ist sie im Begrif, sich zu dem OberGeneral Buonaparte zu begeben, in der gewissen Uiberzeugung, daß sie in ihren Schritten durch den fränkischen Minister (Faypoult) unterstüzt werden wird, der, wie es des Edelmuths der grosen Nation, die er repräsentirt, würdig ist, wiederholte Versicherung von dem Interesse ertheilt hat, welches er für die Nation hegt, in deren Mitte er sich aufhält. Die Regierung und ihre Deputirten unternehmen mit dem lebhaftesten Vertrauen in den göttlichen Schuz ein Werk, das zur Absicht hat, die Existenz und die Erhaltung dieser Republik und ihrer Mitbürger durch Mittel zu sichern, welche sie alle zufrieden stellen können, und worüber man, zur schiklichen Zeit, den allgemeinen Willen der Nation einholen wird. Jeder Bürger mache sich's inzwischen zum Anliegen, durch die nöthige Subordination unter die betreffenden Commissaire und ViertelMeister zur Handhabung der öffentlichen Ordnung beizutragen, um nicht das Werk zu vernichten, womit man sich beschäftigt, und dessen einziger Zwek die Ruhe und das Glük Aller ist.

Unterzeichnet: Franz Maria."

2.

Schreiben des Generals Buonaparte an den Doge von Genua, aus dem HauptQuartier von Montebello, den 7 Jun. 1797.

"**Durchlauchtigster Doge!** Die Abgeordneten, welche der kleine Rath der Republik Genua zu mir zu schiken beliebt hat, waren zufrieden über die Gesinnungen des Wohlwollens, welche die fränkische Republik für die Republik Genua hegt. Weit entfernt, ihr Gebiete zerstüken zu wollen, wird die fränkische Republik sich vielmehr ihres ganzen Einflusses für die Vergröserung und die Blüthe der Republik Genua bedienen, die von nun an frei, und nach den geheiligten Grundsäzen regiert seyn wird, welche die wahre Grundlage der Gröse und Glükseeligkeit der Völker sind. Eure Durchlaucht werden nachfolgend das Verzeichniß der Personen finden, die ich, in Gemäsheit der zwischen uns geschlossenen Convention, für die tauglichsten hielt, um die provisorische Regierung zu bilden. Ich werde mich aller der Mittel und der ganzen Macht bedienen, welche die fränkische Republik mir anvertraut hat, um die gedachte provisorische Regierung respectiren zu machen, und die Sicherheit der Personen und des Eigenthums aller Bürger der Republik Genua zu schüzen. Ich glaubte, daß es nüzlich wäre, diese Personen aus den verschiedenen Klassen der Bürger und aus den verschiedenen Städten des Staates der Republik, welche künftig nur Eine Familie bilden sollen, zu wählen, um allen Haß zu erstiken, und alle Bürger zu vereinigen. Der lebhafte Antheil, den die fränkische Republik an dem genuesischen Volke nimmt, wird noch durch die gebieterische Nothwendigkeit erhöht, worinn ich mich befinde, zu verlangen, daß die Arrieregarden und die HauptDepots der italienischen Armee ungestört und gegen Unruhen geschert seyen. .... Ich ersuche Eure Durchlaucht, die genannten Bürger zu versammeln, sie den 14 des laufenden Monats Jun. als provisorischen Regierung einzusezen, ihnen durch alle militairischen Korps den Eid des Gehorsams schwören zu lassen, und schleunig die Ruhe in der Stadt Genua herzustellen. Die fränkische Republik und die italienische Armee, welche an dieser Ruhe so vielen Antheil nehmen, werden Eurer Durchlaucht dafür besonders dankbar seyn. Ich bitte Sie, der Werthschätzung und Hochachtung versichert zu seyn, womit ich bin, Eurer Durchlaucht ꝛc. ꝛc. Unterzeichnet: Buonaparte."

„Verzeichniß der 22 Mitglieder der provisorischen Regierung von Genua.

„Jac. Brignole, Doge; J. C. Serra, Nobile; J. M. de Albertis, Handelsmann; Mongiardini, Arzt; Fr. Rusca, Advocat; C. Cambiaso, Nobile; Fr. Pezzi, Ingenieur; L. Carbonara, Nobile; Luc. Gentili, desgleichen; J. Durand, Handelsmann von Port-Maurice; A. Pareto, Nobile; Fr. Cattaneo, desgl.; L. Luppi, Advocat; L. Corveto, desgl.; J. Assereto, Proprietair; J. Bertuccioni, Advocat von Farzana; J. B. Rossi, Handelsmann; C. Balbi, desgl.; J. B. Cerutti, Notar; M. Frederici, Landbauer von Spezzia; J. Carrega, Nobile; Sacci-Galuspi, Obrist; A. Mallione, Handelsmann."

3.

Convention, welche zu Montebello, bei Mailand, den 5 und 6 Jun. 1797, zwischen dem Bürger Buonaparte, OberGeneral der fränkischen Armee in Italien, und dem Bürger Faypoult, Minister der fränkischen Republik bei der von Genua; und den Excellenzen, Mich. Aug. Cambiaso, Ludw. Carbonara und Girol. Serra, Abgeordneten der Republik Genua abgeschlossen worden.

„Da die fränkische Republik und die Republik Genua die Verbindung und Eintracht, welche von jeher unter ihnen bestanden, noch fester begründen wollen, und da die Regierung von Genua glaubt, daß der Vortheil der genuesischen Nation erfodre, daß sie in den gegenwärtigen ZeitUmständen das ihr bisher anvertraut gewesene Pfand der Souverainetät wieder an sie zurükgebe: so sind die fränkische Republik und die Republik Genua über folgende Artikel miteinander übereingekommen.

Artikel 1. „Die Regierung der Republik Genua erkennt, daß die Souverainetät auf der Gesammtheit aller Bürger des genuesischen Gebietes beruht.

Art. 2. „Die gesezgebende Gewalt soll zweien repräsentirenden Räthen anvertraut werden, wovon einer aus 300, der andre aus 150 Mitgliedern bestehen wird. Die vollziehende Gewalt soll einem Senat von 12 Mitgliedern, unter dem Vorsize eines Doge, zustehen. Der Doge und die Senatoren sollen von den zwei Räthen ernannt werden.

Art. 3. „Jede Gemeinde soll eine Municipalität, und jeder District eine Verwaltung haben."

Art. 4. „Die WahlArten zu allen obrigkeitlichen Stellen, die Abtheilung des Landes in Districte, der jeder AmtsStelle anzuvertrauende Antheil von StaatsGewalt, die Organisation der richterlichen Gewalt und der bewafneten Macht, sollen von einer gesezgebenden Commission bestimmt werden, welche den Auftrag erhalten soll, die Constitution und alle Geseze, die zur Organisirung der Regierung gehören, zu entwerfen, wobei sie dafür zu sorgen hat, daß nichts gegen die katholische Religion verfügt, daß die von dem Staat verbürgten Schulden gesichert, der FreiHafen der Stadt Genua und die St. Georg's Bank erhalten, und Masregeln getroffen werden, um, so weit die Mittel es gestatten, für den Unterhalt der dermalen vorhandenen armen Edelleute zu sorgen. Diese Commission soll ihre Arbeit innerhalb eines Monats von dem Tage ihrer ersten Sizung an endigen.

Art. 5. „Da das Volk sich wieder in seine Rechte eingesezt befindet, so ist jede Art von Privilegium und von besonderer Einrichtung, welche die Einheit des Staats unterbricht, hiemit nothwendig vernichtet.

Art. 6. „Die einstweilige Regierung soll einer RegierungsCommission von 22 Mitgliedern, unter dem VorSize des gegenwärtigen Doge, anvertraut, und den 14 des laufenden Monats Jun., oder den 26 Prairial des 5 Jahres der fränkischen Republik, eingesezt werden.

Art. 7. „Die Bürger, welche berufen werden, Mitglieder der einstweiligen Regierung der Republik Genua zu seyn, sollen diese Stellen nicht von sich ablehnen können, ohne als solche, denen das Wohl des Vaterlands gleichgiltig ist, betrachtet, und zu einer GeldStrafe von 2000 Scudi verurtheilt zu werden.

Art. 8. „Die einstweilige Regierung soll, wann sie eingesezt ist, die für die Form ihrer Berathschlagungen nothwendigen Anordnungen festsezen. Sie soll in der ersten Woche ihrer Einsezung die gesezgebende Commission ernennen, welche die Constitution entwerfen soll.

Art. 9. „Die einstweilige Regierung soll für die billige Entschädigung der Franken sorgen, die am 3 und 4 Prairial (22 und 23 Mai) geplündert worden.

Art. 10. „Die fränkische Republik, um einen Beweis des Antheils zu geben, den sie an der Glükseligkeit des Volkes von Genua nimmt, und da sie dis Volk unter sich einig und frei von Parteien zu sehen wünscht, bewilligt Amnestie für alle Genueser, über welche sie sich entweder wegen des 3 und 4 Prairial (22 und 23 Mai), oder aus Anlaß verschiedener Ereignisse in den Kaiserlichen Lehen zu beklagen hatte. Die einstweilige Regierung soll mit der thätigsten Sorgfalt dafür bemühet seyn, daß aller ParteiGeist erstikt, alle Bürger vereinigt, und von der Nothwendigkeit überzeugt werden, sich um die öffentliche Freiheit herzusammeln, zu welchem Ende sie eine allgemeine Amnestie bewilligen soll.

Art. 11. „Die fränkische Republik wird der Republik Genua ihren Schuz, und selbst den Beistand ihrer Armeen bewilligen, um, falls es nothwendig seyn sollte, die Vollziehung der obgedachten Artikel zu erleichtern, und das Gebiet der Republik Genua in seiner Integrität zu handhaben."

IV.
Der Rath der Fünfhunderte über die Revolutionen von Venedig und Genua.

Die Revolutionen in den beiden Republiken Venedig und Genua sind schon an sich, noch mehr aber durch ihren Zusammenhang mit andern erstaunenswürdigen Ereignissen unserer Tage allzumerkwürdig, als daß nicht den Zeitgenossen und der Nachwelt alles interessant seyn sollte, wodurch solche näher beleuchtet werden können. Da insonderheit eine wichtige doppelte Frage des **fränkischen StaatsRechts** und des **VölkerRechts** damit verwebt ist, so liefern wir hier die desfalsigen Verhandlungen des Rathes der Fünfhunderte.

In der Sizung vom 23 Jun. trat Dümolard mit folgendem Antrage auf:

„Die Ehre und die Rechte des gesezgebenden Körpers, das Interesse unsrer tapfern Armeen und der ganzen Republik gebieten mir, nicht länger ein kleinmüthiges Stillschweigen über Ereignisse zu beobachten, welche die Blike von ganz Europa auf sich heften, und die man nur hier nicht zu kennen scheint. Ich spreche von Italien.... In ganz Europa ist **das Manifest des Generals Buonaparte gegen die Regierung von Venedig** erschollen. Es ward euch den 27 Floreal (16 Mai) durch eine Botschaft des Directoriums zugeschikt, und ihr glühtet bei der Nachricht von den Verbrechen, deren Opfer uns're muthigen Vertheidiger geworden waren, in gerechtem Unwillen auf. Mögen immerhin einzelne Journalisten über die Ursachen und über die Strafwürdigkeit dieser Verlezungen des Völker-Rechts Zweifel erhoben haben — kein Unparteyischer wird es dem gesezgebenden Körper zum Vorwurf machen, daß er so bestimmten, durch die vollziehende Gewalt so feierlich garantirten Erklärungen Glauben beimaß; überdis war der Augenblik noch nicht da, im Schoose der NationalRepräsentation den Gehalt der Beschwerden Fraukreichs gegen Venedig zu erörtern. Das von dem Directorium gebilligte Manifest lag in dem Kreise jener dringenden augenbliklichen Masregeln, wozu es durch den 323 Artikel der Constitution,* ohne eure vorgängige Mitwirkung, nur unter der Verbindlichkeit, euch davon Nachricht zu ertheilen, berechtigt ist. „Dem Directorium" — sagte ich bei dieser Gelegenheit — „kommt das Recht zu, Krieg „und Frieden vorzuschlagen, und ihr werdet stets das Beispiel „von Ehrfurcht für Grundsäze und Constitution geben. Erwar„tet daher mit Zutrauen, daß es eure Stimme darüber erfodre, „ob noch die Ehre des fränkischen Namen nicht erlaube, von „allen Punkten des europäischen Continents die verheerende Gei„sel des Krieges abzuwenden." Ich behaupte ohne Bedenken, daß euer Betragen in diesem schwierigen Falle, ausserdem daß der Geist unsrer Verfassung es gebot, zugleich eben so sehr Handlung der Klugheit als des Patriotism war. Es ließ den Weg zur gütlichen Aussöhnung offen, deren Erfolg die Schwäche von Venedig zu verbürgen schien; es erhielt dem Manifest den Charakter, den es in unsern Augen hatte, den einer zwar drohend aufgehobenen Waffe, die jedoch billige Vorschläge wieder fallen machen konnten. Ihr durftet nicht befürchten, daß diese vorläufigen, ihrer Natur nach und durch einen Artikel der Constitution eingeschränkten Masregeln, ohne eure Zwischenkunft, zu ernstern, und vorzüglich zu längerdauernden Feindseligkeiten führen möchten. Man müste die Urkunde der VolksRechte zerreissen, und alle Grundsäze über die Gränzscheidung der StaatsGewalten höhnen, wenn die vollziehende Gewalt sich das Recht anmasen wollte, in verhüllten Ausdrüken den Krieg zu erklären, und ihn ohne eure Beiwir-

* Der Inhalt dieses Artikels ist folgender: „Im Falle bevor„stehender oder angefangener Feindseligkeiten, Drohungen, „oder KriegsRüstungen gegen die fränkische Republik, ist „das VollziehungsDirectorium gehalten, zur Vertheidigung „des Staats die in seiner Gewalt stehenden Mittel anzu„wenden, unter Verpflichtung, den gesezgeben„den Körper ohne Verzug davon zu benachrich„tigen."

fung zu führen. Ihr konntet daher mit Grunde erwarten, daß das Directorium nicht zögern würde, euch von den Resultaten dieser ersten Masregeln officiell zu benachrichtigen. Wenn die Regierung von Venedig thörichter Weise in ihren mörderischen und treulosen Projekten auf einen Grad beharrte, daß sie die uns schuldige auffallende Genugthuung verweigerte: so floß ja in unsern Adern fränkisches Blut, und das Directorium konnte versichert seyn, sich nicht vergeblich an uns zu wenden, um der Republik Ehrfurcht, und ihren Vertheidigern Rache zu verschaffen. Wenn dagegen, nach einer uns erwünschtern Voraussezung, die von Venedig angebotene Genugthuung wieder Eintracht und gutes Einverständniß zwischen beiden Staaten herstellte: so war es abermals Pflicht der vollziehenden Gewalt, den StellVertretern des Volkes diese glükliche Entwikelung kundzuthun. Würde wohl der 328 Artikel der Constitution erfodert haben, daß wir von feindlichen Zurüstungen benachrichtigt werden sollen, wenn wir nicht auf gleiche Weise von ihrem Aufhören, und den Ursachen desselben benachrichtigt werden sollten? Dem Directorium ist nicht erlaubt, so bestimmten Verbindlichkeiten entgegen zu handeln; euch selbst ist nicht erlaubt, deren Vernachlässigung zu dulten: euren Committenten für die unverlezte Erhaltung der euch anvertrauten Gewalt verantwortlich, seyd ihr es zugleich auch, nach dem VölkerRechte, allen neutralen Staaten, und vorzüglich allen Alliirten Frankreichs; seitdem eure Constitution eingeführt und anerkannt ist, hat jede dieser Regierungen das Recht, zu sagen: „ich werde nicht anders Krieg und „Frieden mit der fränkischen Republik haben, als unter der „Genehmigung des gesezgebenden Körpers.".... Laßt uns nun mit diesen so wesentlichen Grundsäzen die Ereignisse, und das Betragen des Directoriums vergleichen. — Nach der verfassungsmäsigen Mittheilung, die ihr von Buonaparte's Manifest erhieltet, versanken der Staat von Venedig und ganz Italien für euch wie in Abgrund; wenigstens könnte man sagen, daß das Directorium in seiner Correspondenz mit den beiden Räthen ganz das Andenken daran verloren habe. Inzwischen hat das Gerüchte, dessen Springfedern man nicht lähmen kan, überall die Kunde von unsern Eroberungen über die Venetianer, und der erstaunenswürdigen Revolution, die solche krönte, ausgestreut. Unsre Truppen sind in ihrer Hauptstadt; ihre Marine ist in unsern Händen; die älteste Regierung Europens ist vernichtet; sie erscheint augenblicklich wieder unter demokratischen Formen; unsre Soldaten trozen den Stürmen des Adriatischen Meeres, und schiffen nach Corfu über, um auch da die neue Revolution in Gang zu sezen... Wäre hier nur von dem Verdienste dieser unerschrokenen Krieger und ihrer Anführer die Rede, so würde ich mit Enthusiasm ausrufen: „ich erkenne die Helden der „Freiheit! nichts ist ihnen unmöglich." Aber wenn sie ihre Pflicht erfüllten, indem sie den Weisungen der vollziehenden Gewalt gehorchten, so schreibt eure Pflicht euch gebieterisch vor, zu untersuchen, ob diese Gewalt nicht selbst eure gesezlichen Befugnisse an sich gerissen, und Constitution und Völker Recht verlezt hat. Nehmt die Ereignisse, die man wohl nicht mehr bezweifeln kan, für wahr an — und es folgt daraus, daß das Directorium, in verhüllten Ausdrüken, Krieg, Frieden, und gewissermasen einen Allianz-Traktat mit Venedig gemacht hat, alles ohne eure Beiwirkung. — Ich weiß, daß man nur sehr uneigentlich die Namen Frieden und Vertrag Handlungen beilegen kan, welche eine précaire, durch den Einfluß der Sieger organisirte, über die neuen Gränzen, die man ihrem Gebiete geben will, und selbst noch über ihr Daseyn ungewisse Regierung unterzeichnet: aber diese tiefe Herabwürdigung, in die man, ohne euer Vorwissen, einen unabhängigen Staat gebracht hat, schwächt nicht, sie verstärkt vielmehr die Vorwürfe, die man verdient. Sind wir denn das Volk nicht mehr, das den Grundsaz aufgestellt, und durch die Macht seiner Waffen behauptet hat, daß es fremden Mächten unter keinem Vorwand zukomme, sich in die Regierungs Form eines andern Staats zu mischen? Hatten wir, beleidigt durch die Venetianer, das Recht, ihren politischen Einrichtungen den Krieg zu erklären? Durften wir, als Sieger und Eroberer, an ihrer, wie es scheint, so unvermutheten Revolution thätigen Antheil nehmen? Ich untersuche hier nicht, welches Schiksal man der Republik Venedig, und vorzüglich ihren Provinzen vom festen Lande aufbehält; ich untersuche nicht, ob deren Hinwegnahme, wozu vielleicht schon vor den Verbrechen, welche man als Gründe davon angibt, der Plan entworfen war, in der Geschichte nicht einst als ein würdiger Pendant der Theilung Polens erscheinen wird. Ich frage nur, die ConſtitutionsUrkunde in der Hand, wie das Directorium die gänzliche Unwiſſenheit entſchuldigen kan, worinn es den geſezgebenden Körper über eine ſolche Menge ausserordntlicher Begebenheiten hinzuhalten ſucht? … Dis affectirte Stillſchweigen — ich kan es nicht anders nennen — ſcheint zu den Zweigen eines weitumfaſſenden Syſtems zu gehören, von dem man vielleicht beſorgt, daß ihr es in ſeiner Entfaltung hemmen möchtet. Man machte den erſten Verſuch an Venedig, und, durch eure Nachgiebigkeit kühn, erſtrekte man ſolchen bald, mit nicht minderm Glüke, auf Genua. Ich habe weder Zeit noch die nöthigen Angaben, um die nähern Umſtände dieſer eben ſo ſonderbaren als plözlichen Metamorphoſen zu zergliedern: es iſt für mich hinreichend, daß man bezweifeln kan, ob in Genua, wie in Venedig, die Revolution nicht durch die mehr oder minder unmittelbare Dazwiſchenkunft der fränkiſchen Armee, oder ihrer Anführer, bewirkt ward? Wer ſollte glauben, daß die NationalRepräſentation Ereigniſſe dieſer Art nicht anders, als wie das ganze Publikum — durch die öffentlichen Blätter erfuhr? Sind die Facta, welche darinn erzählt werden, wahr: ſo wird Europa, ſo wird die ganze Nachwelt Frankreich eines offenbaren Widerſpruchs mit den Grundſäzen, die es für ſich ſelbſt anſprach, einer vorausberechneten Unterdrükung eines ſchwachen Staats anklagen, deſſen Schwäche ſelbſt für euch ein weiterer Aufruf zu Gerechtigkeit und Grosmuth hätte ſeyn ſollen. Dieſe Vorwürfe können zwar nicht die unſterblichen Lorbeern unſrer Heere welken machen: aber ſie treffen die Regierung, welche desfalls Befehle gab; ſie treffen euch ſelbſt, wenn ihr mit einer grundſchädlichen und unbegreiflichen Gleichgiltigkeit zuſehet, wie verbündete oder neutrale Regierungen durch den Einfluß der eurigen angegriffen, und aufgelöſt werden, ohne daß ihr des wahren Wohls eurer Committenten und des Umfangs der euch anvertrauten Gewalt eingedenk ſeyd. … Wenn man ſolche Beiſpiele vor Augen hat, ſo iſt es ja wohl erlaubt, für die Zukunft beforgt zu seyn, und mit Unruhe die weitern Begebenheiten und Projette zu beobachten, welche öffentliche Blätter und PrivatCorrespondenz uns ankündigen. Ein streitiges Schiffahrts-Recht droht uns, wie man sagt, einen Bruch mit den Schweizern. Ich hoffe, daß der OberFeldherr der italienischen Armee, durch glükliche Unterhandlungen, diesen schädlichen Keim von Zwietracht erstiken, und daß man mit den isolirten Interessen eines eraberten Landes zugleich auch die alten Verhältnisse, die uns mit der helvetischen EidGenoßschaft vereinigen, und die politischen Gründe, die uns deren Erhaltung zur Pflicht machen müssen, in die Waagschale legen wird. Ich will nicht läugnen, daß die Details, in die ich hier eingehe, Unrichtigkeiten enthalten können: aber das ist der Fehler derer, die uns zwingen, in vielleicht unzuverlässigen Quellen einen Ersaz ihrer officiellen Correspondenz zu suchen. Ich bekenne z. B., daß es mir übertrieben scheint, was man von den VolksGesellschaften in der Lombardei erzählt. Sollt' es möglich seyn, daß in einer in Mailand auf ihre Anordnung gedrukten, und mit Verschwendung ausgetheilten Flugschrift zum nahen Umsturze aller italienischen Regierungen aufgefodert, und als das Ziel ihrer revolutionären Arbeiten der Tag bezeichnet ward, da der Pabst, der Grosherzog und der König von Neapel von ihren Thronen vertrieben seyn würden? — Wie? diese Mächte sind durch feierliche Verträge mit uns verbunden; und in einem Lande, wo der Wille Frankreichs das höchste Gesez ist, sollte man ihren Umsturz ungestraft und ohne eure Beiwirkung vorbereiten können? Man hätte vergessen, daß nicht mehr die Zeit der Rasereien eines Anacharsis Cloots ist; daß die fränkische Nation nicht mehr eine Secte von Illuminaten ist, die sich auszubreiten sucht, sondern ein durch seine verfassungsmäsige Freiheit glükliches, auf sie stolzes Volk, welches deren geniesen will; indem es die Unabhängigkeit der andern Staaten verehrt? Durch die laute Erklärung eures Willens über diesen Punkt ist es euch nicht weniger, als durch die Macht eurer Waffen gelungen, jene monströse Coalition zu trennen, welche die entstehende Republik bedrohte. Ist es unsre Ehre, ist es unser Vortheil, sie wieder aus ihrer Asche aufzufachen, indem wir uns in einem inmerwährenden Kriege mit den in andern Staaten eingeführten Regierungen erklären? ... StellVertreter des fränkischen Volkes! Europa will Frieden; eure Committenten erwarten ihn von euch, und ihr seyd glüklich genug, ihn auf Trophäen gründen zu können. Es ist Zeit, daß das fränkische Volk, nach so vielen Aufopferungen, der Ruhe; daß unsre unerschrokenen Soldaten, im Schoose ihrer Familien, des Zeugnisses und der Beweise der öffentlichen Dankbarkeit geniesen; daß die Gesezgebung und die Regierung sich ungestört damit beschäftigen, die Wunden der Revolution zu vernarben, und unsre Künste, unsern Handel, unsern Akerbau wiederaufblüh'n zu machen. Zweifelt nicht daran: alle Freunde der Menschheit würden die Urheber der Verlängerung des Krieges verfluchen; ich will von euch und von mir diese fürchterliche Verantwortlichkeit hinwegwälzen; ewig würde sie auf unserm Andenken lasten, wenn wir kalt und gefühllos dabei blieben, daß man unsre Rechte miskennt; wenn der Krieg, ohne unser Vorwissen, ohne unsre Mitwirkung, erklärt und verlängert würde; wenn die vulkanischen Explosionen in einem durch unsre Waffen eroberten Lande Europen mit neuen gichtrischen Zukungen bedrohten; wenn der lombardische Demagogism auf Frankreich selbst zurükwirkte, und Hofnungen, die man nicht mehr verhehlt, begünstigte. — Sehet hier, die Gründe, die mir nicht zuliesen, eure Blike länger von der politischen Lage Venedigs, und von unsern gegenwärtigen Verhältnissen mit ganz Italien entfernt zu halten. Ich weiß, daß Bosheit vielleicht meine Absichten in gehässiges Licht stellen wird: sie wird mir Verläumdungen gegen ein Heer von Helden in den Mund legen: und niemand kan diesen williger, als ich, das ihnen gebührende grose Zeugniß geben. Sie wird mich des Verlangens beschuldigen, die Feinde, indem ich nur von Frieden spreche, zum Kriege zu reizen: und alle Vernünftigen werden darauf antworten, daß nichts so sehr, als die Gewißheit, und vorzüglich die Dauer des Friedens, die fremden Mächte über die Unabhängigkeit ihrer RegierungsArten beruhigen kan. Sie wird endlich in dieser Rede den Plan finden, das Directorium anzuklagen: aber ich schlage diese elende Lüge mit Einem Worte nieder. Schädliche Irthümer rügen heißt nicht, Bestrafung eines Verbrechens fodern: das Directorium trete in die Schranke seiner Gewalt zurük; dann wird es in uns desto zuverläßigere, je uneigennüzigere Freunde finden: aber es wäre doch seltsam, wenn man sich nicht, ohne sogleich ein Geschrei von Royalism aufschallen zu hören, auf die Constitutions-Urkunde, und die Rechte des Volkes und seiner Repräsentanten berufen könnte. Es ist wesentlicher als je, sie in ihrer ganzen Kraft zu behaupten, diese Rechte, welche die Ruhe Europens, und die Freiheit Frankreichs sichern; es ist wesentlich, ohne Zeit-Verlust sich dem schädlichsten aller Misbräuche entgegenzustemmen. Denn was soll dis blinde und stumme Vertrauen, das man über alle Gegenstände, welche Krieg und Frieden betreffen, von uns zu fodern scheint? In England, wo die Verfaßung des Staats den beiden Parlamentshäusern nur eine sehr indirecte Theilnahme an den auswärtigen Verhältnissen gibt, sieht man solche doch häufig die officielle Mittheilung der Correspondenzen und der wichtigsten diplomatischen ActenStüke fodern und erhalten: und wir Republikaner, wir Gesezgeber, denen das fränkische Volk das unbedingte Recht über Frieden und Krieg zu entscheiden ertheilte, während das Directorium nur den ersten Antrag darauf hat, wir dulten, daß man vor unsern Bliken den Schleier einer nächtlichen Politik immer dichter webe, und daß unsre feierlichsten Botschaften in dem Staube der Büreaux vergraben bleiben! ... Es ist Zeit — ich wiederhole es — die Rechte, welche die Constitution uns sichert, und die Pflichten, welche sie uns auflegt, diesem selbstgemachten Chaos zu entreissen. Möchten wir bald, durch eine nothwendige Entwikelung der constitutionellen Grundsäze, unsern auswärtigen Verhältnissen jenen Charakter von Loyalität, Grosmuth und Offenheit geben, der, was man auch immer sagen mag, doch allein in der politischen Welt uns Achtung verschaffen, und uns auf lange die Wohlthat des Friedens verbürgen kan. — Der Friede! ... wie ihr, wie alle gute Franken, will ich ihn ehrenvoll und dauerhaft: aber eben darum muß er Europen nicht das doppelte Scandal der Unterdrükung und der Zerreißung schwacher Staaten, nicht den empörenden Contrast einer Nation zeigen, die gerecht und groß in ihren Maximen, anmaßlich und treulos in ihren Verträgen ist. ... Ich habe hier, wie ich glaube, nüzliche Wahrheiten aufgestellt; die Folgerungen, die ich daraus ziehe, bieten euch die glükliche Gelegenheit dar, die Grundsäze, welche euch beseelen, an den Tag zu legen, so wie dem Directorium, von nun an zwischen uns und ihm jene gegenseitigen Eröfnungen, jene Vertraulichkeit einzuführen, welche die Constitution will, und die Ehre und das Wohl unsers gemeinsamen Vaterlands gebieterisch erfodert."

Dumolard schlägt nun vor, daß seine Bemerkungen der bereits aus Anlaß eines ähnlichen Zwistes mit den FreiStaaten von NordAmerika niedergesezten Commission übergeben werden möchten. Er trägt ferner auf eine Botschaft an das Directorium an, um von demselben nähere Aufklärung zu erhalten:

1. „über die Ereignisse, die in dem Staate von Venedig nach dem Manifest des Generals Buonaparte statthatten;

2. „über die Gründe, wodurch das Directorium sich für berechtigt hielt, die beiden Räthe nicht davon zu benachrichtigen;

3. „über die Bewegungen und die Revolution, in der Republik Genua, und über den nähern oder entfernteren Antheil, den die fränkischen Agenten daran nahmen;

4. „über den Ursprung, die Beschaffenheit und den jezigen Zustand der Weiterungen, die sich zwischen der helvetischen Eidgenossenschaft und den Franken erhoben haben sollen."

Man verlangt mit Lebhaftigkeit den Druk dieser Rede. Garan=Coulon ist dagegen. „Der Vorsprecher" — sagt er — „beruft sich auf die Achtung, welche der Constitution gebühre; ich theile diese Gesinnung mit ihm, und frage, meines Orts, warum zwei Artikel dieser Constitution durchaus von ihm verkannt werden? Der erste untersagt dem gesezgebenden Körper, auf welche Weise und aus welchem Grunde es auch immer geschehen möchte, den ersten Antrag in Friedens-Verträgen und KriegsErklärungen zu thun; der zweite verbietet, über solche Gegenstände anders, als im geheimen Ausschusse zu berathschlagen. Wenn es erlaubt ist, über diplomatische Gegenstände, über Operationen der Regierung, wobei euch nur das Recht der Genehmigung oder der Verwerfung zusteht, mit Reden und Anträgen hier aufzutreten; wenn man sogar, in Gemäsheit solcher Anträge, Schlüsse faßt: so ist es augenscheinlich, daß jene beiden Artikel der Constitution verlezt, daß sie in der That vernichtet sind. Wenn es erlaubt ist, wann das Directorium militairische Masregeln ergreift, wann es unterhandelt, hier über das Factum selbst, und über das Recht der Operation zu debattiren: so gibt es kein Geheimniß, keine Freiheit mehr für die Regierung; ich wage sogar zu sagen, daß ihr sie aller Verantwortlichkeit entbindet. In England — ich weiß es wohl — geschieht es zuweilen, daß die Mitglieder des Parlaments von den Ministern Aufklärungen über Frieden oder Krieg verlangen; aber diese leztern halten zurük, und bedienen sich ihres Rechts zu schweigen, oder sagen nur, was sie gut finden, um die Sicherheit des Staats nicht in Gefahr zu sezen. — Ich verlange TagesOrdnung über den Druk."

Dieser wird nichtsdestoweniger verfügt.

Nun tritt Bailleul auf. "Es sey mir erlaubt, einer studirten Rede nur nach der schnellen Eingebung des Augenbliks einige Bemerkungen entgegen zu sezen, einige gewagten Behauptungen zu rügen, einige miskannte Grundsäze herzustellen. Dumolard hat von einer in Mailand gehaltenen Rede gesprochen, worinn man zum Umsturze aller Regierungen in Italien aufodre. Ich erkläre gerne, daß auch ich hierinn seiner Meinung bin; ich gehöre nicht unter die, welche Europen — nach dem LieblingsAusdruke vor einigen Jahren — municipalisiren wollen: aber nach dieser Erklärung bleibt mir nun immer noch die Frage übrig; ob jene vorgebliche Rede auch wirklich gehalten ward, und womit man dis beweisen kan? — Ich, meines Orts, erinnere mich gleichfalls der Ereignisse, die sich zugetragen haben. Venedig sezt sich in feindseligen Zustand; die Franken werden auf seinem Gebiete ermordet; Buonaparte sieht sich genöthigt, schleunige und ernste Masregeln zu ergreifen; er sezt sich in Marsch, er erläßt an die Regierung von Venedig ein Manifest. War es hiezu etwa nöthig, daß er eine Antwort erwartete, daß das Directorium darüber berathschlagte, daß ihr einen Beschluß faßtet, daß der Rath der Alten solchen genehmigte? — Aber inzwischen musten ja! die angefangenen Feindseligkeiten abgetrieben werden; es war keine Zeit zu verlieren, und schon waren unsre Truppen in Venedig, da das Manifest noch nicht in Paris angekommen war. So muste es seyn, und die Constitution sah voraus, daß derartige Fälle stattbaben konnten, indem sie dem Directorium das Recht gab, alle zur Abtreibung von Feindseligkeiten nöthigen Masregeln auf sich zu nehmen. . . . „Aber" — sagt man — „das Directorium „muste den gesezgebenden Körper davon benach- „richtigen." Hat es denn nicht wirklich dis gethan? Das Manifest ward uns zugeschikt, und ihr wisset, daß dis die einzige, in der Constitution vorgeschriebene Bedingung ist. Die Constitution sagt: „das Directorium wird benachrichti- „gen"; das Directorium hat dis gethan; es ist also durchaus vorwurfsfrei. Als das Manifest euch vorgelegt ward, da mustet ihr entscheiden, ob die getroffenen Anordnungen angemessen wären, oder nicht? Damals hielt Dumolard eine Rede, welche eine wahre Apologie von dem Betragen des Generals Buonaparte, und die feste Zusicherung enthielt, die Regierung in dieser neuen, durch eine schwarze Verrätherei nothwendig gewordnen Operation zu unterstüzen. Nun führt man eine hievon ganz verschiedne Sprache, und einen solchen Widerspruch kan ich nicht anders, als Absurdität nennen. Ich verlange Tages-Ordnung."

„Auch ich" — erhebt sich nun Doulcet — „würde dieser Meinung seyn, wenn der erste Sprecher sich über das Betragen des Generals Buonaparte bei dem Angrif der Baietianer beklagt hätte. Als OberBefehlshaber einer bedrohten Armee hatte dieser General allerdings das Recht, Feindseligkeiten abzutreiben; er muste, um der Verrätherei Einhalt zu thun, nicht warten, bis er im Rüken abgeschnitten wäre, und man noch eine grösere Zahl Franken ermordet hätte. Er that es; das Directorium machte euch sein Manifest bekannt; bisdahin ist die Constitution beobachtet: aber seit der Zeit sind sechs Wochen verflossen, und das Directorium beobachtet ein gänzliches Stillschweigen, und nur die öffentlichen Blätter belehren uns, daß in Venedig und in Genua zwei bis drei Revolutionen vorgefallen sind, wenn man anders Ereignissen, über die unser Urtheil noch keine feste Richtung hat, diesen Namen beilegen kan. Wie viele Bewegungen sahen wir nicht selbst in dieser Stadt, die man Revolution zu nennen beliebte, und denen die öffentliche Meinung seitdem ihre wahre Stelle angewiesen hat! — Weit entfernt also, Dumolard wegen seines Antrags zu tadeln, erkläre ich vielmehr, daß ich ihm, meines Orts, dafür Dank zuerkennen würde. Er hat gezeigt, daß der gesezgebende Körper, bei dem, was in Italien vorgeht, nicht fremd bleiben kan. Denn eines von beiden: entweder sind wir im Kriege mit den Regierungen, oder im Frieden. Sind wir im Frieden — welche Ursache führt unsre Truppen und unsre Agenten in die HauptStädte alliirter Länder? Sind wir im Kriege — durch wen ward solcher erklärt? Der gesezgebende Körper gab ja! nicht seine Theilnahme dazu: er weiß ja! nicht einmal etwas davon, und nur durch mehr oder minder glaubwürdige Journale erfährt er die grosen Ereignisse, deren Ursachen, Details und Resultate zu kennen so wesentlich für ihn ist. Mir ist kein Artikel der Constitution bekannt, der uns verbieten sollte, über Gegenstände von so hoher Wichtigkeit eine Botschaft an das Directorium zu erlassen. Wir wollen die Regierung weder gängeln, noch lähmen; aber wir wollen, daß unsre Freiheit und Unabhängigkeit durch eine tiefe Ehrfurcht für die Freiheit und Unabhängigkeit andrer Völker gesichert werde. Was Garan-Coulon's Einwurf betrift, so antworte ich darauf, daß man sich, um über einen Vertrag oder eine Unterhandlung zu berathschlagen, zwar allerdings in einen geheimen Ausschuß bilden muß; aber diese Förmlichkeit kan nicht für die gegenwärtige Discussion nothwendig seyn: wir können, z. B., öffentlich erklären, daß es selbst für die, welche am wenigsten zu zweifeln geneigt sind, in hohem Grade auffallend seyn muß, daß man Genua und Venedig der Feindseligkeiten gegen uns anklagt. Als noch die Coalition bewafnet war und dem Muthe unsrer Soldaten widerstand, waren Genua und Venedig neutral oder alliirt: und in dem Augenblike, da die HauptMacht Teutschlands um Frieden bittet, sollte Venedig den Krieg gewollt, Genua seine theuersten Interessen verrathen haben? unsre treuen Verbündeten, die helvetischen Kantone, sollten die Bande einer uralten Freundschaft haben zerreissen wollen? — Uiber dergleichen so schwer zu begreifende Ereignisse muß man allerdings von dem Directorium nähere Erkundigung einziehen. — Ich unterstüze Dumolard's Antrag."

In gleichem Sinne spricht auch Boissy=d'Anglas,

„Ich unterscheide" — sagt er — „zweierlei Arten von Gewalt, die der gesezgebende Körper hat: eine, welche das Gesez macht, die andre, welche über dessen Vollziehung wacht. Nun ist ein Vertrag mit einer auswärtigen Macht ein Gesez des Staats; ihr müsset demnach über dessen Vollziehung wachen. Ich weiß wohl, daß nicht euch, sondern dem Directorium desfalls die Initiative zukommt; daß dieses die ersten nothwendigen Masregeln ergreifen, folglich die Feindseligkeiten abtreiben kan: aber sobald dis geschehen ist, muß es über den Verfolg seiner ersten Operationen bei dem gesezgebenden Körper anfragen. Da es aber ein gänzliches Stillschweigen beobachtet hat — was wird die Folge davon seyn? Man wird mit Venedig Frieden schliesen müssen: der desfallsige Vertrag wird ausgefertigt, und euch vorgelegt werden; ihr werdet also über den Frieden entscheiden müssen, ohne eure Zustimmung zu dem Kriege gegeben zu haben. — Auch ich stimme für Dumolard's Antrag."

Weit andrer Meinung ist Guillemardet. „Wir „müssen" — sagt er — „hier zweierlei untersuchen: die Kriegs-Erklärung, und die Revolutionen, die in Italien stattfaben. Die KriegsErklärung! was ist sie anders, als Repressalien wegen Ermordung der Franken? Das Directorium hat euch desfalls das Manifest des Generals Buonaparte bekannt gemacht, und dadurch seine Pflicht erfüllt. Was nun aber die Revolutionen in Italien betrifft, so frage ich, wenn, empört über die Verrätherei ihres Senats, die Völker von Venedig und Genua die Gegenwart der fränkischen Armee nüzten, um ihre Ketten zu zerbrechen, und sich eine freie Regierung zu geben — ob es da wohl dieser Saal ist, wo man ihr Betragen tadeln muß? ob ihr es seyd, die dasselbe tadeln müssen? ihr, die ihr aus keinem andern Grunde hier sizet, als weil auch das fränkische Volk seine Regierung umgestürzt hat? Was liegt euch an den auswärtigen Regierungen? Wenn die Völker Italiens gegen die Tyrannei aufstehen, habt ihr das Recht sie daran zu hindern? Und wer hat euch denn gesagt, daß die fränkische Regierung diese Bewegungen unterstüzt hat?"

Man verlangt den Schluß der Discussion. Nein, nein, rufen zu gleicher Zeit mehrere Mitglieder. Bornes spricht noch für Dumolard's Antrag. „Auch die Rechte, die der Krieg gibt" — sagt er — „haben ihre Gränzen; und von welcher Art immer die Feindseligkeiten einer Regierung seyn mögen, so geht das Recht einer siegreichen Armee doch nie so weit, sie selbst umzustürzen. Genua war unser Alliirter zu einer Zeit, da ganz Europa gegen uns verbündet war; es leistete uns wesentliche Dienste: wollen wir ihm nun seine Freundschaft für uns auf diese Art lohnen? wollen wir, als Prediger der allgemeinen WeltRepublik, diese dem VölkerRecht widerstreitenden Metamorphosen bewirken? Es ist Politik, es ist Pflicht für uns, zu erklären, daß wir keine auswärtige Regierung antasten wollen, zumal in dem Augenblike, da so wichtige FriedensUnterhandlungen eröfnet sind." Auch er stimmt für den Antrag.

Aber auf Thibaudeaus Bemerkung: „daß man „über eine Frage von dem größten Belang, und über das Betra„gen der Regierung nicht so schnell, durch Zuschikung einer „Botschaft, in einem Augenblike absprechen müsse, wo die wich„tigsten Unterhandlungen eröfnet seyen, wo der Friede von Eu„ropa und das allgemeine Wohl vielleicht von der abgemessen„sten Vorsicht abhiengen, und durch einen allzuraschen Schritt „in Gefahr gesezt werden könnten;" eine Bemerkung, deren Wahrheit und Wichtigkeit Dumolard selbst auch erkennt — wird der Antrag dieses leztern an eine Commission verwiesen.

Noch hat diese hierüber ihren Bericht nicht erstattet. Aber statt aller Antwort auf die Verhandlungen im Rathe der Fünfhundert, das Betragen des Generals Buonaparte in Bezug auf die Regierungen von Venedig und Genua betreffend, machte das Directorium inzwischen folgendes Schreiben bekannt.

„Das VollziehungsDirectorium an den ObeGeneral Buonaparte. Vom 25 Messidor (13 Jul.)

„Das VollziehungsDirectorium hat geglaubt, daß die wichtigen Dienste, die Sie, Bürger General, der Republik seit Ihrem Einmarsch in Italien geleistet haben, ihm zur Pflicht machen, Ihnen seine Zufriedenheit darüber laut und feierlich zu bezeugen. Es erklärt Ihnen demnach, daß es das politische und militairische Betragen, welches Sie daselbst, namentlich in Bezug auf Venedig und Genua beobachteten, vollkommen billigt.

Unterzeichnet: Carnot."

V.
Blike in das neueste Italien.
Mit zwei Tafeln.

§. 1.
Einleitung.

Wenn sowohl der Anfang als das Ende des jezigen Krieges durch Revolutionen merkwürdig wurden, welche die fränkischen Armeen in andern Ländern wekten, so muß dabei doch Jedem der auffallende Contrast in die Augen springen, der die politischen Manövres dieser beiden Epochen von einander auszeichnet. Wenn in Belgien die Unionen mit SäbelHieben erzwungen wurden, so strebt dagegen in Italien alles mit solchem Enthusiasm zur Unabhängigkeit auf, daß der fränkische Feldherr Mühe hat, das allzurasche Ungestümm zu zügeln. Wenn der rhenogermanische NationalConvent so plözlich wieder in Nichts zerfloß, so formt sich dagegen jenseits der Alpen eine Masse von FreiStaaten, die, wenn sie sich, wie alles zu verkündigen scheint, in Einheit zusammenschließt, von nun an unter den grosen Mächten figuriren kan.

Der Grund dieses ungeheuren Unterschieds läßt sich leicht auffinden; er liegt theils in den Männern, theils in der Zeit.

Was war der eitle, kleinliche Custine, der weder Feldherr noch Staatsmann war, gegen einen Buonaparte, der beides in so hohem Grade ist?

Was war die Zeit, da die fränkische Republik fast nur noch wie ein glükliches Abentheuer dastand, ohne sich noch gegen die Monarchen gemessen zu haben, und ihre romanhaften Siege mehr Werk des Zufalls als der Tapferkeit schienen, gegen die Zeit, da diese Republik, nachdem sie eine Kraft entfaltet hatte, die in der WeltGeschichte ohne Beispiel ist, nach so vielen Siegen und Niederlagen und wieder Siegen, als CentralPunkt eines neuen BundesSystems, gleichmächtig durch Politik wie durch Waffen, sich fast nach Willkür Gränzen und Alliirte schuf?... Wer mochte dort noch ihrem Schuze vertrauen? und wer mocht' ihm hier noch mistrauen?

Ein weiterer Grund, woraus wir jenen auffallenden Unterschied uns erklären können, liegt auch in der Art des Manövres.

Custine, um Revolutionen zu bewirken, stellte meist nur jugendliche Enthusiasten, ohne Gewicht, ohne Geschäfts- und MenschenKenntniß, an deren Spize; Buonaparte, die talentvollsten, Einflußreichsten Männer, deren Ansehen allein schon das Volk hinreissen konnte.

Custine wollte nur alles Frankreich einverleiben; dagegen empörte sich der teutsche NationalStolz. Buonaparte ließ jedem Volke seine Unabhängigkeit; es sollte sich nur für sich selbst republikanisiren: dadurch schmeichelte er dem italienischen NationalStolze.

Hiezu kommt, daß Italien unter allen Ländern unstreitig die meiste Empfänglichkeit für eine solche Umschaffung hatte. Unter allen Ländern Europens hatte hier die Freiheit am dauerndsten geherrscht. Schon in der ersten Morgenröthe seiner Geschichte finden wir mehr Republiken als Königreiche. Selbst Romulus, der Stifter einer Monarchie, paarte damit republikanische Formen, durch Einführung eines Senats; und doch ertrug Rom nicht über 7 Könige. Zur Zeit der Revolution, welche die Tarquine vom Thron stürzte, war die neue Republik, gegen einen oder zwei Könige, die man in ganz Italien zählte, mit einer Menge andrer Republiken umgeben, die sich endlich insgesammt in die unermeßliche römische Republik verloren. Sie selbst auch verschwand zulezt unter den Cäsarn: aber die bessern von diesen bemühten sich, durch ihre Regierung an die Zeiten der Republik zu erinnern, von der sie noch immer gewissermasen das erhabene Schattenbild beibehielten; und die andern sahen sich durch unaufhörliche Verschwörungen bedroht, die zum Zwek hatten, wieder dahin zurükzukommen.

Gleichen Hang zeigten auch die neuern Zeiten, troz aller Macht der Fürsten, die sich in die Trümmern des Throns der Cäsarn getheilt hatten. Venedig, Genua, Florenz, Pisa, Siena ꝛc. eilten, soviel ihnen möglich war, sich wieder in Freiheit zu sezen: wenige Städte sind in Italien, die nicht eine Zeitlang Republiken bildeten, und noch bis heute in ihrer Municipal Regierung etwas von den republikanischen Formen beibehielten.

Die Päpste hatten von dem Volke von Rom mehr als von irgend einem christlichen Fürsten zu leiden. Im zwölften Jahrhundert erhob sich zu Rom ein neuer Senat; ein neuer Patricius an der Spize desselben. Dem Papste wurden alle Regalien genommen; der neue Senat regierte, lies Münzen schlagen ꝛc. Noch heftigere Stöße litt der päpstliche Thron, als um die Mitte des vierzehnten Jahrhunderts Rienzi den Titel eines VolksTribuns annahm, und eine demokratische Revolution ausführte. Wenn die Päpste bei allen diesen Erschüttrungen sich dennoch behaupteten, so geschah dis vorzüglich dadurch, daß sie durch immer gleichen niedern Preiß des Brodes, und durch den mäsigen Betrag der Auflagen das Volk sich geneigt erhielten. Bis auf die neuesten Zeiten herab wagten sie nicht, jenen Senator von Rom, einzigen Rest des alten WeltSenats, und immer noch Phantom, wodurch das Volk sich geschmeichelt fühlt, abzuschaffen.

Neapel hätte, unter dem Szepter seiner Könige, lange schon zur leidenden Unterwerfung angewöhnt seyn sollen. Dennoch vergas es derselben im vorigen Jahrhundert, auf die Stimme des Masaniello. Dieser Fischer sah 200,000 Mann unter seinen Befehlen, und die Revolution war gemacht, wenn nur irgend ein schlauerer Kopf sie geleitet hätte.

Nichts schien so unkriegerisch, wie die Italiener dieses Jahrhunderts; nur die Piemonteser ausgenommen, die sich durch häufige Kriege in den Waffen übten: aber den Abkömmlingen der alten WeltUiberwinder kan die nemliche StaatsForm, welche sie damals zu Thaten, die die Bewunderung aller ZeitAlter waren, entflammte, leicht wieder die nemliche Energie geben. Schon izt ist der kriegerische Geist in diesen Gegenden, wo er einst zu Hause war, mit Ungestümm erwacht: wir wissen, daß die Lombardische Legion in den Unternehmungen gegen Rom und gegen Venedig an der Seite der Franken, ja selbst als VorTrab, mit dem kühnsten Muthe focht; und wenn nun schon innerhalb weniger Monden eine FreiStaatenMasse von 5 bis 6 Millionen Menschen sich in Italien geformt hat, die immer noch nach weiterer Ausbreitung strebt, so kan ja wohl die Zeit wieder kommen, da die Italiener, die in neuern Zeiten nur in den schönen Künsten glänzten, diese wieder, wie ihre HeldenVäter, andere überlassen, und auf's neue „regere imperio populos." zu ihrem WahlSpruche machen.

§. 2.

Zwei Tafeln: Italien, wie es vor diesem Kriege war, und Italien, wie es izt ist.

Um die unermeßlichen Veränderungen, die sich innerhalb Eines Jahres in diesem schönen Lande zugetragen, und eine ganz neue Welt darinn erschaffen haben, mit Klarheit und in ihrem ganzen Umfang zu überbliken, wollen wir hier I. Italien, wie es vor diesem Kriege war, und II. Italien, wie es izt ist, auf zwei besondern Tafeln darstellen.

§. 3.

Einige Resultate aus den obigen zwei Tafeln.

Wir haben hier nur das eigentliche feste Land von Italien, mit Ausschluß der Inseln Sizilien und Sardinien, und der Besizungen der Republik Venedig auf der andern Seite des Adriatischen Meeres, gerechnet. Dis eigentliche Italien enthält einen FlächenRaum von ohngefähr 4500 Quadr. Meilen, und eine Bevölkerung von 15 Millionen.

Nach den obigen Tafeln hat, innerhalb eines Jahres, in Italien verloren:

	Quadr. Meil.	Menschen.
die Monarchie	782	2,746,634
die Aristokratie	733	2,620,000
Folglich die Demokratie gewonnen:	1515.	5,366,634

Vorher war die demokratische Bevölkerung fast qualibet data quantitate minor; sie enthielt nur das Republiken San Marino, mit ohngefähr 5000 Menschen. Izt verhält sie sich zu der monarchischen Bevölkerung ohngefähr schon wie $5\frac{1}{2}$ zu 10. Vorher war $\frac{1}{2}$ der Bevölkerung Italiens aristokratisch; izt existirt

Kriege.

StaatsFormen			
aristokratische		demokratische.	
☐ Meilen.	VolksZahl.	☐ Meilen.	VolksZahl.
625	2,100,000		
90	400,000		
18	120,000		
. . .	. . .	3/4	5000
733	2,620,000	3/4	5000

1797.

aatsFormen			
aristokratische		demokratische.	
☐ Meilen.	VolksZahl.	☐ Meilen.	VolksZahl.
I. ...	...	180	300,000
...	...	52	93,366
II.			

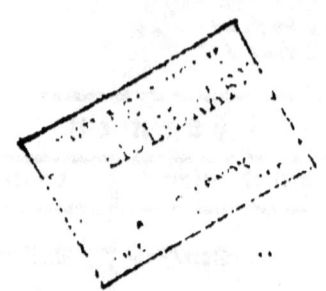

diese Rubrik gar nicht mehr in dem politisch=geographischen WörterBuche von Italien: wir haben zwar noch die kleine Republik Lucca unter solcher aufgeführt, weil ihre alte StaatsForm zur Epoche des 1 Jul. noch nicht verändert war; aber das inzwischen erfolgte Einrüken einer starken fränkischen ReiterAbtheilung unter dem General Chabot in dieselbe zeigt hinlänglich, daß auch sie am VorAbend einer politischen Umbildung ist.

Ungerechnet die der kolossalen Republik Frankreich einverleibten und eben dadurch demokratisirten Länder Italiens, dehnt sich nun also, zwischen den Alpen und der Tiber, durch Ober= und MittelItalien hin, eine Masse von VolksStaaten, die zusammen einen FlächenRaum von 1500 Quadr. Meilen, und eine Bevölkerung von mehr als 5 Millionen hat. Und diese Masse strebt noch nach immer weiterer Ausbreitung! So wissen wir z. B. daß das Volk von Ancona am 4 Jun. feierlich seine Unabhängigkeit, und seine Protestation gegen den Artikel des FriedensVertrags von Tolentino, der die Zurükgabe dieses Landes an den Papst festgesezt, proclamirte, und sowohl an den General Buonaparte als an das VollziehungsDirectorium in Paris Abgeordnete schikte, um die Vereinigung der Mark Ancona mit der Cispadanischen Republik nachzusuchen. So wissen wir ferner, daß den 13 Jun. die Einwohner des Veltlin zu Sondrio den Eid schwuren: „frei zu leben, oder zu sterben in Vereinigung mit der Cisalpinischen Republik." So wissen wir endlich, daß durch ganz Italien, von dem Fuse der Alpen an bis zur MeerEnge von Sizilien, der RevolutionsGeist überall mit Ungestümm sich aufbäumt; daß Buonaparte selbst, die Sicherheit des Herzogs von Parma durch die gemessensten Befehle, und die des Königs von Sardinin sogar durch Abschikung eines fränkischen TruppenKorps nach dem innern Piemont schützen musste; daß in Rom der Pasquin immer lauter von dem Sturze des Vaticans und dem WiederEmporsteigen des Capitols spricht; daß der König von Neapel, ohngeachtet seines Friedens mit Frankreich, noch immer auf dem KriegsFuse bleibt, an den Gränzen seiner Staaten einen SperrCordon gegen die revolutionäre Epidemie gezogen hält, und alle seine Gefängnisse mit Verschwörern bevölkert.

Während auf solche Art ganz Italien in Sturm und Drang, in einem Gewirre ist, welches täglich seine Gestalt ändert, und sich zu neuen Formen entfaltet, kan es für den, der die Geschichte dieser ausserordentlichen Ereignisse izt oder künftig studiren will, gewiß nicht anders als interessant seyn, einen Leitfaden zu erhalten, der ihn durch diß wilde Getreibe hindurch führen kan. Wir wollen hier einen kurzen derartigen Versuch wagen.

Noch zu Anfang des Feldzuges von 1796 waren in ganz Italien — die der fränkischen Republik einverleibten Provinzen (das Herzogthum Savoyen und die Grafschaft Nizza) ausgenommen — keine andern Regierungen, als monarchische oder aristokratische; nur das Städtchen von San Marino, das man fast mit dem Mikroskop auf der Karte suchen muß, hatte demokratische Form. Erst in der Mitte des Jun. 1796 ward der erste Keim zu der grosen politischen Umformung Italiens gelegt. Nachdem nemlich General Buonaparte zu Ende des Mai den FeldZeugmeister Beaulieu aus der lezten Position, worinn er sich noch in Italien hielt — vom Mincio, verdrängt und zum Rükzuge nach Tirol genöthigt hatte, sezte (16 Jun.) die Division des Generals Augereau zu Borgoforte über den Po, und rükte drei Tage darauf in Bologna und Ferrara ein. Solange das in seinen Gewässern unzugängliche Mantua noch in den Händen der Oestreicher war, und diese in Tirol immer wieder StreitKräfte sammeln konnten, um auf's neue zu dessen Entsaz vorzurüken, war es für den fränkischen General von der höchsten Wichtigkeit, während er ihnen entgegenzog, sich seinen Rüken zu sichern.

zumal da im untern Italien der König von Neapel mit einer nicht unbeträchtlichen Macht noch immer im Kriege gegen Frankreich stand. Er suchte daher das Gefahrvolle seiner militairischen Lage durch alle' Künste der Politik zu verbessern, und zu dem Ende das Interesse der Italiener immer enger mit dem der Franken zusammenzuknüpfen, indem er sie mit diesen leztern in gleiche Grundsäze, gleiche Gefahren verflocht. So bildete sich noch im Sommer 1796 ein Cispadanischer FreiStaatenVerein (Confederazione cispadana). Man nannt' ihn den cispadanischen, vermöge seiner Lage auf dem (von Italien aus) disseitigen Ufer des Po (Padus); zugleich schmeichelte diese Benennung den Einwohnern der jenseits dieses Flusses liegenden Lombardei mit der Hofnung, daß auch sie selbst wohl, bei dem weitern Glüke der fränkischen Waffen, ein eigner FreiStaat werden könnte, der dann natürlich den Namen der Transpadanischen Republik führen würde. Die Künste, deren Buonaparte sich bei diesem politischen Manövre bediente, und wodurch er so meisterhaft dessen Gelingen sicherte, haben wir bereits anderswo, und zum Theil selbst auch in der Einleitung zu diesem Aufsaze, entwikelt; wir übergehen sie also hier.

Der grose Mann, welcher sah, daß die Unabhängigkeit der Lombardei nur das Resultat eines überwiegenden WaffenGlükes auf Seiten der Franken seyn könne; daß diese, wenn es daran irgend gebräche, im künftigen Frieden mit Oestreich, um Belgien zu erhalten, die Lombardei würden zurükgeben müssen, — gieng hierinn die schwerste aber schlaueste Linie des Betragens: immer hielt er die Lombarden durch die Aussicht auf Unabhängigkeit an sich fest, aber ohne sich je zu einem Schritte hinreissen zu lassen, der, falls nach dem Laufe des KriegsGlükes die Zurükgabe der Lombardei an Oestreich nöthig würde, ihn oder die fränkische Regierung hätte compromittiren können.

Weit anders verhielt sich's mit der Cispadanischen Republik; gegen den Papst bedurft' es der Schonung nicht, wie gegen die koloſſale Macht von Oestreich. Dieſe Republik organiſirte sich daher immer bestimmter. Während sie ſelbſt die Einwohner von Romagna einlud, sich mit ihr zu vereinigen, nützte General Buonaparte eine Gelegenheit, die sich ihm zu ihrer Vergrößerung anbot. Der GrundKern derſelben waren die beiden päpſtlichen Legationen Ferrara von 95 Quadr. Meilen und 250,000 Einwohnern, und Bologna von 90 Quadr. Meilen und 270,000 Einwohnern gewesen; sie hatte also anfänglich einen FlächenRaum von 185 Quadr. Meilen, und eine Bevölkerung von 520,000 Menschen. Nun ward der Herzog von Modena, der einen WaffenStillſtand mit der fränkischen Republik geschlossen hatte, beschuldigt, bei dem zu Anfang Augusts durch den FeldMarschall Wurmſer bewirkten kurzen Entſaze von Mantua, diese Festung in Eile wieder mit MundVorrath verſorgt, und überhaupt mehrere Artikel jenes WaffenStillſtandes unerfüllt gelaſſen zu haben. Buonaparte erklärte daher denselben (6 Oct.) für gebrochen. Sofort pflanzte izt auch das Volk in Modena und Reggio, unter Tänzen und patriotischen Hymnen, FreiheitsBäume, errichtete eine NationalGarde, proclamirte seine Unabhängigkeit, und trat in Vereinigung mit der Cispadanischen Republik, welcher Buonaparte dadurch einen Zuwachs von 92 Quadr. Meilen Landes und 320,000 Einwohnern verschafte, während er zugleich dem Hause Oestreich die sichere Aussicht entriß, die es auf die Erwerbung dieſes Landes hatte.

Die Cispadaniſche Republik hatte nun also schon einen FlächenRaum von 277 Quadr. Meilen, und eine Bevölkerung von 840,000 Seelen.

Ihre NationalVerſammlung, der Cispadaniſche Congreß genannt, versammelte sich zu Reggio, wo er den 27 Dec. 1796 seine erste Sizung hielt, und sogleich von transpadanischen Abgeordneten beschikt ward, die ihre baldige Vereinigung mit den Cispadanern hoften. Als von der Art, wie die 4 verbundenen Provinzen (Ferrara, Bologna, Modena und Reggio, miteinander in Verbindung treten sollten, die Frage war, stimmten vorzüglich die Abgeordneten von Bologna für den Foederalism; aber die Mehrheit und die grosen Rüksichten drangen durch, und in der Sizung vom 30 Dec. ward beschlossen, daß die vier Völker Eine untheilbare Republik bilden sollten.

Nun hätte das HauptGeschäft seyn sollen, der neuen Republik eine Constitution zu geben: aber ein groser Theil der Mitglieder zerarbeitete sich meist nur an sophistischen Kleinigkeiten, und General Buonaparte, der im Januar 1797 mit der östreichischen Armee, an deren Spize FeldZeugmeister Alvinzy stand, einen, eben so harten als zweifelhaften Kampf um Mantua zu bestehen hatte, konnte in der ZwischenZeit seinen Blik nicht auf den Cispadanischen Congreß heften. Indeß hatte er doch, noch ehe der Fall von Mantua durch die Schlacht bei Rivoli (14 Jan.) entschieden worden war, bei seiner Durchreise durch Reggio (8 Jan.) sein Misvergnügen über den bisherigen gelähmten oder schiefen Gang dieses Congresses stark geäussert, mehrere Beschlüsse desselben cassirt, und unter andern verordnet, daß solcher von nun an suspendirt werden, und seine Sizungen den 20 Jan. auf's neue wieder in Modena eröfnen sollte.

Dis geschah auch wirklich, und bald darauf gab der den 2 Febr. erfolgte Fall von Mantua dem Cispadanischen Congreß neue Schnellkraft. Zwei Mitglieder desselben, Lamberti und Notari, die inzwischen nach Massa und Carrara abgeschikt worden waren, um die Vereinigung dieser Völkchen mit der Cispadanischen Republik zu bewirken, legten sogleich in der ersten Sizung die desfallsige ReunionsUrkunde vor, und vom 25 Jan. an fieng man an, über die Constitution der neuen Republik zu berathschlagen. Man theilte solche in folgende 9

Departemente:	HauptOrte:
1. des obern Reno	Bologna.
2. des untern Reno	Cento.
3. der Sümpfe	Lugo.
4. der Vollfer	Ferrara.
5. der Ufer des Panaro	Modena.
6. der Ufer des Crostolo	Reggio.
7. des Cimone	Paullo.
8. des Serchio	Muaro.
9. des Panio	Massa.

Im März kam endlich die Constitution selbst zu Stande, die im Ganzen das treue Nachbild der fränkischen war. Wir zeichnen hier nur flüchtig die HauptVerschiedenheiten zwischen beiden aus.

Die fränkische Constitution sezt Freiheit der Religion fest, unter der einzigen Bedingung, daß man sich den Gesezen gemäs betrage. „Die Cispada„nische Republik" — heißt es dagegen in der leztern — „behält die Religion der römischkatholischen, „apostolischen Kirche, bei. Sie gestattet durchaus „keinen andern öffentlichen Gottesdienst. „Nur erlaubt sie den Juden die Fortsezung der freien „und öffentlichen Uibung ihrer GottesVerehrung im gan„zen Umfang ihres Gebietes. Doch will sie nicht, daß „ein Bürger oder Einwohner ihres Gebietes, wenn er „sich den Gesezen gemäs beträgt, wegen irgend einer „religiösen Meinung beunruhigt werde." Man sieht, wie sehr hierinn der Achtung für den Clerus, und den VolksVorurtheilen geopfert ward!

Die gröste Verschiedenheit zwischen beiden ConstitutionsActen ist in der Art, wie das Volk seine SouverainitätsRechte ausübt.

III

Die fränkische führt UrVersammlungen und WahlVersammlungen ein.

Die Cispadanische verordnet:

1. UrComitien, welche nur je auf 10 Bürger, die zugegen sind, einen Decurio ernennen;

2. Diese Decurionen bilden DecurialComitien, welche je auf zehn Decurionen einen WahlMann erwählen, und die Mitglieder ihrer Municipalitäten, die FriedensRichter und Beisizer ernennen;

3. Die WahlMänner bilden hierauf die WahlComitien, welche die Mitglieder der beiden Räthe, die OberGeschwornen, die DepartementsVerwalter, den öffentlichen Ankläger und den Kanzler des peinlichen Gerichts, so wie die Richter der CivilTribunale wählen.

Nach dem verjüngten Maasstabe der Cispadanischen Republik soll der gesezgebende Körper aus einem Rathe von 60 und einem Rathe von 30 Mitgliedern, und das VollziehungsDirectorium aus 3 Mitgliedern bestehen.

Die bewafnete Macht ist nach derselben in die stillsizende NationalGarde, und in SoldTruppen eingetheilt. Man vermied den Ausdruk: dienstleistende NationalGarde, damit dem gesezgebenden Körper freistehen möchte, auch Fremde in den Sold der Republik zu nehmen.

Uibrigens sah die Cispadanische Constitution auch den Fall voraus, da nicht nur ein Land, welches ein oder mehrere Departemente bilden könnte, sondern auch ein Land, welches an VolksZahl der Cispadanischen Republik selbst gleich oder überlegen wäre, mit leztern vereinigt würde. In diesem Falle soll auf das Ansuchen der mit ihr neuvereinigten Völker eine Revision der Constitution statthaben. Man sieht, daß der Blik der italienischen Gesezgeber hiebei auf Mailand und Mantua gerichtet war.

Mitlerweile hatte General Buonaparte seinen

kurzen Feldzug gegen den Papſt geendigt. In dem Frieden von Tolentino (19 Febr.) entſagte der leztere nicht nur ſeinen OberHerrſchaftsRechten auf Bologna und Ferrara, ſondern er trat auch noch an Frankreich die Landſchaft Romagna ab. Der Ciſpadaniſchen Republik ward hiebei gar nicht gedacht. Dieſe hofte inzwiſchen, daß nun ſofort auch Romagna ihr einverleibt werden würde; aber ſtatt deſſen ward dieſes Land proviſoriſch durch eine „oberſte CentralRepräſen„tation der Aemiliſchen Provinz" regiert, die ihren Siz erſt in Ceſena, dann in Ravenna hatte, und den 19 April nach Forli verlegt ward. Die Ciſpadauiſche Republik ſelbſt beſtand indeß in ihrem bisherigen Umfang fort; ihr geſezgebender Körper hielt den 26 April zu Bologna ſeine erſte Sizung. Zu Mitgliedern des VollziehungsDirectoriums wurden Ignaz Magnain, Ludwig Ricci und Johann Baptiſt Guaſtavilldin von ihm ernannt.

Bekanntlich eröfnete General Buonaparte, nachdem kaum ſeine Expedition gegen Rom geendigt war, ſogleich wieder, um die Hälfte des März, den Feldzug gegen Oeſtreich. Mit reiſſender Schnelligkeit drang er durch Krain, durch Kärnthen und Steiermark, bis an die Gränzen von NiederOeſtreich, 9 Poſten von Wien vor. Ihn begleitete die Sehnſucht und die eiferſüchtige Beſorgniß der Lombarden, die mit Ungedult der förmlichen Proclamation der Transpadaniſchen Republik entgegenſahen, welche der von der proviſoriſchen GeneralAdminiſtration der Lombardei nach Paris abgeſchifte (ehmalige Graf, nun) Bürger Serbelloni mit Eifer dort betrieb. Auch täuſchte Buonaparte das in ihn geſezte Vertrauen nicht; in den am 18 April zu Ekenwald, bei Leoben, abgeſchloſſenen FriedensPräliminarien erkannte Oeſtreich die Unabhängigkeit und die Einführung einer Republik in der Lombardei an.

Diese nahm von nun an, aus Dankbarkeit für die fränkische Republik, ihre Schöpferin, den Namen: Cisalpinische Republik an; „die anfängliche Benennung „(Transpadanische Republik,) sey in Rüksicht auf „Rom gewählt gewesen; aber die Blike derselben seyen „ganz auf Frankreich geheftet; wie dieses jenseits, „so sey sie disseits der Alpen ein mit ihm verschwisterter FreiStaat."

Buonaparte hatte — wie wir weiter oben erzählt — mit Misvergnügen die Zögerung und die Schwierigkeiten bemerkt, die der Entwurf einer Constitution für die Cispadanische Republik gefunden hatte, und wie unbedeutend, zum Theil auch dem Geiste einer aufgeklärtfreien Verfassung entgegen, die Abweichungen waren, die man sich darinn von der im Ganzen doch nur copirten fränkischen Constitution erlaubt hatte. Daher schrieb er, um ähnlichen Nachtheilen zuvorzukommen, diese leztere der Cisalpinischen Republik ihrem ganzen Inhalt nach vor, nur daß der gesezgebende Körper, bei ihrem mindern Umfang, aus einem Rathe von 80 und einem Rathe von 40 Mitgliedern bestehen sollte. Die vollziehende Gewalt sollte, wie in der fränkischen Republik, ein Directorium von 5 Mitgliedern ausüben. Seine Kundmachung hierüber, welche zugleich die Urkunde der Unabhängigkeit der Cisalpinischen Republik ist, verdient hier eine Stelle:

„Proclamation des OberGenerals Buonaparte, in Montebello, bei Mailand, den 10 Messidor (28 Jun.) Jahr 5.

„Die Cisalpinische Republik war geraume Jahre hindurch unter der Oberherrschaft des Hauses Oestreich. Ihm folgte darinn die fränkische Republik, durch das Recht des Krieges: aber von dem heutigen Tage an thut sie Verzicht darauf, und die Cisalpinische Republik ist frei und unabhängig; von Frankreich und von dem Kaiser an-

erkannt, wird sie es bald auch von ganz Europa seyn. Die fränkische Republik, nicht zufrieden ihren Einfluß und die Siege ihrer Armeen dazu angewandt zu haben, die politische Existenz der Cisalpinischen Republik zu sichern, erstrekt ihre Sorge für dieselbe noch weiter, und überzeugt, daß, wenn Freiheit das erste aller Güter ist, eine Revolution die fürchterlichsten aller Uibel nach sich zieht, gibt sie dem Cisalpinischen Volke ihre eigne Constitution, das Resultat der Kenntnisse der aufgeklärtesten Nation. Auf solche Weise wird das Cisalpinische Volk von einer militairischen zu einer constitutionellen Regierung übergehen; aber damit dieser Uibergang ohne Erschütterung und ohne Anarchie erfolge, glaubte das Directorium, nur für dis einziemal, die Mitglieder der Regierung und des gesezgebenden Körpers ernennen zu müssen; so daß das Volk erst in einem Jahre zu den erledigten Stellen, der Constitution gemäs, ernennen kan. Seit vielen Jahren waren keine Republiken mehr in Italien; das heilige Feuer der Freiheit war hier erstikt, und der schönste Theil Europens unter das Joch der Fremden gebeugt. Der Cisalpinischen Republik ziemt es nun, durch ihre Weisheit, durch ihre Energie, und durch die gute Organisation ihrer Armeen der Welt zu beweisen, daß das neuere Italien nicht entartet, und daß es noch der Freiheit würdig ist.
Unterzeichnet: Buonaparte."

„Der OberGeneral Buonaparte, im Namen der fränkischen Republik, und in Gemäsheit der obigen Proclamation ernennt, als Mitglieder des VollziehungsDirectoriums der Cisalpinischen Republik, die Bürger Serbelloni, Alessandri, Moscati und Paradisi. Das fünfte Mitglied wird in kurzem ernannt werden. Diese 4 Mitglieder werden morgen in Mailand eingesezt werden.
Unterzeichnet: Buonaparte."

Die neue Cisalpinische Republik erhielt die Eintheilung in die folgenden 11

Departemente:	HauptOrte:
1. der Adda	Lodi \ abwech-
	Crema / selnd.
2. der Apenninischen Alpen	Massa.
3. des Crostolo	Reggio.
4. des Lario	Como.
5. des Gebirges	Lecco.
6. der Olona	Mailand.
7. des Panaro	Modena.
8. des Po	Cremona.
9. des Serio	Bergamo.
10. des Ticino	Pavia.
11. des Verbano	Varese.

Man sieht hieraus:

1. Daß zu der Cisalpinischen Republik von den bis dahin zu der Cispadanischen gehörigen Ländern die Herzogthümer Modena und Reggio, und das Fürstenthum Massa und Carrara, gezogen wurden. Von nun an also bestand die Cispadanische Republik nur noch aus den beiden ehemaligen päpstlichen Legationen Ferrara und Bologna; sie enthielt also, wie in ihrer ersten Entstehung, nur noch 185 Quadr. Meilen und 520,000 Einwohner.

2. Der neuen Cisalpinischen Republik wurden überdis auch noch die ehedem zu der Republik Venedig gehörigen Gebiete von Bergamo und Crema beigefügt, so daß sie im Ganzen nun 291 Quadr. Meilen und 1,510,000 Einwohner in sich faßte.

3. Die Aemilische Provinz (oder die ehemalige päpstliche Legation Romagna) war noch keiner von den beiden Republiken zugetheilt.

4. Gleiche Bewandniß hatte es mit dem Herzogthum Mantua. Sollte dis Bollwerk Italiens, um welches so lange und so blutig gekämpft ward, wieder an Oestreich zurükgegeben? oder sollt' es mit der Cisalpinischen Republik vereinigt? oder an die Repub-

lik Venedig dafür, daß sie an Oestreich Istrien und Dalmatien, an die Cisalpinische Republik Bergamo und Crema überlassen muste, zur Entschädigung abgetreten werden?... Eine nahe Zukunft wird hierüber den Aufschluß geben.

Wir haben in den vorhergehenden Aufsäzen umständlich erzählt, wie die aristokratischen Republiken Venedig und Genua, unter dem Einflusse der Franken, sich demokratisirt haben. Dadurch hat sich nun in Italien eine Masse von VolksStaaten gebildet, die zusammen 5 bis 6 Millionen Einwohner zählen. Diese Staaten, schwach wenn sie vereinzelt bleiben, aber stark und im Stande unter den Mächten Europens zu figuriren, sobald sie in dem System der Einheit sich aneinander schliessen, scheinen durch die ganze Lage der Umstände, und nun auch durch die Gleichförmigkeit ihrer RegierungsGrundsäze, dazu bestimmt zu werden, sich in kurzem unter die Fahne Einer untheilbaren Republik zu sammeln. Niemand giebt hiezu den Ton stärker an, als die aufgeklärtern Führer der Cisalpinischen Republik. „Man glaube ja nicht" — sagt unter andern die Mailänder Gesellschaft des öffentlichen Unterrichts, in ihrer desfallsigen Adresse an die freien Völker Italiens — „daß die Conföderation ein hinlängliches Mittel sey, um die italienische Freiheit und Gleichheit zu schüzen. Conföderationen sind nur eine schwache Stüze für gemeinsame Sicherheit; sie vereinigen die Völker nur in den am wenigsten wichtigen Rüksichten. Da, wo Verschiedenheit der Geseze, der Sitten, der Interessen herrscht, ist kein Gedanke, keine Anhänglichkeit an GemeinWohl. StaatenBünde zerstreuten nie die Parteiungen, noch die verderblichen Rivalitäten des TerritorialGeistes. Wenn man nicht sagen kan: „ich fechte „für meine Constitution, für meine Geseze, für mein „Eigenthum, für alles, was mir das Theuerste und Heiligste „ist," so widersteht man nicht mit Standhaftigkeit dem Feinde. Die grosen KraftAeusserungen solcher Bündnisse, selbst wenn ſie gluklich ſind, ſchlagen doch immer zu deren Untergang aus, und ſind immer Vorboten ihrer Vernichtung: da die Macht der Völker, woraus ſie beſtehen, nicht gleich iſt, und die Gefahr ſelbſt die Superiorität eines oder mehrerer von ihnen begründet, ſo entſpringt hieraus der Ehrgeiz zu befehlen, und dieſer wird die Quelle von Eiferſucht, von Rotten und von Kriegen. Die Siege der griechiſchen StaatenBünde ſchufen die Herrſchgier von Sparta und Athen, die ſich zu ihrer gegenſeitigen Vernichtung verſchwuren, und den Ruin der gemeinſamen Freiheit veranlaßten. Der Achäiſche Bund, um mit Erfolg die Spartaner anzugreifen, muſte ſich ſogar mit Deſpoten vereinigen. Die italieniſchen Republiken der ältern Welt und des MittelAlters ſchloſen mit keiner andern Wirkung Bünde, als daß ſie ihre Kräfte gegen einander maſen, um ſie dann gegenſeitig zu ihrer eignen Vernichtung zu gebrauchen.

„Aber laßt uns den Blik näher auf den gegenwärtigen Zuſtand der freien Völker Italiens heften. Wir ſehen daraus, daß uns alles zur Einheit auffodert. Jedes dieſer Völker hat einen oder mehrere Deſpoten zu Nachbarn, die an Macht ihm überlegen ſind. Der Papſt wird ſtets durch den VolksAberglauben furchtbar ſeyn; er wird ſtets mit Eiferſucht auf die Städte ſeiner weiland Aemiliſchen Provinz hinbliken. Oeſtreich, von der Spize der Alpen herab, wird ſtets das feſte Land (von Venedig) und die Lombardei bedrohen, ſo wie der König von Sardinien, von einer andern Seite, eben dieſe Lombardei oder Ligurien. Wenn die italieniſchen Demokratien vereinzelt bleiben, ſo iſt keine von ihnen ſtark genug, dem Feind die Stirne zu bieten; ſie würden ihm, als Conföderirte, nur einen ſchwachen Widerſtand entgegenſezen. Uiberdis iſt die phyſiſche Lage der freien Staaten, von der Art, daß ſie ihre Hofnung nur auf den Muth der Republikaner gründen können; ſobald man über die AlpenPäſſe und über die Flüſſe geſezt hat, iſt das feſte Land durchaus offen, und faſt ohne feſte Pläze; hiebei ſezt noch die Unregelmäſigkeit ſeiner Form es der Gefahr aus, von mehreren Seiten angegriffen zu werden. Wenn demnach die Republiken nicht eine ſehr groſe Macht haben, die ſie nur in ihrer Vereinigung finden können, so werden sie bald mit ihrem gänzlichen Untergang bedroht. Das Verderbniß der Sitten, welches die despotischen Regierungen Italiens absichtlich eingeführt haben, und die Schwäche, die daraus herfließt, würden diesen unglüklichen Augenblik beschleunigen.

„Welche Vortheile würde nicht, im Gegentheil, eine solche Vereinigung der freien Staaten mit der Cisalpinischen, oder, um einen bessern Ausdruk zu wählen, der Italienischen Republik erzeugen! Ein Volk von 6 Millionen Menschen, entschlossen durch eine gute militairische Organisation seine eigne Freiheit zu vertheidigen, ist unüberwindlich. Die Länder, woraus die neue Republik besteht, haben Reichthümer aller Art, und bedürfen keiner andern. Die Lombardei ist ergiebig an Getraide und Seide; das feste Land hat einen Uiberfluß an Wolle und Metallen; der Cispadanische Frei Staat und die Provinz Romagna liefern Wein und Vieh in größter Menge. Diese Erzeugnisse, die weit den Verbrauch des Landes übersteigen, bilden den Reichthum desselben, durch Industrie kan man noch mehr Nuzen davon ziehen. Das Ligurische und Adriatische Meer bieten unserm Handel zahlreiche Ausflüsse dar. Welche Aussicht für eine Republik, die in den wenigen ersten Monden ihres Daseyns ihren Rang unter den bedeutenderen WeltMächten einnehmen kan!"...

Wir werden künftig vom Erfolg Nachricht ertheilen.

VI.
Uiber das Veltlin.

Deſſen StaatsGeſchichte, und militairiſche Wichtigkeit. Revolution vom 13 Jun. (1797), wodurch es ſich von ſeinem bisherigen Souverain, der Bündneriſchen Republik, losreißt, für unabhängig, und zugleich den Wunſch einer Vereinigung mit der Cisalpiniſchen Republik erklärt.

Es ſind 700 volle Jahre verfloſſen, ſeitdem man es eingeſehen hat, wie wichtig es denjenigen ſey, die Italien beherrſchen wollen, oder es nicht wollen beherrſchen laſſen, Meiſter zu ſeyn auf irgend eine Weiſe von den engen Schlünden und BergPfaden der Rhätiſchen Alpen. Die Helden von dem Hauſe Hohenſtaufen, eben ſo groſe Meiſter in der Politik als in der KriegsKunſt, welche ſich aus der Behauptung ihrer Rechte über Italien ihr vornehmſtes HauptGeſchäft machten, verachteten ihr armes, von Hirten bewohntes Herzogthum Rhätien nicht: ſie ſtellten verſchiedene UrtheilsSprüche, Diplomen und Urkunden aus, zu beweiſen, daß dieſes Land und Cleven, welches ſo nahe bei dem treuen Como lag, zum teutſchen Reiche gehöre, und bevölkerten mit Schwaben die höchſten Thäler der Alpen, die noch die Sprache der Minneſinger reden, und mehr als anderswo alte, unvermiſchte Schwaben ſind.

Nach dem Falle dieſes groſen Hauſes überzogen zwar teutſche und franzöſiſche Monarchen Italien mit vorüberbrauſenden KriegsGewittern; aber erſt K. Ludwig XII entwarf zu Eroberung und Behauptung des

Lombardischen Reichs einen eigentlichen Plan. In diesem stand die Maxime, „sich der Päſſe der helve„tiſchen und rhätiſchen Alpen, und der Hilfe die„ſer ſtreitbaren Nationen durch ein ewiges Bündniß „zu verſichern", oben an. K. Franz I gelang es, dieſen Entwurf völlig zu Stand zu bringen; er glaubte ſich dadurch des Beſizes des Mailändiſchen völlig ſicher, und unterlies dennoch das Veltlin und Cleven, deſſen WiederKauf nicht hoch angeſezt war, an ſich zurükzulöſen.

War's politiſcher Tiefblik, oder Lenkung der Vorſehung? gewiß das leztere, da auch Kaiſer Maximilian im nemlichen Jahre 1516 den Bündnern den Beſiz dieſer Länder zuſicherte, ſo daß Tirol von Mailand getrennt ward, und getrennt blieb, als eine Laune des KriegsGlükes dieſes ſchöne Herzogthum Frankreich entriß, und nicht lange darnach die Uibermacht Oeſtreichs ſich daſſelbe zueignete.

Erſt damals ſahen Frankreich und Venedig es ein, wie wichtig dieſe HinterThüre ſey, dieſe einzige aber bequeme Defnung, durch welche ſie ſich hilfreiche Hand reichen konnten. Frankreich unterhielt, in dieſer Uiberzeugung, ſehr ſorgfältig mit Bündten enge Freundſchaft, und ein beſtändiges Schuz= und TruzBündniß. Ein Abgeſandter vom erſten Range, der immer daſelbſt reſidirte, theilte nicht nur jeder Gemeinde insbeſondre, ſondern ſogar jeder angeſehenen PrivatPerſon jährliche GnadenGelder aus.

Die ſpaniſchen Miniſter, die unter Philipp II und III Mailand beherrſchten, oder von Mailand aus an der Vergrößerung der ſpaniſchen Macht in Italien arbeiteten, ſahen den Einfluß Frankreichs in Bündten ſehr ungerne, und beſtrebten ſich, mit der ihnen eignen Schlauigkeit und Unverdroſſenheit, denſelben, nach einem 40 Jahre lang unausgeſezt fortgeführten Plan zu untergraben. Daher kamen alle die gichteriſchen Bewe=

gungen, die in diesen Jahren den innern HausFrieden des Rhätischen FreiStaats trübten.

Venedig witterte, besonders zu Anfang des 17ten Jahrhunderts, gefährliche Minen: es suchte daher dringend die Freundschaft der Bündtnerischen Republik, und schloß mit ihr den Bund von 1603. Dieses brachte Spanien auf. Sogleich ward der FestungsBau, als ein SchrekMittel, hart an den Gränzen unternommen; und da auch dieses nicht hinreichend war, der spanischen Faction das Uibergewicht zu geben, so lies man gar die grosen Federn springen, d. h. man nahm, wie es bei dieser Macht Sitte war, Religion zum Vorwand, zettelte im Veltlin eine Empörung der Unterthanen und eine Sizilianische Vesper an, und bemächtigte sich im Jahre 1620 von diesem Thale, und bald darauf von ganz Bündten, gerade zwei Jahre nachdem dem Herzog von Ossuna ein gleicher Anschlag auf Venedig mißlungen war.

Richelieu sah ein, wie nöthig es wäre, die Bündtner zu unterstüzen; er that es auf eben die Weise, wie er die teutschen Fürsten unterstüzte, nur so weit, daß sie nicht ganz erliegen müsten.

Entscheidender war für die Freiheit Europens die Erscheinung Gustaf Adolf's, und für Bündten eines Abglanzes von ihm, des Herzogs von Rohan. Dieser, an der Spize eines sehr schwachen französischen und bündtnerischen Heeres, durchblizte das Veltlin und die hohen BergThäler, die es umgeben, mit der Schnelligkeit und der Kraft eines WetterStrahls, jagte in dem einzigen Feldzuge von 1635 die Teutschen zweimal in's Tirol und die Spanier zweimal in's Mailändische, durch vier glükliche Schlachten, zurük, und bewies, den künftigen Zeiten zur Nachricht, daß ein wohlangeführtes kleines Heer in dem von den Besizungen des Hauses Oestreich umzingelten Veltlin allda eben die abentheuerlichen HeldenThaten ausführen kan, die des Ariosto Roland bestand, als er sich mit seinem Schiffgen in den Bauch der Orca hineinwagte, und den von aussen unverwundbaren Koloß von innen durchbohrte. Allein diese HeldenThaten fruchteten nicht viel. Der grose Geist des Richelieu, von Misgunst, Eifersucht und Rachgier bis auf die unterste Stufe einer kleinen WeiberSeele herabgewürdigt, konnte den Ruhm des ihm verhaßten Rohan nicht ertragen, ließ das Heer im Veltlin, dessen Anführer die Häupter der französischen Faction in Bündten waren, ohne Sold, sandte den Veltlinern vortheilhafte und Bündten nachtheilige und schimpfliche Ausgleichungsprojekte ein, und entfernte dadurch das Herz der Bündtner von Frankreich.

Olivarez bemerkte den Fehltrit seines Nebenbulers, und nützte ihn so meisterhaft, daß Bündten die französischen HilfsVölker selbst ausstieß, und sich Spanien in die Arme warf. Der schlaue StaatsMann hielt nachher Bündten zwei Jahre lang mit Unterhandlungen zu Innsbruk und zu Madrid auf, sezte indeß den Credit seines Hofes bei ihnen auf den dauerhaftesten Fuß fest, und schrieb ihnen endlich im Jahre 1639, unter dem Namen Capitulat, einen Tractat vor, wovon der erste die Bündtner verbindet, ihre Päße Spanien und Oestreich zu allen Zeiten zu öfnen, und sie jeder andern Macht, die mit Oestreich in Fehde steht, zu verschließen, wogegen Spanien sich verband, jährlich jedem der drei Bündte 3000 (Gold)Gulden GnadenGelder zu bezahlen; der andre Einschränkungen oder Masgebungen ihrer OberHerrschaftsRechte über Veltlin und die Grafschaften enthält, die man so künstlich auf Schrauben sezte, daß sie allerlei Auslegungen fähig waren, und über alle Theile des JustizWesens und der StaatsWirthschaft ausgedehnt werden konnten. Die Absichten des StaatsKünstlers waren, nebst den nur allzusichtbaren goldnen und eisernen, die Bündtnerische Republik noch mit stärkern unsichtbaren Ketten zu fesseln, und sich und jeder spanischen Regierung kunftiger Zeiten nicht weniger in den Unterthanen- als in den herrschenden Landen einen allmächtigen Einfluß zu verschaffen. Denn sehr leicht war vorauszusehen, daß diese unbestimmten, unverdienten constitutionswidrigen Privilegien ein zwischen den Bündtnern und ihren Unterthanen hingeworfener ZankApfel seyn würden; daß man täglich Anlaß haben würde, über den eigentlichen Verstand des Capitulats und der von ihm garantirten Geseze und Uibungen zu streiten, und also die spanischen Minister und Gouverneurs täglich Anlaß, ein MachtWort darinn zu reden, und sich, nach Belieben, entweder die Bündtner oder die Unterthanen zu verbinden, ja alle PrivatPersonen beider Nationen, die sich in StreitHändel verwikelt sahen, zu nöthigen, blindlings von ihnen abzuhängen.

Zwar von Anfang gebrauchte sich Spanien mit sparsamer Klugheit dieser künstlich angebrachten TriebFeder, damit sie, zu stark aufgewunden, nicht ihre SchnellKraft verlieren möchte, auch damit Bündten es nicht zu früh gewahr werde, wie eng seine Fesseln seyen. Nur selten, wann bei Anlaß der StaatsVeränderungen, die seit anderthalb Jahrhunderten Europa erschüttert haben, sich die Bündtnerische Republik regen wollte, um sich eine bequemere Lage zu verschaffen, ließ man sie die Schwere ihrer Ketten fühlen.

Indeß war es ihr doch gelungen, während dem ErbfolgeKriege, im Jahre 1706, die alten Verbindungen mit Venedig zu erneuern; und das Haus Oestreich, welches erst einige Jahre nachher zu dem ruhigen Besize des Mailändischen gelangte, fand es der Klugheit gemäß, sich vor allem um eine Erneuerung der Capitulate zu bewerben, die es erst im Jahre 1726 mit Mühe erhielt. Sobald sie erfolgt war, arbeitete man in dem engen Raum, welchen die seither öfters eingebrochenen Kriege den politischen Künsten ließen, darauf los, die Freundschaft zwischen Bündten und Venedig zu unterbrechen, und fand — welches kaum begreiflich ist —

mehr Gehör zu Venedig, als in Bündten. Denn weil Venedig sich verbunden hatte, Bündten jährlich eine mittelmäsige Summe als GnadenGelder zu bezahlen, und dabei den zu Venedig handelnden Bündtnern einige VorRechte zugestanden hatte, so fieng diese Regierung, aus StaatsKargheit, an, die Freundschaft der Bündtner als eine Last zu betrachten, und das, was ihr ihr Fra Paolo Sarpi von der Wichtigkeit der „argomenti ultramontani" gesagt hatte, so zu vergessen, daß sie selbst die Aufhebung des mit Bündten geschlossenen Bündnisses zu wünschen schien. Der im Jahre 1760 in die Regierung des Mailändischen eingetretene Graf von Firmian gab ihr bald den gesuchten Vorwand an die Hand. Unter dem Titel einige Streitigkeiten auszugleichen, die schon lange wegen den physischen Gränzen beider Staaten, und den moralischen der weltlichen und geistlichen Jurisdiction obgewaltet hatten, trat er im Jahre 1762 mit Bündtnerischen Deputirten in Unterhandlung, die sich mit einem diese Gegenstände betreffenden Tractat endigte. In diesem ward die Beobachtung des Capitulats und die ErbEinigung mit dem Durchlauchtigsten Hause Oestreich neuerdings versprochen, zugleich aber die Allianz mit Venedig feierlich vorbehalten. Ohngeachtet dessen brachte es die östreichische Partei zu Venedig, durch Abordnung nach Bündten eines gewissen Colombo, der seine meisten Güter im Mailändischen hatte, und durch dessen sonderbares Betragen und zurükgebrachten Bericht, so weit, daß den Bündnern die Allianz aufgekündigt, und ihre zu Venedig etablirten Kaffeeschenken, Zukerbeker und Handwerksleute fortgeschaft wurden. Mailand erreichte hiemit seinen bei dem Tractat von 1762 gehabten Endzwek vollkommen; den Bündtnern hingegen wurden die Vortheile, die man ihnen zugestanden hatte, bald nachher gröstentheils entzogen.

Doch die Leutseligkeit, Schonung und Achtung, womit der obgedachte Minister dem Bündtnerischen Frei-

Staate begegnete, machte selbst dessen republikanischden-kenden Mitgliedern die ganze Abhängigkeit, in welche sie sich versunken fühlten, noch so halb erträglich. Allein nach seinem im Jahre 1782 erfolgten Absterben änderte man Betragen und Sprache. Jeder Bündtnerische Unterthan, der mit Beschwerden über seine Obern nach Mailand kam, war der besten Aufnahme gewiß, fand beim Gouvernement Gehör, und erhielt dringende Empfehlungen. In JudicaturSachen zwischen Parteien im Veltlin ernannte obige Regierung Mailändische Rechtsgelehrte, die zu Mailand, in Abwesenheit des einen Theiles, auf einseitiges Vorbringen des Recurrenten, eine Consulta abfaßten, welche man den Bündtnerischen Tribunalen als eine Vorschrift aufdrang. Da dis glükte, gieng man immer weiter. Einer der eifrigsten Anhänger der Mailändischen Regierung, der im Jahre 1783 schwere Klagen wider die Bündtnerische Regierung zu Mailand eingebracht hatte, trat im Jahre 1785 als Amtmann im Veltlin selbst auf die Staatsbühne, und fieng gleich beim Eintritt mit dem neuen ThalKanzler, einem jungen Manne, der zu Pavia studirt hatte und sein Freund war, über die Giltigkeit oder UnGiltigkeit einiger im Veltlin schon anderthalbhundert Jahre und darüber in vollen Kräften stehenden Geseze, einen unnöthigen Streit an. Der ThalKanzler und seine Anhänger fiengen die Kugel im Sprung auf, um das ganze Thal zu dem unter ihnen schon lange vorgehabten Recurs nach Mailand zu bewegen; und da hierinn anders denkende Veltliner ihn nöthigten, das Begehren des Thals zuerst dem eigenen Souverain vorzutragen, brachte er neue, ganz unerwartete und unbestimmte Beschwerden auf die Bahn, und that alles, um abgewiesen zu werden. Die furchtsame Klugheit des Congresses, der sich begnügte, seine Sizungen zu prorogiren, um über neue Beschwerden neue VerhaltungsBefehle einzuholen, vereitelte ihm diesen Theil seines Plans. Er holte, seiner Seits, seine VerhaltungsBefehle zu Mailand ein, kam muthvoll zurük, warf die Maske hinweg, und nun ward — unter dem Vorwand, es wohnten 50 reformirte Familien, dem Capitulat zuwider, in den Unterthanenlanden — die Geistlichkeit aufgehezt, das Kreuz wider die Bündtner zu predigen. Diß fruchtete so viel, daß auch Cleven den Veltlinern beitrat, und sich bald darauf Deputirte vom geistlichen und weltlichen Stande nach Mailand verfügten, wo man sie mit ofnen Armen aufnahm. Vergebens stellte die Bündtnerische, hiezu eigenst bemächtigte StandesVersammlung der Mailändischen Regierung, und ihren Unterthanen selbst, das Unschikliche eines so frühzeitigen Recurses an einen fremden Fürsten vor. Die Mailändische Regierung erklärte sich gegen Bündten: „sie billige diesen Re„curs; sie habe StaatsRäthe beordert, die Beschwerden „der Bündtnerischen Unterthanen zu untersuchen; denn „Ihre Majestät, der Kaiser, seyen Richter und Spruch„Herr über alle Anstände, die sich wegen Verstand oder „Misverstand des Capitulats ergeben könnten, und „Mailand sey darüber sehr ungehalten, daß man sich „Bündtnerischer Seits erfreche, den Kaiser, einen frem„den Fürsten zu nennen". . . . Der Congreß war betroffen, (denn so hoch hatte Mailand den Bogen noch nie gespannt;) antwortete dennoch mit mehr als gewohnter Standhaftigkeit, und beschloß deßfalls zu Wien selbst Vorstellungen zu thun. *

Allein bekanntlich trat izt die Epoche der grösten WeltBegebenheiten ein. Der TürkenKrieg; die Drohungen Preussens; die Revolution in Belgien, und fast gleichzeitig die in Frankreich, die sich früh zu einem Kriege fast aller Monarchien gegen diese neue Republik anließ — stellten die Weiterungen zwischen der Bündtnerischen Republik und ihren Unterthanen, den Veltlinern, in

---

* Bis hieher ist dieser Aufsaz aus der Feder eines geistvollen StaatsMannes in Chur.

Schatten: sie wurden sogar zwischen beiden gewissermassen ausgeglichen.

Aber bei der grosen StaatsVeränderung, die mit dem angränzenden Mailand vorgieng, da durch die Siege der Franken und die Leitung, welche Buonaparte's Geist ihnen zu geben wuste, das Gefühl der Freiheit hier so lebhaft erwachte, kostete es den exaltirten Cisalpinischen Republikanern, die, (wie aus dem Obigen erhellt) ohnehin in so alter und enger Verbindung mit den Weltlinern standen, wenig Mühe, auch diese für die gleiche Sache zu entzünden. Den 13 Jun. brach hier die Revolution förmlich aus. An diesem Tage versammelte sich eine sogenannte „patriotische Gesellschaft", die sich schon seit geraumer Zeit in dem Veltlin gebildet hatte, über 1000 Personen stark, in dem HauptOrte Sondrio, und schwur mit Enthusiasm den Eid: „frei „zu leben, oder zu sterben in Vereinigung „mit der Cisalpinischen Republik", welche leztere dadurch eine tresliche militairische Gränze gegen Norden, und einen Zuwachs von 60 QuadratMeilen und ohngefähr 70,000 Seelen gewinnen würde.

Es ist nicht wahrscheinlich, daß die Bündtnerische Republik, unter den gegenwärtigen Umständen, ihre bisherigen SouverainetätsRechte über das Veltlin mit Gewalt zu behaupten unternehmen sollte.

VII.
ActenStüke,

das FriedensGeschäft zwischen der fränkischen Republik und dem teutschen Reiche betreffend.

2.

An Ihro römisch=kaiserl. Majestät allerunterthänigstes Danksagungs= und VorstellungsSchreiben auf das HofDecret vom 18 Jun., die getroffene Einleitung des allgemeinen ReichsFriedens betreffend, d. d. Regensburg 26 Jun. 1797.

„Ihrer römisch kaiserl. Majestät, unsers allergnädigsten Herrn, zu gegenwärtiger ReichsVersammlung bevollmächtigtem höchstansehnlichen PrincipalCommissarius, Herrn Karl Alexander, Fürsten von Thurn und Taxis ꝛc. Hochfürstlichen Gnaden, bleibt hiermit im Namen KurFürsten, Fürsten und Stände des Reichs gebührend unverhalten:

„Das allerhöchste kaiserl. HofDecret vom 18 dieses Monats, womit Ihro Kaiserl. Majestät die allgemeine ReichsVersammlung zu erfreuen allergnädigst geruhet haben, erneure und vereinige alle diejenigen tiefgeschöpften Gefühle und die vollesten Empfindungen, mit welchen dieselbe den 27 Nov. 1795, den 17 Octob. 1796 und den 1 Mai dieses Jahres die Bewunderung der von Ihro Kaiserl. Majestät in allen Ereignissen bewiesenen, die Beispiele der VorZeit übertreffenden, und der Zukunft zu einem fast unerreichbaren Muster dienenden Standhaftigkeit, der über alle Reize eigner Vortheile erhabnen, durch die grösten Aufopferungen erprobten Grosmuth, der immer und unverwandt auf die Rettung, die Erhaltung und die glücklichste Wohlfahrt des teutschen Vaterlandes gerichteten Sorgfalt, und der dem Herzen Ihro Kaiserl. Majestät so ganz eignen Theilnehmung an den allgemeinen wohlthätigen Folgen Ihres eignen Werkes recht lebhaft darzustellen, und den vollesten Ausdruk des Danks dafür dar=

zubringen, sich die allerehrerbietigste, immer mit der allergnädigsten Aufnahme und dem allerhöchsten Wohlgefallen gewürdigte Erlaubniß genommen hat.

"Das kaiserl. HofDecret ziehe aus den verschiedenen Veranlassungen zu jenen Dank- und GlükwünschungsAdressen die einzelnen Strahlen der Hofnung zu einem annehmlichen sichern Frieden zusammen; und dasselbe reihe alle die in jenen Aufsäzen zwischen Dank und Wünschen vertheilten Punkte in einer Linie um so näher an einander, je deutlicher in den vielen fruchtlosen, und endlich durch die anhaltende Wärme dennoch zur süssen Fruchtbarkeit gereiften Versuchen, die unerschütterliche Standhaftigkeit, in dem langen und schweren Kampfe mit den mancherlei, und endlich mit allen besiegten Hindernissen, die höchste Gröse der Seele, und in dem edlen, sanften Tone, womit dem teutschen Reiche sein nahes Heil in dem eröfneten, seinem schon so lange sehnlich gewünschten Ziele, nemlich der Wiederherstellung eines allgemeinen ReichsFriedens bereits nahe gerükten frohen Aussichten, verkündigt werde, die an der Ruhe, an dem Glüke und an der Freude so vieler Millionen geretteter Menschen so innigst, so ganz theilnehmende Güte des besten Herzens mit eben solchen unverlöschbaren Zügen dargestellt werde, als die in den abgeschlossenen FriedensPräliminarien bereits festgestellte Einstellung aller Feindseligkeiten, das unbegränzte Vertrauen in dem vollesten Mase mehr als rechtfertige, mit welchem Ihrer Kaiserl. Majestät KurFürsten, Fürsten und Stände des Reichs in dem ratificirten ReichsGutachten vom 3 Jul. 1795 die erste FriedensEinleitung ehrerbietigst übertragen haben.

"Der Wunsch, die durch alle diese Werke und Wirkungen des Geistes und des Herzens bewegten Empfindungen der Dankbarkeit in zusammenhängende, der Würde des Gegenstands und der Erhabenheit aller der dabei ineinander schliesenden Gefühle genau anpassende Worte des Dankes aufzulösen, könne in dem grösten Reichthum der Sprache keine Befriedigung finden, und müsse daher von der Hofnung, daß Ihro Kaiserl. Majestät von dieser allgemeinen ReichsVersammlung die lautersten, die wärmsten und die ehrfurchtsvollesten Versicherungen ihrer dankbarsten Empfindungen mit dem allergnädigsten Wohlgefallen aufzunehmen geruhen werden, seine grose Erfüllung erwarten.

„Das allerhöchste kaiserliche HofDecret sey nach der Dictatur an KurFürsten, Fürsten und Stände schleunigst abgeschikt; zu demjenigen, was etwan Dieselben noch, zur Beförderung der, Ihrem allerhöchsten ReichsOberhaupte und Ihnen so ganz am Herzen liegenden allgemeinen Wohlfahrt, an Ihro Kaiserl. Majestät gelangen zu lassen für nöthig oder nüzlich erachten möchten, sey die gewöhnliche Frist um die Hälfte verkürzt; und durch diese BeförderungsMittel, so wie durch die einmüthige Vereinbarung: „daß auch selbst dieser kurze Termin die genaueste „pünktliche Befolgung der, wegen Bestimmung des Orts zu dem „FriedensCongresse, und wegen der Versammlung der Reichs- „Deputirten daselbst, früherer, oder auch während der noch et- „wan erfoderlichen ReichsBerathungen, von Ihro Kaiserl. Ma- „jestät, als Vollstreker der ReichsSchlüsse, zu erlassenden aller- „höchsten Verfügungen nicht einen Augenblik aufhalten solle," sey von diesem ReichsConvent gezeigt worden, daß auch er sich beeifert habe, damit von den deputirten ReichsStänden alles Erfoderliche zur Beschleunigung des Geschäfts vorbereitet werde, um, vereinigt unter ihrem ReichsOberhaupte, nach überlebten vielen Stürmen, im Geiste patriotischer Eintracht und Standhaftigkeit, das grose Werk zu beginnen, auf der Basis der Integrität, Teutschlands Verfassung und Wohlfahrt, dem Sinne der ReichsInstruction gemäs, vermittelst eines sichern und billigen Friedens zur bleibenden Wonne auf Jahrhunderte zu befestigen.

„Bis zur Vollendung dieses grosen und wichtigen Werks würde aber jener grose Theil der leidenden Menschheit, welcher durch die schon so lang und noch immer anhaltenden französischen Kriegs-Drangsalen von jeder, und immer von der schlimmsten Art, bereits in den tiefsten Abgrund des Elends ohne Rettung gestürzt, oder an den äussersten Rand desselben gedrükt worden, oder ihm mit jedem Moment näher kommt, die süssen Früchte des Friedens zu geniesen ganz alle Kraft verlieren, wenn Ihro Kaiserl. Majestät die allerunterthänigste, aus dem, durch das ReichsGutachten vom 4 Jul. 1795 in AllerhöchstDieselben gesezten, durch die geschlossenen FriedensPräliminarien so ganz gerechtfertigtem Vertrauen, fliessende Bitte: „daß AllerhöchstSie sich für die schleu n- „nige Einstellung aller und jeder Contributi-

„nen, Requisitionen, Demolitionen, so wie einer
„jeden andern Gattung von französischen Feindse-
„ligkeiten, den geschlossenen FriedensPräliminarien gemäs,
„so wie für den vollesten Ersaz des durch jene Drangsalen ver-
„übten Schadens, nachdruksamst zu verwenden, alles dieses nach
„den zwekmäsigsten, der Weisheit Ihro Kaiserl. Majestät und
„der Wahl der Umstände angemessenen Mitteln zu bewirken, und
„zu aller Sicherheit die gänzliche Befreiung der noch occupirten
„ReichsLande von französischen Truppen, oder, wenn dieses
„nicht so bald zu erhalten wäre, ihre möglichste Verringerung,
„und dann derselben Verpflegung auf ihre eignen Kosten, zu
„suchen allergnädigst geruhen möchten", nicht erhören, nicht erfüllen sollten.

„Die durch das entkräftende Elend geschwächte Stimme der
Leidenden um geschwinde Hilfe und Rettung müsse in das nur
zum Wohlthun geschaffene Herz Ihro Kaiserl. Majestät um so ge-
schwinder und tiefer dringen, je stärker sie durch die lautere
Stimme des durch die gebrochenen FriedensPräliminarien ver-
lezten Kriegs- und VölkerRechts hörbar werde.

„Mit einer jeden Betrachtung des Rechts und des Mitleids
verstärke sich daher die durch so unzählbare Proben der Güte befestigte Hofnung auf Ihrer Kaiserl. Majestät allerhöchsten und
allermächtigsten Schuz, welchen diese allgemeine ReichsVersammlung für das ganze Reich, und vorzüglich für die desselben am
schleunigsten bedürftige Klasse ehrerbietigst zu erbitten mit einem
Vertrauen sich erlaube, welchem an Gröse und Innigkeit nur
die wärmsten, die aufrichtigsten Wünsche für Ihrer Kaiserl. Majestät längste und glüklichste Erhaltung, für die dauerhafteste
Wohlfahrt des teutschen Vaterlands, für den gesegnetsten Fort-
gang und das ersprieslichste Ende des grosen FriedensWerks, und
für jedes Gelingen aller dahin abzielenden Unternehmungen gleich-
komme.

Womit des kaiserlichen Herrn PrincipalCommissar Hochfürstlichen Gnaden der KurFürsten, Fürsten und Stände des Reichs
anwesende Räthe, Botschafter und Gesandten sich besten Fleises
und geziemend empfehlen. Gegeben den 26 Jun. 1797."

I.

Thomas Erskine
Uiber die Ursachen und die Folgen des jezigen Krieges mit Frankreich.

(Fortsezung.)

„Dis war die Lage Englands nach dem Tode Karl's I. Der ganze Adel des Königreichs unterwarf sich dem Protector; Europa erkannte ihn an. Daher hatte Cromwell, in Ausübung seiner Macht, weder Gewaltthaten noch Proscriptionen nöthig. Alle, die unter dem vorigen System geherrscht, blieben in dem vollen Einfluß, den Eigenthum und Würde geben; die Monarchie war also mehr suspendirt als vernichtet, und als man das Projekt zur Wiederherstellung Karl's II entwarf, war alles bereit, um ihn zu empfangen.... Was würde hingegen erfolgt seyn, wenn Europa, statt Cromwell'n anzuerkennen, durchaus darauf bestanden wäre, ihn zu stürzen, und die Monarchie herzustellen? — Genau dasselbe, was in Frankreich geschah. Die ganze Partei der Royalisten in England würde zu den Waffen gegriffen und, im Einverständniß mit den Fremden, den Umsturz der Republik zu bewirken gesucht haben; die einen wären gefangen genommen und als Verräther hingerichtet, die andern als Ausgewanderte verbannt worden; die Güter von beiden in den Staats-Schaz geflossen; die neue Regierung hätte dadurch das Mittel erhalten, die Gläubiger zu zahlen, die sie in Führung des Krieges unterstüzt hätten. Alle Adelichen, alle grose Eigenthümer wären, wie in Frankreich, vernichtet worden, und Karl II hätte nicht mehr Leichtigkeit gehabt, in Dover zu landen, als izt Ludwig XVIII haben würde, wenn er sich vor Calais zeigte.

„Aber" — sagt man vielleicht. — „trit man nicht Cromwell's bekanntem TiefBlike zu nahe, wenn man sich diese

„Folgen als ihm unbekannt denken wollte?".... Meine Antwort wird den von mir aufgestellten Grund bestärken. Ich sage, daß Cromwell, auch wann er sie vorhersah, doch nichts Aehnliches thun konnte: weder die auswärtigen Regierungen, noch seine Unterthanen, gaben ihm einen Vorwand dazu. In Frankreich, in England, überhaupt in jedem Lande der Welt, werden die Minister sich nie einem offenbaren Mord- und Confiscations System unterwerfen, wenn nicht eine gebieterische Nothwendigkeit diese tyrannischen Formen zu rechtfertigen scheint. Und diese schrekliche, aber einleuchtende Rechtfertigung ist es, welche Europa, und vorzüglich England, den Tyranuen Frankreichs zu liefern übernahmen; dis Betragen ist es, welches die Republik für izt befestigt, und eine Revolution, wie jene, wodurch die Republik in England gestürzt ward, fürohin unmöglich gemacht hat.

„In den ersten Zeiten der Revolution hatte das fränkische Volk, so wie die Britten des vorigen Jahrhunderts, fast kein ander Interesse für die neue Regierung, als den Enthusiasm, womit die Theorien, denen solche ihre Entstehung dankte, sie erfüllten. Die fränkische Republik, wie die englische, hatte daher nur eine precäre Grundlage; aber unsre unpolitische, unbesonnene Dazwischenkunft hat sie unerschütterlich gemacht; sie ruht nun auf einem Felsen: nicht mehr blos durch Gewalt existirt sie izt; sie wird durch den Willen der Nation unterstüzt: nicht mehr von der Meinung allein hängt sie ab; sie gründet sich auf Interesse — nicht blos jenes allgemeine Interesse, das, nach einer grosen Erschütterung, dem natürlichen Laufe der Dinge zu Folge, zur Ruhe hinleitet, sondern auf ein individuelles Interesse, diese festeste Stüze, die eine Regierung haben kan. Oder ist wohl in Frankreich izt noch irgend ein Real- oder persönliches Eigenthum, das nicht, mehr oder minder, an das Schiksal der Revolution festgeknüpft wäre? Es ist darinn nichts mehr von jehen ehemaligen Länder Besizern übrig, deren Rechte allen Revolutionen trozen könnten; es sind keine Schäze mehr da, die man vergraben könnte, bis der Sturm ausgetobt hätte: im Gegentheil sind fast alle Territorial Güter, durch Verkauf von Seiten der Regierung, oder als Unterpfand für die ihr geleisteten Vorschüsse, im Besize der StaatsGläubiger, dieser gebohrnen Feinde der ehemaligen Eigenthümer; und alle durch die neue Regierung veräusserten Güter würden morgen ohne Werth seyn für die, welche sie besizen, wenn die Republik aufhörte, Eins und untheilbar zu seyn.

„Nie fühlt man die ganze Stärke dieser Gründe mehr, als wenn man sie in nähere Beziehung mit dem Gegenstande bringt, der das HauptHinderniß der FriedensUnterhandlung ist. Wie ungemessen auch der Einfluß des Ministers seyn mag, so ist es doch wahrscheinlich, daß er den Krieg nicht mehr lange wird wegen Belgien fortsezen können. Der Grund davon ist, weil das Interesse, welches wir an dessen Zurükgabe haben können, keineswegs im Verhältniß mit den Aufopferungen steht, die wir würden machen müssen, um solche durchzusezen. Bald wird daher das Volk laut sein Misvergnügen äussern: Pitt wird Belgien entsagen müssen, oder seiner Stelle; und leicht läßt sich's voraussehen, was er eher aufgeben wird. Auf der andern Seite vermindern sich die Schwierigkeiten gegen die Beibehaltung dieser Provinzen, welche Frankreich in der öffentlichen Meinung fand — Dank sey es der Weisheit uksrer Minister! — mit jedem Tage. Das Directorium hat solche zum Unterpfand von Anlehen eingesezt: ihre Erhaltung ohne eine unabtreibliche Nothwendigkeit aufgeben, wäre fast eben so viel, als die Republik selbst aufgeben.

„Man beschuldige mich nicht, als wäre ich der SchuzRedner Frankreichs. Ich stelle mit Offenheit, mit Wahrheit, seine Lage, seine Absichten, seine Mittel dazu dar, und suche auf deren Quelle zurükzugehen.

„Aber man sagte uns, „dieser Krieg habe zum Zwek, die „Religion und die Tempel aus den profanen Händen, die „sie zu zerstören drohten, zu retten."... Unter allen Vorwänden, deren ich die Minister in England sich bedienen sah, um eine künstlicherschlichene Meinung und einen blinden Eifer hervorzubringen, kenne ich keinen ungereimtern, keinen unverschämtern, als diese vorgebliche Besorgniß über das Schiksal der christlichen Religion. Was der Nachwelt, wann sie die Geschichte dieser an Thorheiten so reichen Zeit lesen wird, am meisten auffallen muß, ist ohne Zweifel, zu sehen, daß es den Ministern gelang, einer so lächerlichen Täuscherei bei einer aufgeklärten Nation Glauben zu verschaffen.

„Wo nahmen sie es her, daß sie, indem sie den Hof von Versailles und den verbannten Adel vertheidigten, die Sache der Christenheit beschüzten? wo hatten sie die Frömmigkeit dieses Adels und dieses Hofes kennen gelernt? wer hat je sagen gehört, daß mit ihrem Daseyn zugleich die Grundsäze des Evangeliums bedroht wären? welcher Mensch mit gesunden Sinnen, von der Apostel Zeiten an bis auf diesen Tag, hat je geglaubt, daß das Schiksal der Religion an das einer besondern Klasse von Individuen angekettet wäre?... Wenn irgend jemand von Ehrfurcht für den christlichen Glauben durchdrungen ist, so ist es der Verfasser dieses Werkes: aber eben diese Gesinnung hat mich stets von den heuchlerischen Besorgnissen des Cabinets von St. James zurükgestossen, und nie konnt' ich mich überzeugen, daß die Religion mit dem monströsen Gebäude zusammenstürzen müsse, welches in Frankreich der stupideste unter allen Arten des Aberglaubens und der verdorbenste unter allen Höfen darstellten. Die Sinnlosen! die, bevor sie durch ihre frommen Schreknisse die Welt untereinanderwarfen, sich nicht erinnerten, daß eben das Christenthum, dessen SchuzRitter sie wurden, von seinem Ursprung an aller menschlichen Macht trozte, und daß selbst das Evangelium uns lehrt, daß zulezt alle Völker der Erde sich in seinem Schatten sammeln werden. Wie konnten sie, ehe sie diesen verwüstungsvollen KreuzZug unternahmen, vergessen, daß, wenn auch in dem geheimnißvollen System der göttlichen Vorsehung Gutes aus einem Uebel folgen kan, es doch dem Menschen nicht zukömmt, die Erde mit Blut und Trümmern zu bedeken, unter dem Vorwand eine Religion zu rächen, die nur Frieden und Wohlwollen lehrt? — Nimmer werd' ich alle Handlungen vertheidigen, wozu ein falscher Eifer für das Christenthum die leicht entzündbaren Geister hinreissen kan. Daraus, daß die christliche Religion, wenn sie auf Wahrheit gegründet ist, zulezt über alle Hindernisse obsiegen muß, will ich nicht folgern, daß alles, was die Menschen unternehmen, um zu ihren Fortschritten beizutragen, eben aus dem Grunde, daß es für sie unternommen wird, nach allen Rüksichten löblich sey. Die Vorsehung hat, nach ihrer Weisheit, für die Mittel gesorgt, die wahre Religion siegen zu machen; und wenn sie sich zu dem Ende zuweilen menschlicher Hilfe bedient, so müssen wir uns darum nicht zum Gesez machen, alles, was zu diesem Zweke zielt, für gerecht zu erkennen. Wir müssen uns darauf einschränken, das Evangelium durch Liebe auszubreiten, und streng jede Handlung misbilligen, die darauf hinführt, ihm Proselyten zu erzwingen. Nach dem wahren Geiste des Christenthums ist selbst auch der wohlgemeinte Irrthum verwerflich, der seine Macht mit dem Schwert begründen möchte: was müssen wir nicht erst von jenem Ehrgeiz sagen, der seine scheuslichen Absichten unter dem Mantel der Sanftmuth und Wahrheit verhüllt! In diesem Falle fühlt sich der Geist empört, wenn er den Grad von Strafbarkeit berechnen soll, den eine solche Heuchelei verdient: ich, meines Orts, will desfalls lieber, aus Menschlichkeit, die Nachsicht der Gottheit und der Menschen für sie anflehen, als zur Rache gegen sie auffodern.

„Der Vorwand eines Krieges um, wie man vorschüzt, die **Fortpflanzung der Meinungen zu hindern, deren anstekendes Gift man fürchtet, ist ungereimt und ausschweifend zugleich:** der nemliche Grund hätte alle Nationen zu allen Zeiten gegen die progressiven Veränderungen verbünden müssen, wodurch die Menschen von der Barbarei zur Aufklärung, vom Despotism zur Freiheit geleitet wurden. Alle katholischen Monarchen hätten sich demnach vereinigen müssen, um solange Krieg zu führen, bis die Anhänger der Reformation ganz ihren Grundsäzen entsagt hätten, welche zu Veränderungen in der StaatsGesellschaft führten; man hätte demnach den Degen in der Faust behalten müssen, bis die Vereinten Niederlande unter das Joch von Spanien zurükgekehrt wären, bis die Ansprüche der Stuarte über die Rechte des Königs Wilhelm und über die Revolution von GrosBritannien gesiegt hätten, ja! bis Washington, statt im Angesichte der froherstaunten Welt einem tugendhaften und freien Volke das Recht und die Sorge der SelbstRegierung zu geben, wie ein Verbrecher vor die Schranken von Old-Bailey geschleppt, und auf TowerHill geviertheilt worden wäre.

„Auch diese Veränderungen insgesammt wurden von all denen, welche aus den Misbräuchen, die dadurch vernichtet wurden, Gewinn gezogen hatten, gelästert, verworfen, bestritten. Die Zeit hat die Gründe und die Thaten, wodurch Weisheit und Tapferkeit siegten, in Schatten gestellt: einige unterrichtetere und denkende Männer sind die einzigen, die solche noch darinn gewahr werden. Bestürzt über ähnliche Revolutionen, nehmen Thorheit und Feigheit ihre Zuflucht aufs neue zu den Kunstgriffen, die damals vereitelt, und die stets dazu gebraucht werden, auf die Masse der nichtdenkenken und leicht zu täuschenden Menschen zu wirken.

„Aber man hat behauptet, „daß, auch abgesehen von dem „allgemeinen Interesse aller Nationen, dem Unglauben und der „Anarchie Einhalt zu thun, die fränkische Revolution „geradezu und unmittelbar die Sicherheit der „englischen Regierung angegriffen; daß dadurch die „politischen Grundsätze, deren Anwendung einst dieses Land ge„theilt, und darinn unaufhörlich eine heilsame Opposition „gegen die Entwürfe der Krone erzeugt, eine neue und gefähr„liche Richtung genommen hätten; daß die HauptGrundlagen „unsrer gemischten, auf ein wohlabgewogenes Gleichgewicht sich „stützenden Regierung verhöhnt und angetastet, die privilegirten „Stände des Staates beschimpft, und von mehreren Klassen der „Nation mit Enthusiasm die Regierung der Freiheit und „die republikanischen Formen gefodert worden seyen."

„Ohne diese Behauptungen irgend zuzugeben, und indem ich vielmehr mich desfalls, wie ich bereits gethan, auf die feierlichen UrtheilSprüche unsrer Gerichte beziehe, will ich einmal annehmen, daß sie wahr seyen: aber, aufrichtig gesagt, sehe ich selbst in diesem Falle nicht, welchen Vortheil die Anhänger des Krieges daraus ziehen könnten. Wenn zahlreiche Klassen von Individuen dergleichen Gesinnungen äusserten, so muß die Regierung ihre Klugheit verdoppeln, und in ihre Masregeln der Polizei neue Thätigkeit bringen. Vielleicht ist dis ein Grund zu Gunsten derer, welche behaupten, daß wir für den jezigen Augenblik durchaus an keine Reform denken müssen; man wird ferner daraus folgern, daß man über die Communicationen mit Frankreich selbst nach dem Frieden, bis zum Ende der politischen Krise, mit groser Sorgfalt wachen müsse; man wird endlich von hier ausgehen, um die starken Schritte zu rechtfertigen, die man dem Geiste und dem Buchstaben unsrer Geseze gemäs gegen die, so man für verdächtig hielt, gethan hat. Aber man denke doch wohl darüber nach: wie können der Krieg, und die Masregeln, die unwandelbar ihn begleiten, die Gefahr einer Anstekung der Meinungen abwenden? wie kan man hoffen, an unsre freie Constitution die gegen sie eingenommenen Geister auf's neue festzuknüpfen, indem man ihnen jenen wesentlichen Theil von Freiheit entreißt, den jede Regierung jedem Individuum sichern muß? Wenn sie unzufrieden mit der englischen Constitution waren; war es wohl ein Mittel, sie zu ihrer ehemaligen Begeistrung und Bewundrung dieser Constitution zurükzuführen, daß man die Rechte der Geschwornen angrif, die geheiligten Statuten Eduard's III beschränkte, und die Habeas Corpus Acte suspendirte? Wenn die Verachtung gegen ihre Repräsentanten das Verbrechen war, dessen man sie beschuldigte; wenn das Vorhaben, die höchste Gewalt an sich zu reissen, die Gefahr war, die man abwenden wollte: war es da wohl weise gehandelt, das Haus der Gemeinen zu einer grosen Jury zu machen, um den von der Krone gegen das Volk angebrachten AnklagsActen stattzugeben, und sich einer gefährlichen Initiative über die Gerichte anzumasen, indem man die KlagePunkte mit all dem Gewichte unterstüzte, welches das Ansehen dieses Zweiges der Gesezgebung ihnen geben muste? Wenn der aristokratische Theil des Staates etwas von dem Ansehen, das ihm gebührt, verlor: war es klug für den jezigen Augenblik, mit Hintansezung der ehrwürdigsten Peers, der während der schönsten Epochen Englands berühmtesten Namen, das Haus der Lords mit Eigenthümern eleender Fleken anzufüllen, ohne dabei auch nur den Vorwand groser, dem Staate geleisteten Dienste vor sich zu haben? und muste man die ausgezeichnetsten Würden, mit Uebergehung der ältesten Peers des Königreichs, an Männer vergeben, die wir uns in sehr untergeordneten Lagen gesehen zu haben erinnern, die während ihres ganzen Lebens durch sclavische Abhängigkeit von den Ministern bekannt, und dem Volke durch ihre notorische Hingebung in die willkürlichen Grundsäze der Regierung verhaßt waren? War es, wenn man nicht das Maas der Thorheiten voll machen wollte, mit Vernunft zu erwarten, daß wir dadurch, daß wir uns blindlings in den Krieg, und dadurch in die Nothwendigkeit stürzten, der nicht zu berechnenden Zahl schon vorhandner Taxen noch neue beizufügen, jener Erbitterung abhelfen würden, die augenscheinlich durch eben diese **niederdrükende Last der Taxen** erzeugt worden war? Konnte man auf solche Weise den Folgen der **fränkischen Meinungen** zu entgehen hoffen, da Alles uns bis zur höchsten Gewißheit bewies, daß nicht die Meinungen, gegen die wir ganz Europa in Harnisch jagten, sondern jenes System von Krieg und Auflagen, worinn wir eine Diversion gegen das Misvergnügen suchten, um die fränkische Monarchie her jene Klippen aufgehäuft hatte, woran sie im Sturme der Revolution scheiterte? ...

"Ich will, daß man mich schäze oder verachte, als einen Mann von Verstand, oder als einen Wahnsinnigen betrachte, je nachdem die wahre öffentliche Meinung in England diese Fragen beantworten wird.

"Der Grund dieser meiner kühnen Appellation an ein aufgeklärtes Volk ist einleuchtend. Wenn es auf die Frage ankömmt: **worinn die Vortreflichkeit jeder menschlichen Regierung besteht?** so muß die Antwort aller gebildeten Menschen unwandelbar und allgemein seyn; diese **Vortreflichkeit liegt darinn, den Zwek des gesellschaftlichen Vertrags mit den wenigstmöglichen Einschränkungen der individuellen Freiheit, und dem wenigstmöglichen Aufwande zu erreichen.** Zuverlässig ist eine Regierung, welche auf diesem Punkte steht, frei. Ein solches System von Regelmäßigkeit und Ordnung, ob es nun durch ausdrükliche oder durch stillschweigende Einwilligung festgesezt worden, und was auch immer sein Anfang gewesen, oder durch welche allmähligen Fortschritte es sich geformt haben mag, sichert die größte Zahl von Vortheilen und Genüssen, und sichert sie auf immer; es legt die wenigstmöglichen Einschränkungen, und immer nur jene auf, welche eine moralische, richtige und weise Politik in jedem Lande anräth; es läßt die Unterthanen in dem vollen Besitze alles dessen, was Fleis oder unschädliche Unternehmungen ihnen verschaffen, und unterwirft sie blos den gewöhnlichen innern Auflagen und den ausserordentlichen Beiträgen, deren eine ökonomische Regierung bedarf, um ihr Eigenthum und ihre Freiheit gegen alle Eingriffe und Gefahr zu bewahren. Dis war einst das schöne Gemählde der brittischen Regierung; aber allmählig hat sie sich verändert: noch zwar haben wir diese Constitution nicht verloren; aber im Fortlaufe der Zeiten hat man, indem man den grösten Eifer für ihre Erhaltung heuchelte, ihren unschäzbaren Zwek aufgeopfert. Taxen sind, wie ich bemerkt habe, der Preis, der allgemein für den Bestand einer StaatsEinrichtung bezahlt werden muß; aber alles hat seine Gränzen. Wenn man durch unkluge und unnüze Kriege; wenn man durch ein feiles System von Ausgaben auf den Punkt gekommen ist, daß die Einkünfte, selbst in FriedensZeiten, ohne eine schleunige Reform nicht mehr zureichen, so hat die Nation — ich verstehe hierunter die ganze Masse, die Gesammtheit des Volkes — durchaus kein Interesse weiter, die Regierung zu vertheidigen und zu erhalten. Denn wenn diese bei ihrem bisherigen FinanzSystem beharrt, was hat sie am Ende noch zu sichern? — nicht das Eigenthum des Volkes, das dieses sich durch seinen Fleiß erwirbt, sondern das Eigenthum des StaatsGläubigers, an den dieser Fleiß verpfändet ist. Auf solche Art sinkt die ganze Majestät und Würde des Staats zu einer blosen Maschinerie herab, die nur noch nothwendig ist, um die alten Schulden durch neue Lasten auf das Volk zu sichern, dessen Arbeit und ganze Existenz gleichsam an die StaatsGläubiger verpfändet ist. Leicht kan es geschehen, daß eine Regierung, die sich in solcher Lage befindet, ihren Irrthum und ihre Gefahren zu spät entdekt, da die Stimmung der Geister von der Art ist, daß der Eifer der höhern Stände sie zu ihren Tollheiten aufmuntert, während eben diese die untern Stände zum Aufruhr drängen. Durchdrungen von dieser schreklichen Betrachtung, erreichte mein Unwille den höchsten Gipfel durch die Art von Triumph, womit man, aus Anlaß des lezten Anlehens auf Unterzeichnung, sich blähte. Sehr Viele — ich bin es gewiß — unterzeichneten wirklich aus patriotischen Beweggründen, und ihr Eifer war für den Staat eine sehr zeitgemäse Unterstüzung: aber wenn, in Hinsicht auf die Lage, in welche dis Land durch die Fehler der Minister gebracht ward, es wirklich GemeinGeist äussern heißt, wenn man der Regierung auf Zinsen leiht, die in einem PrivatGeschäfte den Anleiher als einen Wucherer in's Gefängniß bringen würden: was muß die mitlere Klasse und der arme Arbeiter über die Leichtigkeit denken, die diese Art von Patriotism zur Einführung der Taxen gewährte? Der Reiche leiht sein Geld zu 10 ProCent: aber der Fleiß des Publikums wird für deren Bezahlung verpfändet; und fast alle Artikel des Verbrauchs, da sie in dem Verhältniß taxirt sind, wie sie sich diesem verschlingenden Wirbel nähern, sind schon zu kostbar, als daß der Handwerker und LandMann sie sich anschaffen könnten.

„Ich will hier nicht das ungeheure öffentliche Unglük schildern, welches die Ausdehnung eines solchen Systems zur Folge haben kan; aber die Unterstüzung, welche die getäuschten höhern Klassen des Publikums einem Inbegrif von Masregeln angedeihen lassen, die so schwach, so ungerecht und so verderblich sind, wird unfehlbar der nächsten Generation — wenn nicht schon der jezigen — Stoff zu fruchtlosen Klagen werden. Die Gefahr, in welche die unbändigen Ausgaben den Staat gestürzt haben, ist gröser, als irgend eine, womit die Eigenthümer der Fonds je bedroht waren; eine Gefahr, die sie selbst veranlaßt, und die durch ihre Bethörung täglich kritischer wird. Aber auch die LandEigenthümer dürfen nicht vergessen, daß ihre Lage kaum besser ist. Der Krieg würde weder angefangen, noch bis auf diesen Tag fortgesezt worden seyn, wenn die Minister nicht von den Repräsentanten des LandEigenthums in diesem ausschweifenden Projekt unterstüzt worden wären: da sie ihren Theil an dem Fehler hatten, so müssen sie erwarten, auch dessen Folgen zu theilen. Ja, ich sage es laut: nie wird das brittische Volk, dessen ganzer Wohlstand auf dem öffentlichen Credit ruht; nie wird das Parlament, welches dis Volk repräsentirt, in einen Bankerot, oder in einen demselben gleichgeltenden InsolvenzVergleich einwilligen, als nachdem sie ihre Zuflucht zu einem Mittel genommen, welches, in einem revolutionären Zustand, das Gepräge einer Confiscation an sich tragen, aber in einem System geseßlicher, den Repräsentanten eines maralischen und aufgeklärten Volkes von der Nothwendigkeit vorgeschriebenen, auf Gerechtigkeit gegründeten Reformen, alle Stände des Staats lehren wird, daß ihre Interessen unzertrennlich mit einander verwebt sind, und daß bei dem endlichen Abschluß der grosen NationalRechnung keiner von ihnen sich seinem verhältnißmäsigen Theile an der Last, welche die Thorheit oder die Weisheit der Regierer uns aufgelegt hat, entziehen kan.

„Unter den ParlamentsGliedern, die das System, wogegen ich hier eifre, stets unterstüzt, und unter den angesehenen Männern, die den Ministern dabei mit dem ganzen Gewicht ihres persönlichen Einflusses beigestanden haben, sind, wie ich weiß, sehr viele Männer, deren Rechtschaffenheit, Talente und EhrGefühl allgemein anerkannt sind. Ich bekenne, daß es kein geringer Trost für mich ist, mitten in der weiten Ausbreitung der Corruption zu sehen, daß die Nation denn doch noch so viele aufgeklärte und tugendhafte Männer hat. Meine Absicht ist nicht, jemanden anzuklagen. Ich überlasse die Beweggründe, wodurch Jeder in seinen Handlungen bestimmt ward, seinem eignen Gewissen, und dem Auge dessen, der allein die Herzen zu prüfen vermag: aber diese Erklärung beschränkt um nichts das Recht, welches ich als Britte habe, alle öffentlichen Maßregeln streng zu untersuchen, und ausschlieslich und constitutionsmäsig die Minister dafür verantwortlich zu machen, die solche Kraft ihres Amts anriethen und leiteten.

„Laßt uns, um den Umfang dieser Verantwortlichkeit gehörig zu ermessen, sehen, was GrosBritannien bei jedem andern System gewesen seyn würde; laßt uns, dafern es anders noch möglich ist, frei von Verzweiflung und von Leidenschaft, untersuchen, was geschehen seyn würde, wenn, statt 100 Millionen Pf. St. in den Abgrund dieses Krieges zu werfen, nur die Hälfte dieser Summe von einer kraftvollen und populären Administration zur Verminderung der NationalSchuld aufgebracht worden wäre. Wenigstens wird die EinbildungsKraft sich der Aussicht auf diese glückliche Szene freyen; das einzige Vergnügen, worauf wir eingeschränkt sind, seit die Hofnung für uns verloren ist, jemals dis Ideal in Wirklichkeit gesezt zu sehen . . . . Indem ich mich so auf den Schwingen der Fantasie erhebe, erblicke ich ein aufgeklärtes, moralisches und emsiges Volk, das gerne in eine Vermehrung der Taxen willigt, um die Irthümer seiner Väter wieder gut zu machen, und seine Nachkommen gegen deren Folgen zu sichern; das über dem augenbliklichen Druke, den es fühlt, sich durch die Betrachtung tröstet, daß es seinem Vaterlande eine lange Bahn von NationalGlük öfnet. Ich sehe jede abgespannte Sehne der Regierung wieder ihre alte Elastizität gewinnnen, nicht durch eine plözliche Ruhe, die eine Feindin der Genesung ist, sondern nur durch stufenweise Verminderung der Last, die sie drükte: ich sehe den Handel und die Manufacturen sich gleich den Blüthen entfalten, die im Frühling, beim ersten Nachlaß des Frostes, hervorspringen, und durch nüzliche Unternehmungen in die Hände einer weisen und ökonomischen Regierung ein stets wachsendes Kapital ergiesen, um alles, was von ihr abhängt, neu zu beleben; um die Marine, unsre einzige wahre Schuzwehre gegen den ungemessenen Ehrgeiz, der die Ruhe der Nationen stören möchte, aufzumuntern und zu vergrösern; um den Künsten und Manufacturen durch wohlvertheilte Belohnungen Kraft zu geben; um durch grose, weitumfassende Plane von NationalVerbesserungen den Armen zu nähren und nüzlich zu beschäftigen; endlich um einen Fond zu bilden, der die Gerechtigkeit in den GesichtsKreis und selbst vor die Thüre des Armen stelle, und jenes ununterbrochene Gemählde von Elend verschwinden mache, das ein Land entehrt, dessen Geseze die Bewundrung der Welt sind, und das dem Verfasser dieser Blätter mehr als einmal die Brust zerrissen hat.... Aber alle diese reizenden Aussichten sind wie ein Traum verschwunden. Noch sehr glüklich werden wir uns schäzen müssen, wenn GrosBritannien, bei den Leiden und bei der Noth seiner Einwohner, den Handel auf seinem jezigen StandPunkte, und seine selbst bei allen ihren Mängeln unschäzbare Constitution erhalten kan.

"Nachdem ich auf den Ursprung des Krieges zurükgegangen bin, und die vergeblichen Bemühungen dagegen von Seiten der Minorität im Parlament beschrieben habe, will ich der Nation zeigen, mit welcher Verblendung und Hartnäkigkeit derselbe fortgesezt ward, troz tausend günstigen Gelegenheiten, ihn gleich Anfangs mit Vortheil zu endigen, und troz der Kette nachheriger, schnell sich drängender Unfälle, welche die Unmöglichkeit bewiesen, dessen Zwek zu erreichen. Ich werde zu dem Ende eine kurze Uibersicht der HauptVerhandlungen des Parlaments liefern, wovon man weder das Daseyn läugnen, noch den Innhalt mit irgend einigem Glüke entstellen kan. Besonders werde ich die Verhandlungen im Hause der Gemeinen wählen, nicht nur weil ich denselben größtentheils selbst mit beiwohnte, sondern auch weil man überhaupt den Einfluß dieser Verhandlungen auf das allgemeine RegierungsSystem kennt.

„Kaum hatten die Feindseligkeiten begonnen, als Grey diese Sache auf's neue zur Sprache brachte; ein Mann, der sich durch seine Talente und Thätigkeit in allen Auftritten der gegenwärtigen ausserordentlichen Conjuncturen die Achtung der ganzen Nation, den Ruhm eines treflichen Redners, und — was in Zeiten beispiellosen Leichtsinns und beispielloser Corruption noch weit mehr ist — eines redlichen und tugendhaften StaatsMannes erworben hat.

„Den 21 Februar 1793 schlug Grey eine Adresse an den König vor, die zur Absicht hatte, ihm die UnPolitik seiner Minister zu enthüllen, welche die Nation, ohne eine mit den Gefahren, denen wir uns ausgesezt, in Verhältniß stehende Nothwendigkeit, in einen schreklichen Krieg gestürzt hatten; ihm vorzustellen, wie strafwürdig die Männer wären, die, mit arglistiger Speculation auf die Menschlichkeit und Empfindsamkeit, wovon das englische Volk so auffallende Beweise gegeben, diese Aufwallung unsrer Herzen genüzt, um uns zu Masregeln hinzureissen, die wir, in einem ruhigern und minder leidenschaftlichen Zustande, selbst insgesammt würden misbilligen müssen; endlich Seine Majestät auf das dringendste zu bitten, die nächste Gelegenheit zu ergreifen, den Feindseligkeiten Einhalt zu thun, welche ganz Europa mit dem größten Elende bedrohten.

„Die einzige Antwort auf diesen Antrag war: „das Haus „habe über die Frage schon in den vorherigen Sizungen abge„sprochen;" und nicht nur that man keinen Schritt, der zum Frieden abzwekte, sondern die Minister, die endlich ihre schrekliche, bisdahin von ihnen geheim gehaltene Meinung enthüllten, erklärten bei der Eröfnung der folgenden Sizung, den 21 Januar 1794, laut den eigentlichen Grundsaz des Krieges: „es ist" — sagten sie — „hier darum zu thun, gegen jenes verheerende

„System von Raub, Unglauben und Anarchie zu
„kämpfen, dessen neue Verwüstungen in Frankreich für das
„jezige und für die kommenden Geschlechter eine schrekliche,
„aber nüzliche Lehre sind." Die Rede des Königs bestätigte diesen Grundsaz. Nicht ein Wort von Ländern, von Aequivalenten, von Entschädigungen oder Gleichgewicht! obgleich Belgien von den Franken geräumt, Valenciennes, Condé
und Le Quesnoy in der Gewalt der Alliirten waren, und
Holland nichts mehr zu fürchten hatte. Nichts destoweniger
war, unter Umständen, die so günstig zum Unterhandeln waren,
keine Frage davon; sondern man stellte einen neuen Grundsaz des Krieges auf, der die Feindseligkeiten verewigen
muste: keinen Frieden, keinen Waffen Stillstand
mit Frankreich wollte man, bevor nicht der Jacobinism (d. i. die wesentlichsten Grundlagen seiner Regierung)
vertilgt, und dessen Apostel dem Grimm der Könige ausgeliefert, und den Völkern, die ihnen nachzuahmen suchen würden, zum schrekenden Beispiele geworden wären.

„Herrschte nicht übermächtig das Gefühl des Unwillens vor,
so könnte man sich zu der beissendsten Ironie hinreissen lassen;
indem man die fürchterliche Geständniß mit den Discussionen
vergliche, die bei Chauvelin's Zurükschikung stattfanden.
Damals nahm Pitt sich die Mühe, in einer sehr langen Rede
darzuthun, daß Frankreich Krieg wolle, und daß der König stets das Thor zu den Unterhandlungen offen
gelassen habe. Troz dieser Behauptung stellt man nun, nach
einem Feldzuge, einen Grundsaz voraus, welcher beweißt, daß,
was Frankreich auch immer unserm Kabinet hätte verwilligen
mögen, dieses doch nie irgend einen FriedensVorschlag angehört
haben würde: man erklärt, daß man Krieg führe, um Meinungen zu unterjochen, um Grundsäze zu erstiken; und nicht,
um über den deutlich bestimmten Punkt eines streitigen Interesse
sich Recht zu verschaffen. Der Zustand der Dinge in Frankreich
zu Anfang des Jahres 1794 hatte sich von dem, was er im Jahre
1793 war, in nichts verändert: wenn demnach im Jahre 94 die
Vernichtung der Regierung in Frankreich die Bedingung
ohne welche nicht des Friedens war, so ist erwiesen, daß
man, im Jahre 93 auf gleiche Weise dachte; es war daher nicht

wahr, wenn man damals sagte: man habe die Thüre zu Unterhandlungen offen gelassen; man trieb also augenscheinlich sein Spiel mit dem gesunden MenschenSinn der Nation und mit der Würde des Parlaments.

„Der neuaufgestellte Saz des Ministers ward durch mehrere Redner in die Wette commentirt, so daß gar kein Misverstand desfalls statthaben konnte. Besonders zeichnete sich unter andern Lord Mornington aus, der eine sehr lange und sorgfältig ausgearbeitete Rede hielt, die man in der Folge als das politische GlaubensBekenntniß des Ministeriums bekannt machte. Am Schlusse ließ er, so viel man unter dem lauten Beifall, womit der Enthusiasm ihn fast übertäubte, vernehmen konnte, den Saz einfliesen, „daß, solange die jezige Regierung „in Frankreich, oder irgend eine andre jacobini= „sche Regierung existirte, England durchaus keinen „FriedensAntrag weder annehmen, noch machen könnte." Ich lasse die ScheinGründe, womit man damals diese prahlerische Phrase rechtfertigen wollte, in der Verachtung liegen, wozu die nachfolgenden Begebenheiten sie verstiesen.

„Mit welcher Anstrengung suchte damals nicht Fox den SchwindelGeist zu beschwören, der sich aller Köpfe bemächtigt hatte! Wenn Genie etwas gegen die Gewalt jenes Verhängnisses vermöchte, welches die Könige und die Nationen in's Verderben stürzt; wenn die Donner der erschütterndsten Beredsamkeit das Gewölk zerstreuen könnten, womit Wahnsinn und Wuth die Cabinette verdüstern, so würde es Foxen gelungen seyn, den Unglüksfällen, die uns umdrängen, vorzubeugen. Er vereinigte in der schönsten Rede, die ich jemals hörte, alle Kenntnisse, lle Künste des Redners und des StaatsMannes; er weissagte Frankreichs Triumph, die Auflösung eines Bundes, den nur schwach ein Interesse des Augenbliks geknüpft hatte, welchem allzuviele entgegengesezte Interessen widerstrebten; er kündigte den Abfall einiger unsrer Alliirten und den Ruin der andern an; er schilderte mit einer, zum Unglüke nur allzu prophetischen Begeisterung die Unfälle, denen wir uns aussezten, um die ausschweifendsten Wünsche zu realisiren, die je in den Sinn eines Menschen kamen.' Und was ist izt unsre Lage? — wenig verschieden von dem Gemählde, das Fox uns damals aufstellte. Allein noch auf dem Kampfplaze zurükgeblieben, in den wir mit so vielen Genossen eintraten, bitten wir izt um Frieden, unter Bedingungen, die wir erhalten, ja sogar vorschreiben konnten, ohne Krieg zu führen. Auf den Knien bitten wir Frankreich um Frieden; durch das Gewicht einer Noth gedrükt, die das Werk unsrer Thorheit ist, bitten wir eben jenes königsmörderische Directorium darum, dessen Daseyn, nach Burke und Lord Fizwilliam, ein ewiger Grund zum Kriege seyn sollte. Wir schweigen izt ganz von jener Religion, für deren Vertheidiger wir uns einst erklärten: ohne mehr von Genugthuung für die gegen ihre Altäre verübten Gräuel zu sprechen, erschöpfen wir alle Ausflüchten, alle Niederträchtigkeiten, bedienen wir uns aller einer grosen Nation unwürdigen Mittel, um Frieden zu schliesen, indem wir der strafbaren Urheber des Krieges schonen; ihn auf Bedingungen zu schliesen, welche nur die Thorheit dieser verkehrten Menschen Frankreich in Stand sezte, uns vorzuschlagen, und welche anzunehmen nur eben diese Thorheit uns zwingen kan.

„Um uns endlich aus der verschobenen Lage herauszuwinden, einen Krieg ohne bestimmten Zwek zu führen, machte Grey den 26 Januar 1797 einen Antrag, der darauf gerichtet war, zu erklären, „das Haus halte dafür, daß die „dermalige Regierung in Frankreich nicht als ein „Hinderniß gegen die Friedensunterhandlung zu „betrachten sey." Die Minister selbst fiengen an, ihre Irthümer zu erkennen; oder wenigstens, überzeugt von der Unmöglichkeit, in Frankreich wieder die alte Monarchie, oder irgend etwas von monarchischen Formen herzustellen, fühlten sie den Uibelstand, noch weiterhin durch ihre vorherigen Erklärungen gezwungen zu seyn, den Krieg bis zum Umsturze der Republik fortzuführen. Ohngeachtet dieser Stimmung, die sie hätte geneigt machen sollen, Grey's Antrag zu unterstüzen, und obgleich sie sich, so zu sagen, verpflichtet hatten, diesen Antrag zur Grundlage ihrer Debatten zu nehmen, gaben sie einen weitern Beweis ihrer Veränderlichkeit, indem sie, als verbessernden Zusaz, die nachfolgende Erklärung einschoben: „das Haus erklärt, daß es „entschlossen ist, den König in Fortsezung dieses gerechten und „nothwendigen Krieges zu unterstüzen; es bittet Seine Majestät,

„alle HilfsQuellen des Staats aufzuwenden, um solchen mit
„Nachdruk fortzuführen, bis man, auf gerechte und eh-
„renvolle Bedingungen, mit irgend einer solchen
„Regierung in Frankreich, welche fähig ist, die
„unter den Staaten gewöhnlichen Friedens- und
„FreundschaftsVerhältnisse zu handhaben, wird
„Frieden schliesen können."

„Die Absicht dieses schlauen und schädlichen Zusazes, den der
Minister im Hause der Gemeinen annehmen machte, bedarf nach
dem, was ich so eben gesagt, keiner weitern Erklärung; man
liest darinn, in starken Zügen, die tieferliegenden Gedanken
desselben. Entschlossen, für izt nicht zu unterhandeln; entschlossen zugleich, sich zu nichts, durch irgend eine Erklärung in
Bezug auf die desfallsige Zeit oder Grundsäze, verbindlich zu
machen; dabei jedoch ausser Stande, sich über eine unbedingte
Weigerung zu unterhandeln zu rechtfertigen, lenkte Pitt, durch
die vieldeutigen Ausdrüke seines Antrags, dem Schlage aus, den
Grey's Antrag seinem System versezte. Wäre es ihm irgend
um den Ruf der Redlichkeit zu thun, so wäre nichts natürlicher
gewesen, als daß er sich über die Natur dieser eventuellen
Fähigkeit der fränkischen Regierung, freundschaftliche Verhältnisse mit andern Staaten zu unterhalten, erklärt hätte:
aber dafür hütete er sich wohl; es war ein Räthsel, wozu er
sich, je nach künftigen Ereignissen, den Schlüssel vorbehielt.
Hatte er Glük, so war die befragte Fähigkeit noch nicht ein-
getreten, und er sezte den Krieg fort: erlitt er Unfälle, so war
ihm eine Ausflucht offen, mittelst deren er, ohne Inconsequenz,
ohne Erniedrigung, ohngeachtet des Triumphs der Republik,
Frankreich die eingebildete Fähigkeit zuschreiben konnte, die
er bisdahin ihm abgeläugnet hatte.

„Es ist ein trauriges Geschäft, diese Reihe von Widersprüchen
zu durchlaufen, die uns so viele Leiden zuzog. Wäre sie nicht
selbst durch die Protokolle des Parlaments erwiesen, so würden
die künftigen Geschichtschreiber Mühe haben, sie zu glauben.

„Welch unbegreiflicher Wahnsinn! Wir sehen eine mächtige
und kriegerische Nation von 25,000,000 Menschen, die fast unser
Gebiete berührt, und mit der wir entweder aufs neue freundschaftliche Verbindungen knüpfen, oder einen ewigen Krieg füh-

ßen müssen — eine solche Nation sehen wir von Pitt, mit einem Federzuge, aus dem Verzeichniß der civilisirten Nationen ausgestrichen: im nemlichen Augenblike, da wir erklären, daß wir Frieden wollen, klagen wir sie vor ganz Europa als die Geisel, den Abscheu und die Schmach der Welt an: ohne uns über eine Beleidigung zu beklagen, ohne Genugthuung wegen erlittener Beschwerden zu fodern zu haben; ohne ihr vorwerfen zu können, daß sie sich gegen FriedensAnträge geweigert, verbannen wir sie aus der Gesellschaft der Staaten, unter dem schimpflichen Vorwand einer unbedingten politischen Unfähigkeit.

„Die Folgen, die man von einem so empörenden Betragen erwarten mußte, traten auch wirklich ein. Statt unmerklich auf jene gewöhnlichen Verhältnisse zurükzukommen, die es in den Paroxismen seiner Revolution zerrissen hatte; statt für GrosBritannien jene Achtung anzunehmen, die nothwendig ein System eingeflößt haben würde, welches zwar thätig in Bezug auf alles, was unsre Sicherheit betraf, aber in allen andern Rüksichten unparteyisch und sogar wohlwollend gewesen wäre — ward Frankreich erbittert: alle seine Leidenschaften wurden in Schwingung gesezt, und wie ein Wild, das sich mit einer Wuth verfolgt sieht, der seine gewöhnlichen Kräfte kaum widerstehen können, selbst im Ubermaas der Gefahr neue Kühnheit und Energie findet, so fand diese mit Schimpf und Verachtung bedekte, von Nationen, die ihren Untergang geschworen hatten, umzingelte Macht in den gichtrischen Spannungen der Verzweiflung HilfsMittel, welche alle gewöhnlichen Kalkule der Politik zu Schanden machten, und unsre unüberlegten Minister zu einer für das Vaterland unglüklicher Weise allzuspäten Reue zwangen.

„Welch fürchterliche Verantwortlichkeit wälzen die Ereignisse auf Pitt's Haupt! Izt schildert uns eben dieser Minister, da er für dienlich hält, sich hinter einen andern Vorwand zu hüllen, Frankreich als ehrgeizig, als übermüthig im Unterhandeln, und entschlossen, die Verträge umzustürzen, die das Gleichgewicht von Europa sichern.

„Glaubte ich meinem Vaterland einen Dienst zu erzeigen, wenn ich diese neuen Gaukeleien unterstüzte, so würde ich diese

Schrift verbrennen, und das Echo vom Geschrei der Anhänger des Ministers seyn: aber da wir dadurch, daß wir über Frankreich schimpfen, es weder besänftigen, noch unterjochen können, so ist es dienlich, den Minister daran zu erinnern, daß wir es sind, die Frankreich eine solche Sprache dictirt, fast möcht' ich sagen, sie **gerechtfertigt** haben. Nur Pitt hat Frankreich in die Lage gesetzt, einen Ton anzunehmen, den es vielleicht nicht mehr in unsrer Gewalt steht, herabzustimmen, und den, unter gleichen Umständen, jede Nation in der Welt führen würde, auch wenn nie von fränkischen Grundsätzen, von fränkischen Meinungen und von revolutionären Bewegungen die Rede gewesen wäre.

„Denn **welches Volk**, nachdem es so unveranlaßt, so unpolitisch beleidigt worden, würde nicht folgende Sprache gegen uns führen: „Ihr, die Herausfoderer des ungerechten Krieges,
„den ich bestanden; ihr, die das **Unvermögen**, eure eh„losen Projekte durchzusezen, weit mehr, als Gefühle
„der Menschlichkeit und Gerechtigkeit zu meinen Füßen hinge„worfen haben, um Frieden mit mir zu unterhandeln — **ihr**
„wagt mir jenes Gleichgewicht Europens entgegenzustellen, das
„ihr, ihr zuerst vernichten wolltet? Von **Gleichgewicht**
„sprecht ihr, nachdem ihr alle Völker gegen mich aufgejagt, um
„mich zu erdrüken, und folglich den Schlüssel des Gebäudes zu
„zerbrechen, als dessen Beschüzer ihr euch nun gebehrdet! Im
„Kampfe gegen diesen grausamen Bund lächelte mir der Sieg
„zu; ich bemächtigte mich des Gebietes meines HauptFeindes;
„die Noth, die Sorge für meine Erhaltung gebieten mir, es zur
„Schuzwehre gegen künftige Angriffe zu machen. Ihr sprecht
„mir von euren Verbindungen mit diesem Kaiser;
„ich will die gegenseitige Treue, die euch vereinigt, und die Mo„ralität, die euch diesem Alliirten verbindet, nicht in Zweifel
„ziehen. Habt ihr einander versprochen, nicht anders als ge„meinschaftlich die Waffen niederzulegen, so wird **Frankreich**
„sich nicht dazu herablassen, euch durch listige Gründe zu über„reden zu suchen, daß ihr meineidig seyn sollt. Aber was geht
„mich dieser Vertrag an, der meine Vernichtung zum Grunde
„hat? Ich kan mich, wie ihr behauptet, nicht auf **meine**
„**Constitution**, als auf einen Grundsaz berufen, welcher der

„Zurükgabe Belgiens entgegen ist: es sey; aber habt ihr denn „mehr Recht, mir eure Verträge mit meinen grausam„sten Feinden; Verträge, worüber ich nicht befragt ward, vor„zuwerfen, um dadurch das Ultimatum eurer FriedensVorschlä„ge zu unterstüzen?"...

„Wollte Gott, daß diese Sprache, die ich unsern Feinden in den Mund lege, blose Speculation wäre! Wäre sie das, so würde ich sie hier nicht aufstellen: aber es ist, wie ich bald beweisen werde, die Sprache des Directoriums. Ich hoffe darzuthun, daß unter jedem andern Minister, bei jedem andern System, diese Sprache nie gegen uns geführt worden wäre, und daß man selbst izt sie nicht gegen die brittische Nation führen würde, wenn diese wieder ihren ehemaligen edlen, kraftvollen Charakter annähme, und unter dem Titel einer Freundin der Freiheit, der sonst zu allen Zeiten ihr Stolz war, unterhandelte.

„Vergebens würden die Minister, unter den gegenwärtigen Umständen, unsre Nachsicht ansprechen, indem sie ihre Fehler und Irthümer anerkennten: selbst diese Ausflucht ist ihnen nun entrissen. Die grösten Redner, die einsichtsvollsten StaatsMänner haben ihnen wiederholt alle Folgen ihres Betragens dargelegt; durch alles, was menschliche Klugheit Uiberzeugendes aufstellen kan, hat man sie auf ihrer Hut zu seyn gemahnt: und endlich dann haben die stets fruchtlosen Vorhersagen vernünftiger Männer von der Zeit und von den Ereignissen eine so starke Sanction erhalten, daß die erschütterte öffentliche Meinung die Minister auf jenes System von Ausflüchten und Schlupfwinkeln herabbrächte, worinn wir sie izt mit aller Kleinheit auf Lügen ertappter Gaukler und kurzsichtiger, starrsinniger, in ihren Kalkulen getäuschter Menschen sich herumtreiben und zerarbeiten sehen.

„Um den Minister in Betref der politischen Fähigkeit Frankreichs auf's Aeusserste zu treiben, machte Grey den 6 Februar einen Antrag, worinn er, ohne weder die Zeit noch die Art der Unterhandlungen festzusezen, nur den LieblingsGrund der Minister zertrümmern wollte. Er schlug vor, „anzuerkennen, „daß Frankreich hinreichende Macht zu unterhan„deln habe", und er stüzte dabei sich nicht nur auf allgemein anerkannte Grundsäze, sondern auch auf das Beispiel der Vereinten FreiStaaten von NordAmerika, und mehrerer andern europäischen Mächte, die in freundschaftlichen Verbindungen mit der fränkischen Republik stünden.

„Pitt, mit dem DictatorTone, dessen er sich in den Debatten des Hauses anmaßte, sah in diesem Antrage nur jenen, der bereits im Januar gemacht worden, und nur unter neuen Formen wiederaufgestellt würde; er wies ihn daher durch die vorläufige Frage ab. Wilberforce, Abgeordneter von der Grafschaft York, dem die Evidenz des Grundsazes und der gemäßigte Inhalt des Antrags auffiel, trat zur Minorität über, um ihn zu unterstüzen. Er zeigte mit wenigen Worten, „daß, da die „Minister, durch das Organ Seiner Majestät, Frankreich „feierlich erklärt hätten, daß wir mit der gegenwär„tigen Regierung nicht unterhandeln würden, es „von dringender Nothwendigkeit sey, die unüber„steigliche Hinderniß aus dem Wege zu räumen, „und daß dis der einzige Beweggrund sey, der ihn veranlasse, den „Antrag zu unterstüzen."

„Ich verweile mich bei diesen einzelnen Umständen, die vielleicht kleinlich scheinen, um zu beweisen, daß, abgesehen von allen möglichen FriedensBedingungen, die politische Unfähigkeit Frankreichs zu unterhandeln der anscheinende Grundsaz der Feindseligkeiten war.

„Nach so vielen vergeblichen Bemühungen blieb der Minorität im Parlament nichts mehr übrig, als zu schweigen und der Ereignisse zu harren. Inzwischen that Fox, bestürzt über den Zustand, worinn diese Reihe frechstolzer Erklärungen die öffentlichen Angelegenheiten ließ, und überzeugt, daß bei der nächsten WiederVersammlung des Parlaments unsre Lage noch minder günstig seyn würde, als worinn wir izt uns befanden, den 24 März den Antrag, „daß das Haus sich in einen allge„meinen Ausschuß bilden sollte, um den Zustand der „Nation zu untersuchen." Ich hatte das Glük, die trefliche Rede zu hören, womit Fox diesen Antrag unterstüzte: das Publikum kennt den wesentlichen Inhalt derselben; aber es kann nicht die beredten Uibergänge, wodurch alle Theile unter sich verbunden waren, noch weniger jenen majestätischen und hinreissenden Accent, womit sie gehalten ward. Nichtsdestoweniger war, als es zum Abstimmen kam, das Verhältniß der Minorität zur Mehrheit auch nicht um ein Individuum verändert.

„Frankreich ordnete sein Inneres, richtete seine Constitution ein, drang in Catalonien vor, und nöthigte **Spanien** zum Frieden; **Preussen** wankte; umsonst bedrängten wir die **Schweiz**, **Toscana** und **Genua** wegen ihrer Neutralität; der geschwärzte Horizont kündigte uns das Gewitter an, welches seitdem ausbrach. Nichts von all dem konnte das Parlament, oder vielmehr die Minister, erschüttern; man lies in dem Wege der Unterhandlung das Hinderniß liegen, welches man unkluger Weise auf denselben hingeworfen hatte; Frankreich blieb unter dem Gewichte unsers lächerlichen Bannes, und ganz ruhig sahen wir zu, wie es unsre HilfsQuellen erschöpfte, unsre Alliirten von uns abtrünnig machte, seine Eroberungen immer weiter trieb, und wie endlich jener Geist von Grimm und Erbitterung sich bildete, worüber izt unsre Minister lächerlicher Weise sich erstaunt stellen!

„Als das Parlament sich den 19 Oct. 1795 versammelte, was war die **Lage Europens**? — Auf der Schaubühne der Welt-Begebenheiten hatte sich eine Aenderung zugetragen, die jedermann vorhergesehen hatte, nur die Minister nicht. Die abscheuliche Unternehmung auf Quiberon war fehlgeschlagen, und hatte ihre Urheber mit ewiger Schande bedekt. Die **Vendée** verlosch; keine Hofnung war mehr da, diesen erschöpften Vulcan neu zu beleben. **Frankreichs gegenwärtige Constitution** gewann mit jedem Tage mehr Festigkeit. Ein Theil unsrer Colonien war der Verwirrung und der Plünderung preis. Der König von **Prenssen** hatte seine Allianz gebrochen; **Spanien** war von unsrer Partei abgerissen; die Gewalt des **ErbStatthalters** war dahingeschwunden; Seine Majestät erklärte uns im Kriege mit dem unterjochten **Holland** — und die Minister sahen bei all dem nichts Trauriges, nichts Schrekendes; im Gegentheil fängt die Rede, die sie Seine Majestät halten liesen, mit der Erklärung an: „Es gereicht mir zu grosser Zufrieden„heit, zu sehen, daß, ohngeachtet einiger, für die gemeine Sa„che widrigen Vorfälle die allgemeinen Angelegenhei

„ten im Laufe des Krieges eine Wendung genommen haben, die „eine mit jedem Tage günstigere Aussicht bietet."

„Unter die Verbesserungen, welche die Minister in den allgemeinen Angelegenheiten sahen, sezte man die innere Lage Frankreichs: aber man trug Sorge, diese Bemerkung in einem falschen Lichte zu zeigen, welches die natürlichen Folgerungen, die auf den ersten Blik daraus hervorsprangen, schwächen könnte.

„Frankreich hatte eine Constitution organisirt; mit Ungedult erwartete England, daß man diese Macht für fähig erklären würde, in Unterhandlungen einzutreten; man muste demnach hoffen, daß man aus den so eben anerkanuten ThatSachen diese Folgen herleiten, und endlich die Perspective auf einen nahen Frieden öfnen würde. Wenn nach der Constitution der König selbst Verfasser seiner Rede seyn könnte, so ist kein Zweifel, daß man nicht zwei so untrennbare Sachen darinn vereinigt gefunden haben würde: aber die Rede des Königs ist das Werk seines Ministers; das Parlament betrachtet sie nie anders; auch kan man sagen, daß nie eine Rede mehr das Gepräge des MinisterialStempels trug.

„Laßt uns Pitt's Logik folgen. Die Anarchie hatte, seinem Geständniß nach, in Frankreich aufgehört. Was muß man daraus folgern? — Daß izt eine Regierung dort vorhanden ist, welche die Fähigkeit hat, die gewöhnlichen politischen Verhältnisse zu beobachten? — Keineswegs: ein solcher Schluß würde zu viel ernsten Willen zu unterhandeln gezeigt haben; es würde eine allzuübereilte Palinodie gewesen seyn. Auf eine weit klügere Weise sagt man uns: „daß die Anarchie, wel„che Frankreich gequält, eine Krise herbeigeführt habe, de„ren Ausgang noch unter die unmöglich vorherzu„sehenden künftigen Ereignisse gehöre, aber wo„von man, allem Anschein nach, Resultate von der „höchsten Wichtigkeit für das allgemeine System „von Europa hoffen könne."

„Diese betrügliche Erklärung führte, wie man es erwarten konnte, auf die abgedroschene Declamation über die Nothwendigkeit, den Krieg mit Nachdruk fortzusezen. Auch war bis wirklich der Schluß von der Rede des Königs: unmittelbar darauf folgte die Mittheilung neuer SubsidienFoderungen, und das Haus der Gemeinen sanctionirte, in dem gewöhnlichen Protokoll, die Grundsäze dieser Rede.

„Fox machte bei dieser Gelegenheit einen neuen Versuch: er beschwur das Haus, die Minister, die Nation, sich von der Lage der Dinge und von der offenbaren Unmöglichkeit zu durchdringen, jemals den Zwek zu erreichen, den man bei Fortsezung des Krieges beabsichtete. Er schlug, dem zu Folge, eine Adresse vor, um Seine Majestät zu bitten, „die dermalige Regierung „in Frankreich nicht als unfähig zu betrachten, die ge= „wöhnlichen Friedens= und FreundschaftsVerhält= „nisse zu handhaben", und er berief sich deßfalls auf die Verträge, welche diese Regierung nur so eben mit Preussen, Spanien, und andern Fürsten des Reichs geschlossen hatte. Dieser heilsame Antrag ward verworfen, und der Minister er= klärte zugleich: „man müsse abwarten, daß die dermalige Consti= „tution von Frankreich nach dem Willen der Nation auf eine „Art in Gang gesezt werde, daß der gesezgebende Körper sich als „die wahre Repräsentation des fränkischen Volkes ausdrüken kön= „ne, und daß wir dann, ohne Rüksicht auf die Form der Regie= „rung, zu unterhandeln bereit wären."

„Abermals ein sehr deutliches Bekenntniß der Absichten des Kabinets! Man gesteht ein, daß man, ohne eine Weigerung von Seiten Frankreichs den Frieden zu unterhandeln, ohne bestimmte Kenntniß über die Verschiedenheit der gegenseitigen Vorschläge, diese Macht sich in ihrem Innern befestigen, ihre Sache mit al= len Aliirten, die sie uns entreißt, verstärken, ihren ganzen Groll concentriren, und zulezt dahin gelangen lassen will, ganz Europa zu bedrohen. Das Blut und die Schäze Englands sollen fortfah= ren zu fliessen, bis unsre unumschränkten SchiedsRichter in Sa= chen der Constitution und Regierung Frankreich feierlich für wür= dig erkannt haben werden, mit den Zerstükern des unglüklichen Polens in gleicher Linie zu stehen.

„Aber die Meinungen der Menschen sind veränderlich. Et= was über einen Monat späterhin hatte Frankreich seine Zeit der Prüfung zur Zufriedenheit unsrer Minister geendigt; diese er= klärten durch eine Botschaft an das Haus der Gemeinen vom 9 Dec. „daß die Krise, die sich zu Anfang der Sizung vorberei= „tet, zu einem Zustande der Dinge geführt habe, der

„Seine Majestät in den Fall seze, die Neigung,
„die der Feind zum Unterhandeln zeigen könnte,
„zu nüzen, und mit dem aufrichtigen Verlangen,
„einen allgemeinen Frieden zu schliesen, dazu mit-
„zuwirken, sobald man solches auf gerechte und
„Seiner Majestät und Ihren Alliirten angemes-
„sene Bedingungen würde thun können."

„Laßt uns einen Augenblik bei dieser Erklärung verweilen, und sehen, wozu die Minister, als sie solche thaten, sich wirklich verpflichteten, um ihre weitern Handlungen damit zu vergleichen, und zu beurtheilen, in wie weit sie den feierlichen Versprechungen treu blieben, die sie hier dem Könige in den Mund legten.

„Diese Erklärung erkennt an, daß Frankreich wieder fähig geworden sey, Friedens- und Freundschafts-Verhältnisse zu handhaben. Umsonst verhüllt man das Geständniß unter der nichtssagenden und unbestimmten Benennung: Zustand der Dinge. Sobald man sich zum Frieden geneigt bezeugt, erkennt man, nach den vorherigen Erklärungen des Königs, feierlich, daß die Hindernisse, die man bis dahin gegen die Anknüpfung einer Unterhandlung fand, nicht mehr vorhanden wären. Die Minister, indem sie ihr aufrichtiges Verlangen, zur Unterhandlung eines ehrenvollen Friedens mitzuwirken, ausdrükten, verpflichteten sich, unmittelbar einige entscheidende Schritte zu thun, um die Aufrichtigkeit dieser Erklärung zu bethätigen. Aber laßt uns die desfalsige Zurükhaltung in der Botschaft bemerken, deren Zwek ist, alle Folgerungen zu lähmen, die so natürlich daraus herzufliesen scheinen.

„Die Minister, weit entfernt sich zu entscheidenden Schritten zu verpflichten, sanctioniren im Gegentheil ihre nachfolgende Unthätigkeit im Punkte des Friedens. Seine Majestät bezeugt das Verlangen, die Neigung zu nüzen, die der Feind zum Unterhandeln zeigen kan. Wenn ich diese königliche Erklärung als das Werk der Minister betrachte, wie soll ich davon sprechen? wie kan der König, der Natur der Dinge nach, die friedlichen Gesinnungen des Feindes nüzen?

„Die brittische Regierung hatte durch verschiedene, von dem Könige sanctionirte und auf den vorhergehenden Blättern angeführte Parlaments-Acten jeder Unterhandlung ein bestimmtes und öffentliches Hinderniß entgegengesezt; sie hatte feierlich die Unfähigkeit der fränkischen Regierung erklärt. Unstreitig ist dis das herabwürdigendste, beschimpfendste Hinderniß, das eine Nation jeder Annäherung zwischen ihr und einem andern Volke entgegenstellen kan; und was die Botschaft auch immer von dem neuen Zustande der Dinge sagen mochte, so dauerte dis Hinderniß nichtsdestoweniger fort.

„Überdis war diese Erklärung nur eine Mittheilung des Königs an die gesezgebende Gewalt: man findet darinn nichts, was bestimmt wäre, auch Frankreich diese Aenderung in der Art unsrer Ansicht seiner Regierung kundzuthun; ja man erkennt nicht einmal das Daseyn dieser Regierung an. Hätte der König diese Mittheilung mit einer Erklärung an die neue Regierung in Frankreich begleitet: „daß man ihre politische Fähigkeit, als „Repräsentant der fränkischen Nation zu unterhandeln, erkenne, „und mit ihr zu unterhandeln bereit sey", dann hätte ich in dieser Botschaft, ihrer dunkeln Fassung ohngeachtet, einen aufrichtigen Schritt zum Frieden erbliken können. Aber ich berufe mich auf den schlichten MenschenSinn des ganzen Königreichs: konnten wohl die Minister, nach wiederholten Erklärungen über die politische Unfähigkeit der fränkischen Regierung, glauben, daß eine unbestimmte, verschraubte Botschaft, ohne Einladung an Frankreich, ohne ein einzig Wort, das dahin abzwekte, es unsern Gesinnungen beitreten zu machen, in Wahrheit ein näherer Schritt zu friedlichen Unterhandlungen sey?... Ich berufe mich besfalls auf das Urtheil jedes Mannes von Kopf und Herz.

„Die Betrachtungen, die ich hier über diese Botschaft gemacht, gewinnen neue Klarheit, wenn man in die Sizung des Hauses der Gemeinen zurükgeht, worinn über dieselbe verhandelt ward. Die AntwortsAdresse athmete nur Krieg: da war durchaus nicht die Frage davon, Frankreich Nachricht von der Art zu geben, wie wir izt seine neue Regierung betrachteten; nichts kündigte in der Sprache der Minister ihm an, daß wir mit ernstlicher Neigung zum Frieden zu unterhandeln suchten.

„Sheridan widersezte sich dieser kleinmüthigen Adresse; er schlug den verbessernden Zusaz vor: „das Haus bemerkt mit Leid„wesen, daß man Eurer Majestät die innere Lage Frankreichs

„fortdauernd als ein Hinderniß des Friedens dargestellt hat.
„Daraus, daß die dermalige Ordnung der Dinge ein
„Beweggrund zum Unterhandeln scheint, würde fol-
„gen, daß man geneigt wäre, aus einer eventuellen Verän-
„derung in dieser Ordnung der Dinge einen Vorwand zu ma-
„chen, um die angefangenen Unterhandlungen, und
„selbst die Verträge, welche abgeschlossen worden seyn könn-
„ten, zu brechen; das Haus bittet daher Seine Majestät, be-
„stimmte und gemessene Befehle zu ertheilen, ohne
„Aufschub über das heilsame Werk des Friedens
„in Unterhandlung zu treten." Ich spreche nicht von
der treflichen Rede, die zur Unterstüzung dieses Zusazes gehalten
ward, in der Besorgniß, ich möchte dadurch zu erkennen zu geben scheinen, als wäre dis die einzige Gelegenheit gewesen, da
dieser ausserordentliche Mann seine Energie und seine Talente
über die grose Frage des Krieges entfaltete. Ich habe in dem
Laufe dieses Werkes Sheridan noch nicht genannt, weil mein
Zwek war, geradezu von den während des Krieges im Parlament
gemachten Anträgen, und nicht von den Debatten, welche diese Anträge veranlaßten, und welche in den Händen aller Welt sind, zu
handeln. Aber da ich den Namen des Urhebers jenes Zusazes
ausgesprochen habe, so ertheile ich einem Bürger, der in so hohem Grade das Feuer des Patriotism mit dem des Genies einigt,
den so verdienten Tribut von Lob: ich entferne mich nicht von
dem Zwek dieses Werkes, wenn ich all die Bewundrung ausdrüke, die ein Mann mir einflößt, in dem die Natur alle ihre
besten Gaben vereinigte; der mit der Stärke und Fülle seiner
Gedanken eine so übermächtige Beredsamkeit, eine alles nieder-
reissende Dialektik, und jenen Geist paart, der, indem er mit
der Waffe des Lächerlichen dahin trift, wohin alle Gründe
der Vernunft nicht durchdringen können, uns an das Gemählde
erinnert, welches Pope von diesem seltnen Geschenke des Him-
mels macht.

„Auch sey man nicht so ungerecht gegen mich, zu glauben,
als hätt' ich das Verdienst jener preiswürdigen Minorität im
Parlament vergessen, die muthig genug war, ihren Charakter und ihre Talente unter all den Verdrüglichkeiten, womit sie
überhäuft ward, zu behaupten. Stets unerschütterlich blieb

dis heilige Bataillon auf seinem Posten, ohne Zweifel von jenem Gefühle beseelt, dem ein grosser Schriftsteller die Seelen-Gröse zuschreibt, die den Kränkungen und den Unglüksfällen trozt: getäuscht und gequält, aber niemals niedergedrükt; stolz auf ihr Bewußtseyn; indem sie mit Ruhe ihre Rechtfertigung von den Wechseln der öffentlichen Meinung und dem unparteyischen Auge der Nachwelt erwartet.

„Seit dem 9 Dec., als der Epoche, da diese Botschaft des Königs vorgelegt und der Antrag, mit Frankreich zu unterhandeln, verworfen ward, bis zum 8 März des folgenden Jahrs (1796), da Wickham an Barthelemy schrieb, thaten die Minister keinen, weder mittelbaren noch unmittelbaren Schritt zum Frieden. Im Gegentheil, als Grey sie den 6 Februar daran mahnte, antworteten sie, „daß, obgleich die Unterhandlung „für zulässig erklärt worden, sie darum doch nicht zu unterhan-„deln gehalten seyen."

„Wir kommen hier endlich zu dem Antrage des Hrn. Wickham, der uns zum Masstabe der Weisheit und Aufrichtigkeit der Minister in Bezug auf den Frieden dienen kan. Wir sind berechtigt, diese Urkunde als den Thermometer ihrer Meinungen zu betrachten, nicht nur weil sie das Resultat reiflicher und ernster Berathschlagungen war, sondern auch weil sie durch den Mund Seiner Majestät, in der desfalls abgelegten Erklärung versicherten: „daß die befragte Masregel dem Zweke, den man sich „vorgesezt, auf das genaueste angepaßt gewesen; daß die Ant-„wort der fränkischen Regierung stolz und ablehnend sey, und „die Gesinnungen in Zweifel seze, wovon Seine Majestät durch „Ihr Betragen einen so augenscheinlichen Beweis gegeben." Wenn man, wie gesagt, diese Erklärung Seiner Majestät wie die des Ministers betrachtet, der dafür besonders verantwortlich ist, so läugne ich, daß der von Wickham gemachte Schritt der beste, den man hätte thun können, ja daß er auch nur ein von Seiten der Minister vernünftiger Schritt sey; ich behaupte ferner, daß es unmöglich war, daß Frankreich in unsre Aufrichtigkeit nicht den Argwohn hätte sezen sollen, dessen man es beschuldigt.

„Um diese Behauptung zu beweisen, ist es hinreichend, auf

die Bemerkungen zurükzukommen, die ich bereits über die Botschaft Seiner Majestät vom December des vorhergehenden Jahrs gemacht habe.

"Bis dahin war Frankreich für unfähig erklärt worden, seine gewöhnlichen Verhältnisse mit den andern Nationen zu handhaben: seine Regierung war öffentlich vor ganz Europa als eine Horde Tyrannen und Bösewichte angeklagt worden; sein Gebiete, von den Fremden angefallen, von empörten Unterthanen, welche England in seinem Sold hatte, beunruhigt, bot das schrekliche Gemählde aller UnglüksFälle und aller Leiden dar.

"Ich untersuche noch nicht den Gehalt jener seltsamen Erklärungen: ich erinnere nur an eine ThatSache, um Jedem einleuchtende Folgen daraus herzuleiten.

"Als Wickham im März seinen Antrag that, hatte man Frankreich, wie ich bereits bemerkt, noch durch keine Kundmachung von einer Veränderung in unsrer Art seine Regierung zu betrachten benachrichtigt. Unser KriegsSystem war eben so wenig dazu geeignet, ihm diese Veränderung anzuzeigen. GrosBritannien fuhr fort, in allen Kabinetten Europens das Feuer anzufachen, welches den Continent in Brand gesezt hatte; es versorgte den Kaiser mit Geld, und, was noch charakteristischer ist, es fuhr fort, die Armee des Condé zu besolden, die aus Edelleuten bestand, von denen man nicht annehmen konnte, daß sie für die neue Constitution kämpften, und die — im Vorübergehen sey es gesagt — nicht eher von uns besoldet zu werden anfiengen, als seitdem in der That die Sache von uns aufgegeben worden war, wofür sie anfänglich sich empört hatten.

"Konnte wohl, unter diesen Umständen, Frankreich in Wahrheit glauben, daß wir uns, durch die Vertheilung seiner gesezgebenden Gewalt in zwei Kammern, und die auffallende Aehnlichkeit eines Directoriums mit einer ErbMonarchie, zu Gunsten seiner neuen Constitution bekehrt hätten? Hatten wir seine Regierung anerkannt? Hatten wir ihm diese erstaunenswürdige Bekehrung kundgethan? Ist irgend ein Mann von Ehre in England, der behaupten möchte, daß diese Constitution, deren Daseyn kaum auf einen Monat zurükreichte, die GrundUrsache der Botschaft des Königs sey? Ist irgend ein Mann von Verstande, der nicht im Gegentheil anerkennt, daß diese Botschaft durch den

Drang der Umstände, durch die Erschöpfung des öffentlichen Schazes, und das Geschrei der Nation erzwungen ward? der nicht erkennen sollte, daß die Minister, indem sie wegen des Friedens den Grund prüften, bereit waren, den ersten günstigen Zwischenfall zur Fortführung des Krieges zu ergreifen? Ich berufe mich desfalls auf Burke und Lord Fitzwilliam, Zeugen, die hierinn gewiß niemand für verdächtig halten wird. Sie mögen uns sagen, welches der Unterschied war zwischen der Ordnung der Dinge, wovon die Botschaft des Königs spricht, und der vorhergehenden Ordnung der Dinge, welche die Minister uns bisher als einen rechtmäsigen Grund zum Kriege gegen Frankreich dargestellt hatten, und den sie selbst izt noch als einen solchen betrachten. Wie? wir wollen, daß ein thätiger, scharfsichtiger, durch Beleidigungen aller Art auf's Aeusserste gebrachter Feind glauben soll, was wir selbst nicht glauben, und was kein Mann von Verstand je glaubte, noch glauben wird? ...

„Aber wenn wir auch diese Bemerkungen auf die Seite sezen — enthält denn der von Wickham gemachte Antrag, mit dem vorhergehenden und gegenwärtigen Zustand der Verhältnisse zwischen beiden Staaten verglichen, irgend einen von den Zügen, die man in der Gesandschaft einer grosen Nation an eine andre sucht? Wickham hatte durchaus keinen diplomatischen Charakter: er war grosbritannischer Minister bei dem helvetischen Bunde. Er hatte keine andern Instructionen von seinem Hofe, als die er dem fränkischen GrosBotschafter Barthelemy mit den Worten mittheilte: „er wäre auf keine Weise bevollmächtigt, mit „ihm über den Gegenstand dieser Note in Unter„handlung oder Erörterung einzugehen."

„Es ist also augenscheinlich, daß Wickham's Vollmacht sich blos darauf einschränkte, Barthelemy'n auszuforschen. Dieser Auftrag ist so neu, daß das diplomatische WörterBuch keinen Namen dafür kennt; aber er war übrigens in vollkommener Uibereinstimmung mit den Grundsäzen, die bisdahin zum Grunde der Feindseligkeiten gedient hatten. Was jedoch über allen Zweifel hinaus beweißt, daß die Minister weit minder eine Gelegenheit zu unterhandeln, als einen Vorwand den Krieg fortzusezen und ihr Betragen zu rechtfertigen suchten, ist die Art, wie sie nach dem Empfang der Antwort des Directoriums an Wickham handelten.

(Der Beschluß folgt im nächsten Hefte.)

II.

GrosBritannien.

Uibersicht der wichtigern Verhandlungen des Parlaments, vom Anfang des Jun. bis zu dessen Prorogation, 20 Jul.

I. UnterHaus.

1 Jun.

Botschaft des Königs in Betref des Aufruhrs der Matrosen auf der Flotte im Nore, worinn das Parlament zu schleunigen und entscheidenden Masregeln zur Sicherstellung der öffentlichen Ruhe, und zur Verhütung und Bestrafung aller Versuche, die brittische Land- und SeeMacht zum Aufruhr zu reizen, aufgefodert wird.

Hierauf wird

3 Jun.

beschlossen:

1. daß, wer irgend durch absichtliche und boshafte Reden einen Theil der Land- und SeeMacht Seiner Majestät verführen; wer eine aufrührerische Handlung begehen, oder eine derartige Versammlung zu halten suchen, oder sich irgend einer verrätherischen Handlung schuldig machen wird, mit dem Tode bestraft werden soll, ohne daß die Geistlichkeit hierunter ausgenommen wäre;

2. daß alle, welche nach einer in den SeeHäfen zu verlesenden Proclamation mit den in Aufruhr begriffenen Schiffen irgend Verbindung unterhalten würden, der Felonie schuldig; und alle Matrosen, die nicht sogleich nach dieser Proclamation zu ihrer Pflicht zurükkehren würden, ihres ganzen rükständigen Soldes, so wie der Vortheile des Hospitals von Greenwich und der Kasse von Chatham verlustig seyn sollen.

15 Jun.

Pitt's Antrag, daß die Suspension der Zahlungen der Bank in klingender Münze bis auf einen Monat nach dem Anfange der nächsten ParlamentsSitzung verlängert werden, jedoch die Bank berechtigt seyn soll, gutfindenden Falls, ihre Zahlungen eher wieder anzufangen, indem sie nur den Sprecher fünf Tage zuvor davon benachrichtigt. — Genehmiget.

24 Jun.

Antrag des KriegsMinisters (Dundas), zur Vermehrung des Gehalts der UnterOffiziere vom 25 Jun. bis zum 25 Dec. eine Summe von 60,000 Pf. St. zu verwilligen. — Genehmiget.

* *

Pitts drittes Budget. Das Haus, nachdem es sich in einen SubsidienAusschuß gebildet, verwilligt:

für die fränkischen Ausgewanderten	180,000 Pf.
für geheime auswärtige Dienste	150,000
für die Ausgaben des StaatsSchatzes	106,962
für verschiedene ausserordentliche Ausgaben	4,438,000
für die Kasernen, bis zum 5 Jan. 1798	288,000
für Fourage	499,000
für die Verminderung der NationalSchuld	200,000
für die fremden Korps i. J. 1797	381,637
für die ViehArzneiSchule	1,500

Unter den Mitteln, diese Summe zu belegen, wird nun auch eine (bis dahin unbekannte) Taxe auf die Uhren aufgebracht; so daß eine Pendule 5, eine goldne Uhr 10 alle andern 2 1/2 Schillinge zahlen sollen. Der HausEigenthümer soll gehalten seyn, die Zahl der Personen, welche Uhren tragen, anzugeben. Der Ertrag dieser neuen Taxe wird auf 200,000 Pf. geschätzt.

6 Jul.

Botschaft des Königs, worinn derselbe, da der Zustand der öffentlichen Angelegenheiten ihm wahrscheinlich gestatten werde, die gegenwärtige Sizung zu endigen, dem Hause empfiehlt, ihn in Stand zu sezen, die ausserordentlichen Ausgaben zu bestreiten, und namentlich, falls die Umstände es fodern sollten, seine Bundsgenossin, die Königin von Portugal, zur Vertheidigung ihrer Länder gegen die Angriffe des gemeinschaftlichen Feindes, mit einer Geldhilfe zu unterstüzen.

Dem zu Folge öfnet

7 Jul.

Pitt das vierte Budget, indem er für den Dienst dieses Jahres ein CreditVotum von 500,000 Pf. vorschlägt, um die unvorgesehenen Bedürfnisse zu bestreiten, und daß der König berechtigt seyn solle, davon namentlich der Königin von Portugal bis auf 200,000 Pf. vorzuschiessen; auch, obgleich, bei der Lage der Angelegenheiten auf dem festen Lande, die Dienste der tapfern kleinen Armee des Prinzen von Condé künftig unnüz seyen, derselben doch eine der brittischen Grosmuth angemessene Gratification zu verwilligen. — Genehmiget.

10 Jul.

Pitt's Antrag, den König, zu Realisirung der ihm bewilligten Subsidien, zu berechtigen, 2 Millionen Pf. auf die consolidirten Stoks zu erheben. — Genehmiget.

II. OberHaus.

6 Jun.

Genehmigung der beiden Bills in Betref des Aufruhrs der Matrosen, welche sogleich durch eine königliche Commission sanctionirt werden.

11 Jul.

Grenville's Antrag, daß dem Könige (der bisher das Parlament erst 40 Tage nach einer Prorogation wieder zusammenrufen konnte) erlaubt seyn solle, dasselbe 14 Tage nach einer zu dem Ende zu erlassenden Kundmachung zu versammeln. — Genehmiget.

11 Jul.

Eben deſſelben Antrag, zugleich auch den bisher noch unbeſtimmten Fall, da die Krone in der ZwiſchenZeit zwiſchen der Auflöſung des einen und dem Zuſammenrufe des andern Parlaments erledigt würde, näher zu reguliren.

20 Jul.

Der König prorogirt das Parlament durch folgende Rede:

„Meine Lords und Herren!

„Ich kan dieſe Sizung des Parlaments nicht ſchlieſen, ohne Ihnen aufrichtig und herzlich für Ihren anhaltenden Eifer in Behandlung der wichtigen Gegenſtände, welche Ihre Aufmerkſamkeit beſchäftigt, ſo wie für die Feſtigkeit und Weisheit zu danken, welche Sie in den auſſerordentlichen und ſchwierigen Umſtänden, die ſie zu beſeitigen hatten, an den Tag legten. Insbeſondre muß ich Ihnen für die heilſamen und wirkſamen Mittel danken, die Sie ergriffen, um die NationalVertheidigung zu verſtärken; für die Masregeln, wodurch Sie die Nachtheile abwendeten, welche die augenblikliche Suspenſion der Zahlungen der Bank in klingender Münze befürchten ließ; ſo wie für die Schnelligkeit und den Nachdruk, womit Sie mich unterſtüzten, um den in einem Theile meiner Flotten ausgebrochenen verwegenen Aufruhr und Verrath zu dämpfen, und einem ſo gefährlichen und ſchädlichen Beiſpiel zu ſteuern. Ich habe das Vergnügen, Sie zu benachrichtigen, daß ſeit der ThronBeſteigung des Kaiſers von Rußland die HandelsVerbindungen zwiſchen beiden Staaten, auf eine, wie ich nicht zweifle, ihren gegenſeitigen Intereſſen weſentlich vortheilhafte Art erneuert worden ſind.

„Meine Herren vom Hauſe der Gemeinen!

„Ihnen habe ich inſonderheit für den Umfang der Unterſtüzungen zu danken, womit Sie ſo reichlich für die verſchiedenen Bedürfniſſe des StaatsDienſtes ſorgten. Indem ich bedaure, mich in die Nothwendigkeit geſezt zu ſehen, deren Belauf bis zu dieſer Höhe anſteigen zu machen, iſt es zugleich ein Troſt für mich, zu bemerken, daß Sie in Vertheilung der dadurch veranlaßten schweren Lasten die Aufmerksamkeit hatten, mein Volk so wenig wie möglich dadurch zu drüken.

„Meine Lords und Herren!
„Der Erfolg der Unterhandlungen, die ich eröfnet, ist noch ungewiß. Aber welches auch immer deren Ausgang seyn mag, so werde ich doch von meiner Seite es an nichts haben ermangeln laßen, damit solche sich glüklich, und auf Bedingungen endigen mögen, die sich mit der Sicherheit, der Ehre und den wesentlichen Interessen meiner Staaten vertragen. Nichts kan zu dem Frieden mehr beitragen, als die Beharrlichkeit in jenem Eifer, jenen Anstrengungen und jenem GemeinGeiste, wovon meine Unterthanen so rühmliche Beweise, und das Parlament durch seine Standhaftigkeit und Festigkeit ihnen ein so vorleuchtendes Muster gegeben hat."

III.
HandelsVertrag
zwischen GrosBritannien und Rußland, abgeschlossen zu St. Petersburg, den $\frac{10}{21}$ Februar 1797.

„Seine Majestät, der Kaiser aller Reussen, und Seine Majestät, der König von GrosBritannien, die bereits durch das Band der genauesten Allianz verbunden sind, und denen es eben so sehr am Herzen liegt, das zwischen Ihnen und Ihren respectiven Staaten bestehende gute Verständniß immer mehr zu befestigen, und so viel in Ihrer Macht steht, den gegenseitigen Handel zwischen Ihren Unterthanen zu befördern, haben für gut befunden, die gegenseitigen Gerechtsame und Verbindlichkeiten unter einen GesichtsPunkt zu vereinigen und zu bestimmen, über die sie zur Aufmunterung und Erleichterung der HandelsVerhältnisse beider Nationen übereingekommen sind. Dem zu Folge, und um ohne Verzug zur Vollendung eines so heilsamen Werks beizutragen, haben gedachte Majestäten zu Ihren Bevollmächtigten erwählt und ernannt, nemlich Seine Majestät, der Kaiser von Rußland, den Herrn Alexander, Grafen von Besborodko, seinen wirklichen GeheimenRath von der ersten Klasse, Senator, Minister des StaatsRaths, GeneralDirector der Posten, und Ritter des St. Andreas- St. Alexander Newsky- St. Annen Ordens der ersten Klasse, und GrosKreuz des St. Wladimir Ordens; den Herrn Alexander, Fürsten Kurakin, seinen ViceKanzler, wirklichen GeheimenRath, Minister des StaatsRaths, wirklichen KammerHerrn und Ritter des St. Andreas- St. Alexander Newsky- und St. AnnenOrdens der ersten Klasse, wie auch des dänischen DanebrogsOrdens; und den Herrn Peter von Soimonov, GeheimenRath, Senator, Präsident des HandelsCollegiums und Ritter des WladimirOrdens der zweiten Klasse — und Seine Majestät, der König von GrosBritannien, den Herrn Karl von Withworth, seinen ausserordentlichen Gesandten und bevollmächtigten Minister bei dem kaiserlich-russischen Hofe, Ritter des BadOrdens; die Kraft ihrer Vollmachten, folgende Artikel abgeschlossen haben:

I. Der Friede, die Freundschaft und das gute Einverständniß, die bisher zwischen Ihro Majestäten, dem Kaiser von Rußland und dem Könige von GrosBritannien, so glüklich bestanden, sollen durch diesen Tractat so bestätigt und befestigt werden, daß von nun an und in Zukunft zwischen der Krone aller Reussen einer Seits, und der Krone GrosBritannien andrer Seits, wie auch zwischen den ihnen unterthänigen Staaten, Ländern, Reichen, Domainen und Territorien wahrer, aufrichtiger, fester und vollkommener Friede, Freundschaft und gutes Einverständniß statt finden sollen, die auf immer dauerhaft seyn, und sowohl zu Wasser als zu Lande unverlezlich beobachtet werden, und beider Seits Unterthanen, Völker und Einwohner, von welchem Stande sie seyn mögen, sich gegenseitig mit jeder Art von Wohlwollen behandeln, und sich den möglichsten Beistand leisten sollen, ohne sich irgend einen Nachtheil oder Schaden zuzufügen.

II. Die Unterthanen beider hohen contrahirenden Mächte sollen vollkommene Schiffahrts- und HandelsFreiheit in allen ihren europäischen Staaten haben, wo die Schiffahrt und der Handel von den hohen contrahirenden Theilen irgend einer andern Nation gegenwärtig erlaubt ist, oder künftig erlaubt werden wird.

III. Man ist dahin übereingekommen, daß die Unterthanen beider contrahirenden Theile in allen Häfen, Plätzen und Städten, wo es den Unterthanen irgend einer andern Macht erlaubt ist, mit ihren Schiffen, Fahrzeugen und Fuhrwerken, sie mögen beladen oder leer seyn, Zutritt finden, handeln und wohnen dürfen, und die Matrosen, Reisende und Schiffe, russische sowohl als brittische, (wenn sich auch unter ihrem SchiffsVolk Unterthanen irgend einer fremden Macht befinden sollten,) sollen als die begünstigtste Nation aufgenommen und behandelt; auch sollen weder die Matrosen, noch die Reisenden gezwungen werden, in den Dienst einer der beiden contrahirenden Mächte zu treten, mit Ausnahme derjenigen ihrer Unterthanen, die sie zu ihrem eignen Dienste nöthig haben könnten; und wenn ein Bedienter oder Matrose seinen Dienst oder sein Schiff verläßt, soll er ausgeliefert werden.

Auch ist bewilligt, daß die Unterthanen der hohen contrahirenden Mächte alles, was sie bedürfen, für den gewöhnlichen Preis kaufen, ihre Schiffe, Fahrzeuge und Fuhrwerke ausbessern, alle nöthige Provision zu ihrer Subsistenz oder Reise einkaufen, und ohne Beschwerde und Hindernisse nach Gefallen bleiben und abreisen können, wenn sie sich nur den Gesezen und Anordnungen der respectiven Staaten der hohen contrahirenden Theile, in denen sie sich aufhalten, gemäs betragen.

Eben so sollen die russischen Schiffe, die sich der Handlung wegen auf dem Meere befinden, von englischen Schiffen, wenn sie ihnen begegnen, in ihrer Schiffahrt nicht gehindert werden, wenn sie sich nur im brittischen Meere gehörig betragen, sondern allen Beistand, sowohl in den brittischen Häfen, als auf dem Meere, erhalten.

IV. Man ist dahin übereingekommen, daß die Unterthanen GrosBritanniens, zu Wasser und zu Lande, auf ihren eignen, oder auch dazu gemietheten Schiffen und Wagen, in jeder russischen Provinz alle Arten von Waaren oder Effecten, deren Handel oder Einfuhr nicht verboten ist, einführen dürfen; daß es ihnen erlaubt seyn soll, sie in ihren Häusern oder Magazinen zu behalten, sie frei und unbeschwert en gros zu verkaufen oder zu vertauschen, ohne genöthigt zu seyn, in der Stadt oder dem Orte, wo sie wohnen oder Handel treiben wollen, Bürger zu werden. Durch den Verkauf en gros versteht man einen oder mehrere Ballen, Kisten, Tonnen, Fässer, so wie mehrere Dutzende an einem Orte zusammengebrachter feiner Waaren derselben Art, und in beträchtlichen Partien oder Paketen andrer Art. Uiberdis ist man dahin übereingekommen, daß die Unterthanen Rußlands auf dieselbe Art in den Häfen GrosBritanniens und Irlands, in denen sie sich niedergelassen haben oder wohnen, alle Arten von Waaren oder Effecten einbringen dürfen, deren Handel und Einfuhr nicht verboten sind; welches sich auch von den ManufacturWaaren und Producten der asiatischen Provinzen versteht, wenn sie nicht durch ein izt in GrosBritannien giltiges Gesez gegenwärtig verboten sind; daß sie dieselben in ihren Häusern und Magazinen behalten, und sie frei und unbeschwert en gros verkaufen oder vertauschen dürfen, ohne genöthigt zu seyn, in der Stadt oder dem Orte, wo sie wohnen oder Handel treiben wollen, Bürger zu werden, und daß sie alle Waaren und Effecten, welche die Unterthanen irgend einer andern Nation in GrosBritannien kaufen und wegbringen dürfen, kaufen und ausserhalb der Staaten GrosBritanniens transportiren dürfen, namentlich Gold und verarbeitetes oder rohes Silber, gemünztes Silber allein ausgenommen. Ferner ist man dahin übereingekommen, daß die brittischen Unterthanen, die in den russischen Staaten handeln, die Freiheit haben sollen, bei einem TodesFalle, im Falle eines ausserordentlichen Bedürfnisses, oder einer unbedingten Nothwendigkeit, wenn kein andres Mittel, Geld zu erhalten, übrig bleibt, oder im Falle eines Bankerots, über ihre Effecten, diese mögen nun in russischen oder fremden Waaren bestehen, auf die Art zu verfügen, die den dabei interessirten Personen die vortheilhafteste scheint. Dasselbe gilt auch für die russischen Unterthanen in den Staaten GrosBritanniens. Alles dis versteht sich jedoch mit der Einschränkung, daß jede in diesem Artikel specifizirte Erlaubniß von beiden Seiten durchaus nicht den LandesGesezen entgegen sey, und daß die russischen sowohl als brittischen Unterthanen und ihre Commis sich beiderseits pünktlich den Rechten, Statuten und Verordnungen des Landes, wo sie handeln, gemäs betragen, um jede Art von Betrug und Vorwand zu vermeiden. Das Urtheil über solche Fälle soll daher, was Rußland betrift, in St. Petersburg vom CommerzCollegium abhängen, in den andern Städten aber, wo kein CommerzCollegium ist, von den Gerichten, die über die HandelsAngelegenheiten erkennen.

V. Und um eine gerechte Gleichheit zwischen den russischen und brittischen Unterthanen zu erhalten, sollen beide gleiche Aus- und EinfuhrZölle in Rußland sowohl als in GrosBritannien und Irland bezahlen, die Waaren mögen nun auf russischen oder brittischen Schiffen geladen seyn; und es soll von den hohen contrahirenden Mächten kein Reglement zum Vortheil ihrer eignen Unterthanen gemacht werden, das nicht den Unterthanen der andern Macht bona fide zu gut käme, unter welchem Namen oder Form es auch geschehen möge, so daß die Unterthanen der einen Macht vor den Unterthanen der andern in den respectiven Besitzungen nichts voraus haben sollen.

VI. Das Laden und Ausladen der Schiffe, so wie die Ein- und Ausfuhr der Waaren, sollen, nach den Reglements darüber, möglichst befördert und beschleunigt, und sie sollen auf keine Weise zurükgehalten werden, bei den in gedachten Reglements angezeigten Strafen. Eben so sollen, wenn die Unterthanen GrosBritanniens mit irgend einer Kanzlei oder einem Collegium Contracte machen, gewisse Waaren zu liefern, auf die Erklärung, daß diese Waaren zur Lieferung bereit liegen, und nachdem sie wirklich zur bestimmten Zeit geliefert worden, angenommen, und die Rechnungen zu der in den Contracten bestimmten Zeit regulirt und liquidirt werden. Eben so soll in GrosBritannien in Rüksicht der russischen Waaren verfahren werden.

VII. Man ist dahin übereingekommen, daß die Unterthanen GrosBritanniens in allen Städten und Orten Rußlands, wo andre Nationen die HandelsFreiheit haben, die gekauften Waaren mit derselben currenten russischen Münze bezahlen dürfen, die sie für ihre verkauften Waaren genommen haben, es müste denn in den Contracten anders bestimmt seyn;

welches sich ebenfalls von den russischen Waaren in den grosbritannischen Staaten versteht.

VIII. An den Orten, wo gewöhnlich das Ein- und Ausschiffen geschieht, soll es den Unterthanen der hohen contrahirenden Theile erlaubt seyn, alle Arten von eingekauften Waaren, (mit Ausnahme der verbotenen,) gegen Erstattung der ZollGebühren, auf ihre Schiffe oder Wagen zu laden, und zu Wasser und zu Land zu transportiren, wenn dabei nur gesezmäsig verfahren wird.

IX. Die Unterthanen der hohen contrahirenden Theile sollen für die Ein- und Ausfuhr ihrer Waaren nicht mehr als andre Nationen bezahlen. Um indessen an beiden Seiten die ZollDefraudationen zu verhüten, sollen alle Waaren, welche heimlich eingebracht, und nicht verzollt worden sind, confiscirt, und die des SchleichHandels überführten Kaufleute zu der in den Gesezen für besondre Fälle bestimmten GeldStrafe verurtheilt werden.

X. Es soll den Unterthanen beider contrahirenden Theile freier Verkehr mit den Staaten erlaubt seyn, mit denen ein oder der andre dieser Theile sich izt im Kriege befindet, oder künftig befinden mag; unter der Bedingung, daß sie dem Feinde keine Munition zuführen, und mit Ausnahme der eben zu Wasser oder zu Lande blokirten oder belagerten Pläze. Zu jeder andern Zeit aber, und mit Ausnahme der KriegsMunition, sollen die gedachten Unterthanen in dieselben Pläze alle andern Arten von Waaren, so wie Reisende, ohne alles Hinderniß bringen. In Betref der Untersuchung der KauffahrteiSchiffe sollen die KriegsSchiffe und die Kapers sich so glimpflich benehmen, als nur immer die KriegsUmstände gegen die freundschaftlichsten neutralgebliebenen Mächte erlauben werden, mit möglichster Beobachtung der allgemein anerkannten Grundsäze und Vorschritte des VölkerRechts.

XI Alle Kanonen, Mörser, FeuerGewehre, Pistolen, Bomben, Grenaden, Kugeln, Gewehre, FeuerSteine, Lunten, Pulver, Salpeter, Schwefel, Kuirasse, Piken, Degen, WehrGehänge, PatronTaschen, Sattel und Zäume, über die Quantität, die zum Gebrauche des Schiffs oder für jeden einzelnen Menschen auf dem Schiffe und die Reisenden nöthig seyn kan, sollen als KriegsProvision oder Munition angesehen, und wenn dergleichen gefunden wird, nach den Gesezen als Contrebande oder verbotene Effecten confiscirt werden; doch sollen weder die Schiffe, noch die Reisenden, noch die andern Waaren, die sich zugleich vorfinden, zurükgehalten, oder an der Fortsezung ihrer Reise gehindert werden.

XII. Sollte, welches Gott verhüte, der Friede zwischen den beiden contrahirenden Mächten gebrochen werden: so sollen Personen, Schiffe und Waaren weder zurükgehalten noch confiscirt werden, sondern es soll ihnen wenigstens die Frist eines Jahres zugestanden werden, um über ihre Effecten zu verfügen, oder sie wegzubringen, wohin es ihnen gut dünkt, welches sich zugleich von allen denen versteht, die sich im Land- und SeeDienste befinden; auch soll es ihnen erlaubt seyn, im voraus oder auch bei ihrer Abreise, die Effecten, über die sie nicht verfügt haben möchten, so wie die Schulden, die sie zu fodern haben dürften, Jedem, der ihnen dazu dienlich scheint, gerichtlich anweisen zu lassen, um darüber nach ihrem Gutdünken und zu ihrem Vortheil zu verfügen, welche Schulden die Schuldner so zu bezahlen verpflichtet seyn sollen, als wenn kein Bruch stattgefunden hätte.

XIII. Im Fall eines Schiffbruchs an einem Orte, der einem von den beiden contrahirenden Theilen zugehört, soll nicht nur den Unglüklichen alle mögliche Beistand geleistet, und ihnen keine Gewaltthätigkeit zugefügt werden; sondern es sollen ihnen auch die Waaren, die sie etwa aus dem Schiffe in's Meer geworfen haben, nicht verborgen, noch zurükbehalten, noch unter irgend einem Vorwand beschädigt werden: im Gegentheil sollen ihnen gedachte Effecten und Waaren erhalten, und gegen eine angemessene Belohnung für die, die zur Rettung ihrer Personen, Schiffe und Effecten beigetragen haben, zurükgegeben werden.

XIV. Es soll den brittischen Kaufleuten erlaubt seyn, Häuser in allen Staaten und Städten des russischen Reiches zu bauen, zu kaufen und zu miethen; in Hinsicht der Erlaubniß des Häuser-Baues und Ankaufs, mit Ausnahme der Häuser in den Städten des Reichs, die besondere BürgerRechte und Privilegien dieser Erlaubniß entgegen haben; und es wird namentlich bemerkt, daß in St. Petersburg, Moscau, Archangel, Riga und Reval, so wie in den Häfen des schwarzen Meeres, die

Häuser, welche die brittischen Kaufleute kaufen oder bauen lassen werden, von aller Einquartierung frei seyn sollen, solange sie ihnen gehören, oder darinn wohnen werden; die Häuser aber, die sie miethen oder vermiethen werden, sollen StaatsLasten unterworfen seyn, worüber die Miether und Eigenthümer sich zu verständigen haben. In allen andern russischen Städten sollen die Häuser, die sie kaufen oder bauen lassen, so wie die, die sie miethen oder vermiethen werden, nicht von Einquartierung frei seyn. Eben so ist es den russischen Kaufleuten erlaubt, in GrosBritannien und in Irland Häuser zu bauen, zu kaufen, zu verkaufen und zu miethen, und darüber auf dieselbe Art zu verfügen, wie die begünstigtsten Nationen. Sie sollen die freie Ausübung des griechischen GottesDienstes in ihren Häusern, oder in den dazu bestimmten Orten haben; so wie die brittischen Kaufleute die freie Ausübung der protestantischen Religion haben sollen. Die Unterthanen beider Mächte, die sich in Rußland oder in GrosBritannien niedergelassen haben, sollen über ihre Güter verfügen, und sie jedem, dem sie wollen, nach dem Gebrauch und den Gesezen ihres eignen Landes, vermachen können.

XV. Allen brittischen Unterthanen, welche Rußland verlassen wollen, sollen, nachdem sie, der Gewohnheit gemäs, ihren Namen und Aufenthalt in den Zeitungen angezeigt haben, Pässe bewilligt werden, ohne daß sie verbunden wären, Caution zu stellen; und wenn unterdessen keine gerechte Ursache sich zeigt, sie zurükzuhalten, so soll man sie reisen lassen, nachdem sie sich mit den nöthigen Pässen versehen haben. Eben so soll es mit den russischen Unterthanen, welche die Staaten GrosBritanniens verlassen wollen, nach den Gewohnheiten des Landes gehalten werden.

XVI. Die brittischen Kaufleute, die sich in Rußland Bedienten miethen oder halten wollen, sollen sich in dieser Rüksicht nach den Gesezen des Reichs richten; so wie die russischen Kaufleute in GrosBritannien dasselbe zu thun verpflichtet seyn sollen.

XVII. In allen Prozessen und andern Angelegenheiten sollen die brittischen Kaufleute nur von dem CommerzCollegio, oder dem künftig zur GerechtigkeitsPflege in HandelsSachen zu errichtenden Collegio abhängig seyn. Sollte indessen der Fall eintreten, daß die brittischen Kaufleute in einigen von gedachtem CommerzCollegio entfernten Städten Prozesse hätten, so sollen sowohl sie, als ihre Partien, ihre Klagen bei dem Magistrate gedachter Städte anbringen. Die russischen Kaufleute, die sich in den grosbritannischen Staaten befinden, sollen wechselseitig eben den Schuz und die Gerechtigkeit, nach den Gesezen dieses Reichs, erhalten, den die andern fremden Kaufleute daselbst geniesen, und als die Unterthanen der begünstigtsten Macht behandelt werden.

XVIII. Die russischen Kaufleute, die sich in GrosBritannien, und die brittischen Kaufleute, die sich in Rußland befinden, sollen nicht zur Vorzeigung ihrer Bücher oder Papiere verpflichtet seyn, ausgenommen vor Gerichte; noch weniger sollen ihnen gedachte Bücher oder Papiere genommen oder zurükbehalten werden. Wenn indessen irgend ein brittischer Kaufmann Bankerot machte: so soll seine Sache in St. Petersburg vor das CommerzCollegium, oder das künftig zur GerechtigkeitsPflege in HandelsSachen zu errichtende Collegium, und in den entfernten Städten vor den StadtMagistrat gehören, und darinn nach den darüber bestehenden, oder noch zu gebenden Gesezen verfahren werden. Wenn indessen brittische Kaufleute, ohne Bankerot machen zu wollen, ihre Schulden an die kaiserlichen Kassen oder an PrivatLeute nicht bezahlten: so soll es erlaubt seyn, auf einen Theil ihrer Effecten, der ihren Schulden gleichkommt, Arrest zu legen, und im Falle die Effecten nicht hinreichten, sie selbst zu arretiren und in Verhaft zu halten, bis der sowohl in Hinsicht der Menge als des Werths der Foderungen gröfsere Theil der Gläubiger in ihre Freilassung willigt; die in Beschlag genommene Effecten aber sollen in den Händen derer bleiben, die von dem vorbeschiedenen gröfsern Theile der Gläubiger dazu ernannt und gehörig bevollmächtigt sind; welche Substituten verpflichtet seyn sollen, die Effecten baldmöglichst zu schäzen, und eine gerechte und billige Vertheilung an alle Gläubiger im Verhältniß zu ihren respectiven Foderungen zu machen. Das nemliche Verfahren soll, in gleichem Falle, in Rüksicht der russischen Kaufleute in den Staaten GrosBritanniens stattfinden.

XIX. Im Falle Beschwerden oder Prozesse vorfallen, sollen drei Personen von unbescholtenem Namen unter den ausländischen

Kaufleuten nach Befinden der Umstände von dem CommerzCollegio, oder, wo keines ist, von dem Magistrate ernannt werden, um die Bücher und Papiere der streitigen Partien zu untersuchen; und der Bericht, den diese Personen an das HandelsCollegium oder an den Magistrat über den Inhalt der Bücher und Papiere erstatten, soll für einen hinreichenden Beweis gelten.

XX. Die ZollAemter sollen Sorge tragen, die Bedienten oder Commis der russischen Kaufleute, wenn sie die Käufe einregistriren lassen, zu examiniren, ob sie dazu Aufträge und Vollmachten von ihren Herren haben; wenn sie sie nicht haben, soll ihnen nicht geglaubt werden. Eben so soll mit den Bedienten der brittischen Kaufleute verfahren werden; und wenn die gedachten Bedienten, welche Aufträge oder Vollmachten von ihren Herren haben, die Waaren für Rechnung ihrer Herren einregistriren lassen, sollen leztere dafür so verantwortlich seyn, als wenn sie diese selbst hätten registriren lassen. Auch sollen die russischen Diener, die in den KaufLäden gebraucht werden, ebenfalls von den dazu bestellten Tribunalen in den Städten, wo sie sich befinden, eingeschrieben werden, und ihre Herren sollen für sie in den in ihrem Namen vollzogenen HandelsGeschäften und Käufen verantwortlich seyn.

XXI. Im Falle russische Kaufleute, welche brittischen Kaufleuten auf WechselBriefe schuldig sind, oder Contracte zu WaarenLieferungen gemacht haben, an dem in den Briefen oder Contracten festgesezten Orte oder Termin, ihre WechselBriefe nicht bezahlen, oder ihre Waaren nicht ausliefern: so soll das CommerzCollegium, auf darüber angebrachte Klagen und vorgelegte Beweise, sie dreimal vorladen, und wenn sie in dem zu ihrer persönlichen Erscheinung ihnen bewilligten hinlänglichen Zeitraume nicht erscheinen, sie verurtheilen, und auf Kosten des Klägers den Gouverneurs und Tribunalen des Gouvernements durch einen Expressen auftragen, die Sentenz zu vollziehen, und so die Schuldner nöthigen, ihre Verpflichtungen zu erfüllen. Und wenn die Foderungen nichtig oder ungerecht befunden werden: so sollen die brittischen Kaufleute verpflichtet seyn, den durch ZeitVerlust oder ReiseKosten verursachten Schaden zu ersezen.

XXII. Das Brak soll richtig geschäzt, und die Brakers

sollen für die Güte der Waaren verantwortlich seyn, und für das betrügerische Einpaken, nach hinreichenden Beweisen gegen sie, SchadenErsaz zahlen.

XXIII. Es soll ein Reglement zur Verhütung der Misbräuche gemacht werden, die beim Einpaken der Häute, des Hanfs und Linnen begangen werden können, und wenn irgend ein Streit zwischen dem Käufer und Verkäufer über das Gewicht oder die Tara einiger Waaren entsteht, soll das Zoll-Amt darüber nach Billigkeit entscheiden.

XXIV. In allem, was Auflagen und Abgaben für die Ein- und Ausfuhr der Waaren im Allgemeinen betrift, sollen die Unterthanen der beiden hohen contrahirenden Mächte als die begünstigtste Nation behandelt werden.

XXV. Die Unterthanen der beiden contrahirenden Mächte sollen in den respectiven Staaten mit ihrem Consul als Factorei sich versammeln, und unter sich für das gemeinschaftliche Interesse der Factorei die ihnen beliebigen Anordnungen machen, insofern sie nicht Gesezen, Statuten oder Reglements des Landes oder Orts, wo sie sich niedergelassen haben, entgegen sind.

XXVI. Der Friede, die Freundschaft und das gute Einverständniß sollen zwischen den hohen contrahirenden Mächten immer dauern, und da es gewöhnlich ist, bei HandelsTractaten eine gewisse Zeit zu bestimmen: so haben die obgedachten contrahirenden Mächte beschlossen, daß dieser gegenwärtige von dem Termin des Ablaufs der zwischen ihnen bestandenen Convention, vom 23 März 1793 gerechnet, 8 Jahre dauern, und nach der Ratification wirksam seyn soll; nach Verlauf dieses Termins können sie dahin übereinkommen, ihn zu verändern oder zu verlängern.

XXVII. Gegenwärtiger Schiffahrts- und HandelsTractat soll von Seiner kaiserlichen Majestät von Rußland und Seiner brittischen Majestät genehmigt und ratificirt, und die Ratificationen sollen in gehöriger Form innerhalb 3 Monaten, oder, wo möglich, noch eher, ausgewechselt werden.

„Zur Beglaubigung dessen 2c. 2c.

IV.
Uiber Pitt
und über Englands gegenwärtigen FinanzZustand.
(Eingesendet).

Hinc usura vorax, avidumque in tempora foenus,
Et concussa fides, et multis utile bellum.
LUCAN.

Englands SchuldenLast ist ungeheuer — noch 15 Monate Krieg, und die Zinsen der Schulden betragen so viel als die TerritorialEinkünfte. Hier sehe ich entweder einen Bankerot, oder eine Revolution, oder um beides zu vermeiden, einen neuen Krieg, der für Englands SeeMacht gefährlich werden kan.

An Bezahlung jener Schulden ist selbst nach dem Ende des Krieges nicht zu denken; denn das könnte nur durch den TilgungsFond geschehen, wovon nunmehr im Grosen keine Rede mehr seyn kan. Es würde sogar wenig helfen, wenn das Parlament durch einen meineidigen MachtSpruch, wie im Jahre 1749, die jährlichen Zinsen der Schulden heruntersezte. Um also die Zinsen bezahlen zu können, müste man zu ungewöhnlichen Auflagen seine Zuflucht nehmen. Das wird die Nation nicht ertragen, und das wird den Unzufriedenen neuen Stoff geben, eine StaatsVerfassung umzustürzen, an der man kaum, was die wesentlichsten BestandTheile betrift, etwas verändern kan, ohne sie schlimmer zu machen — eine StaatsVerfassung, die derjenigen, * nach deren Modell man sie umzuschaffen wünschte, zuerst zum unerreichten Muster diente. Lange war die Last der englischen Schulden gros;

* Ich rede von der ersten fränk. Constitution.

aber die Nation empfand das Uibel nicht in dem Grade, worinn es wirklich vorhanden war. Daher hält England sich vor allen andern Staaten aufrecht, deren Empfindlichkeit gröser ist, als das Uibel selbst. Hier ist die Last drükender und beschwerlicher, wenn gleich nicht so schwer. Fühlt einmal der Engländer seine Last, so wird er entweder unterliegen, oder sie abschütteln wollen. Das Leztere dürfte ihm die Beine zerschmettern, und er würde mit all seinem tiefdenkenden Kopfe den Räubern zum Raube werden. Er wird sie fühlen, jene Last, noch ehe er die Luft besteuern muß, die er einathmet. Er fühlt sie schon wirklich. Vor etwa 20 Jahren lachte man lautauf, als ein englischer Politiker den unerhörten Vorschlag that, eine Abgabe auf die Hunde zu legen, und dachte nicht, daß es einst wirklich dazu kommen werde. In Teutschland hat man bei dieser Nachricht abermals gelacht; ein Beweis, daß der Teutsche tief gesunken und seiner edlen Väter nicht würdig ist. Ich bemerke lieber Verbrechen unter einer Nation — denn auch der Tugendhafte kann fallen — als Aeusserungen dieser Art, die eine völlige Fühllosigkeit für alles Gute und Grose verrathen.

Die englische Nation kämpfte bisher gegen ihre Feinde zum Theil mit eingebildeten Reichthümern. Hierin finden wir den Grund, warum sie so viel vor andern vermochte. Dis hört mit der Anhänglichkeit an ihre Verfassung auf, denn nur durch diese Anhänglichkeit vermochte sie so viel; durch den reinen Enthusiasm für ihre Regierung reichte sie durch blose Vorstellungen weiter, als andre mit wirklichen Schäzen, und wuste jene ihre eingebildeten Reichthümer in wirkliche zu verwandeln. Ein Volk, welches ihr hierin, wie in vielen andern Punkten, ohne den Namen haben zu wollen, nachahmte, vergaß, daß Vertrauen zu einer Regierung kein Werk von einigen Decaden sey, und daß es nicht schon da seyn könne, während man es zu gründen sucht.

Werden wir nun aber noch Anhänglichkeit an die Verfassung finden, da man ihre Grundlagen unterwühlt? Wird noch Vertrauen zur Regierung die Kräfte des Staats über sich selbst erheben, wenn diese selbst zum HochVerräther wird, und dem brittischen Stolze die empfindlichsten Wunden schlägt? Der Britte war bisher mehr durch sich selbst, als durch die Verwaltung seiner Constitution frei. Wehe dem Minister, wenn der Insulaner diese glükliche SelbstTäuschung gewahr wird, und die Freiheit, die er bisher in sich selbst fand, ausser sich sucht! Denn er kan und wird sie nie finden. Darinn handelte Pitt auch als Politiker unverzeihlich, daß er seinen Landsleuten nicht einmal den Glauben an Freiheit ließ. Während er seinen Ruhm von aussen verbreitete, sank sein Ansehn von innen, und er scheint den Engländer aufzugeben, um das Schiksal von Europa zu wägen. Seine äussere Politik sah weit in die Ferne, und gieng mit einer Stetigkeit ohne gleichen zu Werk. Mit fürchterlicher Consequenz verfolgte er seinen Plan, und ließ sich durch nichts irre machen. Mitten unter den Stürmen, die von allen Seiten einbrachen, stand er unbewegt; selbst die Stürme schienen oft ihm zu dienen, und seinen Absichten gemäs sich zu lenken. Er wußte sich den unerwartetsten Ereignissen anzuschmiegen; Zufälle, die andre zur Verzweiflung gebracht haben würden, verwebte Er mit kühner Hand in seinen Plan.... Hier sehe ich den Sohn eines grosen Vaters, der in einer schreklichen Krise wie ein Fels stand, und wenn Alles verzagte, den Engländer sich selbst wiedergab.

Im Innern spielte Pitt ein paarmal ein verzweifeltes Spiel, wobei ihn nur der Zufall rettete. So weit hätte es nicht kommen dürfen, daß der König nicht sicher auf der Strase war; daß Fox dem Minister Mangel an Einsicht und Unbesonnenheit vorwarf. Sein Betragen gegen die OppositionsPartei ist nicht geschmeidig genug; er prahlt mit seiner Allmacht, und begnügt sich nicht allmächtig zu seyn. Er hätte nur noch bei den Flammen, die bereits bis an die Stufen des Thrones schlugen, in theatralischer Kleidung den Brand von Troja besingen müssen.... Gegen Fox und Sheridan richtet man nichts aus durch Granvella's unbiegsamen Troz; so wenig als dieser gegen den steten, staatsklugen Wilhelm von Oranien. Hätte Pitt es nur mit Egmonts zu thun, so könnte er seines Sieges gewiß seyn. Verächtliche Behandlung derjenigen, die berufen sind, die Constitution zu bewachen, hat Helden erwekt, PflichtVergessene an ihre Pflicht erinnert, und selbst die Eigenliebe der Feigheit für die Freiheit bewafnet. Karl V hat es erfahren, daß trozender Uibermuth endlich an einem Moriz von Sachsen scheitert, und sich selbst zu Grunde richtet, und desto tiefer fällt, je höher er gestiegen ist. Neuere Beispiele übergehe ich; aber fragen muß ich noch, warum ich nicht in jeder FürstenBurg unter den Pygmäen des Jahrhunderts den libertatis germanicae vindicem, den edlen Moriz von Sachsen, zur täglichen Anschauung aufgestellt finde? — Zwar gibt es Fälle, wo nur imponirender Troz und ein kühnes, gewaltsames WageStük den sinkenden Staat retten kan; aber dieser Fall war in England noch nicht da. Dann muß auf der einen Seite nichts zu verlieren, und auf der andern alles zu gewinnen seyn. Dort aber konnte der sehr unwahrscheinliche, und höchstens nur augenbliklische Gewinn dem viel wahrscheinlichern, obgleich entferntern Verlust nimmermehr die Wage halten. Pitt's Nachfolger — wenn er anders einen haben wird — wird schwerlich sein Andenken segnen; es wird sich zeigen, daß er seine Größe, seinen Ruhm und sein Daseyn nur auf dessen und des Königs Kosten erhielt. Ein egoistischer Minister, der von dem Kapital seines Nachfolgers schwelgt, nur selbstsüchtig für sich sorgt, das drohende Gewitter nicht ableitet und, ohne das Aeusserste zu versuchen, blos aufhält, und zusammenzieht, daß es endlich mit gedoppelter Kraft ausbrechen muß — der seinen Fürsten dem Ehrgeize opfert, und zu politischen Ränken sich herabläßt, ist in meinen Augen ein kleiner groser, oder ein groser kleiner Mann.

Nicht so sein unsterblicher, sein viel gröserer Vater. Von ihm sagt die Geschichte, daß er nie eine Stimme gekauft, nie nach Rechthaberei gestrebt und, ohne Partei, blos durch die unwiderstehliche Gröse seiner Seele und durch seinen gewaltigen Geist geherrscht habe. Er bedurfte sie nicht, die ehrlosen Stratagemen der Politik, die er tief verachtete: Er konnte auf der Heerstrasse der Gerechtigkeit zum erhabenen Ziele gelangen. Frankreich zitterte vor ihm, und die SchlangenList seiner Könige hielt es nicht aus gegen seine Weisheit. Er zernichtete die feindseligen Machinationen der Bourbonischen Ligue, und — sah auf diesen Sieg wie der Vaticanische Apoll auf den erlegten Drachen herab.

Von einem Könige in England — und also auch von seinem Minister — erwartet man mehr als von einem andern, Tugend und wahre Gröse. Alle Könige dieser Insel, welche die Freiheit der Nation respectirten, und in den Schranken ihrer Macht blieben, hatten Ansehen und Gewicht unter den europäischen Mächten.

Also — entweder ein Bankerot, oder eine Staats-Umwälzung ist bei dem jezigen FinanzZustande unvermeidlich. Der schlaue Minister sieht dis sehr wohl ein, und will deswegen, um Beides zu verhindern, den Krieg fortsezen. Auf die fränkischen und holländischen Inseln hat er Rechnung gemacht, und der bisherige Erfolg schien seinen Absichten günstig zu seyn. Während in Wien vom Rhein her und aus Italien die traurigsten Nachrichten anlangten, feierte man in London SiegesFeste, rüstete man sich zu neuen Schlachten, und war noch weit auch nur von dem Gedanken an Frieden entfernt. Zwar läßt sich Pitt wohl nicht einfallen, alle den Franken und Holländern entrissene Inseln zu behalten; zum Theil dienen sie ihm nur als Mittel zu andern Zweken: aber alle möchte er auch nicht gerne wieder zurükgeben. Um mit Ruhm von der KriegsSchaubühne zu treten, wünscht er etwas zur Entschädigung für die unerhörten Summen darbieten zu können, die dieser beispiellose Krieg verschlang; wobei er zugleich die Absicht hat, sich mit mehreren, die dabei interessirt sind, auszusöhnen, und neue Stüzen seiner unbedingten Herrschaft zu gewinnen. Diese Zweke wird er nicht erreichen. Die übrigen See=Mächte werden diesem Zuwachse der englischen SeeMacht nicht gleichgiltig zusehen, und mit vereinten Kräften einem vermessenen Plan entgegen arbeiten, der ihrer Selbstständigkeit so gefährlich ist, und ihre Etablissements in englische Factoreien zu verwandeln droht.

Engla nd und Holland standen bisher einander gegenseitig im Wege, ihren Handel weiter auszubreiten. Aber eben diese Eifersucht bewachte das ohnehin schon gesunkene Gleichgewicht, und vereinigte öfters beide Mächte, da es durch die Wachsamkeit der übrigen keiner von ihnen gelingen konnte, der unumschränkten Herrschaft auf dem Meere sich zu bemeistern, und den Handel allein an sich zu reissen. Ohne diese Vereinigung wäre Europa öfter in Gefahr gewesen; ohne daß die Holländer unter Ludwig XIV, die Partei der Engländer ergriffen, würde Frankreich seine Macht zu sehr erweitert haben, und Oestreich von seiner Höhe gefallen seyn. Das Interesse der meisten Staaten erfodert es, diese aus Herrschsucht entstandene Verbindung, diesen politischen Antagonism aufrecht zu erhalten: theils um eine allzugrose Uibermacht der einen oder andern der erwähnten Mächte zu verhindern, theils um durch diese kräftige GegenWirkung andre Staaten von der Ausübung feindseliger Projekte abzuhalten.

Unmöglich können also, wenigstens die SeeMächte zugeben, daß GrosBritannien auch nur einen Theil so vieler reichen Besizungen behält.

Entweder muß Holland mit Einverſtändniß der vornehmſten Mächte aufhören, oder England darf nicht auf deſſen Koſten noch mehr ſeine SeeMacht vergröſern, und die WechſelWirkung beider Staaten muß hergeſtellt werden. Das erſte wäre ſchon aus dem Grunde kein ſonderliches Kunſtſtük, und könnte beinahe ohne SchwertStreich ausgeführt werden, weil die Exiſtenz eines Staats, der keinen Akerbau treibt, ganz precär iſt. — Indem alſo Pitt einem Bankerot, oder einer Revolution vorbaut, verwikelt er ſich in einen neuen Krieg, und es muß alſo dennoch, der Krieg mag angefangen oder vermieden werden, das eine oder das andere geſchehen.

Schulden und Auflagen haben der Krone ein der Freiheit gefährliches Uibergewicht gegeben: Schulden und Auflagen werden ihrer überſpannten Präpotenz ein Ende machen. England iſt ſeinem Falle nahe.

In se magna ruunt. Laetis hunc numina rebus
Crescendi posuere modum.

Wenn das Verdienſt eines StaatsMannes dadurch herausgebracht wird, daß man die Anzahl der glüklich gemachten Menſchen mit der Summe der Hinderniſſe, die er zu überwinden hatte, multiplizirt; ſo verliert Pitt in der erſten Rükſicht noch weit mehr, als er in der zweiten gewinnt.

VI.

Gemählde des neuesten FinanzZustandes der fränkischen Republik,

von Calonne.

(Aus dem Courier de Londres, Vol. 42. N. 3, 4, 5.)

Es ist unnöthig hier zu wiederholen, daß die Finanzen mehr als sonst irgend etwas, ErkenntnißGrund der grösten Weltbegebenheiten sind.

Und keine Finanzen hefteten in neuern Zeiten die Aufmerksamkeit der Welt mit Recht so ausschliesend auf sich, wie die von England und Frankreich.

Kraft seiner Finanzen entwikelte England in dem jezigen Kriege eine Macht, worüber die Nachwelt erstaunen wird; aber es fiel dadurch von dem Zustande hoher Blüthe in eine Verschuldung herab, die seine weitern Anstrengungen lähmen, oder, falls sie statt haben, eines von beiden — Bankerot oder Revolution — herbeiführen muß.

Welch wunderbaren Contrast stellt dagegen Frankreich auf! Sechs Jahre hindurch führt es den vielfachsten und schreklichsten Krieg, den je ein Volk bestand, und statt am Ende des langen Trauerspiels in gänzliche Erschöpfung versunken zu seyn, findet es sich, in Rüksicht auf seine Finanzen, vollkommen im Status quo vor dem Kriege, nur mit dem mächtigen Unterschied, daß es izt noch weit mehr HilfsQuellen und weit mehr Leichtigkeit hat, auf einem durch eine so gewaltsame Revolution von allen Hindernissen gereinigten Boden ein ganz neues, wohlgeordnetes und festes Gebäude aufzuführen.

Wir wissen, wie treffend vor geraumer Zeit der ehemalige fränkische FinanzMinister Calonne die für Frankreich wohlthätigen Folgen des Verfalls der Assignaten voraus sagte. *)

Eben dieser Mann, dem gewiß niemand die vollste SachKenntniß absprechen, niemand irgend eine Partheilichkeit für die Republik zur Last legen wird, hat nun neuerdings aus Anlaß der Debatten zwischen dem VollziehungsDirektorium und dem gesezgebenden Körper ein Gemählde des dermaligen FinanzZustandes der fränkischen Republik aufgestellt, welches so lichtvoll, und so sehr dazu gemacht ist, zum Theil ziemlich allgemein accreditirte Irthümer zu berichtigen, daß wir unsern Lesern über diesen wichtigen Gegenstand nichts Interessanteres zu geben wissen.

„Unter Frankreichs Finanzen„ — sagt Calonne — „verstehen wir hier nicht nur den wirklichen Bestand des NationalSchazes, sondern auch alles, was das Vermögen und die Schulden des Staats bildet, seine Domainen und seine Einkünfte, seine jezigen Mittel und seine künftigen HilfsQuellen. Nur indem man alle diese Gegenstände umfaßt und gegen einander abwiegt, kann man Frankreichs FinanzZustand kennen lernen, und izt erst kann man ihn, wo nicht mit Gewißheit beurtheilen, doch durch Annäherung schäzen.

„Bis izt war es unmöglich, sich einen festen Begriff davon zu bilden; und wenn jemand sich's anmaßte, methodisch die Folgen der Unordnung zu berechnen, über ein Chaos zu weissagen, und aus einem trüglichen Anschein Schlüsse zu ziehen, so hat der Lauf der Ereignisse seine eitle Vermessenheit nur zu auffallend Lügen gestraft.

„Wie hätte denn auch in der That das durchbringendste Auge, wenn es auch noch so geübt wäre, das, was in einer solchen Sache gewiß oder zweifelhaft ist, von einander zu unterscheiden — wie hätt' es, mitten unter

* S. Jahrgang 1795 der Annalen, Heft 12, N. 6.

den dumpfen Wolken von Papier-Massen, die Wahrheit zu enthüllen vermocht; unter jenen Massen, die sich auf einander herstürzten, durch ihr regelloses Getreibe sich selbst aufrieben, dann unter neuen Gestalten wieder aus ihrer Asche aufzukeimen schienen, bald darauf ihre ephemere Existenz verloren, und endlich, indem sie sich insgesammt in sich selbst verzehrten, die Atmosphäre der Finanzen durch einen dichten Rauch verfinsterten?.. Aber selbst auch dieser Rauch ist schon nicht mehr da; ihn hat der ungestümme Wind mit fortgerissen, der **über Frankreich und für Frankreich weht;** jener Orkan, der, ein unerklärbar Phänomen! zugleich dis Reich **verwüstet und heilt.** Jene übereinander gethürmten Berge von **Repräsentativ Zeichen**, die wir mit solch reissender Schnelligkeit sich zu einer Grauen erregenden Höhe erheben sahen, und deren unbändige Masse durch ihren Sturz den schwankenden Boden, der sie erzeugt hatte, unter ihrem Gewichte versenken zu müssen schien, fielen in einem Augenblike, ohne Geräusch, in sich selbst zusammen; sie schwinden wie ein Traum dahin; kaum sind noch äusserst schwache Spuren davon zurükgeblieben, und die **klingende Münze**, die dis kolossale Schattenbild verscheucht hatte, erschien wieder am Horizont in eben dem Maase, wie er von dessen Gegenwart befreit ward. War es ein weise durchgeführtes Manövre? oder war es mehr die unvorhergesehene Wirkung eines glüklichen Ohngefährs, wodurch man dahin gelangte, den Staat von einem so unbändigen Gewichte zu befreien? Schwer ist dis zu entscheiden, und wenig interessant, es zu wissen: gewiß ist indeß, daß man, sey es nun Absicht oder Zufall, **alles gethan hat, was nöthig war, um hierinn zum Ziele zu gelangen,** da man so vollkommen dazu gelangte, ohne irgend Convulsionen zu erregen. Zwar viele einzelne Vermögen wurden das Opfer davon; aber die meisten und die beträchtlichsten gehörten doch nur Wucherern oder Räubern zu; es waren nur Früchte der

Ungerechtigkeit: die, welche wenig hatten, litten auch nicht viel; und wenn einige Einzelne ungerechter Weise verloren, so gewann dagegen der gesammte Staat, ohne daß das ehrlose Wort Bankerot ausgesprochen ward, ist er frei von allem Aufwand, von allen Schulden des kostspieligsten Krieges, der je geführt ward, und man kann nicht einmal sagen, daß er diese Befreiung durch den Verlust seines Credits erkaufte, weil man nicht verlieren kann, was man nicht hat.

Wir wollen hier nicht die Art rechtfertigen, wie die Revolution den schreklichen Hebel, dessen sie sich mit so grossem Nuzen bedient hatte, plözlich in den Abgrund des Nichts schleuderte, noch die Kunst und Geschiklichkeit ihrer Agenten im Gebrauche oder in der Vernichtung dieses Werkzeuges rühmen: aber kalte Zuschauer der Sonderbarkeiten ohne Zahl, welche die WeltSchaubühne seit 8 Jahren vor uns aufstellt, zeichnen wir es als eine der auffallendsten aus, (ohne uns ein Verdienst aus deren Voraussage zu machen,) — daß das, was man uns als eine unfehlbare Ursache des gänzlichen Ruins von Frankreich ankündigte, für dasselbe der Grund einer sehr wohlthätigen Erleichterung ward: und indem wir dem Gange dieses Ereignisses in seinen Details folgen, so wie öffentliche Verhandlungen und officielle Nachrichten sie uns mittheilen, bemerken wir ferner, daß zur nemlichen Zeit, da der Fall der Assignaten und ihrer Nachfolger, so wie es nicht anders möglich war, durch das ungeheure Gewicht ihrer eignen Schwere bestimmt ward, zugleich auch die geheimen Impulsionen einer sehr schlauen Politik denselben beschleunigten. Den Beweis davon findet man in der Denkschrift des Finanz-Ministers Ramel, die das Vollziehungsdirectorium den 29. Prairial dem Rathe der Fünfhunderte mittheilte. Man ersieht daraus, wie man, durch die Dazwischenkunft einer Gesellschaft, von der man einen Vorschuß in Gelde bezogen hatte, das Fallen der Mandaten auf einen

Punkt hinzuführen wuste, daß sie nicht mehr als den hundertsten Theil von ihrem NennWerthe galten; wie man die öffentlichen Kassen von ihnen befreite, und sie unvermerkt alle verschwinden machte, so daß eben die Mandaten, die dazu gedient hatten, die Assignaten mit einem Verluste von 70 ProCent einzulösen, nachdem sie selbst 99 ProCent verloren, für eine Summe eingelößt und vernichtet wurden, die sehr gering war in Vergleichung mit ihrem ursprünglichen Werthe, und noch weit geringer in Vergleichung mit dem der Assignaten, die sie getödet hatten, ehe sie auch ihrer Seits ihr Ende erreichten. Durch diese Cascade von progressiven Herabwürdigungen geschah es, daß zulezt 1 Million hinreichte, um deren 400 einzulösen; und ohne weitere Mühe ist Frankreich, welches vor 2 Jahren unendlich mehr, als irgend eine Macht Europens, mit PapierGelde überschwemmt war, izt unter allen diejenigen, die dessen am wenigsten, oder vielmehr die einzige, die gar keines mehr hat. Hätte es dessen nicht über 3 oder 4 Milliarden verfertigt, so würde es ihm vielleicht izt noch zur Last seyn; aber da es 30 bis 40 Milliarden erschuf, so ist es nun gänzlich davon befreit. Das Uibermaas des Uebels war demnach zugleich dessen Heilmittel, und auch hier, wie im ganzen Laufe dieser erstaunenswürdigen Revolution, waren die Wirkungen immer im Gegensaze mit ihren Ursachen. Die Güte des unglüklichen Ludwigs XVI. riß Frankreich in Untergang hin: Robespierre's Grausamkeit machte es triumphiren. Der Umsturz der Finanzen führte zu deren Herstellung. Die Coalition aller Mächte gegen eine einzige hinderte deren Sieg. Der Himmel gebe, daß, um nicht das Maas so vieler Widersprüche voll zu machen, die Conferenzen, die den Frieden bezweken sollen, sich in neue Erbitterung, wenigstens zwischen Frankreich und England, auflösen!

„Doch wir kommen auf Frankreichs Finanzen

zurük. Was wir darüber sagen werden, ist buchstäblicher Auszug aus den verschiedenen Berichten, die dem Rathe der Fünfhunderte oder dem der Alten vorgelegt, aus den Debatten, die dadurch veranlaßt, und aus den officiellen Nachrichten des FinanzMinisters, die dem gesezgebenden Körper durch das Directorium zugeschikt worden sind. Zwar können wir nicht die vollkommene Genauigkeit der Resultate, die wir daraus ziehen, verbürgen: inzwischen ist es uns doch unmöglich, aus andern Quellen zu schöpfen, oder bessere Führer zu haben; und wenn man bedenkt, in welchem Geiste die Berichte und Schriften, worauf wir uns beziehen, verfaßt wurden, so muß man desto geneigter seyn, denselben Glauben beizumessen, als sie, da ihre Absicht war, die StaatsVerwaltung zu beschuldigen, ohne Zweifel alle Züge von Unordnung eher mit stärkerm als mit schwächerm Griffel gezeichnet, und dem Gemählde der Finanzen eher Schatten als Licht gegeben haben.

„Die erste BursalRechnung die dem gesezgebenden Körper durch das Directorium, das alle Jahre ihm eine solche vorlegen muß, zugeschikt ward, ist vom 4. Jahre der Republik (oder von 1796). Barbé-Marbois hat darüber im Rathe der Alten, während seiner Präsidentschaft, zu Ende des leztverflossenen Mai, Bericht erstattet. Wir begnügen uns hier, desfalls zu bemerken, daß man durchaus nichts Klares oder Bestimmtes, weder in Betref des Zustands der EinnahmKasse zu dieser Epoche, noch in Ansehung des Einzugs der öffentlichen Steuern und des Preises der NationalVerkäufe, noch für die verschiedene Rechnungen der MinisterialDepartemente — denn dis waren die drei Abtheilungen seines Berichtes — daraus folgern kann. Alles ist darinn finster und ungewiß, weil die Mischung einer ungeheuern Menge von PapierGeld, welches darinn, (ohne bestimmte Schäzung seines Werthes, da sein Preis allzuveränderlich war, als daß man ihn hätte in Geld evalviren können), mit der klingenden Münze concurrirt, auf die Etats dieses 4. Jahres ein undurchdringliches Dunkel wirft. Man findet darinn z. B, daß während desselben 26 Milliarden in Assignaten, 2 Milliarden 400 und etliche Millionen in Mandaten, und 42 Millionen in baarem Gelde eingiengen, wozu noch 15 weitere Millionen aus dem Verkaufe des SilberGeschirres, der Diamanten der Krone und andern kostbaren Effecten kamen. Wie soll man nun eine auf solche Art zusammengesezten TotalSumme evalviren, und wie sie gegen die wirkliche Ausgabe abwägen, die sich, nach dem Berichte von Gilbert= Desmolieres, in dem nemlichen Jahre auf 1500 Millionen in wahrem Werthe belief? Ohne Zweifel war das reine Resultat jener gemischten Fonds des Schatzes unzulänglich, um diese Ausgabe zu bestreiten, da in den nemlichen Berichten gesagt wird, daß man, um solche zu ergänzen, noch verwendet hat: 1. den auf 20 Millionen berechneten Ertrag der durch den GegenAdmiral Richery gemachten Prisen; 2. die im Auslande er= erhobenen Contributionen, welche sich, nach der Erklärung des KriegsMinisters, auf 240 Millionen in klingender Münze beliefen; 3. den auf 60 Millionen ge= schäzten Ertrag der, zu Folge der Requisitionen, in die Magazine gebrachten Waaren und Lebensmittel.

„Eine so ungeheure Ausgabe, wie die von 1500 Mil= lionen für ein einziges Jahr, hätte in Frankreich, wo man an nichts Aehnliches gewohnt ist, unbegreiflich schei= nen müssen, wenn die BerichtErstatter nicht, um die Ur= sache davon anzugeben, eine Menge von Räubereien und Verschwendungen aufgedekt hätten, wovon sie sehr merk= würdige Beispiele vorlegen. „Die sachkundigsten Männer „im KriegsFache" — sagt Barbé=Marbois — „sind „der Meinung, daß man immerfort den Sold von „200,000 Soldaten über den wirklichen Stand der Ar= „meen, und die Rationen für 20,000 Pferde, die nicht „existirten, bezahlte. Die Räubereien der Lieferanten

„sind schreiend, und die durch den SeeMinister abge=
„schlossenen Accorde erregen Grauen: er unterhandelte mit
„verschiedenen Gesellschaften für mehr als 120,000 Cent=
„ner Mehl, den Centner bald zu 21 bald zu 29 Livres,
„während man ihn auf den Märkten zu Paris um 10 Li=
„vres kaufen konnte; er kaufte SegelTuch, die Ehle
„zu 22 Sous, obgleich sie kaum 14 Sous werth ist 2c.
„Nicht minder empörend sind die Ausgaben für die Agen=
„ten der Administration: nur allein die Commissaire
„des VollziehungsDirectoriums in den De=
„partementen kosten dem Staate 5 Millionen 245,000
„Livres, statt daß vormals die Ausgabe für die Inten=
„danten und ihre Untergeordneten sich kaum auf 2 Mil=
„lionen belief. Die Kosten der Verwaltung des Post=
„und BotenWesens steigen izt über 9 Millionen;
„unter der ehemaligen Regierung betrugen sie nur 4 Mil=
„lionen. Der Dienst der Secretairs bei den ver=
„schiedenen Gesandschaften, der vormals jähr=
„lich keine 50,000 Livres kostete, frißt gegenwärtig
„350,000 Livres auf."

„Ohne weitere Beispiele anzuführen, ziehen wir mit
den BerichtsErstattern hieraus den Schluß, daß grose
Misbräuche abzustellen, grosse Ersparnisse in der Aus=
gabe zu machen sind. Sie schlagen vor, im Jahr 5 der Re=
publik (1797) Ordnung in selbige zu bringen; und nur
in den für dieses Jahr vorgelegten Etats fängt man an,
hell zu sehen, weil man darinn durchaus keinen Gebrauch
von PapierGeld mehr findet. Wir geben hier die Re=
sultate davon.

A.
Erster Gegenstand der Untersuchung.
StaatsSchuld.

„Die FinanzCommission heftete vor allen Dingen ihre
Aufmerksamkeit auf den Zustand der Staats=

Schuld, da deren Liquidation, womit man sich beschäftigt, noch nicht vollendet ist. Dieselbe geschieht, indem man alles, was für NationalSchuld anerkannt wird, in ein grosses Buch einschreibt. Dieser Eintrag (Inscription) wird ein RechtsTitel für die Gläubiger, die sich in ihren dringenden Bedürfnissen dadurch helfen können, indem sie das Recht, welches der NationalEintrag ihnen zu garantiren scheint, mit Verluste verkaufen. Der Verlust, den sie dabei leiden, ist der Tarif des Mangels an Zutrauen. Gegenwärtig, da die Renten nur zum vierten Theile in baarem Gelde bezahlt werden, verkaufen sie sich nicht leicht höher als zu $\frac{1}{4}$ ihres CapitalAnschlags, und ihr Preis wechselt zwischen 25 und 30 ProCent.

„Die allgemeine Masse der öffentlichen Schulden besteht:

1. aus den beständigen Interessen (intérêts perpétuels), welche man die consoliirte Schuld nennen kan;

2. aus den LeibRenten (rentes viageres), welche gleichfalls auf die StaatsEinkünfte constituirte Interessen, aber da sie mit dem Leben der Besizer erlöschen, vielmehr das, was man in England Annuitäten nennt, als consoliirte Fonds sind;

3. aus Pensionen, die von gleicher Bewandniß mit den LeibRenten sind;

4. aus exigiblen Schulden, die entweder in bedungenen und verfallenen Heimzahlungen von KapitalSchulden, oder in andern verspäteten Zahlungen bestehen;

5. aus Anticipationen, die eine Art von Anlehen eines Jahres auf das andre sind, und in Betracht der Nothwendigkeit, die in voraus verzehrten Einkünfte zu ersezen, in die Klasse der exigiblen Schulden gesezt werden können.

„Diese verschiedenen Gattungen von Schulden können nicht auf einerlei Weise geschäzt werden. Die Evalvation der drei ersten Klassen ist in Renten, die der zwei lezten in Kapitalien.

I. **Die Schuld in Renten** beläuft sich auf 248 Millionen Livres, die das SchazAmt jährlich zu zahlen hat; nemlich

1. für **beständige Renten**, wovon 100 Millionen und darüber durch den Eintrag in das grose Buch constatirt, und ohngefähr 4 noch näher zu erörtern sind 104,600,000

    Bemerkung. Hierunter sind nicht die nicht reclamirten oder für erloschen gehaltenen begriffen, die man auf 28 bis 29 Millionen schazt.

2. für **LeibRenten**, wovon nahe an 29 Millionen eingeschrieben sind, und ohngefähr 43 Millionen es noch nicht sind; also hier . . . 71,200,000

3. für **Pensionen** aller Art, unter denen 13 bis 14 Millionen alter liquidirten und eingeschriebenen Pensionen, 6 Millionen neuer, den Witwen der VaterlandsVertheidiger verwilligten Pensionen, und 50 Millionen Pensionen für Geistliche sind; also hier 70,000,000

4. für den **Zins der von dem Staate übernommenen Schulden der Ausgewanderten**, die zur Liquidation auf den Belauf von 70 Millionen vorgelegt, und auf 43 Millionen 800,000 Livres liquidirt worden sind, welche in Renten ertragen ohngefähr 2,200,000

TotalSumme: 248,000,000 L.
(ohngefähr 113 1/2 Millionen Gulden.)

II. **Die Schuld in exigiblen Kapitalien** konnte nicht mit Genauigkeit in Rechnung gebracht werden, da die Minister nicht die Etats der Rükstände von ihren Departementen eingegeben hatten. Gilbert-Desmolieres hält dafür, daß diese Rükstände nicht unter 600 Millionen betragen dürften, und er sezt die Anticipationen auf 30 Millionen. Da man ihm, was den ersten Punkt betrift, etwas Uibertreibung vorgeworfen hat, so wird man sich der Wahrheit sehr nähern, wenn man nur für beide zusammen 600,000,000 Livres (oder 275 Millionen Gulden) rechnet.

„Hieraus folgt, daß die Schuld in Renten ohngefähr auf gleicher Höhe steht, wie vor der Revolution, da die geistlichen Pensionen das Aequivalent von Extinctionen sind; und daß die Schuld in Kapitalien mehr nicht als ohngefähr 1 Jahr der Einkünfte Frankreichs, so wie diese vernünftiger Weise angeschlagen werden können und müssen, beträgt. Will man hiezu noch das Kapital sezen, welches die Summe der Renten und Pensionen gibt, indem man solche nach deren verschiedenen Beschaffenheit berechnet, so findet man als TotalSumme der gesammten dermaligen StaatsSchuld Frankreichs ohngefähr vier Milliarden Livres; denn

106 Millionen beständiger Interessen, zu 5 ProCent, machen in Kapital . . 2,120,000,000

142 Millionen lebenslänglicher Renten, zu 10 ProCent, machen ein Kapital 1,420,000,000

Hiezu kommen für Rükstände und Anticipationen 600,000,000

Also zusammen überhaupt 4,140,000,000
oder ohngefähr 4 Milliarden Livres.

„Und dis war schon zuvor das Kapital der öffentlichen Schuld in Frankreich. Ein sehr bekanntes Beispiel (das von England) beweißt, daß ein wohlgeordnetes Land vielen Credit haben kan, obgleich es eine weit gröfere Schuld hat, als die obige ist.

B.

Zweiter Gegenstand der Untersuchung.

Ordentliche Einnahmen und Ausgaben.

„Die FinanzCommission beschäftigte sich ferner, eine vergleichende Tafel der festbestimmten Einkünfte und der gewöhnlichen Ausgaben zu entwerfen. Uiber beides hatten weitläuftige Debatten statt.

1. Einkünfte.

„Treilhard, in seinem Berichte, hatte die gewöhnlichen Einnahmen berechnet auf 450,000,000

„Defermont, in seinem Gutachten, sezte sie auf 482,000,000

„Desmolieres hatte sie anfänglich bis auf . . . . 514,000,000 erhoben. Aber da er auf die von dem Directorium über verschiedene Artikel gemachten Einwendungen Rüksicht nahm, sezte er in seinem lezten Berichte den Belauf der Einkünfte, auf die man zählen könnte, auf 422,100,000 herab. Und es scheint, daß man bei diesem lezten Uiberschlage stehen bleiben muß, obgleich Thibaudeau äusserte, daß solcher ihm noch einigem Zweifel unterworfen scheine. Hier folgt der nähere Etat darüber.

GrundSteuer . . .	240 Millionen.
PersonalSteuer . . .	60 ——
Stempel, RegistrirGebühren und Hypotheken . .	65 ——
Wälder, Salinen, Kanäle .	30 ——
Patente	15 ——
Posten und BotenWesen .	5 1/2 ——
. . . . . .	6 1/2 ——
Zusammen:	422 Millionen.

2. Ausgaben.

„Obgleich der gesezgebende Körper, durch einen Schluß, den Belauf der gewöhnlichen Ausgaben auf 450 Millionen bestimmte, so sezen doch die Etats, die ihm neuerlich vorgelegt worden, solche über diese Summe hinaus, indem sie die Zahlungen wegen der StaatsSchuld mit darinn begreifen.

Treilhard und Camus hatten solche auf mehr als . . . 500 Millionen geschäzt.

„Und Desmolieres, der, in seinem ersten Gutachten, sie auf . 486 Millionen herabgesezt hatte, gestand endlich zu, daß sie auf . . . . . 488 ——
angenommen werden müsten; nemlich

KriegsMinisterium . . .	95 Millionen.
SeeMinisterium . . .	50 ——
Ministerium des Innern . .	52 ——
Ministerium der auswärtigen Angelegenheiten . . .	4 ——
Ministerium der Polizei . .	2 1/2 ——
Ministerium der Justiz, Cassation und peinlichen Verfahrens	6 ——
Ministerium der Finanzen, SchazAmt, RechnungsWesen, Bureaux 2c.	7 ——
Gesezgebender Körper . .	6 1/2 ——
VollziehungsDirectorium .	1 1/2 ——
Commissaire desselben . .	5 1/2 ——
Unvorgesehene Ausgaben . .	10 ——
Beständige und lebenslängliche Renten	178 ——
Pensionen	70 ——
Zusammen	488 Millionen.

„Thibaudeau folgert daraus, daß, da die Einnahme nur . 422 Millionen

beträgt, sich ein Deficit von . 66 Millionen ergeben werde.

„Aber Desmolieres antwortet hierauf, daß, da das erste Semester der Renten in diesem Jahre nur zu $\frac{1}{4}$

in Gelde bezahlt worden, die 124 Millionen, welche dieses Semester habe kosten sollen, auf 31 herabsänken, und mithin 93 Millionen von der Ausgabe abzuziehen seyen, so daß solche, statt 488 Millionen zu betragen, sich nur noch auf 395 belaufen, und da die Einnahme nach dem mäsigsten Anschlage, zu 422 Millionen angesezt sey, sich ein Uiberschuß von 27 Millionen ergeben werde.

„Allerdings ist dis ein sehr einfaches Mittel, die Ausgabe zu vermindern; aber die StaatsGläubiger haben eben keine Ursache, dazu Beifall zu klatschen. Im Verfolg seines Berichts entwikelt Desmolieres ihr Schiksal mit mehr Ausführlichkeit. Wir heben hier das Wesentliche davon aus.

„Zwei Jahre hindurch wurden die Rentirer in Papier nach dem NennWerthe bezahlt, welches, bei der Herabwürdigung desselben höchstens $\frac{1}{20}$ des wahren Werths betrug.

„Nach und nach kam es dahin, daß man $\frac{1}{4}$ in baarem Gelde bezahlte, und späterhin gab man für die weitern $\frac{3}{4}$ Scheine, die man bei dem Ankauf von NationalGütern zuließ. Diese Scheine verloren mehr oder minder auf dem Plaze, wie alle andern Effecten; und sie verlieren noch bis zu einem solchen Grade, daß sie nur eine schwache Entschädigung für die Rentirer sind.

„Man schlägt nun, um ihr Schiksal zu verbessern, d. h. um sie weniger zu berauben, vor, von dem zweiten Semester dieses Jahres an, alles in baarem Gelde zu bezahlen, mit Vorbehalt eines Abzuges von $\frac{4}{10}$ auf die b.ständigen Renten, $\frac{3}{10}$ auf die LeibRenten, und $1\frac{1}{10}$ auf die Pensionen.

„Die Einnahme des 5 Jahres (1797), die schon durch den Abzug von $\frac{3}{4}$ auf das erste Semester der Renten um 93 Millionen vermehrt worden, wird noch ferner durch die gemäsigtern Abzüge, die mit dem zweiten Semester anfangen sollen, um 37 Millionen vermehrt, so

daß die gesammte Vermehrung für ein Jahr
seyn wird . . . . 130 Millionen
und folglich, statt eines Deficits von 66
sich ein Uiberschuß von . . . 64
ergeben wird.

„Für das 6 Jahr werden die auf die angeführte Art bestimmten Abzüge 74 Millionen betragen, und man bringt sie auch so in Rechnung in dem Uiberschlag, den die Commission von den Einkünften entworfen hat, die sich dann, ihrer Vermuthung nach, auf 489 Millionen belaufen werden; da einige Einkünfte, wie die von den Posten, verbessert, und einige andre, wie die von den Steuern, die man um 20 Millionen erleichtern will, verringert werden sollen.

„Was den Werth der Renten betrift, so kan man voraussehen, daß, da die beständigen Renten um $\frac{2}{5}$ beschwert sind, ihr VerkaufPreis auf $\frac{3}{5}$ des Kapitals herabkommen wird, und daß folglich die Inscriptionen dieser Renten sich nicht über 60 ProCent werden erheben können; daß also eine beständige Rente von 100 Louisd'or, deren Kapital 2000 ist, höchstens um 1200 Louisd'or verkauft werden wird. Mit den LeibRenten wird es nach Verhältniß seyn, d. i. daß, indem man nur $\frac{3}{10}$ zahlt, ihr Verkauf auf 70 ProCent stehen, und eine LeibRente von 100 Louisd'or, deren Kapital auf 1000 geschäzt wird, höchstens um 700 Louisd'or wird verkauft werden können, vorausgesezt, daß die bemerkten Abzüge fernerhin statthaben werden.

C.

Dritter Gegenstand der Untersuchung.

Ausserordentliche Ausgaben, im Fall der Fortsetzung des Krieges, und HilfsQuellen dazu.

„Der dritte und lezte Theil des Berichtes der FinanzCommission beschäftigt sich mit dem doppelten Uiberschlag der ausserordentlichen Ausgaben, die ein weiteres Jahr des Krieges noch erfodern würde, und der ausserordentlichen HilfsQuellen, welche bestimmt wären, solche zu bestreiten.

„Die Erfodernisse für den ausserordentlichen StaatsDienst des 5 Jahres waren von dem VollziehungsDirectorium auf 550 Millionen angeschlagen worden; aber diesen Uiberschlag findet man nun übertrieben: die FinanzCommission, die sich ohne Zweifel auf die Wahrscheinlichkeit des mit Oestreich geschlossenen Friedens stützt, behauptet, daß von der geforderten Summe vieles abzukürzen sey; alle, die über deren verschiedene Berichte, sich geäussert, scheinen darinn übereinzukommen, und Gilbert-Desmolieres behauptet, daß man, ohne zu streng zu seyn, 200 Millionen davon abziehen könne. Wie dem auch sey, und wenn es auch zum ausserordentlichen StaatsDienste hinreichte, 350 Millionen dafür zu bestimmen, so bleibt immer noch die Frage: wie soll man sich solche verschaffen, ohne Credit, ohne die Möglichkeit, irgend mit Erfolg ein Anlehen, auch nur ein gezwungenes, zu erhalten?

„Desmolieres, der die Lösung dieser Schwierigkeit unternommen hat, will nicht von dem Grundsaze abweichen, der, wie er will, immer unverlezlich seyn sollte, die gewöhnlichen Fonds und Ausgaben durchaus abgesondert von den ausserordentlichen Fonds und Ausgaben zu halten: alle seine Anträge hatten zur HauptAbsicht, den Verwaltern weder die Befugniß zu irgend einer GeldUnterhandlung, noch die Möglichkeit zu lassen, irgend einen Fond, wär' es auch nur augenbliklich und in dringenden Nothfällen, von seiner besondern Bestimmung abzuwenden. Andre, wie Thibaudeau, Crassous und Guillemardet, haben dagegen darzuthun gesucht, daß diese Masregel, obgleich an sich selbst sehr weise, doch unter den jezigen Umständen voreilig wäre; daß man sich, bevor man die künftige Ordnung reguliren wolle, mit dem laufenden Dienste beschäftigen müsse, und daß es dringender sey, der Unzulänglichkeit der Einnahmen abzuhelfen, als auf ihrer ausschließlichen Klassification zu bestehen. Diese Bemerkungen leiteten darauf, daß man den BerichtsErstatter auffoderte, zu zeigen, durch welche wirklich ergiebigen Mittel die Ausgaben für den ausserordentlichen StaatsDienst gesichert seyn würden?

„Unter denen, die er zu dem Ende vorlegte, schienen mehrere unbestimmt und eventuell; einige auf nicht beschlossene Projekte gegründet; andre übertrieben angeschlagen. Der Überschlag der ausserordentlichen HilfsQuellen, worüber Treilhard, Namens der FinanzCommission, Bericht erstattet hatte, belief sich auf 236 Millionen; Desmolieres erhob solche auf 239; aber Thibaudeau, indem er Artikel vor Artikel durchgieng, sezte sie auf 186 herab.

„Diese HilfsQuellen bestehen vorzüglich in den ⅔, die von dem lezten Viertheil der zu Folge des Gesezes vom 28 Ventose verkauften NationalGüter in baarem Gelde zahlbar sind; in dem Ertrag der neueren Verkäufe, namentlich der NationalGüter in Belgien; in den Batavischen Rescriptionen, worauf, wie man versichert, beträchtliche Vorschüsse angeboten worden, und in dem Eingang eines Theiles der SteuerRükstände.

„Dieser lezte Artikel ist von grosem Betrag, in Zahlen; denn die Summe der Rükstände, die vor dem Jahr 5 her sind, beläuft sich über 442 Millionen: aber da es mit ihrem Einzuge äusserst schwer hält, und man sich nicht weigern kan, dabei auch für einen grosen Theil Zahlungen von vernichtetem Werthe zuzulassen, so wird es, wie man selbst anerkannt hat, viel seyn, wenn man in der That die 50 Millionen davon ziehen kan, worauf der FinanzMinister, in seinen lezten Bemerkungen, den vermuthlichen Ertrag aller Rükstände schäzt.

„Weniger Zweifel herrscht in Betref des lezten Viertheiles der verkauften oder submissionirten NationalGüter. Aber das, worüber man, bei diesem Gegenstande, den man Anfangs auf 100 Millionen angeschlagen hatte, verfügen kan, dürfte sich nicht über 42 belaufen, weil in dem Laufe der Discussion anerkannt worden ist, daß bereits 58 Millionen durch Ordonanzen, die seit der Vorlegung des ersten Uiberschlags ergiengen, verwendet worden sind. Ja Desmolieres rechnet sogar auf nicht mehr als 20 Millionen, wann er in seinem lezten Berichte einen verkürzten Etat dessen aufstellt, was unter den ausserordentlichen HilfsQuellen, nach den mäsigsten Schäzungen, als vorzüglich sicher betrachtet werden kan.

„Dieser Etat befaßt nicht mehr als 100 bis 110 Millionen: aber da er aus Einnahmen besteht, deren VerfallZeit ganz nahe ist, so folgert Desmolieres daraus, daß man davon die 3 oder 4 ersten Monden der ausserordentlichen Ausgaben bestreiten könne, und daß man demnach von jezt an sich in einer Lage befinde, die stolz genug sey, um nicht sagen zu können, die Republik wolle Frieden wegen der Unmöglichkeit den Krieg fortzusezen, noch zu glauben, daß sie in dem Augenblike, da die Unterhändler von beiden Seiten sich versammelt haben, die UnPolitik haben werde, sich zu entwaffnen zu scheinen, als ob sie nicht die nöthigen Fonds aufbringen könnte, um solange, als es erfoderlich ist, in Waffen zu bleiben.

„Ausser diesen vorläufigen HilfsQuellen zeigt Desmolieres noch weitere, erstens in den Uiberschüssen der Einnahme, so wie solche weiter oben angegeben sind (worinn er jedoch seinem System nicht treu bleibt, zwischen den Fonds der gewöhnlichen Ausgaben und den ausserordentlichen Ausgaben eine unübersteigliche ScheideWand aufzuführen); und dann in dem mehrfachen Zuwachs, welchen das Einkommen des Staats, sowohl durch deſſen neue Eroberungen, als mittelſt der indirecten Auflagen, erhalten muß, deren man bisher ſich entübrigen zu können glaubte, aber worauf man, wie ſchon izt die Erfahrung lehrt, denn doch endlich zurükzukommen ſich genöthigt ſieht. Ohne Zweifel gibt es mehrere Arten derſelben, deren Erhebung, die ſehr möglich, ja ſogar ziemlich leicht iſt, zur Erleichterung der Eigenthümer gereichen würde, auf denen die GrundSteuern in einem um ſo drükendern Misverhältniß laſten, da aus Mangel an LagerBüchern und bei der unvermeidlichen Untreue in den Erklärungen, die Repartition derſelben nothwendiger Weiſe ſehr fehlerhaft iſt.

„Wir ſind weit entfernt, hier irgend eine LieblingsIdee auszuſchmüken, oder Frankreichs HilfsQuellen vergröſern zu wollen. Was wir hier dargelegt haben, iſt nur ein Auszug aus fränkiſchen Blättern, woraus wir mit der Sorgfalt und Klarheit, die nöthig war, um einen Gegenſtand zu beleuchten, deſſen Kenntniß für alle Welt wichtig ſeyn muß, einen Uiberblik gebildet haben. Irthum iſt zu nichts gut; es iſt ſchädlich, ſich mit ſelbſterſchaffenen TraumBildern zu nähren, die an Ergreifung der nöthigen VorſichtsMasregeln hindern; und indem man nur immer ſieht, was man wünſcht, ſieht man nie vorher, was man zu befürchten hat. Iſt es nicht Zeit, endlich jenen Meinungen von Erſchöpfung, jenen eingebildeten Unmöglichkeiten zu entſagen, die durch einen ununterbrochenen Fortlauf wundervoller und gewinnreicher Eroberungen nur zu ſehr widerlegt wurden? Gewiß iſt, daß in Frankreich viel Elend, groſe Verheerungen, ſchrekliche Austroknung aller Quellen des Eigenthums, unbändige Lähmung jeder Art von Hilfsmitteln herrſcht; aber gewiß iſt auch, daß die Lage der öffentlichen Finanzen in Frankreich ſich ſeit dem lezten Feldzuge eher verbeſſert als verſchlimmert hat; daß viele klingende Münze in daſſelbe eingeſtrömt, viele klingende Münze wieder aus den Gräbern, worinn ſie verborgen lag, aufgeſcharrt worden iſt; daß man anfängt, die Steuern zu beziehen; daß ein Theil der Zinſen, die der Staat zu zahlen hat, in baarem Gelde entrichtet wird, und daß unendlich mehr von dem leztern darinn im Umlauf iſt, als in den vorhergehenden Jahren. Zwar kan man mit Wahrheit ſagen, daß die Eigenthümer, die Handelsleute, die Rentirer zu Grunde gerichtet ſind: aber zugleich muß man bekennen, daß der Landmann, der zuvor zu arm war, ſich bereichert; daß der AkerBau gewonnen hat; daß die Erzeugniſſe des Bodens im Uiberfluß vorhanden ſind, und daß, wenn die des KunſtFleiſſes, die ſo viel Gegenſtände des Luxus und des auswärtigen Verkaufs betrift, in Abgang verfallen ſind, es in Betref der Gegenſtände der Nothwendigkeit und des innern Verbrauchs ſich weit anders verhält, indem deren Fabrication noch thätig genug iſt, um die Arbeiter zu beſchäftigen und leben zu machen. Auch wir wiſſen, ſo gut wie irgend jemand es weiß, daß die Revolution in ihrer blinden Wuth alle TriebRäder der StaatsVerwaltung zerbrochen, die ganze Maſchinerie der Regierung auseinander geriſſen, alle Grundſäze der politiſchen und moraliſchen Oekonomie umgeſtürzt hat; aber mit den kalten und aufmerkſamern Beobachtern bemerken wir, daß eben die Unordnung, welche alles, was blühte, zerſtörte, mit gleichem Schlage auch alles, was ſchädlich war, vernichtete; daß ihre Sichel zugleich Waizen und Unkraut mähte; daß ſie, indem ſie fruchtbare Bäume niederſchlug, auch die SchmarozerPflanzen ausrottete, und daß im nemlichen Augenblike, da ſo viele ſchäzbare Sachen in's Nichts fielen, auch viele wünſchenswerthe Sachen möglich wurden. Frankreich gleicht izt einem Felde, dem alles geraubt iſt, was ſeine Oberfläche dekte, in allen ſeinen Theilen aufgewühlt, in den Zuſtand einer leeren Tafel verſezt: man kan daher jeden ſelbſtbeliebigen Plan darauf hinzeichnen, jede Pflanzung darauf vornehmen,

ohne mehr auf irgend eines der vormaligen Hindernisse zu
stoßen. Es wäre gerade nicht so sehr schwer, darinn einen
öffentlichen Credit wieder einzuführen, der regel=
mäßiger in seiner Structur, fester in seiner Grundlage,
ausgedehnter in seinen Wirkungen wäre, als irgend einer,
den man bis izt kannte. Land der Wunder und der Lei=
den, der Triumphe und des Elends, wie **theuer hast
du nicht diese AllEmpfänglichkeit erkauft**!"

VII.
Die Spinnen,
Gehilfen Pichegru's bei der Eroberung Hollands.

„Es sind mehr Dinge im Himmel und auf Erden,
als wovon unsre Philosophie träumt."
Shakespear.

Die fränkische Revolution und der Krieg,
durch den sie befestigt ward, sind schon nach dem, was
uns bis izt davon bekannt ist, reicher an *ausseror=
dentlichen Erscheinungen*, als irgend eine Epoche
der Geschichte. Und doch ist noch so manche kleine, aber
mächtige Triebfeder, die in diesem wilden Chaos mit=
wirkte, für uns ein Geheimniß! Zwar wissen wir z. B.,
daß die Elemente selbst mit der kaum entstandenen Re=
publik verschworen schienen; daß lang anhaltende Regen in
Champagne Hunger und Seuchen über die Teutschen sprüh=
ten; daß ein Winter von ganz ungewöhnlicher Strenge die
Flüsse und Kanäle von Holland in eben so viele EisBrüken
für die Franken verwandelte. Wir wissen ferner, wie die
Erfindungskraft der Künste in gleichem Verhältniß mit

den Schwierigkeiten, welche die von allen Seiten angefallene Republik zu bekämpfen hatte, sich zu vermehren schien; wie man z. B. den Aërostaten aus einem fast schon wieder vergessenem Spielzeuge in eine der brauchbarsten KriegsMaschinen umschuf; wie man in dem Telegraphen das Mittel aufstellte, sich mit einer Schnelligkeit, wovon man bis dahin keinen Begrif hatte, die wichtigsten Nachrichten mitzutheilen, in die weitesten Entfernungen Befehle zu versenden; wie die Salpeter- und PulverFabrikation aus einem KunstGeschäfte der Chemie in den einfachsten Handgrif verwandelt ward. Aber das ist wohl ein ganz neues Factum, daß eines der verachtetesten Insecten — die Spinne, den Franken ganz Holland in die Hände lieferte, und dadurch in den jezigen Krieg einen so entscheidenden Schlag brachte.

Ein Factum dieser Art, schon an sich so sonderbar, und noch weit wichtiger durch die Folgen, die es nach sich zog, verdient hier eine nähere Darstellung.

Ein ehemaliges Mitglied der Akademie der Wissenschaften zu Paris, Quatremere Disjonval, Batavischer GeneralAdjutant, der bei dem Aufstande der holländischen Patrioten gegen den Erbstatthalter eine Rolle gespielt hatte, war im Jahre 1787, beim Einrüken der preußischen Armee unter dem Herzog von Braunschweig, gefangen genommen worden, und brachte, von dieser Zeit an, 89 Monate in einem Kerker zu Utrecht hin, woraus er erst beim Einzuge der Franken in diese Stadt, um die Mitte des Januars 1795, wieder befreit ward. Von langer Weile gequält, durch seine Liebhaberei für die NaturGeschichte hingerissen, beschäftigte er sich hier mit Beobachtung der einzigen lebendigen Geschöpfe, die um ihn her waren — der Spinnen, mit einem Erfolg, der ihn seitdem veranlaßte, ein Lehrbuch über eine ganz neue Wissenschaft herauszugeben, genannt Araneologie, oder über die Entdekung des beständigen Verhältnisses zwischen dem Erscheinen oder Verschwinden, der Arbeit oder Ruhe, dem mehrern oder mindern Umfang der Gewebe und AnhangFäden der Spinnen von verschiedenen Arten, und den atmosphärischen Veränderungen von dem schönen Wetter zum Regen, von der Trokenheit zur Nässe, vorzüglich aber von der Hize zur Kälte, und von dem Eise zum ThauWetter.*

Wir glauben den Lesern ein Vergnügen zu erzeigen, und einen merkwürdigen Beitrag zu den Sonderbarkeiten dieses Krieges zu liefern, wenn wir hier einige Stellen aus diesem Werke ausheben.

„Die Spinnen" — so fangt Disjonval sein Werk an — „bilden unter den lebendigen Wesen eine mächtige Dynastie, worinn die Zahl mit der Mannigfaltigkeit streitet. Da sie ihr Leben mit Kriegführen zubringen, so sind sie, wenn man will, Streiter von allen Waffen, die sich jedoch öfter der List als der Gewalt bedienen, und deren Waffen, zum Angriff sowohl als zur Vertheidigung, schon grossen Theils in ihrer Form liegen. Nein, alle Verschiedenheiten der GesichtsBildung, die der grose Naturforscher Peter Camper zwischen Nation und Nation beobachtete, nähern sich dieser Mannigfaltigkeit nicht. Sie sehen ist daher nicht, sie kennen: dazu wird ein langes Studium erfodert.

---

* Der Titel des fränk. Originals ist: DE L'ARANÉOLOGIE, ou sur la decouverte du rapport constant entre l'apparition ou la disparition, le travail ou le repos, le plus ou le moins d'etendue des toiles et des fils d'attaches des Araignées des differentes especes; et les variations atmosphériques du beau tems à la pluie, du sec à l'humide, mais principalement du chaud au froid, et de la gelée à glace à veritable degel. Par QUATREMERE DISJONVAL &c. Paris, 1797. 164 Seiten. 8.

Möchte man wohl glauben, daß es einerlei Thier sey, das sich hoch in den Lüften wiegt, und das sich unter der Erd-Scholle verbirgt? das den Wipfel der höchsten Bäume umwebt, und die Wiesen, wenn sie beim Anbruch des Tages von Morgenthau befeuchtet sind, mit einem so glänzenden Gespinnste dekt? Wer möchte wohl leicht glauben, daß es eine Spinne gibt, die ganz Kopf ist, und eine Spinne, die ganz Körper ist; eine Spinne, die so lange Füsse hat, daß die Naturforscher nicht erst mich erwarteten, um sie die langhandige (longimane) zu nennen, und eine Spinne mit so kurzen Füssen, daß sie sich in den HolzSpalten aufhält, ohne daß man sie gewahr wird, auf gleiche Weise daraus hervorgeht, und ihr Leben nur ihrer Wachsamkeit zu danken hat? Die Löwen-Spinne verdient diesen Namen, ohne gerade die gröste oder stärkste zu seyn: ihr Muth, ihre Lebhaftigkeit, die Gewandtheit, womit sie sich auf ihre Beute stürzt, der Stolz, womit sie die kleinen FallStrike und HinterhaltsKünste der andern verschmäht, werden ihr stets den ersten Rang sichern; sie zeigt sich nie, als wenn die Sonne ihr blendend Licht ausstrahlt, und kündigt sie immer an, oder folgt ihr unmittelbar.

"Wenn die Spinnen aller Art an einem Orte nur zu Folge des Instincts, der sie solchen wählen macht, versammelt sind, so kann man sagen, daß Einigkeit unter ihnen herrscht. Doch ist es keine Republik wie der BienenKorb oder der AmeisenHaufe; sie ist, in meinen Augen, unendlich gröser: es ist eine Republik, wo derselbe Ort die verschiedensten Triebe, die verschiedensten Gewerbe und Hilfsmittel, den verschiedensten Geschmak; die verschiedensten Formen und Gebräuche vereinigt — es ist die fränkische Republik. Kein Gewerbe ist da herrschend. Keiner will, daß man sich mit ihm beschäftige; noch weniger, daß man sich nur mit ihm beschäftige. Jeder strebt auf verschiedenem Wege zu einerlei Zwek; dem, für seinen Unterhalt zu sorgen, und eine Familie zu hinterlassen. Die Spinnen wissen sich auf eine Art zu stellen, daß, was der einen entgeht, doch nicht der andern entgeht. O guter Jean Jacques! tröste dich; wenn die Spinnen vereinigt sind, so ist es nicht blos der Schwache, der unterliegt. Der Starke, der, wie du sagst, ungestraft das Garn durchbricht, durchbricht hier immer nur das erste, und wenn er nur mit dem Flügel das Netz der rükgängigen Spinne (Araignée retrograde) berührt, so tödtet ihn diese, die von erstaunenswürdiger Schnelligkeit und Stärke ist, auf der Stelle, und schleppt ihn rükwärts in ihre Höhle.

„Schon stand Europa in Flammen, als das Spinnen-Volk mir allein noch den Frieden, oder doch die Neutralität beizubehalten schien. Ich sah verschiedene Gewebe, die an gleichen AnhängFäden (fils d'attache) hiengen. Wie ergözten sie mich durch ihre Vollkommenheit und Mannigfaltigkeit! Vorzüglich die HängSpinne (Araignée pendice) mit ihrem Zirkelrunden, perpendiculärhängenden Gewebe; diese Spinne, die alle Tage ihr Gespinnst wieder anfängt, und nicht, wie die andern, sich begnügt, bei Eröfnung des Feldzuges ein für allemal zu arbeiten! Eine der Spinnen, die man in die Klasse der WinkelSpinnen (Araignée angulaire) oder mit horizontalem Gewebe, sezen könnte, darf ich hier nicht mit Stillschweigen übergehen. Wenn sie ein Oblong zum BefestigungsPunkte antrift, so spinnt sie ein Gewebe, das viele Aehnlichkeit mit einer Gondel hat. Sie erhöht es an den Seiten: sie befestigt es durch Fäden, die den Manövres gleich sind, die vom Schiffe an dem Mastbaum hinauflaufen, und wenn das Lokal ihr erlaubt, ihr ganzes Talent zu entfalten, so entsteht daraus das gröste Werk, das bis izt die Araneologie vor mir aufstellte. Mit Recht trägt sie den Namen der grosen Spinnerin (grande fileuse).

„Gleiche Verschiedenheit zeigt sich bei den Spinnen, die sich in der Luft wiegen. Die einen verfertigen ein auf allen seinen Puncten vollendetes Gewebe, das meist perpendiculär, zuweilen auch horizontal ist, und nichts gleicht der Regelmäsigkeit dieses Gewebes. Andre legen nur eine Kette an — Fäden, die von oben nach unten in einiger Entfernung von einander hin und her gezogen, aber doch nahe genug an einander sind, daß sie durchreissen wollen; und sich zu Grunde richten, für die kleinern Insecten ein und dasselbe ist. Zwei Arten von Spinnen arbeiten mehr in Tapezierung: Die eine spannt starke Fäden, die auf der einen Seite an einer Mauer, auf der andern an dem Boden befestigt sind, und stürzt, mit unglaublicher Lebhaftigkeit, auf das, was mehr geht, als fliegt. Die andre, wovon wir schon weiter oben gesprochen, tapeziert buchstäblich den Boden, oder die durchscheinenden Körper mit einem sehr klebrigten Gewebe: man darf es nur berühren, um gefangen zu seyn; denn diese Spinne, noch lebhafter und schneller, als die erstere, fällt auf ihren Raub, ehe solcher auch nur merkt, daß er ergriffen wird, und schleppt ihn, wie schon bemerkt worden, in ihre Höhle.

Die Spinnen sind übrigens eben so gute Mütter, als geschikte Arbeiterinnen. Um die Epoche der vollen Sommerhize fangen sie an, das Feuer der Liebe zu fühlen: es ist bei ihnen ein mit vielem Phlegma bedekter Vulcan; denn die Unterhandlungen dauern ohngefähr drei Tage, während deren ein unglüklicher Liebhaber, vielleicht schon von tausend zärtlichen Freundinnen erwartet, eine Menge fruchtloser Angriffe thuet. Wie viel derbe Streiche sah ich ihn nicht für seine allzugrose Zärtlichkeit erhalten, die ihn vom Throne der Liebe bis zur untersten Stufe herabschleuderten! Ach, wenn er nicht mit einem Faden versehen wäre, der ihn gegen einen allzuharten Fall schüzte, so würde er schon im ersten Versuche seinen Tod finden: aber der nemliche Faden, der ihm zu einem FallSchirme dient, ist zugleich für ihn eine Leiter, worauf er wieder zu der, die ihn so hart behandelt hat, hinansteigt. Inzwischen gibt-es einen sehr wohl zu unterscheidenden MittelZustand zwischen dieser ersten Strenge und der lezten Gunst. Meinen Forschungen nach schläft das Männchen die ganze Zeit hindurch, die es nicht dem Genusse weyht; wenigstens 11 Monden des Jahres liegt es im Schlafe; während derselben arbeitet, jagt, und ißt es nicht. Auch hat es, wenn es auf der WeltBühne erscheint, eine höchst seltsame Gestalt: ein sehr kleiner Körper, ein äusserst kleiner Kopf, Füsse von ungeheurer Länge bilden seine ganze Zusammensezung. Sobald die Sache unter den Geliebten im Reinen ist, läßt die künftige Gattin ihn die Gunst ihres Gewebes theilen. Er, der seit so langer Zeit nichts zu sich genommen hat, schnappt nun einen oder zwei Tage hindurch ausschlieslich alle Fliegen, und alles, was in das Gewebe fällt. Scheint er dadurch hinlänglich gestärkt, so folgen dann endlich die Umarmungen. Die Müke fliegt, und trägt den Geliebten im Triumphe auf dem Rüken mit sich fort; aber hier sterben die Liebenden fast im süssen Werke, und die Umarmungen endigen nicht eher, als bis fast ihr Leben zerfliest.

„Die Spinne legt dann nach einiger Zeit ihre Eyer ganz nahe an dem Orte nieder, der wie ihre Werkstatt betrachtet werden kan, und sezt nun alle persönliche Arbeit aus, um die 200 Eier, die aus dieser Befruchtung kommen, mit einer unbegreiflichen Dichtigkeit, die sie in ihr sonst so zartes Gewebe bringt, zu umhüllen: zuweilen arbeitet sie zwei Tage und zwei Nächte hindurch, ohne sich auch nur einen Augenblik Ruhe zu lassen, um ihre Brut ausser Gefahr zu sezen; ihre Kräfte werden dadurch so erschöpft, daß sie enzlich niedersinkt, oder auf einer von ihren Seiten ruht, bis sie sich von dieser Ermüdung erholt hat, und dann wieder auf die gewöhnliche Art für ihre Bedürfnisse sorgt. In sehr heissen Jahren legt die Winkel-Spinne oft 7mal, und unterzieht sich eben so oft dieser unbegreiflichen Anstrengung.

Man sagt, die Spinnen frässen sich selbst auf. Aber

1. „nie geschieht dis während der schönen Jahrszeit, solange sie hinlänglich Nahrung haben; vielmehr leben sie dann über, unter und neben einander, ohne daß man auch nur irgend einen Schatten von Streit unter ihnen bemerkt.

2. Vielleicht fressen sie sich niemals auf, wenn sie an den Orten leben, die die Natur ihnen anwies, auf den Feldern, in den Waldungen, am Ufer der Seen und stehenden Wasser. Sie frassen sich unter meinen Augen auf; aber warum? — weil sie meine Gefangenschaft theilten. In Menge waren sie des Sommers durch das ofne Fenster hereingekommen, in Menge fanden sie sich nun im Winter eingeschlossen: als es nun also keine Communication nach aussen für dis betrogene Volk mehr gab, so muste es nothwendig thun, was es that; es muste sich einander selbst auffressen, bis das Fenster, bei Wiederkehr der bessern Jahrszeit, sich wieder öfnete; denn von da an sah ich nie mehr diese Szene sich erneuren. Eine sehr bekannte Thatsache bestätigt noch mehr, was ich hier sage. Reaumur war auf den Gedanken gefallen, von dem Gewebe der Spinnen Nuzen zu ziehen: er hatte zu dem Ende eine unge-

heure Menge derselben in ein sehr geräumiges Lokal zusammengebracht; er speculirte schon auf einen grosen Ertrag. Aber nie ward eine Hofnung mehr getäuscht. Die Spinnen, die sich hier nicht in gleicher oder verhältnißmäsger Zahl mit den Fliegen und andern zu ihrem Unterhalt nöthigen Insecten befanden, fraßen sich in wenigen Tagen auf. Aber was hatte Reaumur gethan? er hatte den Sammelplaz aller Paradoxen und aller Verbrechen nachgebildet — er hatte eine monströse Haupt-Stadt angelegt."

Disjonval handelt nun zuerst von Spinne als Barometer betrachtet. „Die Spinne" — sagt er — „hat mehrere Vorzüge vor dem Barometer: 1. weil sie weit länger vorher ankündigt 2. weil ihre Ankündigung immer in unmittelbarem Verhältniß mit dem Regen oder dem schönen Wetter, die nachfolgen sollen, steht; dahingegen die Bewegungen im Steigen oder Fallen des Barometers nur in unmittelbarem Verhältniß mit der Schwere der Luft stehen, und eigentlich nur diese genau anzeigen. Wäre es demnach auch wahr, daß die Spinne und der Barometer die Fähigkeit hätten, die Veränderungen in der Witterung mit gleicher Genauigkeit anzukündigen, was doch nicht ist, so würde die Spinne den unschäzbaren Vorzug behalten, das, was der Barometer nur einige Stunden vorhersagt, auf mehrere Tage voraus anzukündigen; und wenn auf eine sehr lange Krise von einer Art eine sehr lange Krise von der andern folgen soll, so ist es nichts Seltenes, daß die Spinne die Veränderung so viele Tage vorher anzeigt, als der Barometer nur Stunden.

„Noch nähert sich die Spinne dem Barometer auf eine Art, die dem bisher Gesagten sehr zur Bestätigung dient. Es ist ein Grundsaz — sagt Cotte, in seinen Axiomen der Meteorologie — daß der Barometer jeden Tag seine größte Höhe gegen 8 Uhr Abends, seine mitlere gegen 6 Uhr Morgens erreicht, und gegen 3 Uhr Nachmittags seinen tiefsten Stand hat. Nun geht die Spinne um 8 Uhr Abends aus ihrer Ruhe hervor, um mitten in ihr Gewebe herabzusteigen; oft hält sie sich da noch um 8 Uhr Morgens, aber fast nie mehr um 3 Uhr Nachmittags.

„Ist denn aber die Spinne auch ein graduirter Barometer? — Keineswegs ist sie dis, wie unsre gewöhnlichen, in Zolle und Linien eingetheilten, die eben darum für $\frac{19}{20}$ des MenschenGeschlechts unbrauchbar sind, und gerade für die am meisten, denen mehr als allen andern daran liegen muß, die bevorstehende Witterung zu kennen — für den Landmann und den Soldaten. Uiberdis wird, um gute Barometer zu besizen, eine Auslage erfodert, welche diese beiden Klassen von StaatsBürgern immer lieber auf etwas andres verwenden werden.

„Wie einfach und wohlfeil ist nicht dagegen dieser neue Barometer!

1. Entweder hat es keine Spinnen, oder es hat wenige, oder es hat viele. Dis ist die erste Alternative, die jedermann ohne Mühe fassen kan.

2. Entweder arbeiten die Spinnen gar nicht, oder sie arbeiten nur schwach, oder sie arbeiten stark. Zweite Alternative, die auch der Ununterrichtetste eben so leicht fassen kann.

„Nun zeigt jeder Grad dieser beiden Alternativen auf Regen, auf Veränderlich und auf Schön Wetter, auf eine Art, wobei man sich gar nicht mehr irren kan, wenn man die Beobachtung nur ein einzigmal angestellt hat. Da Landleute und Soldaten wohl selten Mittel genug haben, sich gute fixe oder tragbare Barometer zu erkaufen, so verdient doch wohl die Wohlfeilheit meiner Instrumente auch mit in Rechnung zu kommen; und da der gewöhnliche Barometer oft 15 Linien und darüber wechselt, ohne daß die Aenderung im Wetter, worauf ein solcher Abfall zu deuten scheint, wirklich statt hat, so glaube ich in meinen Spinnen den Punkt aufgefunden zu haben, worinn die Gelehrtesten und die Einfältigsten gleiche Befriedigung finden.

„Wenn ich von den Spinnen sage: entweder sieht man keine, oder man sieht wenige, oder man sieht viele; so versteht sich, ohne daß ichs hier wiederhole, daß ich hier von der Gattung spreche, die am meisten zu erscheinen und wieder zu verschwinden pflegt, d. h. von der HängSpinne, oder derjenigen, die ein rundes, perpendiculares Gewebe hat. Aber auch die WinkelSpinne hat ihre Phasen: bei schönem Wetter zeigt sie sich mit dem Kopfe, die Füsse sehr weit vor, und um so weiter, je länger es schön Wetter bleiben soll. Beim SturmWetter kehrt sie sich ganz um, und zeigt alsdann dem Beobachter nur ihren hintern Theil; nicht leicht könnte sie ihm einen klarern Unterricht geben. Inzwischen gibt es noch eine merkwürdigere Phase. Das Gewebe, womit sie ihren Winkel umspinnt, hat in der ersten Epoche des schönen Wetters nur eine gewisse Dimension, die für diese erste Epoche und für die üble Witterung, die gewöhnlich derselben folgt, dienen soll. Aber bei der zweiten Epoche des schönen Wetters, oder bei dem zweiten Eintritt der Hize, vergrösert sie ihr Werk um die Breite von 2 bis 3 Zoll, wenn es eine von den grösten ist; und aus 3 bis 4 dergleichen wiederholten Manövres im Laufe des Frühlings, des Sommers und des Herbstes erkennt man eines der zuverläßigen Vorzeichen von längerm schönen Wetter.

„Die Zeit, da diese Spinne legt, welches in sehr heissen Jahren bis zum siebentenmal geschieht, ist ein weiteres Kennzeichen für eine neue Epoche von schönem Wetter; so wie die, da die HängSpinne ihre Haut verändert, welches sehr leicht zu erkennen, oder vielmehr, welches fast unmöglich ist, nicht zu bemerken, sobald man sich nur etwas anhaltend mit dieser Art von Beobachtungen beschäftigt. Die Sprünge der LöwenSpinne, das Hervorkommen der SchlupfWinkelSpinne, (latibulaire) sind eben so viel weitere bestätigende Kennzeichen.

„Um allen Einwürfen, die man gegen die Spinnen als Barometer machen könnte, ein für allemal zu begegnen, muß hier nur noch Folgendes im Allgemeinen bemerket werden. Das Schönste wäre unstreitig, wenn, nachdem man bewiesen, daß die Spinnen 10, 12 und manchmal 14 Tage vorhersagen, was in der Atmosphäre sich zutragen soll, man sich ihrer auch bedienen könnte, um in dem grösten Detail zu erkennen, was zu jeder Stunde bei Tag oder in der Nacht geschehen soll. Ich begnüge mich, durch ThatSachen überzeugt, behaupten zu können, daß man mittelst derselben wenigstens 14 Tage voraus eine Kälte ankündigen kan, wie diejenige war, welche die schwersten Kanonen über die Waal zu führen erlaubte, oder ein Fallen des Wassers, wie dasjenige, wovon ich den 22. Jul. 1795 in Leyderdorp vorher sagte, daß es in wenigen Wochen gestatten würde, mit der Hälfte von Schiffbrüken über den Rhein zu sezen. Aber so lange die Welt Welt bleiben wird, werden in den Zwischenräumen der Zeit, wovon ich, nach den Beobachtungen an den Spinnen, vorausgesagt, daß sie von sehr heiterm Wetter seyn würde, einige kurze Regen fallen, so wie während der Zeit, die ich, nach gleichen Angaben, als sehr regnerisch angekündigt, zuweilen flüchtige SonnenBlike aufschimmern werden. Aber die Nerven werden sich bei diesen kurzen Regen immer sehr wohl, und im Gegentheil, bei diesem kurzen schönen Wetter, um nichts erleichtert fühlen."

Disjonval geht nun weiter, um zu zeigen, daß die Spinnen auch eben so richtige Thermometer sind. „Vom Jahre 1791 auf das Jahr 1792" — fährt er fort — „erhielt ich's endlich, zum grosen Scandal aller, die darum wusten, daß es einen von einem Menschen bewohnten Raum gäbe, worin man durchaus kein SpinnenGewebe zerstörte. Ich brachte meinen ganzen Sommer damit zu, soviel mir möglich war, Spinnen aller Art an mich zu kirren; denn man kan solches allerdings, und es gibt deren von vielerlei Arten. Das Geschäft war mühsam; ich muste mich dabei den grösten Beschwerlichkeiten, und vorzüglich einer fast erstikenden Hize bei Nacht wie bei Tage unterwerfen. Aber ich sah meine manichfaltigen Bemühungen bald durch einen ungeheuren Zufluß von Spinnen belohnt: bald war ich eingeschlossen, umzingelt, von allen Seiten verbrämt mit ihrem Gewebe; und die wunderbare Vielfältigkeit ihrer Arbeiten sowohl als ihrer Personen krönte meine Wünsche mit so frühen Früchten, daß ich bald vergas, mit welch lästigen Opfern ich diese Reichthümer erkauft hatte. Ich lernte eine ganze Reihe Prognostika, welche die Spinnen für alle JahrsZeiten gewähren.

„Ich erkannte in der NationalVersamm'ung von Spinnen, die um mich her war, sogleich, daß es besondere WinterSpinnen, und besondre SommerSpinnen gäbe: auf ohngefähr 4000 SpinnGeweben, die vom SpätJahr an meine Wohnung schmükten, hatte ich im Durchschnitt nie über 4 bis 5 WinterSpinnen in voller Thätigkeit. Ich drüke mich so aus, weil es eine zweifache Art von WinterSpinnen, oder vielmehr zwei Arten von Thätigkeit gibt, die man bei der WinterSpinne unterscheiden muß. Die einen sind die, welche sich darauf einschränken, sich der während der vorhergehenden Jahrszeit ganz verfertigten Gewebe zu bemächtigen, und man muß hier bemerken, daß es zu Anfang des Winters wüthende Gefechte absetzt, um zu entscheiden, wem der Besiz der wohlgelegensten Gewebe bleiben soll. Eine andre Art, der die Benennung WinterSpinne noch eigentlicher zukommt, ist die, welche sich nicht darauf einschränkt, sich der schon gemachten Gewebe zu bemächtigen, sondern bei jedem neuen Anschuß von Kälte selbst dergleichen spinnt, und auf's neue spinnt, so wie im Sommer bei jedem neuen Aufflammen von Hize. Da diese neue Reihe von That-Sachen alle Analogien der Verfasser, die vor mir geschrieben, und selbst die, welche ich selbst mir gebildet hatte, niederwarfen, so bot ich aller nur gedenkbaren Vorsicht auf, um mich gewiß zu überzeugen, daß ich mich nicht täusche; aber da ich die Beweise zu klar vor Augen hatte, so bleibt mir hier nichts übrig, als zu erzählen, was ich in dem meinen Wünschen so angemessenen Winter von 1792 vor Zeugen beobachtete und aufzeichnete.

„Den ersten Beweis, daß die WinkelSpinnen bei der ersten Kälte, die bis zum Schnee und bis zum Eis geht, in den fertigen Geweben Posten fassen, oder neue machen, hatte ich zu Anfang des Novembers. Ich muste desfalls wohl meinen Augen glauben; aber ich bemerkte sogar auch noch die Uibereinstimmung der araneologischen Phasen mit den MondsPhasen und den Phasen der Kälte, beim WiederEintritt des Frostes, der zu Anfang des Decembers statt hatte. Ja ich hatte noch ein weiteres Vergnügen. Die Augen sehen nur dasjenige wohl, was sie zu sehen voraus belehrt sind, schrieb mir einst sehr richtig der berühmte Naturforscher Morveau. Da ich seit dem Vorfall vom November auf die ganze Araneologie weit aufmerksamer geworden war, so bemerkte ich, daß fast durchgängig 9 Tage zwischen der ersten Bewegung der Spinnen und dem wirklichen Eintrit der Kälte verfliesen. Gleiche Wahrheit, gleiche Folge daraus bei Gelegenheit des dritten Eintrits des Eises im Januar. — Aber noch ein überzeugenderes Factum bot sich mir zu Anfang des Februars dar. Es war schön Wetter, es war warm; kein Anschein von Kälte war mehr da; man hätte denken sollen, daß man von nun an der Oefen entbehren könnte: aber von Samstags, dem 4ten, an sagte ich laut voraus, daß eine der grösten Revolutionen in der Atmosphäre stattbaben würde, weil ich, nebst andern analogen Kennzeichen, drei kleine SpinnenGewebe, eines über das andre hatte, die Abends zuvor nicht da gewesen waren: vom 9ten an war Eis, und vom 13ten an waren die Kanäle zugefroren. Wer hätte nun nicht denken sollen, daß der Winter zu Ende wäre? Ich selbst glaubte es, und schäzte mich für allzuglüflich, daß ich einer ganzen Stadt, zu einer Zeit, da sie sich dessen am wenigsten versah, das Zugefrieren der Kanäle hatte voraussagen können. Ich glaubte nun ruhig auf meinen Lorbeern schlafen zu können. Aber wie gros war nicht mein Erstaunen, als ich, nachdem alles aufgethaut war, den 28sten (Febr.) eine plözliche Gährung unter meinen Spinnen bemerkte! Ich sah sie hin und hergehen, weben, sich einander angreifen. In der Erwartung also, daß noch etwas sehr Merkwürdiges, und wenigstens sehr trokne, wo nicht sehr kalte Witterung eintreten würde, zeichnete ich diese neue araneologische Phase sogleich bei dem ersten Buchhändler der Stadt ein, und bat ihn, allen, die zu ihm kommen würden, davon Nachricht zu ertheilen. Zwei Tage darauf regnete es, und das war meiner Vorhersage nichts weniger als günstig. Fünf Tage darauf regnete es noch immerfort, und meine Weissagung schien je länger je mehr zu wanken. Aber den Blik immer auf das Benehmen meiner Spinnen geheftet, schrieb ich alle Tage an den nemlichen Buchhändler, daß ich unabweichlich an troknes Wetter glaubte, und daß, früher oder später, trokneres und kälteres Wetter, als man es wünschte, einfallen würde. Endlich den 8ten (März) fieng es an, zu meiner Rechtfertigung, zu winden; den 9ten schneite es, zu meiner Ehre; und den 10ten gefrors, zu meinem Triumph. Die Menge des Schnees übertraf sogar um etwas die, welche in der Mitte des Februars gefallen war; die Kanäle waren auf's neue zugegangen, und man erkannte, daß meine Prophezeiungen zu einem sichern Masstabe in Betref des Ladens und Abgangs der Schiffe dienen könnten."

„So wird also" — fährt Disjonval fort — „ein sonst verachtetes Insect unser bester Dollmetscher über das, was uns so sehr zu wissen interessirt. Keines unsrer Jahre gleicht dem andern. Die Fruchtbarkeit scheint unaufhörlich im Kriege mit der Trokne, und nur darum in einem Jahre zu herrschen, um sich im andern wieder verbannt zu sehen. Aber nicht nur über die Beschaffenheit eines jeden Jahres; auch über die einer jeden JahrsZeit und eines jeden Monats, bedarf der Landmann einer sichern Belehrung.

„Der Barometer hat das Gute, daß er bis auf den andern Tag für schön Wetter bürgen kan; aber wenn die Spinne mit grosen Fäden arbeitet, so hat man die Gewißheit eines schönen Wetters auf wenigstens 12 bis 14 Tage. Wie wichtig ist nun nicht diese Entdekung für Seeleute, um sich nicht anders von gefährlichen Küsten zu entfernen, als wenn sie anhaltend gutes Wetter voraussehen; für Generale, welche Märsche zu thun haben, wobei die Kenntniß der künftigen Witterung oft so entscheidend ist; vorzüglich aber für die Evolutionen des Akerbaues, der immer als der heiligste Gegenstand der Meteorologie zu betrachten ist! Wie oft bedarf der Landmann nicht einer genauen Kenntniß der beiden entgegengesetzten Punkte, ob es nemlich regnen wird, oder nicht! Bei Einsammlung des Heues, des Getraides, des Weins, des Obstes, kan eine wohl oder übelgewählte Witterung sowohl in der Güte als in der Menge die Hälfte gewinnen oder verlieren machen. Auf gleiche Weise verhält sich's mit der Saat. Ist also irgend etwas in dieser Welt der Aufmerksamkeit des Philosophen würdig, so ist es gewiß das Mittel, die Beschaffenheit der künftigen Witterung bestimmt voraus zu erkennen.

„Ich glaube allen Ländern, deren HauptReichthum in Waiden und ViehZucht besteht, ein nüzliches Vergnügen zu erzeigen, wenn ich hier bemerke, daß man, je nach der Art, wie die Spinnen zu Ende Aprils oder zu Anfang des Mai sich äussern, auf eine untrügliche Art voraussehen kan, ob es viel oder wenig Gras geben wird. Ich schrieb zu Anfang des Mai 1792 an einen Mann, dessen Name hierinn von dem grösten Gewichte seyn muß, an den Verfasser des schäzbaren Werkes: la Flore des Insectophiles, daß wir einen äusserst troknen Frühling und Sommer haben würden. Ich gieng noch weiter: ich wollte, mittelst einer HandlungsGesellschaft, alle Butter in Holland aufkaufen, und durch die That beweisen, welche wesentliche Vortheile die Wissenschaften dem Handel gewähren. Da meine Gesellschaft diesen ersten Vorschlag unglüklicherWeise ad referendum nahm, so beeilte ich mich im August, sie durch die neue Versicherung zu beleben, daß es nicht einmal Oehmt geben würde; und dis fand sich nur allzuwahr. — Da desfalls mein HauptPrognostikon darinn bestand, die Länge der AnhangFäden der HängSpinne zu beobachten, so war einer meiner handgreiflichen Beweise, die ich meinen Associés gab, daß es kein Oehmt geben würde, ein für mich und andre bezauberndes Schauspiel, nemlich zwei Gewebe von HängSpinnen, die oben von einem Kamin bis auf ein Dach herabliefen, das ganz nahe an dem ErdGeschoß war, und mehr als 34 Schuhe hatten. Zu meinem Ruhme blieben sie 23 Tage lang.

„Dis für das Futter, und alles, was davon abhängt, so kostbare Prognostikon muß indeß nicht blos darauf eingeschränkt werden. Wenn wir den Blik auf den wundervollen Zusammenhang in den Erzeugnissen der Natur werfen, so werden wir mit dankbarer Rührung erkennen, daß, was für das eine Land ein Unglük ist, für das andre fast immer noch ein gröseres Glük ist, und daß z. B. dasjenige, wodurch der Ertrag des Heues, und was damit in Verbindung steht, auf die Hälfte herabsinkt, auf der andern Seite einen überschwenglichen Reichthum an Wein, Cider, Branntwein ꝛc. hervorbringt. Da nun dergleichen Getränke einen grosen Theil des Verbrauchs, so wie der Speculationen für den nordischen Handel ausmachen: kündigen uns die Spinnen nicht, sobald sie sagen, daß es kein Heu geben wird, zugleich auch an, daß es viel Wein geben wird? Und kan es für WeinHändler irgend eine köstlichere Notiz geben, als aus der Art, wie die Spinnen sich im April äussern, zu erkennen, wie die WeinLese im October seyn wird?

„Noch auffallender, als diese friedliche Anwendung, ist die für den Krieg: die Spinne, durch ihre Eigenschaft, unfehlbar und lange voraus die Veränderungen in der Witterung anzukündigen, ist unstreitig hierin von unschätzbarem Werthe. Hier kan sie den Feldherrn durch die Vorhersage eines sehr tiefen Schnees siegen machen, der alle Gebirg-Pässe verschliest, und dem in Zeiten davon benachrichtigten General erlaubt, alle seine Macht in den Theil des Landes, der offen ist, zusammenzuziehen. Dort wird sie die Gleichheit der Streit-Kräfte zwischen einer Infanterie, die keinen Gebrauch vom Feuern machen kan, weil sie Bergauf angreifen muß, und der ihr entgegengesezten Armee herstellen, die ein wohlunterhaltenes Feuer machen kan, aber dessen Wirkung durch überschwengliche RegenGüsse äusserst geschwächt wird. Bald wird sie ein Land durch das Fallen der Gewässer, die es schüzten, überliefern. Bald wird sie einen hundertmal zurükgetriebenen Feind auf's neue herbeirufen, indem sie ihm durch das Zugefrieren der Flüsse, Kanäle und Gräben alle Annäherungen erleichtert, die das Wasser unmöglich gemacht hatte.

„Der gröste und ewig merkwürdige Beweis von der militairischen Wichtigkeit der Spinnen war die Eroberung Hollands durch die Franken im Winter von 1794 auf 1795. Der mindern Strenge eines meiner GefängnißWärter, oder dem Umstande, daß er selbst auch ein bisgen Patriot war, hatte ich's zu danken, daß ich den Patrioten von Utrecht, und durch diese denen, die sich an den Ufern der Waal schlugen, die Gewißheit eines Winters ankündigen konnte, der sie zu Meistern von allen Flüssen machen würde. Ohnehin war dis das einzige Mittel, wie ich meine Befreiung hoffen konnte. Man wird demnach nicht an der Aufmerksamkeit zweifeln, womit ich meine in so groser Zahl um mich her versammelten Spinnen beobachtete. Aber o Schreken! o Verzweiflung! Zu Anfang des Decembers spricht man von Capituliren, mittelst einer ungeheuren Summe, welche die holländischen Aristokraten zahlen wollten. Wie bot ich nicht allen meinen wenigen Mitteln zur Correspondenz auf, um durch mehr als eine Botschaft anzukündigen, daß die Spinnen arbeiteten, als ob in längstens 14 Tagen ein schrelicher Froſt eintreten ſollte! Man kapitulirte nicht. Durch den Froſt vom 29ſten Dec. wurden die Franken in Stand geſezt, über die Waal zu ſezen.

„Bald ſchmeichelte ſich jedoch die ariſtokratiſche Partei in Holland mit dem Eintrit eines entſchiedenen ThauWetters, weil den 12 Januar das Waſſer zwar geſtiegen, aber, was man für ein ſicheres Kennzeichen des Aufthauens hielt, das Waſſer etwas trüb ſey. Sogleich am folgenden Tage ſchrieb ich daher, aus meinem Gefängniß in Utrecht, an den Verfaſſer der dortigen Zeitung, daß ehe drei Tage vergiengen, eine noch ſtärkere Kälte als bisher einfallen würde. Dis SpinnenPrognoſtikon war ohne Vergleich richtiger, als das vom trüben Waſſer: Mittwochs den 14ten fieng es an, zu winden; Donnerſtags den 15ten gefror es, und Freitags den 16ten zogen die Franken in Utrecht ein, um mich aus meinem Kerker zu befreien. Mit groſem Eifer beſchäftigte ich mich nun mit weitern Forſchungen zum Behufe der fränkiſchen Generale; ich durchſuchte alle Böden und alle Keller; bald fand ich auch die Art von Spinnen, die im Winter ſprechen. Ich pakte eine ſtark in der Arbeit begrifne, ſehr lebhafte für die fränkiſchen Generale ein, die damals in Utrecht waren. Es war der 20 Januar, und ein ſchrekliches ThauWetter hatte ſtatt. Die Generale waren in der verzweifeltſten Verlegenheit über das Schikſal von 100,000 Mann und der Artillerie, die in vollem Marſche auf den Dämmen begriffen war; man dachte ſchon an einen ſchleunigen Rükzug. Aber das Auge immer auf das Benehmen der Spinnen gerichtet, bürgte ich ihnen mit meinem Kopfe für den Erfolg, und ſchikte ſogar den 22 Jan. eine kleine, äuſſerſt lebhafte Spinne an den General Vandamme, um ſie dem General Pichegru in's Haag zuzuſchiken. Man glaubte mir, die Weiſſagung ward wahr erfunden, und Holland war den Franken.

„Ein ſo auffallendes Factum, und die weitern Nachrichten, welche ich dem Bureau topographique des VollziehungsDirectoriums übergab, veranlaßten das leztere, dieſe neue Lehre durch eine Commiſſion von militairiſchen Ingenieurs unterſuchen zu laſſen, während das NationalInſtitut die nemliche Entdekung in Bezug auf den dermaligen Zuſtand der mathematiſchen und phyſiſchen Wiſſenſchaften prüfen ſollte."

VII.
Fortsezung der im 4ten St. abgebrochenen Verhandlungen auf dem Wirtemberg. LandTag.

Die 3te Sizung war die wichtigste und folgereichste Sizung für alle nachfolgende landtägliche Verhandlungen. Nachdem der Tübing. 2te Dep. Burgermeister D. Hauff mit 25 seiner Collegen vergeblich auf die Annullation der 1sten Sizung um ihrer Illegalitäten willen antrug, so wandten sie sich mit einer Vorstellung an das Herzogl. Geheime RathsCollegium. Sie erzählten in derselben die ganze Geschichte der Sizung vom 18 Merz, sie deducirten alle dabei vorgegangene Illegalitäten, sie erwiesen durch Aktenstüke, daß durch die Aeusserungen des Consulenten Kerner, daß das Vaterland in Gefahr seye, wenn das Votum des 2ten Tübinger Deputirten die Mehrheit erhalten sollte, viele Deputirten abgeschrökt worden seyen, nach ihren Instruktionen zu handeln und selbsten Vota abzulegen, die diesen gerade entgegen stehen, und baten zu Aufrechterhaltung der ständischen Verfassung, daß über die Resignation und Wiederbesezung der beiden Ausschüsse in Abwesenheit derselben und ihres Personals noch einmal abgestimmt werden solle.

Durch eine Deputation wurde diese Bittschrift dem Herzogl. Geheimen RathsCollegium übergeben, und die Sache auch so befördert, daß schon in dieser Sizung ein willfähriges Dekret laufen sollte. Allein dazu wollten es doch die Führer des Ausschusses nicht kommen lassen: diejenige, die ihn bisher leiteten, suchten die Herzogl. Resolution zurükzuhalten, und trugen in der Versammlung auf eine nochmalige Abstimmung an. Jedoch nur mit der äussersten Mühe bequemte sich die Mehrheit des Ausschusses zum Abtreten, er sahe das ihm drohende Unglük richtiger voraus, als seine Führer, die noch immer Hoffnung hatten, durch ihr Ansehen und ihren Credit den Ausschuß zu erhalten — und mit einer grossen StimmenMehrheit, der zur Einstimmigkeit

nur wenige fehlten, wurde die nehmliche Abstimmung der Frage,
soll die Resignation der beiden Ausschüsse angenommen werden
oder nicht, und im leztern Fall, sollen die Ausschüsse nur provisorisch und für den gegenwärtigen LandTag, oder unbedingt
bestättigt werden, auf die nächste Sizung beschlossen.

Aus der Struktur dieser Frage sah man deutlich, welche Hofnung der Ausschuß noch hatte, er glaubte in der nächsten Sizung
das noch zu erlangen, daß er wenigstens provisorisch wiederum
eingesezt werden würde.

In der vierten Sizung suchte Consulent Kerner, der bis
zur Eröfnung des LandTags das unumschränkte Vertrauen des
Publikums besessen hatte, durch sein Betragen in der ersten Sizung aber dieses ganz verlohr, die Achtung der Versammlung und
des Publikums dadurch wieder zu gewinnen, daß er die Resignation des LandschaftsAdvokaten Stokmaier, die ihm gegen eine
Pension angeboten werden sollte, in Proposition brachte.

Stokmaier war seit vielen Jahren die Seele des Ausschusses und sein Einfluß auf diesen und alle Offizialen war so
ganz unumschränkt, daß ohne ihn die ganze Maschine leblos war.

Der Haß des Publikums gegen diesen Mann wurde noch vor
Eröfnung des LandTags durch mehrere Flugschriften vergrössert,
ob man schon ausser Stand war, ihm irgend eine Handlung,
durch die er solchen verdient hätte, zur Last zu legen. Mit
einem undurchdringlichen Geheimniß wurden alle Landschaftl.
Geschäften behandelt, selbst die wichtigsten sollen nicht zur Cognition des ganzen Ausschusses gekommen seyn, wenigstens behauptete eine dieser Flugschriften, die am meisten unterrichtet zu seyn
schien, daß unter dem Ausschuß selbst nur etliche sogenannte confidentiores gewesen, die mit St. das Geheimniß theilten.

Es war deutlich, daß Cons. Kerner diese Absicht hatte,
so wie sich auch nachher ergab, daß er nicht in böser Absicht
die Vers. in der ersten Sizung leitete. Er mochte in der That
glauben, daß das Vaterland in Gefahr kommen werde, wenn
der Ausschuß gestürzt würde, er schloß von den vergangenen Zeiten auf die gegenwärtige, da der verehrungswürdige Moser
mit dem Assessor Dann bei dem 70ger LandTag eine ähnliche
Absicht hatte, nachher aber ein schrekliches Opfer ihres reinen
Patriotismus wurden, und er rechnete zu wenig auf die Macht

und die Wirkung der Preßfreihet, durch die gerade dieser Gegenstand, die Veränderung des Ausschusses und seines Mandats, so vollständig abgehandelt wurde, daß gerade seine Aeusserung in der ersten Sizung den nachtheiligsten Schatten auf seinen Karakter werfen mußte.

Stokmaier erklärte, daß ihm kein Opfer zu groß sey, das er dem Vaterland bringen könnte, und er also bereit seye, gegen eine Pension die Resignation aller seiner landschaftl. Aemter zu geben.

Die in der 5ten Sizung beschlossenen Berathschlagung wegen den Ausschüssen fiel durch eine grosse Stimmenmehrheit dahin aus, daß die Resignation der Ausschüsse angenommen, ein neuer Ausschuß jedoch nur für die Zeit des gegenwärtigen LandTags erwählt werden sollte.

In der fünften Sizung wurde darüber berathschlagt, welche Glieder des alten Ausschusses in den neuen provisorischen Ausschuß wiederum wahlfähig seyn sollen. Bei dieser Wahl kam es in der That nur bei wenigen auf den Grad des Zutrauens an, den sich die Glieder des alten Ausschusses bei der Versammlung erworben hatten, eben so wenig ließ es sich von den unwahlfähigen sagen, daß sie sich ihres Amts unwürdig gemacht hätten; denn ihre Amtsführung sollte erst untersucht und sie über das zur Rechenschaft gezogen werden, was man bei dieser Untersuchung allerdings zu entdeken gerechte Ursach hatte. Dies war blos das Werk des Zufalls, weil man zuvor zur Schonung der Ehre des alten Ausschusses übereingekommen war, daß nur ein Theil der Glieder desselben wahlfähig seyn sollen.

Die Berathschlagung darüber geschahe in Abwesenheit der beiden Ausschüsse, aber noch liessen sie sich beigehen, als ihnen das Resultat derselben bekannt gemacht wurde, darwider zu protestiren, das aber natürlich nicht angenommen wurde, und nur den Haß gegen sie vermehrte.

In der 6ten Sizung traten die aus dem alten in den neuen provisorischen Ausschuß erwählte Mitglieder in den Saal und nahmen ihre bestimmte Pläze ein, um an der Wahl der übrigen Mitglieder Theil nehmen zu können. Ihre Absicht dabei war ganz und gar nicht zu miskennen, allein durch den standhaften Muth des Tübinger Deputirten, Burgermeisters D. Hauff wurden sie genöthiget, sich, ob sie schon selbst durch den Consulenten Kerner mächtig unterstüzt wurden, des Wahlrechts zu begeben und selbst aus dem Landsaal zu treten, um der Wahl freien Lauf zu lassen. Die Wahl wurde nun vorgenomnen und 10 Mitglieder zu provisorischen Ausschußverwandten erwählt.

In der 7ten Sizung wurde beschlossen, ein Anbringen an Serenissimum wegen der Veränderung der Ausschüsse zu machen und um derselben Bestätigung zu bitten. Die beide Deputirten Hauf und Speidel, die den Auftrag hatten, vom LandschaftsAdvokat Stokmaier alle Landschaftl. Akten und Cassen unter Siegel zu nehmen, referirten, daß sie ihren Auftrag vollzogen: und dann nahm die Angelegenheit des Deputirten von Nagold die Zeit der übrigen Sizung hinweg. In den sogenannten Vidimus Herzogs Ulrichs über den Tübinger Vertrag, als dem HauptGrundgesez des Herzogthums Wirtemberg ist nehmlich bei der Art wie und wann die LandTäge gehalten werden sollen, auch zugleich festgesezt worden, daß die Stände zu Haltung eines LandTags jedesmalen einen vom Gericht und einen vom Rath abschiken sollen. Diese Erklärung schien die in neueren Zeiten aufgestellte Behauptung zu begünstigen, als ob das Recht der Landstandschaft bei den ständischen Magistraten liege, die in einem Gerichts- und RathsCollegium bestehen, wovon das leztere die Bürgerschaft der AmtsStadt repräsentiren soll, ob es schon nicht durch diese selbsten, sondern das Gericht allein gewählt wird. Ein grosser Theil von Magistraten glaubte aber, daß der grose Zwek des gegenwärtigen LandTags, eine bessere Organisation der Landschaftl. Ausschüsse, zwekmäsigere Verwendung der LandesGelder, freie Wahl der LandTagsDeputirten, Hebung der Beschwerde und Einrichtung guter LandesAnstalten, ganz vereitelt werden würde, wenn nur die Eigenschaft eines Gerichts- oder Rathsverwandten den Deputirten zu dem LandTag wahlfähig machen könne, sie hielten deswegen durch besondere darüber abgeordnete Deputirte eine gemeinschaftl. Conferenz und beschlossen einmüthig, bei dem Herzog darauf anzutragen, daß jeder Magistrat die Befugniß haben darf, wen er zu einem Deputirten abschiken will, seye er ein Glied des Magistrats, ein herrschaft- Commun- oder Kirchendiener, wenn er nur durch seine bisherige Handlungen bewiesen habe, daß er die nöthige

Kenntnisse und reine Liebe zum Vaterland habe. Die auf diese Bittschrift ertheilte Resolution war der Bitte nicht ganz günstig, doch denegirte sie das Ansuchen nicht ganz — sie erklärte, daß die freie Wahl der Deputirten auf einer künftigen Herr- und Landschaftl. Verabschiedung beruhe, nur also solche Deputirte zugelassen werden können, die zugleich Mitglieder der Magistrate seien.

Der vorige Ausschuß, der darüber an den GeheimenRath sein Gutachten zu erstatten hatte, behauptete, daß man nach ihren Akten niemalen hievon abgegangen seye, ob es schon am Tag war, daß selbsten beim lezten Landtag zwei Deputirte dazu zugelassen wurden, die nicht bei den Magistraten Siz und Stimmen hatten, und man bei der angestellten neueren Untersuchung in den landschaftlichen Akten die Entdekung gemacht hatte, daß auch in älteren Zeiten diese Vorschrift nicht beobachtet wurde.

Auf dieses Rescript nahm der Magistrat zu Nagold seinen Stadtschreiber Hofaker in das RathsCollegium auf, und die Stadt- und AmtsVersammlung ernannte ihn einstimmig zu ihrem Deputirten zum Landtag.

Er glaubte nicht, daß er in dieser Eigenschaft nicht zuläßig seyn sollte, da seine Committenten die Formen des Gesezes beobachtet und auch kein Gesez vorhanden war, das die gemeinschaftliche Verwaltung beider Aemter verboth.

Der alte Ausschuß, der noch die Vollmachten zu berichtigen hatte, schloß ihn aber von der Versammlung aus und nun, nachdem der alte Ausschuß gestürzt war, wandte er sich an die LV., und bate um seine Aufnahme als LandtagsDeputirten. Die LandesVersammlung, die zur Rettung der Ehre des alten Ausschusses und der Consulenten consequent handeln zu müssen glaubte, beschloß in dieser Sizung, daß der Herzog gebeten werden solle, durch den Weg einer zu ertheilenden Dispensation Hofaker als LandtagsDeputirten aufzunehmen.

Dieses Anbringen wurde in der 8ten Sizung verlesen und die übrige Zeit mit den Stokmaierischen Angelegenheiten, die aber kein allgemeines Interesse haben, zugebracht.

In der 9ten Sizung wurde das Herzogl. Dekret, wegen Bestättigung der provisorischen Ausschüsse publizirt, und vom Consulent Kerner eine ganze vollständige Uebersicht über die

ContributionsMaterie, und wie diese behandelt werden sollte, gegeben.

In der 10ten Sizung erfolgte die Beeidigung des provisorischen Ausschusses. Es war etwas sonderbar, daß man denselben auf das alte Mandat beeidigte, da dieses offenbar nur auf die Zeit gegeben ist, wenn keine LandesVersammlung existirt. Ein grosser Theil der Mitglieder fühlte dieses wohl, allein er scheute sich, eine Abänderung darüber zu treffen, weil man leicht diesen Schritt hätte benuzen können, der LV. die damals bei einer gewissen Parthie schon verdächtig zu werden anfieng, andere böse Absichten unterzuschieben, und sie glaubte, den Ausschuß schon so leiten zu können, daß er wenigstens nicht gegen die Absicht der LV. etwas vornehmen könnte.

Der bisherige Gang der Geschäften machte es der Versammlung dringend nothwendig, noch einen Mann zu einem Consulenten anzunehmen, der ihr volles Zutrauen zu besizen fähig ist. Zwar hat die Landschaft ausser Kerner noch zwei Consulenten, allein der erste Consulent Hauf ist ein alter ehrwürdiger Greis von etlichen 70 Jahren, und der andere Consulent Abel ist den Julius vorigen Jahrs als Gesandter des Herzogs in Paris, wo er seit dem Abschluß des Friedens, den er in Gemeinschaft des Ministers von Wöllwarth unterzeichnete, als wirklicher Gesandter angestellt ist, und jezt bei der Nähe des allgemeinen Friedens nicht wohl zurükgerufen werden konnte.

Die Wahl des Ausschusses sowohl als der LV. fiel einstimmig auf den wirklichen RegierungsRath und KirchenKastensAdvokat, Dr. Georgii. Durch eine besonders dazu errichtete Deputation von der Prälaten- und StädteBank wurde er um die Annahme dieser Stelle ersucht.

RegierungsRath Georgii erklärte in der 11ten Sizung in einem Energievollen Brief, dem er die Abschrift seines Schreibens an den Herzog beilegte, die ihme beide als Diener und Bürger gleiche Ehre bringen, und Beweise seines reinen Patriotismus sind, daß er die Entscheidung seines Schiksals Serenissimo überlassen habe. Die LV. beschloß daher sogleich eine Deputation von vier Mitgliedern aus dem Prälaten- und StädteBank an den Herzog nach Hohenheim abzuschiken, und ihn um die Ueberlassung des RR. Georgii devotest zu bitten. Der

Herzog freute sich über die Einmüthigkeit, mit der die LB. diese Wahl vornahm, erklärte aber, daß er, sogern Er dem an Ihn gemachten überraschenden Gesuch zu entsprechen wünschte, sich doch nicht sogleich dazu entschliessen könne, diesen Mann, der ihm wegen der bisher geleisteten vorzüglichen Dienste so wichtig seye, zu entlassen, bevor er mit seinem Ministerium eine Rüksprache darüber gehalten habe. Er erinnerte die Deputation, daß sie der Versammlung melden sollen, wie er hoffe, daß sie sich als weise, kluge und gewissenhafte Wirtemberger in ihren Berathschlagungen benehmen würden, wie sein Herz am Vaterland hange, und er keine angelegentlichere Sorge kenne, als die — für das Wohl seiner Unterthanen. Die Deputation wurde über die Gesinnungen ihres guten Fürsten innigst gerührt, und sie theilten ihre Empfindungen der Versammlung mit.

In der 12ten Sizung wurde der Versammlung nachfolgende Aktenstüke von dem Ministerium vorgelegt.

1) Der WaffenstillstandsVertrag zwischen Frankreich und Wirtemberg, geschlossen zu Baden am 17. Jul. 1796.
2) Der FriedensVertrag zwischen Frankreich und Wirtemberg, geschlossen zu Paris am 7. August. 1796.
3) Entwurf einer GeneralAbrechnung über die französische Contribution.
4) Berechnung sämmtlicher von einzelnen Communen prästirten ContributionsAbgaben.
5) Summarische Zusammenstellung der kaiserlichen Requisitionen, die von dem Monath September 1796 bis in den Monath Merz 1797 entrichtet worden sind und entrichtet werden müssen.

Man behält sich bevor, in besondern Tabellen die französische und kaiserliche Contributionen und Requisitionen, die sich weit über 12 Millionen ReichsGulden belauffen, jedes abgesondert nachzutragen.

Aus diesen Aktenstüken ist unter anderem auch ersichtlich, daß die französische Republik dem Herzogthum Wirtemberg zur Entschädigung für die erlittene Plünderungen und anderer Excesse den 4ten Theil der angesezten Contribution mit

1 Million Livres. 25000 Etner Brodfrüchten. 12500 Säke Haber. 25000 Etner Heu. 12500 paar Schuh und 1050 St. Pferde

nachgelaſſen habe, und daß Wirtemberg nach Abzug dieſes Nachlaſſes an der angeſezten Contribution an Frankreich noch zu entrichten habe —:· 251461 fl. wenn aber Wirtemberg dasjenige, was ohne Bons an Frankreich abgegeben worden, und daher von Frankreich als illiquid angeſehen werden kann, und —:· 716838 fl. beträgt, in Aufrechnung bringen darf, ſo hätte Wirtemberg nicht nur nichts mehr an Frankreich zu entrichten, ſondern es hätte noch an die Republik zu fodern —:· 465377 fl

In der 12ten Sizung überſandte RegierungsRath Georgii die Antwort Serenissimi wegen der ihnen überlaſſenen Entſcheidung über die Annahme der ConſulentenStelle, und erklärte ſchriftlich, daß er unveränderlich entſchloſſen ſeye, der Herzogl. Entſcheidung nach ihrem ganzen Umfang Folge zu leiſten. In dieſer Antwort, die das ehrenvollſte Denkmahl für Georgii ſeyn wird, ſagt der Herzog unter andern: da es mir ſelbſt daran gelegen ſeyn muß, die LV. nicht nur in ihren bevorſtehenden Deliberationen von einem Mann von Kenntniſſen berathen, ſondern auch in allen übrigen Beziehungen durch einen ſolchen Conſulenten geleitet und jederzeit auf ihr wahres Intereſſe zurükgeführt zu wiſſen, von dem ich die Ueberzeugung habe, daß er mit Energie und Liebe zur Wahrheit, zugleich diejenige Mäßigkeit, Unbefangenheit und weiſe Klugheit zu verbinden weißt, welche unter den vorliegenden Umſtänden allein zum Zwek führt; ſo geſchieht es mit wahrem Vergnügen, daß ich die auf Sie gefallene ConſulentenWahl confirmire. Auf der andern Seite hingegen kann es mir nicht gleichgiltig ſeyn, auf einen Diener ganz Verzicht zu thun, in den ich jenes vorzügliche Vertrauen ſeze. Sie haben ihren vielſeitigen bisherigen BerufsGeſchäften auf eine Art Genüge gethan, daß ich vollkommen damit zufrieden zu ſeyn, Urſache habe, und daher Ihre fernere Dienſtleiſtungen in den verſchiedenen Poſten, die ſie bekleidet haben, für den Staat nicht für unwichtig halte. Dieſe Ueberzeugung muß mich auf den Gedanken leiten, jene Rükſichten mit der Erfüllung des Wunſches der LandesVerſammlung zu vereinigen. Ich habe mich daher nach vorgängiger Vernehmung des GeheimRathsCollegii entſchloſſen, meine Confirmation des Beſchluſſes der LV. nur auf ihre dismalige Dauer zu beſchränken ꝛc. Er entließ ihn hierauf den Pflichten eines Herzogl.

Raths für diese Zeit, sicherte ihme seine bisherige Besoldung und Emolumenten seiner Aemter zu und verlangte, daß die LW. seinen Vicarium diese Zeit remuneriren werde.

Die LW. beschloß, auch unter dieser Bedingung den RegierungsRath Georgii als Consulenten anzunehmen.

Prof. Juris Extraord. Dr. Steeb erschien in dieser Sizung ebenmäßig und legitimirte sich als Richter und Deputirter des KlosterAmts Reichenbach. Einige Deputirte machten zwar Einwendungen gegen seine Zulässigkeit, und behaupteten, daß auf diese Art bald alle andere Professoren nachfolgen, und die andere Deputirten verdringen würden, allein man belehrte sie, daß Steeb nicht in der Eigenschaft eines Professors, sondern als Richter der Sizung beiwohne, deswegen an diesem Tag diese Einwendung von keinen Folgen war.

(Die Fortsezung folgt.)

Ankündigung eines Geographisch-Statitisch-Topographischen Lexikons vom Fränkischen Kreise von M. Joh. Casp. Bundschuh in Schweinfurt.

Ueber das dringende Bedürfniß eines vollständigen Geographisch-Statitischen Wörterbuchs vom **Fränkischen Kreise** ist nur Eine Stimme. — Fünfzig Jahre sind verflossen, seitdem der biedere Hoenn uns ein Lexicon topographicum gegeben hat. Wie viel ist nicht indessen, zumahl wenn man auch mit in Anschlag bringt, daß sich die ehemalige Verschlossenheit über dergleichen Gegenstände hier und da verminderte, genauer beobachtet, ergänzet und berichtiget worden: Selbst über die innere Einrichtung, die man diesen Sammlungen gab, hat man sich seit 50 Jahren zum Vortheile der Leser mehr verständiget. —

Ich habe mich schon seit längerer Zeit damit beschäftiget, diese neue Beobachtungen, Berichtigungen und Ergänzungen zu sammeln, und mich über den ächten Gehalt derselben, oft an Ort und Stelle selbst, durch den Augenschein oder aus den zuverläßigsten Quellen zu erkundigen.

Die Herausgabe des Journals von und für Franken, und des Fränkischen Merkurs, zweyer Zeitschriften, in welchen geographischen und statistischen Erörterungen besondere Abschnitte gewidmet sind, haben mich mit sehr vielen einsichtsvollen und gelehrten Männern des Fränkischen Kreises in Verbindung gesetzt, deren Unterstützung bey den nöthigen Ergänzungen und Unverdrossenheit, meine Zweifel zu berichtigen, ich hier öffentlich mit gebührendem Danke rühmen muß. Mit der Anordnung und Zusammenreihung dieser mannigfachen Materialien bin ich nun so weit gekommen, daß der Erste Band dieses Wörterbuchs nächste Jubilatemesse 1798 gewiß erscheinen kann. Er wird die innere Einrichtung erhalten, wie alle seither im Verlag der Stettinischen Buchhandlung in Ulm erschienenen Geographisch-Topographischen Wörterbücher von Schwaben, Baiern, Schweiz, Frankreich rc. nur mit dem einzigen Vorzug, daß zur Vermeidung mannigfacher Wiederholungen und zur Bequemlichkeit des Lesers, so wie zur Ersparung des Raums, dem Ganzen eine historisch-geographisch-statistische Einleitung vorgesetzt werden soll, die von dem Kreise sowohl überhaupt, als jedem seiner Haupttheile insbesondere, vorzüglich den 6 Ritterkantonen des fränkischen Kreises, ihrer Regiments Verfassung und aller ihnen einverleibten Güter nähere Nachricht ertheilen soll. Nach meiner Berechnung wird das ganze Werk 2 mäßige Groß-Oktavbände ausmachen, und mit eben der Schrift und Format wie die obgedachte Wörterbücher erscheinen. Um den Liebhabern die Anschaffung dieses nützlichen Werks zu erleichtern, kann man bis Ende dieses Jahrs 2 fl. 15 kr. Reichsmünze darauf in untenbemerkter Verlagshandlung pränumeriren; wer aber diesen Weg nicht einschlagen will, zahlt alsdann jeden Band mit 3 fl. — Alle diejenige, so sich mit Sammlung der Pränumerationsgelder bemühen wollen, erhalten auf 10 Exemplarien eines gratis, und belieben sich solche nur an die Verlagshandlung zu wenden. Die Stettinische Buchhandlung in Ulm
im August 1797.

In der Stettinischen Buchhandlung in Ulm sind auch noch folgende Werke zu haben:

Geographisch Statistisch-Topographisches Lexikon von Baiern, oder vollständige alphabetische Beschreibung aller im ganzen Baiernschen Kreis liegenden Städte, Klöster, Schlösser, Fleken, Höfe, Berge, Flüsse, Seen, merkwürdigen Gegenden u. s. w. mit genauer Anzeige von deren Ursprung, ehmaligen und jetzigen Besitzern, Lage, Anzahl und Nahrung der Einwohner, Manufakturen, Fabriken, neuen Anstalten u. s. w. 3 Bände; nebst einer Karte von Baiern, gr. 8. 1796 und 1797. 8 fl. 15 kr.

Historisches Statistisch-Topographisches Lexikon von Frankreich und dessen sämtlichen Nebenländern und eroberten Provinzen, nach der ehmaligen und gegenwärtigen Verfassung; oder alphabetische Beschreibung aller vormaligen Provinzen, Gouvernements, Herrschaften und jetzigen Departemente und Distrikte von Frankreich; aller Städte, Festungen, Seehäfen, Fleken, Schlösser und merkwürdigen Gegenden rc. rc. Erster u. Zweiter Band, gr. 8. 1795—1797. 6 fl.

Historisches Statistisch-Topographisches Lexikon von der Schweiz, oder vollständige alphabetische Beschreibung aller in der ganzen schweizerischen Eidgenossenschaft und den derselben zugewandten Orten liegenden Städte, Klöster, Schlösser, Freisitze, Dörfer, Fleken, Berge, Gletscher, Flüsse, Wasserfälle, Naturseltenheiten) merkwürdiger Gegenden u. s. w. mit der Anzeige von deren Ursprung, Geschichte, ehmaligen und jetzigen Besitzern, Lage, politischen, kirchlichen und militärischen Verfassung, Zahl, Nahrungsquellen, Industrie, Sitten der Einwohner, Manufakturen, Fabriken, Bibliotheken, Kunstsammlungen, öffentlichen Anstalten und Gebäuden, vornehmsten Merkwürdigkeiten u. s. w. 2 Bände, gr. 8. 1796. 5 fl. 30 kr.

Geographisches Statistisch-Topographisches Lexikon von Schwaben, oder vollständige alphabetische Beschreibung aller im ganzen schwäbischen Kreise liegenden Städte, Klöster, Schlösser, Dörfer, Fleken, Höfe, Berge, Thäler, Flüsse, Seen, merkwürdiger Gegenden u. s. w. mit genauer Anzeige von deren Ursprung, ehmaligen und jetzigen Besitzern, Lage, Regimentsverfassung, Anzahl und Nahrung der Einwohner, Manufakturen, Fabriken, Viehstand, merkwürdigen Gebäuden, neuen Anstalten, vornehmsten Merkwürdigkeiten rc. 2 Bände, gr. 8. 1791 und 1792. 4 fl. 30 kr.

Zusätze, Verbesserungen und neue Artikel zu diesem Lexikon von Schwaben; nebst einem Anhang über die sämtliche 5 Ritterkantone der Reichsritterschaft in Schwaben, gr. 8. 1797. 1 fl.

Geographisch-Statistisches Wörterbuch über den Obersächsischen Kreis und die Ober- und Niederlausitz, in 3 Bänden, gr. 8. 1797. (unter der Presse.)

Onomatologia Physica practica, oder vollständig praktisches Handlexikon der Physik in 3 Bänden mit Kupfern. Mit einer Vorrede des Hrn. Hofrath J. F. Gmelins in Göttingen. Herausgegeben von Hrn. Hofmedicus D. Jäger in Stuttgart, gr. 8. (unter der Presse.)

Nachricht, das Stuttgarter Oekonomie-Wochenblatt betreffend.

Das Stuttgarter Oekonomie-Wochenblatt erhält sich nun in das achte Jahr, die Nachfrage nach demselben nimmt immer mehr zu; Beweise genug, daß es ausgebreiteten Beifall erhält. Dessen ungeachtet versichert man den Herausgeber besonders auswärts her, daß dieses Blatt an vielen Orten gar nicht bekannt sey, wenigstens seinem Inhalt nach. Aus dieser Veranlassung erscheint hier gegenwärtige Anzeige, um Liebhabern der Landwirthschaft über die Wichtigkeit und Nützlichkeit dieses ökonomischen Blatts die nöthige Belehrung zu geben.

Das Oekonomie-Wochenblatt beschäftigt sich zunächst mit Gegenständen der Haus- Feld- und Forst-Oekonomie, belehrt aber auch den Landmann über Naturerscheinungen, über Verhältnisse des bürgerlichen Lebens, überhaupt über gar manches, das ihm gewöhnlich nicht gesagt wird, und doch gesagt werden sollte. — Das ökonomische Fach nimmt, wie billig, den Hauptplatz ein. Hier werden nun alle Aufklärungen, alle Entdeckungen mitgetheilt, die Irrthümer und Vorurtheile, die im Gange sind, gezeigt, und bessere Anweisungen gegeben, so daß, wer diese Wochenschrift besitzt, in der Ordnung aller ökonomischen Entdekungen, die in Deutschland, England, Schweden u. s. w. gemacht werden, vorschreiten kan. Immer wird bei allen Vorschriften auf den gegenwärtigen Augenblik, so viel als möglich, Rüksicht genommen. So findet man in den fünf Jahrgängen des Oekonomieblatts für mehrere Viehseuchen, sogleich nachdem sie ausgebrochen waren, die treffendsten Mittel angegeben, durch die viele Hundert Stük gerettet worden sind. Für die allgemeinern Krankheiten des Viehes finden sich ohnehin in allen Jahrgängen, besonders aber in dem vorigen Jahrgang, Mittel: freilich keine, wie sie unwissende Schmiede und Hirten angeben, aber um so natürlichere, und eben deswegen um so wirksamere. Wer nur immer darauf merkt, die Ursachen der Zufälle seines Viehes zu erforschen, der wird beinahe in allen Fällen aus dem Oekonomieblatt sich Raths erholen können. Besonders findet man auch in dem Oekonomieblatt Belehrungen, den Schaden, den die an sich wohlthätigen Erscheinungen der Natur zuweilen verursachen, zu vermindern oder ihm zuvorzukommen. So sind im ersten Jahrgang einige Mittel angegeben, erfrorne Bäume wiederherzustellen und zu erhalten, statt dieselben abzuhauen. Im zweiten Jahrgang steht eine bestimmte Vorschrift, die Weinreben vor dem Verfrieren zu verwahren, die durch Beispiele hinlänglich erprobt ist. Anweisungen von der Art müssen doch gewiß eine Wochenschrift empfehlen, und es läßt sich mit Zuversicht behaupten, daß sie für den Landwirth vom grösten Werth ist. Man sehe nur die Register der verschiedenen Jahrgänge nach, und man wird sich leicht von dem mannigfaltigen Inhalt dieser Wochenschrift überzeugen. Wie manche interessante Nachricht, wie manche wichtige Entdekung, wenn sie auch keine halbe Seite des Oekonomieblatts füllt, ist oft zehnfach so viel werth, als der ganze Jahrgang kostet! Tausende von Gulden liessen sich oft gar leicht durch die Benutzung einer einzigen Anzeige gewinnen. Als Beweis der Vorzüglichkeit dieser periodischen Schrift führen wir die Recension in der Jenaer Litteratur-

Zeitung Nr. 101. 1795 an, wo der Recensent sagt: daß unter der Menge der zur Belehrung des gemeinen Land- und Stadtwirths bestimmten ökonomischen Schriften wenige ihrem Endzwek, in Betracht des Inhalts sowol als auch der Form und Einkleidung, so angemessen seyn als dieses Wochenblatt, und daß man darinn einen reichen und mannigfaltigen Vorrath von Aufklärungen und Anweisungen über physikalische, ökonomische, artistische und diätetische, auch moralische Gegenstände in der verständlichsten Schreibart finde.

Das Oekonomie-Wochenblatt kommt alle Woche einmal, und zwar ein halber Bogen in Quart heraus. Der Preis des ganzen Jahrgangs ist bei dem Herausgeber 1 Gulden 30 Kreuzer. Wer es durch die Post beziehen will, wendet sich an die Reichspostämter Kannstatt und Stuttgart, die Bestellung darauf annehmen, und bezahlt 2 Gulden, oder wenn jedes einzelne Stük couvertirt geschikt werden soll, 2 Gulden 30 Kreuzer. Man kann zu jeder Zeit subscribiren, aber nicht anders als auf einen ganzen Jahrgang. Es sind noch Exemplare vom ersten (1790ger) Jahrgang an bis zu dem laufenden zu haben. Man darf sich deswegen nur wenden an das

Stuttgart, 1797.

Herzogl. Wirtembergische Intelligenzkomtoir.

Wohlfeile Ausgabe von Plutarchi opera.

Plutarchi Chaeronensis, quae supersunt omnia. Cum adnotationibus variorum adjectaque lectionis diversitate. Opera J. G. Hutten. Tom. IX. 8. maj. 97.

Für die Besitzer der moralischen Werke unter dem besondern Titel:

Plutarchi Moralia id est opera, exceptis vitis, reliqua, graeca emendavit, Xylandri, Stephani, Reiskii, Wyttenbachii aliorumque animadversionibus illustravit, lectionis diversitatem adjecit. J. G. Hutten. Vol. III. 8. maj. 97.

Auch in diesem Bande wird man den unermüdeten Fleiß des Herrn Herausgebers bemerken, der mit Sachkenntnis und Auswahl alles benützte, was wir bisher über Plutarch besitzen, und der auch in Nachträgen noch dasjenige benutzen und nachholen wird, was noch ferner über diesen schätzbaren Schriftsteller erscheinen möchte, so daß die Besitzer unsrer Handausgabe zuverläßig alles erhalten sollen, was irgend vorzügliches für Plutarch geleistet werden möchte. Wir geben Ihnen diese feyerliche Versicherung, in des Herrn Herausgebers und unserm Namen. Wir werden daher jeden Wink zur Vervollkommnung dieser Ausgabe mit Vergnügen befolgen, und Herr M. Schäfer in Leipzig würde uns deswegen sehr verbunden haben, wenn er statt der unverdienten Ausfälle auf Herrn Rector Hutten im Intelligenzblatt Nro. 106 der allgem. Litter. Zeitung, auf die dieser umständlich in der Vorrede zum 10ten Band antworten wird, gegründete und eines wahren Gelehrten würdige Bemerkungen über unsere Ausgabe mitgetheilt hätte. Wir würden diese zum Besten unsrer Subscribenten benuzt, und er dadurch einen gegründeten Beweis seines vorgeblichen Eifers für die Beförderung des ächten Studiums der griechischen Litteratur gegeben haben. So scheint es aber, der Verleger des Nachdrucks von Wyttenbachs Plutarch habe den gelehrten Hrn. Maaißter etwas weiter geführt, als er vor partheylosen Richtern wird verantworten können, und die Besorgniß unsre Ausgabe möchte dem Absaz der seinigen nachtheilig werden, habe ihn seine Würde so weit vergessen machen, daß er sich Ausfälle erlaubte, die eben so ungegründet als unbillig und unbescheiden sind.

Was wir darauf zu sagen haben, ist dies:

Wer wird es unbillig finden, daß wir Wyttenbachs Ausgabe benutzen lassen! sind wir dies nicht vielmehr unsern Subscribenten schuldig? Wußten wir, als wir vor 5 Jahren die Ausgabe unsers Plutarchs anzeigten und darin alles zu benutzen versprachen, was da war und noch kommen würde, wußten wir damals, daß Herr M. Schäfer den längsterwarteten Plutarch von Wyttenbach nachdrucken würde, und soll uns dies abhalten, unser Versprechen gegen unsre Subscribenten zu erfüllen? Wer wird dies verlangen, wenn ihn nicht Eigennuz dazu bestimmt!

Diesen Eigennuz ein wenig zu strafen, erbieten wir uns, jedem, der sich im Laufe dieses Jahres unmittelbar an uns wendet, die sämmtlichen 9 Theile von unsrer Ausgabe des Plutarchs für 1 Carolin in Golde, oder wer blos die moralischen Werke verlangt, die 3 nun erschienenen Theile derselben für 2 Thlr. 8 gar. sächsisch franco Leipzig abzuliefern, und die folgende Theile im Subscriptionspreis für 22 Gr. den Theil zu erlassen.   Cottaische Buchhandlung in Tübingen.

Denen respektiven Herrn Subscribenten der Bohnenberaischen Charte von Wirtenberg dienet zur Nachricht, daß ohnvorhergesehene Hindernisse den Stich der ersten Platte bisher aufgehalten haben. Diese sind nun gehoben, und wir können die Versicherung geben, daß Ende Octobers das erste Blatt vollendet seyn wird: bis dahin nehmen wir noch Subscription à 1 fl. das Blatt an, nachher bleibt der Preis unveränderlich, 2 fl. für das Blatt. Tübingen, den 2 Sept. 1797.
        J. G. Cotta'sche Buchhandlung.

Neue Verlagsbücher von Schwan und Götz in Mannheim für die Jubilatemesse 1797.

Bulard (des Bürgers) Elementarlehre der Moral für den ersten öffentlichen Unterricht in Frankreich ꝛc. aus d. Franz. mit einer dieselbe beleuchtenden Vorrede 8.   12 gr.
Embsers (Val.) Wiederlegung des ewigen Friedens-Projects. 8. 16 gr.
Fabritius (K. M.) über den Werth und die Vorzüge geistlicher Staaten und Regierungen in Deutschland. 8.   14 gr.
Fragmente zur Kunde der Staatsverfassungsgeschichte des deutschen Reichs. 8.   9 gr.
Frank (J. P.) Grundsätze zur Behandlung der Krankheiten des Menschen, a. d. Lat. 4r Band, von den Räuden. gr. 8. 1796. 20 gr.
— derselben 5r Band, von den Ausflüssen. gr. 8.
Geschichte (militärische) des Marschalls von Turenne, mit 3 Planen. 8.   16 gr.

Jägerschmid (C. F. W.) Abhandlung über die verbesserte Bereitungsart der weissen Stärke und des Puders, nebst Anlegung einer verbesserten Stärkfabrik, mit einer Kupfertafel. 8.   12 gr.
Ideen (heteroklitische) über die natürliche Begränzung der europäischen Staaten, als Grundlage zu einem ewigen Frieden. 8. 1796.   4 gr.
Julie. Eine Erzählung von Rhynvis Feith, nebst einigen andern Aufsätzen des nemlichen Verfassers, mit einem Titelkupfer. 8. 18 gr.
Kösters (W.) Liturgie bei Beerdigungen. gr. 8.   20 gr.
Lebensbeschreibung (kurze) des Ritters Peter von Verschaffelt ꝛc. mit dess'n Bildnisse von Karcher. gr. 8.   8 gr.
Zimmermann (Ad. Heinr. W.) Versuch einer Beantwortung dreier Fragen, das Schul- und Erziehungswesen betreffend ꝛc. gr. 8. 3 gr.

In Commission.

Schönbergers (des Hrn. Hofraths, Andreas) Stichblatt einer allgemeinen Religionsweisheit, und gegen falsche Aufklärung, 8.   6 gr.
— — dessen Weisheit. Buch der Erzeug, Denk und Schlies. 8.   18 gr.
— — dessen Weisheit aus dem Reiche der Menschenrechte, 8. Karlsruhe.   12 gr.

Neue Landkarten.

Spezialkarte des Landes zwischen dem Rhein, der Mosel, Nahe und Saar, bis an das Vogesische Gebirge, Hundsrück und Westrich genannt, in vier Blättern herausgegeben von einem k. k. Ingenier-Offizier. Folio.   2 Rthlr.
— — der Gegend des Lahnflusses von Giessen bis Lahnstein, von ebendemselben, Folio.   12 gr.
(Diese 5 Karten gehören zusammen.)
— — des Rheinlaufs von Lauterburg bis Bingen, 1—3tes Blatt, von Hrn. Dewarat.   1 Rthl. 12 gr.
— — derselben 4tes Blatt von Strasburg bis Lauterburg. Folio.
Diese Karten zusammen machen den Kriegsschauplaz am Rhein, dienen zur Uebersicht der Operationen, und sind für die Herrn Offiziers wegen ihrer Genauigkeit besonders brauchbar.

Von den historischen Gemälden in Erzählungen merkwürdiger Begebenheiten aus dem Leben berühmter und berüchtigter Menschen wird nächstens auch vom 2ten Bande die 2te vermehrte und verbesserte Auflage erscheinen. Den 3ten lieferte ich in der verwichnen Ostermesse und der 4te ist jezt unter der Presse. Ich theile hier den Inhalt von beiden mit.

Der 3te Band enthält: Kapitain Pierce und seine Unglüksgenossen. Rührende und schauderhafte Schiffbruchsscenen. 2. Raynard Choiseul und Elise Dreur. Brutale Störung und tragisches Ende der glüklichsten Liebe 3. Graf Charkam und William Pitt 4. General Melville. Verkettung und Häufung von abentheuerlichen Begebenheiten 5 Generalinn Gaffori 6. Constantia Cezelli 7. Warren Hastings 8. Miß Tawnsend 9. Jonathan Swift 10. Gräfinn von Arundel 11. Anton Raphael Mengs 12. Der Abbe' Chappe d'Anteroche 13. Dyrne 14.

Marquise von Spadara 15. Demoiselle Gautier 16. Artur Sidney und Emma Palmer 17. Shakespear 18. Garrick. 19. Sabinus und Epponina 20. Gonda 21. Fatinea 22. Strassenräuber Galant und Consorten 23. Agrippina 24. Du Moulin, Williams und Consorten 25. Hans Withers 26. Will. Setting 27. Richard Low 28. Sawney Douglas (leztere 6 stellen eine Gallerie verworfner und abgefeinter Spizbuben dar) 29. Roland 30. Marat 31. Lacombe 32. Eulogius Schneider 33. die Familie Düartrey 34. Anquetil du Perron.

Im 4ten Bande, der gewiß zur Michaelismesse erscheinen wird, werden folgende Schilderungen geliefert werden 1. Eine Gallerie der französischen Generale während des siebenjährigen Krieges, als des Marschalls d'Etrées, Grafen von Maillebois, Prinzen von Condé, Grafen de la Marche, Marschalls de Richelieu, Grafen von Clermont, Grafen von Morangie's, Marquis de Contades, Herzog von Brissac, Marquis d'Armentieres, Marquis de Maupeou, Herr von Boisclereau, Marschalls von Broglio, Grafen von St. Germain, Ritters von Muy, Marquis de Castries, Fischer, Prinz von Soubise, 2. Kardinal Ximenes 3. Karl der Zwölfte und Alexander der Große 4. Muhamed der Zweite. 5. Lord Mansfield 6. Lorenz Sterne 7. Sterne's La Fleur 8. Marquise Brinvillier 9. Lucius Sergius Catilina 10. John Law 11. Theodor Servalois. Eine Inquisitionsgeschichte aus dem vorigen Jahrhunderte 12. Graf von Sarjedo. Geschichte eines Betrügers 13. Walther von Geroldseck 14. Anna von Montmorency 15. Dirk Wiet. Schiksale auf einer 30jährigen größtentheils unalüklichen Reise 16. Franz Siegfried Rieche. Mörder seines Richters 17. Hüratoli 18. Robespierre 19. Manuel 20. Leonhard Walther 21. Thomas Mahi von Farras 22. Lord Falkland.

Riga, im Juni 1797.

      Johann Friedrich Hartknoch.

Bei Herrn Unger in Berlin erscheint in nächster MichaelisMesse Agnes von Lilien vollendet.

In meinem Verlage sind erschienen, und in Commission bei P. P. Wolf in Leipzig und allen Buchhandlungen Deutschlands zu haben:
Attisches Museum, herausgegeben von C. M. Wieland. 2tes Heft. 16 gr.
——— 3tes Heft. 16 gr.
 mit diesem Hefte ist nun der erste Theil geschlossen, das Werk selbst aber wird ununterbrochen fortgesezt.
Nachforschungen (meine) über den Gang der Natur in der Entwiklung des Menschengeschlechts, vom Verfasser Lienhard und Gertrud. 8. 20 gr.
Orlando der rasende, in reimfreien jamb. Stanzen, mit Anmerk. und einem Auszuge der Orlando inamorato. 1ster Band. 8. Schreibpap. 1 Rthlr. 8 gr.
 Der 2te Band kömmt zur Herbstmesse.
Beyträge (freymüthige) eines brittischen Offiziers zur Geschichte des gegenwärtigen Krieges, a. d. Engl. 8. 1 Rthlr.
 umfaßt hauptsächlich die Geschichte des Aufenthaltes und des

Rükzuges der brittischen Truppen aus den Niederlanden, mit Anmerkungen und Belegen einiger Augenzeigen.
Nächte (Salomon'sche). Nro. 1. 22 gr.
S. Gessner par J. J. Hottinger, traduit de l'allemand par le traducteur des derniers Idylles de Gessner. avec Portrait par Lips. 1 Rthlr.
Grammaire raisonneé de la langue ital. par A. Eyraud. Maitre de langu. 12 gr.
Dictionaire portatif Italien francois et francois italien, tiré des meilleurs auteurs en ce genre, ou se trouvent tous les mots necessaires, &c. 2. Vol. par Eyraud. 8.
Calender helvet 797 10 gr. netto.

Zürich, im August 1797.

Heinrich Geßner.

Zeichnungen aus der schönen Baukunst; oder Darstellung idealischer und ausgeführter Gebäude mit ihren Grund= und Aufrissen auf 200 Kupfertafeln; mit nöthigen Erklärungen und einer Abhandlung über die Schönheit dieser Kunst begleitet von Dr. Chr. L. Stieglitz. Royal Folio.

Unter der grossen Anzahl von Büchern, die über die Baukunst vorhanden sind, befindet sich doch keines, welches sich mit der Schönheit dieser Kunst besonders beschäftigte. Die meisten Schriftsteller lassen zwar neben dem Mechanischen der Baukunst auch die Schönheit der Gebäude und die mannichfaltigen Verzierungen nicht unberührt, und führen im Allgemeinen Alles an, was hierzu gehört und wie und wodurch sie hervorgebracht werden kann. Jedoch würden sie sich zu weit ausgebreitet haben, wenn sie sich damit so ausführlich, als es dieser Gegenstand verdient, hätten beschäftigen wollen. Oft erlaubte es auch weder der Plan ihrer Werke noch der Umfang derselben, den sie sich vorgezeichnet hatten, Zeichnungen von den vielerlei Arten schöner Gebäude beizufügen, um das, was sie von den verschiedenen Charakter derselben sagten, durch Beispiele zu erläutern und deutlicher zu machen.

Es haben zwar einige Schriftsteller, vorzüglich in England, besondern Fleiß auf die Verzierungen oder die zufällige Schönheit der Gebäude verwendet, dabei aber das übergangen, was zur wesentlichen Schönheit derselben gehört.

Wir kündigen daher den Kennern und Liebhabern der Baukunst ein Werk an, das die Schönheit derselben überhaupt zum Gegenstande hat, und in 8 Lieferungen, jede zu 25 Zeichnungen gerechnet, eine Sammlung vorzüglich schöner Gebäude, theils als eine Uebersicht so mannichfaltiger schöner Werke dieser Kunst darstellt, theils Muster verschiedener Arten von Gebäuden liefert, um bei Anlagen ähnlicher Gebäude eine Auswahl leicht treffen zu können.

Diese Sammlung soll, wie schon der Titel sagt, sowohl ausgeführte Gebäude als auszuführende Ideale enthalten, und jeder Zeichnung wird eine Beschreibung, welche den Charakter des Gebäudes und die Schönheit desselben auseinander setzt, beigefügt. Um aber die Grundsätze, nach welchen diese Gebäude beurtheilt werden müssen, nicht immer wiederholen zu dürfen, geht eine

Abhandlung über die Schönheit der Baukunst, welche einen Versuch einer Theorie dieser Schönheit enthält, voran.

Die schon vorhandenen Werke, welche von den Verzierungen überhaupt handeln, machen es überflüßig in dieser Abhandlung von denselben ausführlich zu sprechen, und Zeichnungen beizufügen, wodurch das Werk zu sehr vergrössert werden würde; da aber die Säulen die vornehmsten Verzierungen der Gebäude sind; so halten wir es für zweckmäßig, dieser Abhandlung eine Beschreibung und Abbildung der fünf bekannten Säulenarten vorzusetzen, da nicht jeder Freund der Kunst, der sich über die Form und Bildung dieser oder jener Säulenart, über die verschiedenen Höhen und Verhältnisse derselben und über ihre charakteristischen Verzierungen unterrichten will, zu jeder Zeit die nöthigen Hülfsmittel bei der Hand haben kann.

Die Unternehmung eines solchen Werks der schönen Baukunst, die einen beträchtlichen Kostenaufwand erfordert, wird hoffentlich jeden begüterten Kunstliebhaber lebhaft interessiren. Wir verdanken bei derselben dem Hrn. Grafen von Findlater und Seafield die grösste Unterstützung, welcher aus Liebe zur Kunst und aus Gewogenheit uns einen reichen Schatz von auserlesenen und mit sehr grossen Kosten auf seinen Reisen gesammelten Zeichnungen mitgetheilt hat.

Mit eben der aufrichtigsten Dankbarkeit können wir die uns bereits zugesicherte Unterstützung vieler hohen Standespersonen, ohne welche diese Unternehmung für uns zu unsicher und zu kostspielig seyn würde, nicht mit Stillschweigen übergehen. Die hohen und resp. Beförderer dieses Kunstwerkes, welche die dazu gehörigen Kupferplatten auf ihre Kosten stechen lassen, sollen namentlich unter jeder derselben mit dankbarer Erkenntlichkeit aufgeführt werden.

Die Bearbeitung des Textes, welcher auf Verlangen in Teutscher und Französischer Sprache zu haben seyn wird, hat der in diesem Fache rühmlichst bekannte Hr. Dr. Chr. L. Stieglitz zu übernehmen die Güte gehabt.

Die Kupferplatten von 15 Zoll Höhe und 10 Zoll Breite werden in Rücksicht der eben erwähnten höhern Unterstützung von den ersten Teutschen Künstlern mit dem grössten Fleisse gearbeitet und dürften daher ähnlichen ausländischen Kupferwerken nichts nachgeben. — Die erste Lieferung erscheint in der künftigen Ostermesse 1798 und die folgenden regelmäßig alle 6 Monate.

Wir unsrer Seits versprechen bei diesem Werke für ein gefälliges Aeussere, schönen Druck, Velinpapier und sorgfältige Abdrücke der Kupferplatten zu sorgen. Die Freunde und Beförderer dieses Unternehmens sind also für die prompte Erscheinung und für das, was sie zu erwarten haben, hinlänglich gesichert und werden sich, wie wir uns schmeicheln, folgende Bedingungen gern gefallen lassen. Ungeachtet wir nämlich bei andern Werken noch nie Vorausbezahlungen verlangt haben; so halten wir doch diese bei einer so kostspieligen Unternehmung sowohl in Ansehung der Freunde der Baukunst als auch in Ansehung unserer nicht für unbillig: zumal da auf keine andere Weise der äusserst geringe Preiß von 10 Rthlr. oder 2 vollwichtigen Louisd'or für jede Lieferung Statt finden würde. Die Vorausbezahlung mit Bemerkung des deutlich geschriebenen Namens, weil die Namen der Abonenten dem Werke vorgedruckt werden, geschieht bei jeder dem

Käufer am nächsten gelegenen oder mit ihm in Verbindung stehenden Buchhandlung Teutschlands und zwar nur gegen einen von uns selbst ausgestellten Schein, worauf noch überdem der Empfänger der Pränumeration durch seines Namens Unterschrift quittirt. Die Namen und Anzahl der Pränumeranten zum ersten Hefte, so wie die Bestimmung des Französischen oder Teutschen Textes erwarten wir längstens bis Ende März 1798. Für jede auf irgend eine andere Art geleistete oder vorgebliche Pränumeration sind wir aber auf keine Weise verantwortlich, noch zu dem Vortheile der Pränumeration verbunden.

Wer sich der Vortheile der Pränumeration nicht bedienen will, wird es auch nicht unbillig finden, nach der Erscheinung des ersten Heftes für dieses und jedes folgende Heft 12 1/2 Rthlr. in 2 1/2 Louisd'or zu zahlen und sich mit spätern Abdrücken zu begnügen.

Leipzig, im July 1797.
        Voß und Compagnie.

Bey Heyer in Giessen gibt der Prediger Schwarz in Echzell (bekannt durch das bei Göschen in Leipzig erschienene Buch **die moralische Wissenschaften** und mehrerer andern guten Schriften) ein Buch für Religionslehrer heraus, unter dem Titel:

> Der christliche Religionslehrer nach seiner moralischen Bestimmung, oder Lehrbuch der Moral in ihrer Anwendung auf den Stand des Religionslehrers in Kirchen und Schulen, und auf die Amtsführung des Predigers ꝛc.

Das Buch soll 2 Bände in gr. 8. stark werden, und zur Ostermesse 1798 der erste Band davon erscheinen. Alle Buchhandlungen nehmen darauf bis Ende Oktobr. 1797. Bestellungen an. Die Subscribenten sollen dem Werke vorgedruckt werden.

(In Tübingen nimmt die Cottaische Buchhandlung Bestellungen an, woselbst auch ausführliche Avertissements gratis ausgegeben werden.)

Im Verlag der **Stettinischen Buchhandlung in Ulm** ist so eben fertig geworden und in allen Buchhandlungen zu haben:

M. J. Schmidts Geschichte der Deutschen, 12ter Theil, oder der neuern Geschichte der Deutschen 7ter Band. Kaiser Leopold. Vom J. 1658 bis 1686. Fortgesetzt von Jos. Milbiller, gr. 8. Ulm 1797.   1 fl. 30 kr.

Versuch über die Medicin; nebst einer Abhandlung über die sogenannte Heilkraft der Natur, von D. K. J. Windischmann, 8. 1797.   24 kr.

I.
Thomas Erskine
Uiber die Ursachen und die Folgen des jezigen Krieges mit Frankreich.

(Beschluß.)

"Diese Antwort stellte, gleich der, welche späterhin dem Lord Malmesbury ertheilt ward, die fränkische Constitution als ein unübersteigliches Hinderniß gegen jede Abtretung irgend eines Theils des Gebietes der Republik auf; sie kündigte jedoch dabei zugleich die Absicht zu unterhandeln an.

"Ich will hier nicht die Anmasungen Frankreichs, noch weniger diesen Grund derselben rechtfertigen, den ich als nichtig, und einer grosen aufgeklärten Nation unwürdig betrachte. Aber aus eben der Ursache scheint mir die Antwort günstiger für die Fortsezung der einmal angeknüpften Unterhandlungen, als wenn die Abtretung aus Gründen der Convenienz, oder National Sicherheit verweigert worden wäre. Man gibt, als Ursache des Entschlusses, Belgien nicht zurückzugeben, einen Vorwand ohne allen Gehalt an: daraus bietet sich mir sogleich die Hofnung dar, denselben durch eine kluge Discussion aus dem Wege zu räumen: meiner Meinung nach gewährte er den Ministern (hätten sie wirklich Frieden gewünscht) weit mehr Leichtigkeit, die Unterhandlung fortzuführen, als sie nachher hatten, um solche, durch die Absendung des Lords Malmesbury nach Paris, neu anzuknüpfen. Hätten sie in diese Unterhandlung jene Mäsigung und Offenheit gebracht, die nicht nur mit Unabhängigkeit und Gröse bestehen, sondern das wahre Charakteristische derselben sind, so hätte sie die wohlthätigsten Folgen haben müssen. Aber statt eines solchen Betragens — was thaten eben die Männer, die uns izt so laut die Redlichkeit ihrer Gesinnungen betheuren, und noch immer unser Vertrauen als FriedensStifter fodern?

"Wickham's Note war nur eine indirecte, und fast möcht ich sagen, vertrauliche PrivatEröfnung dieses unsers Ministers an den fränkischen Bothschafter Barthelemy, verfaßt in der Absicht, die Stimmung der fränkischen Regierung zu erforschen, und den Weg zu weitern Unterhandlungen zu bahnen: und doch hatten wir kaum von dem Directorium eine Antwort in eben dem Styl, dessen wir selbst uns bedient, d. h. eine indirecte, fast wie in Barthelemy's PrivatNamen verfaßte Antwort erhalten, als wir uns sogleich beeilten, sie im Namen des Londner Hofes in ganz Europa bekannt zu machen, und sie als ein Mittel neuer Beschimpfungen für die fränkische Regierung, und eines neuen Sporns zu lebhafter Fortsezung des Krieges zu nüzen.

"Aber was noch viel weiter geht, und wofür die Minister, meiner Meinung nach, lauten Tadel und die strengste Bestrafung verdienen, war, daß sie in den Commentar zu dieser Note ihrem Monarchen eine bis dahin neue Sprache an alle Höfe Europens in den Mund legen; sie fesseln ihn darinn durch eine feierliche Verpflichtung, von welcher abzugehen die Klugheit izt doch sehr erfodern dürfte. "Solange man — sagen sie — "in diesen Gesinnungen beharrt, bleibt dem Kö= "nige nichts übrig, als mit Nachdruk einen eben "so gerechten als nothwendigen Krieg fortzufüh= "ren." Und weiterhin: "sobald die Feinde des Königs "friedlichere Gesinnungen äussern sollten, wird "Se. Majestät mit Ihren Alliirten mit Eifer zu "den zu Wiederherstellung des Friedens dienlich= "sten Masregeln mitwirken."

"Laßt uns nun sehen, wie die Minister diese rührende Sprache ihres Souverains behaupteten. Laßt uns untersuchen, ob sie nicht blos in der Absicht, ihren LieblingsKrieg durch Geld= Anlehen neu zu beleben, das Volk mit FriedensPhantomen blendeten, da sie selbst nicht den mindesten Sinn für Frieden hatten; ob sie nicht den Ton jener ihrer öffentlichen Erklärung an ganz Europa herabstimmten, indem sie einen Bothschafter nach Paris schikten, ohne daß der Feind friedlichere Gesin=

nungen geäussert hatte; ob sie nicht dadurch blos vom Interesse des Augenblicks bestimmt, fälschlicher Weise in Betref des Friedens eine starke Wirkung auf das Volk hervorbringen wollten; ob sie nicht laut anerkannten, daß seit ihrer stolzen Circular-Note etwas sehr Wichtiges vorgefallen sey; wodurch eine neue Aussicht, mit Erfolg zu unterhandeln, eröfnet werde, obgleich im Grunde der Zustand der Dinge immer noch der **nemliche**, oder vielmehr **noch schlimmer**, als zuvor, war: schlimmer, weil man die inzwischen verflossene Zeit zu nichts weniger, als zu aussöhnenden Masregeln genüzt hatte; weil die Franken durch ihre neuern Siege, die im vorigen März auch selbst die Einbildungskraft nicht zu träumen gewagt hätte, nothwendig mit mehr Troze beseelt werden musten, und weil unsre Minister, weit entfernt annehmbarere Vorschläge zu thun, vielmehr beschlossen hatten, sich den Anmasungen, die Wickham's Anträge entgegengestellt worden waren, neuerdings zu widersezen, und schon beim ersten Eintritt in die Unterhandlung ein sine qua non hinzuwerfen, wodurch solche augenbliklich zerrissen werden muste.

„Es würde Beleidigung für das Publikum seyn, etwas durch Gründe unterstüzen zu wollen, was für sich selbst spricht. Um jedoch dem ganzen Faden des Betragens unsrer Minister zu folgen, müssen wir diese wichtige Gesandtschaft etwas näher beleuchten.

„Ich habe die Ehre, mit Lord Malmesbury seit lange bekannt zu seyn. Ich hege die größte Hochachtung für seine diplomatischen Talente, und im ganzen Laufe der leztern Unterhandlung, in sofern sie ihn **persönlich** betrift, finde ich nichts, was solche ändern könnte. Zwar bedaure ich die Eingeschränktheit seiner Vollmacht: aber selbst wenn ich sein Feind wäre, könnte ich ihm nichts zur Last legen; eben so wenig, als ich den Briefträger ausschelten würde, wenn er mir eine Schmäh-Schrift von der Post brächte, kan ich gegen einen Eil-Boten zürnen, weil man ihn mit dem Titel eines Gesandten verziert hat.

„Vom 9 April 1796, dem Datum der Circular-Note des Londner Hofes, bis zur Eröfnung des neuen Parlaments im November, wo Lord Malmesbury's Sendung angekündigt ward, geschah durchaus kein Schritt zum Frieden. Das Publikum fieng an, darüber in Gährung zu kommen. Der ungeheure Belauf der StaatsAusgaben, welche die Fortsezung des Krieges erfoderte, verursachte in Betref der Herbeischaffung des nöthigen Geldes beunruhigendere Schwierigkeiten, als je ein brittischer Minister erfahren hatte. Man entsagte der gewöhnlichen Methode von Anlehen: und da man unmöglich mit Gewißheit die HilfsQuellen vorausberechnen konnte, die der überwallende Eifer des Publikums so schnell eröfnete, so wurden öffentlich Finanz-Projette verhandelt, die in England ganz neu, und gegen den Geist seiner Constitution waren. Nur Lord Malmesbury's Sendung konnte der Nothwendigkeit vorbeugen, seine Zuflucht zu dergleichen gefährlichen Experimenten zu nehmen. Aber ein öffentlicher Schritt zum Frieden, eine glänzende Gesandtschaft, und die Hofnung, welche diese beiden Umständen gewährten, belebten die öfentliche Meinung mit einem solchen Schwunge, daß die Regierung in dem Eifer der Nation Hilfsmittel fand, die sie sich nimmer davon zu versprechen gewagt hatte.

„Um Zeit zu gewinnen, daß diese Operation zu Stande käme, ward Lord Malmesbury angewiesen, mit der gröstmöglichen Förmlichkeit zu unterhandeln. Die Minister hatten beschlossen, (ich untersuche hier nicht, ob mit Recht oder Unrecht?) auf der Trennung Belgiens von Frankreich zu bestehen. Seiner Seits war das VollziehungsDirectorium (auch seine Gründe untersuche ich hier nicht,) entschlossen, dasselbe nicht abzutreten, und es hatte diesen Entschluß schon im März öffentlich erklärt. Wenn demnach England, unabweichlich entschlossen, auf diesem sine qua non zu bestehen, dessen Werth ich, wie gesagt, hier noch nicht untersuchen will, die Unterhandlung wirklich in der Absicht eröfnet hatte, sich zu versichern, ob Frankreich noch immer auf der ungerechten und grundlosen Anmasung beharre, die in Barthelemy's Note an Wickham aufgestellt worden war: so hätte, bei dieser Lage der Dinge, das Geschäft kaum einen Tag dauern können. England würde dann zuvörderst sich unmittelbar auf den bereits im März erklärten Entschluß bezogen; es würde dessen Grundlagen durch siegreiche Gründe und, wie ich glaube, mit Leichtigkeit widerlegt, und darauf eine bestimmte, entscheidende Antwort erwartet haben. Diese einfache Methode hätte alle Spizfindigkeiten abgeschnitten, und augenblicklich zum Resultat geführt. Aber statt dieses geraden und leichten Ganges — was enthielten die ActenStüke, die man dem Hause der Gemeinen vorlegte? wie benahm sich jene Gesandtschaft, deren Glanz das englische Publikum zu so wohlgewählter Zeit mehrere Wochen lang beschäftigte, während man das Anlehen zu Stande brachte?

„Diese ganze prunkvolle Gesandtschaft lief, genau untersucht, darauf hinaus: Der Londner Hof, zu einem sine qua non entschlossen, das er noch nicht zu eröfnen gutgefunden hatte, und das mit dem von Seiten Frankreichs im vorigen März öffentlich erklärten sine qua non geradezu in Widerspruch stand, schlägt Compensation als Grundlage der Unterhandlungen vor. Das VollziehungsDirectorium, entschlossen keine allgemeine Grundlage von Entschädigungen anzunehmen, wodurch seine anfängliche Erklärung, von dem Gebiete der Republik nichts abzutreten, vernichtet werden könnte, antwortet darauf: „es könne die Compensation nicht anders „zur Grundlage annehmen, als insofern man solche näher be„stimme; es fodert, dem zu Folge, den Lord Malmesbury auf, sich desfalls näher zu erklären. Seinen Instructionen gemäs, lehnt der Gesandte diese Foderung ab, bis das Directorium erst die Grundlage angenommen haben würde. Nach langem Hin und Herhandeln über diesen unbedeutenden StreitPunkt, willigt das Directorium — welches nie der Meinung war, noch seyn konnte, daß gegenseitige Entschädigung (die Grundlage aller und jeder FriedensSchlüsse) nicht auch die Grundlage der nun eröfneten Unterhandlung seyn sollte, aber welches zugleich fest entschlossen war, niemals Belgien in diesem Grundsaze mit zu begreifen endlich ein, dis lächerliche Hinderniß aus dem Wege zu räumen: es erklärt sich darüber in einem Schreiben des Ministers Delacroix an Lord Malmesbury, vom 27 November, in folgenden Ausdrüken: „mei„ne Antwort vom 5ten und 22 Brumaire, (26 Oct. „und 12 Nov.) worinn ich Sie auffoderte, sich über „den Umfang der Compensationen näher zu er„klären, enthielt offenbar schon die Anerkennung „dieses Grundsazes: um jedoch allen Vorwand zu „weiterm WortWechsel über diesen Punkt abzu-

"schneiden, erklärt das VollziehungsDirecto-
"rium bestimmt, daß es solchen annimmt." Dem zu
Folge wird Lord Malmesbury aufs neue "eingeladen,
"namentlich und ohne Verzug die Gegenstände
"wechselseitiger Ausgleichung, welche er vorschla-
"ge, anzugeben."

"Wenn nun diese Gesandtschaft wirklich den Frieden zum
Zwek hatte; oder wenn man auch nur die Wahl zwischen
Frieden und Krieg bestimmen wollte: machten da die Talente, der Rang des Mannes, dem man diesen Auftrag ertheilt
hatte, ihn nicht so vielen Zutrauens würdig, daß man ihm die
Bedingungen zu wissen that, die das Ultimatum seiner Sendung
seyn sollten? — und bekannt ist izt, daß Lord Malmesbury
desfalls weder Vollmacht noch Instructionen hatte. Nachdem
die öffentliche Meinung lange genug auf der Folter der Ungedult hingehalten worden war, lenkt der Gesandte aller kathego-
rischen Antwort aus, und verlangt darüber RükFrage bei
seinem Hofe zu halten. Wer sieht nun nicht den Grund
dieser seltsamen Instructionen, dieses gänzlichen Nichts ein,
worinn man einen Mann von so hohem Rang und Talenten
lies? Man wollte Zeit gewinnen; man wollt' es, nicht
nur in Betref des Anlehens, sondern auch wegen des kritischen Zustandes der KriegsAngelegenheiten. Als
zuerst diese Gesandtschaft in Vorschlag kam, befanden wir uns
auf der niedrigsten Ebbe des Misgeschikes; nichts blieb uns mehr
übrig, um unsre Naktheit zu deken, als was wir den Holländern entrissen hatten, zu deren Beschüzung dieser ver-
derbliche Krieg von uns angefangen worden war; der Kaiser,
unser lezter Alliirter, sah den Feind schon fast vor den Thoren
seiner HauptStadt. Aber während Lord Malmesbury's
Aufenthalt in Frankreich klärte der Horizont sich auf; die Thätigkeit, der kühne Muth des Erzherzogs Karl änderten die
Lage der Dinge; man fand, daß der Augenblik immer günstiger
würde, die Unterhandlung zu verzögern.

"Diesen Augenblik wählte Lord Malmesbury, um die
allgemein bekannte Antwort zu übergeben, worinn England foderte, daß der Kaiser in den Status ante
bellum hergestellt würde. Diese Foderung hatte nicht

die Form eines Ultimatums; wenigstens stellt sie die vertrauliche Denkschrift nicht unter diesem Gesichtspunkte auf: das Ultimatum blieb auf die besondern Verhandlungen mit Delacroix ausgesezt, und in diesen bestimmte man, als Bedingung sine qua non, daß Belgien kein Theil des fränkischen Gebietes bleiben sollte. Dis erhellet aus Lord Malmesbury's Schreiben an Lord Greenville.* „Sie be-
„stehen also darauf — sagte H. Delacroix — den
„Grundsaz auf Belgien anzuwenden?... Aller-
„dings — antwortete ich — und ich würde nicht of-
„fen gegen Sie handeln, wenn ich Bedenken trü-
„ge, Ihnen sofort im Anfang der Unterhandlung
„zu erklären, daß Sie nicht hoffen dürfen, daß der
„König in diesem Punkte nachgeben, und je ein-
„willigen werde, daß die Niederlande einen
„Theil von Frankreich ausmachen." Der Gesandte fügt hinzu, H. Delacroix fragte mich noch einmal, ob er
„in seinem Berichte die Trennung Belgiens von
„Frankreich als Bedingung ohne die nicht, wovon
„Seine Majestät niemals abgehen würde, ange-
„ben sollte? Ich erwiederte, daß solches aller-
„dings Bedingung ohne die nicht sey, wovon Sei-
„ne Majestät nimmer abgehen würde." Im nächstfolgenden Paragraph fügt er noch bei: „H. Delacroix be-
„zeugte mir nochmals sein Bedauern über die ab-
„sprechende Art, womit ich diese Erklärung ge-
„than, und fragte mich, ob solche nicht einiger
„Modification fähig wäre? Ich antwortete ihm,
„daß, wenn Frankreich ein schikliches und aus-
„führbares GegenProjekt gäbe, wobei es jedoch
„nie aus den Augen verlieren müsse, daß die Nie-
„derlande durchaus nicht fränkisch seyn, noch zu
„irgend einer Zeit in Frankreichs Hände fallen
„könnten, ein solcher Vorschlag allerdings in Be-
„trachtung gezogen werden würde."

* Dis Schreiben macht dem Lord Malmesbury viele Ehre: es konnte nicht bestimmt seyn, öffentlich zu erscheinen; und doch findet man darinn die ausgearbeitetste Klarheit, Correctheit und Eleganz.

„Dieser lezte Ausdruck, den man als einen Wink betrachtete, der den Weg zu einer weitern Unterhandlung eröfnen könnte, indem er ein GegenProjekt zulasse, besteht nicht nur neuerdings auf dem anfänglichen sine qua non sondern sezt auch noch eine andre, bisher noch nicht aufgestellte Bedingung hinzu: denn Lord Malmesbury bemerkt, daß bei diesem GegenProjekt nicht nur darauf Rüksicht zu nehmen sey, daß Belgien nicht fränkisch würde, was er bereits gesagt hatte, sondern auch, daß es in keiner Lage bleibe, daß es von neuem in Frankreichs Gewalt fallen könnte.

„Nach dieser Unterredung bezeugte Delacroix, doch ohne hierin nach einer bestimmten Instruction zu handeln, seine Besorgniß, daß jene peremtorische Antwort des Gesandten die Unterhandlung abbrechen dürfte, und übergab die Note und die vertrauliche Denkschrift seiner Regierung.

„Nachdem das VollziehungsDirectorium Einsicht davon genommen hatte, und durch Delacroix, zu Folge der Erklärung des Lords Malmesbury, benachrichtigt worden war, daß die Zurükgabe Belgiens, ohngeachtet sie in der Denkschrift nicht als Ultimatum angegeben ward, englischer Seits Bedingung sine qua non wäre, so foderte es den Lord Malmesbury auf, daß er officiell und schriftlich ein Ultimatum vorlegen möchte. Dis Ersuchen war in folgenden Worten ausgedrükt: „und Sie einzuladen, mir auf eine offizielle „Art, innerhalb 24 Stunden, ein von Ihnen un„terzeichnetes Ultimatum zu übergeben."

„Das Ultimatum, welches das Directorium verlangte, hatte unstreitig nur auf Belgien Bezug, und nicht auf die übrigen Punkte, welche die Unterhandlung umfassen konnte. Lord Malmesbury scheint es auch so verstanden zu haben; denn in seiner Antwort, worinn er seine officielle Note in Verbindung mit seinen mündlichen Erklärungen sezt, drükt er sich folgendermasen aus: „er kan demnach den Versicherungen, die „er dem Minister der auswärtigen Angelegenheit„ten bereits sowohl mündlich, als in seiner offi„ciellen Note ertheilt hat, nichts beifügen."

„Diese Antwort des Lords Malmesbury, welche klar,

bestimmt und männlich war, sezte das gegen Delacroix mündlich geäusserte sine qua non in Verbindung mit der in der vertraulichen Denkschrift aufgestellten officiellen Foderung des status ante bellum. Das Directorium betrachtete sie unter diesem Gesichtspunkte; es schränkte sich mithin darauf ein, sein erstes, in der auf Wickham's Antrag, im verflossenen März, ertheilten Antwort enthaltenes Ultimatum zu wiederholen, „daß es neulich auf keinen Vorschlag hören „würde, welcher der Constitution, den Gesezen „und den Verträgen der Republik zuwider wäre." Da diese Antwort Ultimatum gegen Ultimatum über einen bestimmten Punkt war, so muste die Unterhandlung sich damit endigen: offenbar würde sie nicht einen Tag, ja nicht eine Stunde gedauert haben, wenn England, welches den von Frankreich schon zuvor in Betref Belgiens im Angesichte von Europa erklärten Entschluß kannte, insofern es ein für allemal darauf beharrte, sich dieser Anmasung zu widersezen, sogleich gefragt hätte: „ob man auf keine Weise geneigt sey, diese erste „Erklärung aufzugeben oder zu modifiziren?"

„Als die nähern Umstände dieser Unterhandlung von dem Hause der Gemeinen, am 30 Dec. 1796, in Erwägung gezogen wurden, entfaltete der Minister ganz jene schlaue Gewandtheit, wodurch er sich so sehr auszeichnet. Sein Plan war, die Aufmerksamkeit des Hauses von den vielen Inconsequenzen und kahlen Ausflüchten abzulenken, die beim ersten Blike in die Acten-Stüke dieser Unterhandlung in die Augen springen. Zu dem Ende suchte er mit groser Mühe den Geist des Parlaments zu erbittern, indem er von nichts, als den übermüthigen und trozigen Anmasungen Frankreichs sprach, die durch ihre beispiellose Ungereimtheit und Unstatthaftigkeit das ernstliche Verlangen der Minister nach Frieden vereitelt hätten. Mit vieler Kunst stellte er daher den verweigerten Punkt, die wahre Klippe der Unterhandlung, in Schatten; weislich verschwieg er die Geschichte seiner Administration, welche allein Frankreich sowohl die Macht als die Stimmung gab, die geforderte Zurükgabe Belgiens zu verweigern, und legte dagegen nur die Schein-Gründe vor, die es für dessen Behauptung anführte; Gründe, die ich der Lezte seyn würde, zu vertheidigen, die ich für ungereimt und lächerlich halte, aber die in der That ganz ausser dem Kreise der HauptFrage lagen. Pitt wuste vollkommen diese schwache Seite seines Gegners aufzufassen und zu nüzen. Er machte daraus die einzige Ursache des Bruchs der Unterhandlung, und triumphirte in dem Hause durch eine beredte, aber — wie ich sogleich zeigen werde — täuschende Darstellung.

„Pitt stüzte sich dabei nur auf die **Nichtigkeit der Gründe, welche Frankreich anführte, um Belgien zu behalten, und keineswegs auf die Gefahr, die für uns damit verknüpft seyn würde, wenn es in dessen Besiz bliebe.** Er sprach weitläuftig gegen die Ungerechtigkeit einer Nation, die sich's herausnähme, noch während eines Krieges ein erobertes Land unwiderruflich ihrem Gebiete einzuverleiben: * er gieng noch weiter; er berief sich selbst auf die **fränkische Constitution**, und läugnete, daß solche diese Einverleibung auf eine unwiderrufliche Art festgesezt habe. Dieser Theil der Rede des Ministers war unstreitig der ausgearbeitetste, der scharfsinnigste, der stärkste an Gründen: mir fiel, indem ich sie hörte, jenes ihm wie angebohrne Misgeschik auf, das ihn unwiderstehbar dahinreißt, seine Handlungen immer durch Grundsäze zu coloriren, welche ganz verschieden von jenen sind, die er in der That befolgt.

„Wenn, bei dem weiten Umfang der **Küsten Belgiens** und andern **LocalUmständen**, England wirklich, wegen seiner eignen Sicherheit, oder wegen seines Interesse an dem politischen Gleichgewicht des festen Landes, diese Provinzen nicht ohne Gefahr in Frankreichs Händen lassen kan; wenn eine richtige Po-

---

* Pitt scheint hiebei die Einverleibung von Corsika, durch die feierliche Annahme der Krone von Seiten Sr. Majestät, vergessen zu haben. Ich möchte mir nicht die Beleidigung gegen den König erlauben, anzunehmen, daß, wenn die Corsen durch die KriegsEreignisse sich gezwungen gesehen hätten, unseen Schuz, als den Lohn ihrer Huldigung, aufzufodern, Er sie der Rache ihrer vorigen Beherrscher preisgegeben haben würde. Da Er indeß die Krone ohne Zustimmung des Parlaments angenommen hatte, so hätte man den Knoten zerhauen, und die Minister hätten gesagt, daß Corsika nie rechtmäßig der brittischen Krone einverleibt worden sey.

litik wirklich die Fortsezung des Krieges erfodert, in der Hofnung, deren Zurükgabe zu erzwingen: so hat der Minister ein ganz einfaches Mittel, sein Benehmen zu rechtfertigen. Aber dann muß er seine Vertheidigung nicht auf die Gründe, die Frankreich für seine Weigerung anführt, sondern auf diese Weigerung selbst stüzen.

„Laßt uns, um die Stärke dieses Raisonnements zu prüfen, annehmen, Frankreich hätte sich willig bezeugt, Belgien und jedes einigermasen wichtige Land, das man von ihm zurükföderte, abzutreten, mit Ausnahme einiger unbedeutenden Forts oder Städte, die es vermöge des Prinzips einer in seiner Constitution enthaltenen unwiderruflichen Einverleibung zurükzugeben verweigerte; laßt uns — damit jener Grund die volle Probe bestehe — ferner annehmen, daß England selbst erkenne, daß das wenige verweigerte Land von keiner Wichtigkeit für es sey: würde man wohl, in solchem Falle, behaupten, daß wir den Krieg fortsezen müßten, nicht wegen Abtretung eines für uns gleichgiltigen Gebietes, sondern lediglich weil Frankreich einen irrigen Grund aufgestellt hat, warum es solches behalten müsse? Da wir nun schon fünf Jahre Krieg führten, um dessen ganze Constitution zu vernichten, und endlich den Gedanken an diese Vernichtung aufgaben: sollen wir nun den Krieg fortsezen, um diesen Splitter von einer Ele derselben abzuschlagen? Oder angenommen, daß Frankreich uns hierinn nicht einmal seine Constitution entgegensezen könne: sollen wir noch weitere 100 Millionen Pf. St. aufwenden, um ihm zu beweisen, daß es seine Constitution nicht verstehe, und daß Pitt der einzige wahre Ausleger derselben sey?... Doch ich lasse dem Minister nur Gerechtigkeit widerfahren, wenn ich mich überzeugt halte, daß er weit entfernt ist, an dergleichen Ungereimtheiten zu glauben. All dieser Aufwand von Beredsamkeit also, womit er uns den Un-Grund der Raisonnements des Feindes entwikelte; alle seine Kunst, die wahre Frage in Schatten zu stellen, den Werth des verweigerten Punktes, und das Wagestük, solchen durch Fortsezung des Krieges erzwingen zu wollen, fast unberührt zu übergehen — sind eben so viel Stratageme, wodurch er dem Hause und der Nation verbergen wollte, daß wir im Grunde nur wegen Belgien Krieg führen.

„Laßt uns, um unsre politische Marktschreierei aus einem neuen GesichtsPunkte zu beleuchten, den Fall sezen, daß Frankreich den Grund der in seiner Constitution enthaltenen Einverleibung ganz aufgäbe, und, wie es gegen sein Volk gethan hat, behaupte, daß es Belgien behalten wolle, weil dieses Land ihm zu seiner Sicherheit gegen künftige Angriffe der nördlichen Mächte Europens nöthig sey: würden wir, in dieser Voraussezung, dem Frieden näher seyn, als wir es izt sind? — Nein; und ich beziehe mich desfalls auf die erste Note des Lords Malmesbury, worinn die Zurükgabe Belgiens an den Kaiser vorgeschlagen wird, indem man sich auf die Verträge bezieht, welche Seiner Majestät zur geheiligten Pflicht machten, auf dieser Bedingung zu bestehen.

„Auch hieraus folgt der Schluß, daß die Verweigerung der Zurükgabe, was auch immer deren Ursache seyn mochte, der Unterhandlung ein Ende machen muste, weil die von Seiner Majestät feierlich übernommene Verbindlichkeit durchaus keine Beziehung auf den Widerstand gegen die übermüthigen, dem VölkerRechte widersprechenden Anmasungen Frankreichs hatte, sondern sich darauf einschränkte, dem Könige zur Pflicht zu machen, für den Kaiser die WiederErlangung des Besizes der Niederlande zu bewirken.

„Die wahre Ursache der Fortsezung des Krieges ist demnach das sine qua non von Seiten Englands, d. h. Belgien, und nicht der Grund, weswegen der Feind dessen Zurükgabe verweigerte.

„Die brittische Nation führt also Krieg wegen Belgien, da, angenommen daß alle andern Hindernisse aus dem Wege geräumt wären, dieses Land in dem Wege der Unterhandlung, nach der Art wie die leztere sich endigte, ein unübersteiglicher Stein des Anstosses bleibt, indem Frankreich es ein für allemal behalten, England es ein für allemal ihm entreissen will.

„Aber sollte Frankreich denn wirklich keinen andern Grund haben, warum es Belgien behalten will, als den der constitutionellen Einverleibung dieses Landes mit seinem Gebiete? — Wir haben alle Ursache, das Gegentheil zu glauben. Aus Delacroir's Unterredung mit Lord Malmesbury wissen wir, daß dis Land zwar nicht durch einen Act der Regierung abgetreten werden kan, aber daß doch die UrVersammlungen deßen Zurükgabe verfügen können. Inzwischen hat Frankreich öffentlich und officiell andre Gründe angegeben, warum es diese Provinzen behalten will, und diese Gründe sind, meiner Meinung nach, allein die giltigen und wahren.

„Diese Gründe, welche Frankreich gefliffentlich unter scheinbaren Vorwänden verhüllt, verwikeln die Minister in eine weitumfassende Verantwortlichkeit, die ich der brittischen Nation in dieser Schrift offen darzulegen zur Absicht habe. Frankreich betrachtet die Einverleibung Belgiens mit seinem Gebiete als einen Act der Nothwendigkeit, den der ungerechte Angrif des gegen es conföderirten Europens ihm als eine Garantie gegen die weitern Versuche eben dieser Conföderation zur Pflicht machte.

„Es ist bekannt, daß Frankreich vor dem Pillnizer Tractat, der die Vernichtung seiner Constitution und die Zerstükung seines Gebietes zur Absicht hatte, nicht daran dachte, seine Gränzen zu erweitern. Europa hatte feindliche Plane gegen dasselbe entworfen; der Kaiser hatte den Krieg angefangen, ehe der Einfall in die Niederlande geschah. Ludwig XVI suchte es durch Bitten, die dem Scheine nach eben so aufrichtig als eindringend waren, dahin zu bringen, daß Leopold seinen Projekten entsagte, und der Friede in Europa erhalten würde. Die desfalsigen StaatsSchriften waren von ihm, als Könige der Franken, unterzeichnet; und obgleich es eigentlich mehr die Schritte seiner Minister waren, so bezeugte der unglükliche Monarch doch sowohl während seines Prozesses als kurz vor seinem Tode, wie vielen Antheil er daran genommen hatte. Schon geraume Zeit hatte der Krieg gewüthet, als Er, der sein Schiksal in dem verderblichen Schuze, den die Könige ihm aufdrangen, las, sich aufs neue an GrosBritannien wandte, um dessen Vermittelung bei dem Kaiser zu erwirken. Diese Eröfnung ward mit stolzem Troze zurükgestoßen. Er schlug vor, gute Harmonie und allgemeinen Frieden zu erhalten, und feierlich auf jede

Eroberung Verzicht zu leisten: unsre Minister verwarfen auch diesen Antrag mit gleichem Uibermuth.

„Die Republik, sogleich bei ihrer Entstehung, that uns dieselben Erklärungen, dieselben Anerbieten: wir paarten izt Schimpf mit Weigerung, und jagten ihren Gesandten aus dem Reiche fort.

„Von diesem Augenblike an sah man Frankreich und Europa gegen einander im Kampfe. Hätten die coalirten Heere durch Elsaß oder durch Flandern in's innere Frankreich vordringen können, so war es um die Republik gethan: könnten eben diese Armeen es noch morgen thun, so würde die Republik morgen wieder ihre Unabhängigkeit in Gefahr sehen. Und diese Lage ist es, welche Frankreich bestimmte, Belgien mit seinem Gebiete zu vereinigen; die Besorgniß ähnlicher Gefahren ist es, die sich nun dessen Zurükgabe entgegenstellt.

„Alles das sind ThatSachen; ThatSachen, die nicht nur das zwekwidrige Verfahren der Minister entlarven, sondern auch bis zur Evidenz beweisen, daß, solange sie auf der bisherigen Linie ihrer Politik fortgehen, Frankreich, durch das Gefühl seiner Sicherheit geleitet, in Nichts von den Foderungen nachgeben wird, wozu es bereits durch dis Gefühl veranlaßt ward.

„Ein Britte kan kein Vergnügen daran finden, diese traurige Aussicht zu zeichnen: aber kan man eine Krankheit zu heben hoffen, indem man sie verhehlt? Um eine Wunde zu heilen, muß man sie untersuchen. Werde ich beschuldigt, daß ich dem Feinde Gründe an die Hand gebe — wie bis neuerlich Foren im Hause der Gemeinen widerfuhr — so antworte ich, daß es nicht erst von mir aufgefundne Gründe, sondern die öffentlichen Gründe Frankreichs sind; daß wir, um sie ihm zu entreissen, erst durch ein entgegengeseztes Betragen die SpringFeder, die solche aufgespannt hat, in Ruhe sezen, das Gefühl der Gefahr, wodurch es so mächtig auf die Masse seines Volkes wirkt, tilgen, und auf solche Art es unvermerkt von seinem System abbringen müssen. Wir wollen uns nicht selbst hintergehen: Nationen und die Korps, die in ihrem Namen berathschlagen und handeln, bestehen aus Menschen; ihre Handlungen werden stets durch Interesse und Leidenschaft geleitet werden. Kan denn nun — so frage ich — nach diesem Grundsaze, GrosBritannien, bei seinem jezigen Kabinet und bei seinem jezigen System, erwarten, daß Frankreich, das in unsern Erklärungen solange aus dem Kreise aller StaatsGesellschaften verstossene Frankreich, izt gleiche Mäsigung und Nachgiebigkeit bezeuge, als wenn nur von einem gewöhnlichen Kriege die Frage wäre? Wollte Gott, daß von dem Augenblik an, da wir zur Besinnung zurükkehren werden, alle Gründe der Erbitterung, die izt es beseelen, aus seinem Andenken verschwinden möchten! Man muß es wünschen; aber man würde sich wenig auf das menschliche Herz verstehen, wenn man es erwarten wollte.

„Ein Streit zwischen zwei Nationen gleicht ganz einem Streite, der sich zwischen zwei einzelnen Menschen erheben könnte, die in einem noch so rohen Zustande der Gesellschaft leben, daß noch kein festes Gesez ihre gegenseitigen Verbindlichkeiten bestimmte. Die Analogie ist vollkommen, da zwei Völker keinen gemeinschaftlichen Obern erkennen. Wenn ich, in einem solchen Zustande, statt meinem Gegner den StreitPunkt vorzutragen, die Beleidigung, die er meiner Person oder meinem Eigenthum zugefügt hat, darzuthun, und deshalb Genugthuung von ihm zu fodern, ihn öffentlich für einen Räuber, für einen Bösewicht erklärte, der unfähig sey, in der bürgerlichen Gesellschaft zu leben; wenn ich alle seine Nachbarn gegen ihn aufhezte, um sein Feld zu verwüsten und seine Wohnung zu zerstören; wenn ich seine Kinder und Knechte anreizte, ihn zu plündern und zu ermorden; wenn dann das tiefe Gefühl einer so schreklichen unveranlaßten Mishandlung ihm hundertfache Kraft gäbe, und er mich und meine Genossen bezwänge, sein Land durch Eroberungen erweiterte, und wieder Ordnung in sein empörtes Haus brächte; wenn ich mich dann, nach seinem Siege, mit dem Tone heuchlerischer Aussöhnung ihm näherte, und ihm sagte, daß ich fände, daß eine grose Veränderung mit ihm vorgegangen sey, daß ich ihn nun für fähig hielte, in den gewöhnlichen Verhältnissen mit mir zu leben, und ihm erklärte, daß, wenn er denen, die, mit mir, gleiche Leidenschaften gegen ihn gehegt hätten, das, was er ihnen abgenommen, zurükgäbe, ich Frieden mit ihm machen wollte; welche Antwort würde ich, solange der Mensch Mensch bleiben wird, auf diese empörende Sprache zu erwarten haben?... „Wenn ich" — so würde er mir antworten — „gewiß seyn könnte, daß du aufrichtig wä-„rest, daß du und deine Nachbarn, gegen die ich mich in Sicher-„heit zu sezen genöthigt war, im Ernste Frieden mit mir woll-„tet: so würde ich vielleicht euren Anträgen Gehör geben. Zu „der Zeit, da eure ungerechten Angriffe gegen mich begannen, „sagte ich euch, daß ich mein Feld nicht erweitern wollte, daß „ich in Frieden mit euch zu leben wünschte: ohngeachtet dieser „Erklärung zwanget ihr mich, mein und euer Blut zu vergie-„sen, das Feld meiner Nachbarn zu verheeren, gegen meine durch „eure Aufreizungen empörte Familie zu wüthen. Wenn ich „mir nun euer Anerbieten gefallen lasse; wenn ich zurükgebe, „was meine Sicherheit mir zur Pflicht macht, zu behalten: „wer bürgt mir dafür, daß ihr nicht, sobald ihr euch wieder „erholt habt, sobald eure Beulen geheilt sind, auf's neue das „nemliche Gewitter gegen mich zusammenwälzet, zu einer Zeit, „da ich vielleicht weniger im Stande bin, ihm Widerstand zu „leisten? Ich muß also behalten, was ich mir errungen habe. „Uiberdis habe ich auf dieses Land Geld entlehnt; die Besizer „haben mir Vorschüsse darauf gethan; ihre Unterstüzung war „mir nüzlich; ohne sie wäre ich vielleicht unterlegen; ich habe „geschworen, sie nicht zu verlassen" ... So würde jeder einzelne Mensch, so jede Nation unter Gottes Himmel antworten, wenn die stolzen Herausfoderer des Streits beschämt den Antrag zum Frieden thäten.

„Was die wirkliche Gefahr, Belgien in Frankreichs Händen zu lassen, betrifft, so bin ich über diesen Punkt nicht tief genug unterrichtet, um ihn hier in seinem ganzen Umfang zu erörtern; er begreift eine Menge wichtiger Betrachtungen, worüber die Meinungen sehr getheilt seyn können: aber ich bin sehr überzeugt, daß man bei Berechnung seiner Wichtigkeit zugleich auch auf die Wahrscheinlichkeit, diese Provinzen wiederzuerobern, und auf den Preis, den sie uns kosten könnten, Rüksicht nehmen muß. Man muß nicht vergessen, daß, wenn wir auf diesen Zwek hin, unter dem Vorwand, daß unsre Sicherheit es erfodre, den Krieg fortsezen, wir denselben um einen Preis erhalten könnten, der uns nichts mehr zu sichern übrig lassen, unsern Credit vernichten, und unsre Regierung auflösen würde.

„Es verdient bemerkt zu werden, daß die mehrsten Gründe, deren man sich itzt bedient, nicht Frieden zu machen, solange Belgien mit Frankreich vereint seyn wird, sich nur auf mögliche und entfernte Folgen stüzen: und diese Gründe tönen am lautesten aus dem Munde eben der Männer, die alle, auch noch so nahen Folgen verachteten, wenn man solche dem KriegsSystem entgegenstellte. Man weiß, daß sie, als sie zuerst diesen grosen Kampf veranlaßten, selbst die einleuchtendsten und kläglichsten Folgen desselben nicht sehen wollten, und daß sie, jemehr solche nach und nach in Erfüllung giengen, desto verächtlicher darauf, als auf eitle und schwärmerische Speculationen, herabsahen. Itzt hingegen, da sie mit den Folgen drohen müssen, um die Fortsezung eines Krieges zu rechtfertigen, den sie troz aller vorausgesagten Folgen angefangen und verlängert haben, verlieren sie sich in die weitaussehendsten und zweifelhaftesten Speculationen, die je in das Gehirn eines StaatsMannes kamen. Um die Nation der Vortheile des Friedens zu berauben, sehen sie viel weiter in die Zukunft hinaus, als ihre Gegner es von ihnen verlangten, um die Gräuel des Krieges abzuwenden. Mit all der Aengstlichkeit, die man den wichtigsten Einwürfen zu weyhen gewohnt ist, berechnen sie jede nur irgend gedenkbare nachtheilige Folge eines Vertrags, der Frankreich den Besiz eines weitgedehnten neuen Gebietes gäbe, und weissagen Gefahren für GrosBritannien, die nur in der Möglichkeit einer sehr entfernten und sehr ungewissen Zukunft liegen. Ist ein solches Betragen nicht geradezu allen Grundsäzen der Politik und der allgemeinen Moral zuwider? Krieg ist, seinem Wesen nach, politisch und moralisch betrachtet, ein so fürchterliches Uibel; er bringt, selbst wenn er alle seine Zweke erreicht, so viel Elend über die Menschheit, daßman ihn nie unternehmen sollte, als nachdem man zuvor alle Bemühungen und alles Nachdenken darauf verwendet hätte, ihn zu verhüten. Im Gegentheil ist der Friede die Quelle so vieler Segnungen, daß alle Völker sich mit Inbrunst in seine Arme stürzen sollten, ohne sich durch entfernte oder zweifelhafte Besorgnisse davon abhalten zu lassen. Wie ungeheuer muß also nicht die Verantwortlichkeit derer seyn, die den Krieg so tollkühn beschleunigten, und sich nun so langsam zeigen, Frieden zu unterhandeln!

„Dieser unglükliche Starrsinn bringt stündlich die traurigsten Wirkungen hervor. Der Krieg ist ganz von seinem ursprünglichen Grundsaze zu einem andern, eben so unvernünftigen Zweke abgesprungen. Sein erster Zwek war, der Natur der Sache nach, unerreichbar; und dieser erste Irrthum führte uns dahin, daß wir uns nun für einen nicht minder träumerischen Zwek schlagen. So gros ist hierinn die hartnäkige Verblendung der Urheber des Krieges, daß sie, in ihrer Leidenschaft für diese schrekliche Geissel, sowohl den alten Grund, wornach sie ihn anfiengen, als den neuen, wornach sie ihn fortsezten, vergessen zu haben scheinen. Der einzige Grundsaz, der unveränderlich alle Perioden dieses Krieges charakterisirte, war der, daß die Ausdehnung des Gebietes von Seiten Frankreichs minder gefährlich wäre, als die durch sein System in dem Geiste der Einwohner bewirkten Veränderungen; seine Eroberungen schienen den Ministern Nichts, in Vergleich mit seinem Proselytism. Und doch lassen sie izt, um Belgien, blos als Land, in Rüksicht seiner SeeKüsten und des Gleichgewichts der Macht auf dem festen Lande, von Frankreich zu trennen, die ganze Gestalt der Erde sich mit einer Schnelligkeit ohne Beispiel und unter ihren Augen ändern — und der einzige Grund davon ist die Verlängerung des Krieges. Während sie und ihre Echo's ihre Zeit damit hinbringen, gegen unsre theoretischen Republikaner zu schimpfen, die nur in ihrem Gehirn existiren, bedekt ihr ausschweifendes KriegsSystem ganz Europa in der That mit Republiken, die erst nur Phantome ihrer zerrütteten Einbildungskraft waren, aber seitdem durch ihr Betragen Wesen und Wirklichkeit gewannen.

„Es ist traurig, daß diese Bemerkung, weit entfernt blos Sarkasm gegen die Regierung zu seyn, nur allzuwahr ist. Dieser Krieg soll, wie man öffentlich erklärt, je nach Erfodern der Umstände, noch einen oder mehrere Feldzüge fortgesezt werden; gerade als ob man seine Dauer nach blosen Berechnungen über die Ausgabe bestimmen, und ihn dann, etwa wie eine Wohnung, nach Laune oder Willkür aufsagen könnte. Und doch, während die grosen, regelmäsigen Mächte Europens, unter sich entzweit und durch ihre Anstrengungen erschöpft, als Gegner schwach, und ihren eignen Unterthanen verächtlich geworden sind, sieht man die kleinen Staaten Italiens, aus denen eine ofne und männliche Unterhandlung Frankreich hätte entfernt halten können, unter dem zaubervollen Panier des Sieges und des Ruhms, sich in dem StaatenSystem zu einem neuen Rang aufschwingen: und England, welches dem republikanischen Frankreich eine Constitution und Grenzen vorschreiben, und in Paris das eingebildete Gleichgewicht Europens bestimmen konnte — England wird sich wahrscheinlich bald dahin gebracht sehen, für seinen eignen Boden und für seine Constitution zu fechten, zu einer Epoche, da Verschwendung und Vorausbenuzung seiner HilfsQuellen die Anhänglichkeit an die treflichen Grundsäze seiner Constitution geschwächt, und jenen Enthusiasm vernichtet haben, den nur der praktische Genuß einer guten StaatsVerwaltung einflösen kan. Ich sage offen und kühn meine Meinung über den Frieden. Wenn man die gegenseitige Lage beider Länder betrachtet, so ist die Zurükgabe Belgiens an den Kaiser und die Ausgleichung wegen St. Domingo, oder jede andre Grundlage zur Unterhandlung, nur ein StaubKorn in der Wagschale, in Vergleich mit dem Geiste und der Natur des Friedens, der späterhin gemacht werden dürfte.

„Angenommen, daß wir durch unsre grosen HilfsQuellen und durch einen Wechsel des KriegsGlükes Frankreich zwingen könnten, von seinen dermaligen Foderungen abzustehen, nicht in Hofnung einer neuen Epoche von Sicherheit, Vertrauen und Freundschaft, sondern um einer politischen Explosion, welche durch die gänzliche Vernichtung seines Credits erzeugt werden könnte, vorzubeugen: so erwäge man kaltblütig, was das für ein Friede wäre, bei dem noch immer alle Erbitterung zurükbliebe! wie leicht es Frankreich seyn würde, unsre Finanzen und unsre Constitution, deren Erhaltung einzig auf dem öffentlichen Credit beruht, auf's neue in Gefahr zu bringen! Jener erkünstelte Haß, jenes NationalMistrauen, die man izt gegen Frankreich aufzureizen sucht, sind daher für England die gefährlichste und verderblichste Politik. Kein Britte kan weniger geneigt seyn, als ich, Frankreich auch nur ein Atom von den Grundsäzen unsrer Väter aufzuopfern; stets wird man mich vorn an unter ihren eifrigsten Vertheidigern finden, weil ich vor vielen andern dazu erzogen wurde, ihren Werth zu erkennen. Aber die Treflichkeit unsrer Einrichtungen; die unbezwingliche Anhänglichkeit, welche sie stets einflösen müssen, wenn sie in den Händen einer redlichen Administration sind, ihre innige Verbindung mit dem öffentlichen Credit des Staats, überzeugen mich von der grosen Wahrheit, daß unsre Rettung durchaus von einem schleunigen und grosmüthigen Frieden abhängt; von einem Frieden, der „im Geiste des Frie„dens gesucht wird, und auf wesentlich friedliche „Grundsäze gebaut ist." Diese leztern Worte gehören Burke zu: er bediente sich derselben zu einer Zeit, da wir — nach seinem eignen Ausdruke — „noch im Lichte wirkten." Er gebrauchte sie, als er die Mittel angab, wodurch Amerika wieder zur Unterwerfung gegen GrosBritannien hätte gebracht werden können; eine Unterwerfung, welche diesem leztern so vortheilhaft gewesen, und wodurch alles Elend, das seitdem Europa verwüstete, abgewendet worden wäre.

„Burke's Schriften hatten auf den Anfang und die Verlängerung der jezigen unglüklichen Fehde einen starken und dauernden Einfluß. Laßt uns daher Gewinn von der tiefen Weisheit ziehen, die seine frühern Schriften über die Grundlagen, worauf man den lezten Frieden bauen müße, enthalten.

„Wenn ein ausserordentlicher Mann auf der WeltSchaubühne auftritt, der die Masse der Aufklärung mit höhern Maximen der Politik und Weisheit bereichert, so können keine, wahre oder scheinbare Widersprüche in seinem nachherigen Betragen oder Ansicht der Dinge, deren Verdienst vernichten. Wir müssen die Werke der Menschen nicht als Offenbarungen, sondern als wandelbare Producte unsrer unvollkommenen Natur aufnehmen, worinn wir, mittelst unsrer Vernunft, das Gute von dem Schlechten sondern müssen. Unter diesen GesichtsPunkt muß man alle menschliche Auctoritäten stellen: es ist ein trauriger Ruhm, zu entdeken, daß der Mensch unvollkommen ist; und es wäre ein sehr thörichter Gebrauch von einer solchen Entdekung, wenn wir seine Weisheit verschmähen wollten, da der gröste Vorwurf, den man seinen Irthümern machen kan, darinn liegt, daß sie uns dieser Weisheit berauben könnten. Wie sehr ich auch von Burke's Meinungen abweiche, und wie sehr die Folgen seiner lezten Schriften mich kränken: so beurtheile ich ihn doch immer aus diesem GesichtsPunkte. Gerne bekenne ich, daß, wenn ich in meinen Geist hineinblike, und finde, daß er seine bessern Einsichten und Grundsäze fast ganz jenem unermeßlichen Kapital politischer und moralischer Weisheit zu danken hat, welches Burke dem MenschenGeschlecht als ErbTheil hinterlies, ein so heisses und heiliges DankGefühl mich ergreift, daß ich's nicht über mich erhalten kan, mit einem so ehrwürdigen Gegner in die Schranken zu treten. Ich fühle, daß seine spätern Schriften mich nicht täuschen können, weil seine frühern mich gegen diese Täuschungen gewafnet haben. Und wenn ich noch überdis auf seine unerschütterliche Festigkeit hinblike, zu einer Zeit, da alle Unterstüzung von Menschen und Umständen ihm entzogen ist; wenn ich ihn mit denen vergleiche, die seine Irthümer nur darum vertheidigten, weil sie ihnen vortheilhaft waren, und sie wieder verwarfen, weil sie nicht mehr in ihre Plane paßten: so erscheint er mir, bei dieser Vergleichung, so groß, daß, wenn dann mein Blik auf die Minister fällt, ich ihn wie auf dem Gipfel einer unzugänglichen Erhabenheit sehe.

„Burke hatte sein ganzes System einer Aussöhnung mit Amerika nicht auf beschränkte und temporäre, sondern auf bleibende und allgemeine Grundsäze gebaut: nicht nur auf den Streit zwischen einem MutterLande und seinen Colonien, sondern auf jeden gedenkbaren Zwist zwischen gleichen und unabhängigen Nationen waren sie anwendbar; sie waren nicht den Wechseln des Characters und der

Stimmung der streitenden Parteien unterworfen, weil sie, auf die Natur gegründet, das ganze MenschenGeschlecht umfaßten.

"Die Maximen der Pacification, die Er vorschlug, waren klar und einfach, und eben darum desto weiser. Denn Weisheit besteht nicht in Verwikelung: das System des WeltAlls ist einfacher, als eine Dorfuhr.

"Die erste grose Maxime, auf die ich bereits aufmerksam machte, und die im Grunde alle andern in sich schliest, ist die: "daß der Friede nicht durch das Mittel d'es Krie"ges, noch in dem Labyrinth endloser Unterhand"lungen, sondern in einem Geiste des Friedens ge"sucht, und auf reinfriedliche Grundsäze gebaut werden "müsse." Wie laut eiferte daher nicht Burke, daß Vorwürfe und GegenVorwürfe nicht das Mittel seyen, Streitigkeiten unter Menschen zu endigen! wie donnerte er nicht gegen den herrschenden Fehler und die UnPolitik der damaligen Administration, die nie irgend ein bestimmtes System von Frieden oder Krieg hatte, ihre AussöhnungsVorschläge immer mit bittern Vorwürfen paarte, und in der einen Hand drohend das Schwert emporhob, während sie in der andern den OelZweig bot!

"Denn dis war in der That unser Betragen in dem Krieg mit Amerika. Die VerzeihungsActen, wodurch wir es wieder auszusöhnen suchten, wurden gewöhnlich auf demselben Schiffe dahingebracht, welches neue StrafBill's, um es immer enger zu zügeln, an Bord hatte. Dis veranlaßte Burken im Parlament seine Zweifel über die Wirksamkeit eines solchen Systems zu äussern. "Ihr sendet ihnen einen Frie"densEngel" — sagte er am 29 April 1774 — "aber in "seinem Gefolge schikt ihr zugleich einen WürgEngel. Was "der Erfolg des Kampfes dieser zwei feindlichen Geister seyn "mag, wage ich nicht zu bestimmen. Ob die Masregeln der "Milde die aufgeregten Leidenschaften sänftigen? ob die Mas"regeln der Strenge sie mit neuer Wuth entzünden werden? "ist ein Geheimniß, das in den Händen der Vorsehung liegt. "Ich, meines Orts, würde, selbst mitten im Chaos, in das "wir versunken sind, lieber den Masregeln der Milde allein "vertrauen; ich würde zu hoffen wagen, daß, mittelst derselben "aus dem stürmischen Gewirre allgemeiner Zerrüttung zulezt "doch noch Ordnung und Schönheit sich hervordrängen würden."

"Dieser Gedanke schwebte viele Jahre hindurch meinem Geiste vor; und nie beschäftigte ich mich damit, ohne mich im Innersten durchdrungen zu fühlen. Was seine Beredsamkeit noch erhöht, ist, daß sie eine so wichtige moralische und politische Wahrheit dem Verstande und Herzen so tief einprägt. Burke schildert uns den Engel des Friedens, mit allen Attributen der Milde und des Wohlwollens um ihn her, nicht blos triumphirend in einer reinen und stillen Atmosphäre, wo sein wohlthätiger Arm nur gewöhnliche Leidenschaften zu sänftigen hätte; er zeigt ihnen, wie er die wildesten Stürme stillt; wie mitten aus finstern Chaos auf seine Stimme Ordnung und Schönheit vorspringen. Scheint er hiebei nicht wie ein Prophet die Macht desselben in dem Sturme, den die fränkische Revolution über die Erde hinwälzte, geweissagt zu haben?

"Man muß Burken die Gerechtigkeit widerfahren lassen, daß er sich nie von diesem wahren Geiste, diesen unveränderlichen Grundsäzen des Friedens entfernte; er ist darinn ganz mit sich selbst eins. Es ist sehr natürlich, daß er nicht dem von mir vorgeschlagenen Plane beistimmt; denn wenn er gegen allen Frieden mit Frankreich ist, so ist dis nur, weil er glaubt, daß Friede mit dieser Macht die Ruhe der übrigen Welt zerstören würde. Aber wenn er einmal die Nothwendigkeit, Frieden zu machen, anerkennte, so würde ich meinen Plan gerne seiner Entscheidung unterwerfen. Sobald man die Vorder-Säze seiner lezten Schriften zugibt, sind seine Folgerungen daraus unwiderstehbar, zumal da sie mit der Beredsamkeit, die nie ihn verläßt, ausgeschmükt sind: nur seine Vorder-Säze leiten ihn irre; nur sie brachten all diese Verwüstung in die Welt. Die Minister hingegen haben durchaus keine Entschuldigung für ihr Betragen: sie erklären, daß sie aufrichtig Frieden wünschen; und doch weigern sie sich die einzigen Masregeln zu befolgen, die ihn zwischen Mensch und Mensch, oder zwischen Nation und Nation, bewirken und sichern können.

"Ich bin gewiß, wie von meinem Daseyn, daß, würde Frankreich eine Veränderung im brittischen StaatsRathe, und, zu Folge derselben, eine Verzichtleistung auf das System ge= wahr, welches den jezigen Krieg veranlaßt hat, und obgleich es nicht mehr anerkannt wird, doch notorisch dessen Beendigung hindert, die Gestalt der Dinge sich gänzlich ändern würde. Zwar müssen die Folgen des Betragens unsers irregeführten StaatsRaths jede, unter noch so glüklichen Vorzeichen eröf= nere Unterhandlung erschweren; zwar muß die furchtbare Lage, zu der Frankreich sich emporgerungen, und die Noth, in die England durch den Krieg sich selbst gestürzt hat, fühlbaren Ein= fluß auf den Frieden haben, durch wen solcher auch immer un= terhandelt werden mag. Aber ich sehe weniger auf die Bedin= gung des Friedens, und auf die Schwierigkeiten, die sich desfalls ergeben, jedoch wahrscheinlich durch den Geist der Aussöhnung gemildert, oder gehoben werden könnten, als auf die künftigen Wirkungen dieses Geistes. Ein Friede, der unter seinem Einflusse verhandelt und abgeschlos= sen würde, könnte nicht anders als dauerhaft seyn, zumal wenn eben dieser Einfluß auch über dessen Erhaltung wachte; ihm würde man die Rükkehr jenes Wohlwollens, jenes edlen Vertrauens zwischen Nationen zu danken haben, wodurch das Glük jeder einzelnen dem Glüke aller neue Quellen öfnet. Friede hersche; der wahre Geist desselben siege ob — und die Welt wird gros genug seyn für alle Völker, die sie bewohnen. Je mehr diese an Bevölkerung, je mehr die Künste an Voll= kommenheiten gewinnen, desto ausgedehnter und manchfacher wird ihr Verkehr werden; und Verkehr unter Nationen gleicht dem Verkehr unter Einzelnen: wer das gröste Kapital, und die vortheilhafteste Lage für den Handel hat, hat ein Uibergewicht von Vortheilen, das nur Unklugheit ihm rauben kann.

„Noch ist ist dis GrosBritanniens Lage. Sein unermeßliches Kapital und dessen Unterpfänder, seine weitge= dehnte Besitzungen in allen Erdtheilen, sichern ihm, wenn es nur Frieden hat, ein fühlbares Uibergewicht in Europa, wogegen alle Versuche, es zu zerstüken, zu entzweien, oder gar zu Grunde zu richten, nichts vermögen werden. Nur anhalten= der Krieg, und stets sich häufende Auflagen, die von ihm un= trennbar sind, können seinen Untergang bewirken, und haben ihn beinahe schon bewirkt.

„Noch einen andern Vortheil würde diß schöne Pacifications System haben; einen Vortheil, der den Britten voriger Zeiten unschäzbar gedünkt haben würde: die Nation würde keine Demüthigung erleiden, wenn auch die Minister beschimpft würden. Ein solcher Friede würde ein freier, edler Friede, und nicht wie der, dem wir izt entgegensehen, das Werk beschämender Nothwendigkeit; er würde der Friede einer unabhängigen Nation seyn, die zwar seufzt über die Verirrungen und Leiden der Freiheit, aber diese allenthalben mit ihrem unermeßlichen Schilde dekt, und eine Ruhe begründet, die der Despotism nie wieder stören könnte. Was ist, mit diesem edelstolzen Benehmen verglichen, die Losreißung eines Hafens von Ostende oder von Antwerpen aus den Händen Frankreichs, um sie an den Kaiser zurükzugeben, der, nach der Alveränderlichkeit menschlicher Dinge, morgen Englands Feind, so wie Frankreich dessen Alliirter werden kan?...

„Das künftige Uibergewicht Frankreichs in dem politischen System von Europa muß, was auch immer zulezt die Bedingungen des allgemeinen Friedens sind, doch nothwendig durch die Fruchtbarkeit und den Umfang seines Gebietes, seine unermeßliche Bevölkerung und den thätigen Geist seiner Einwohner bestimmt werden. Seine Verhältnisse mit England können daher diesem nicht gleichgiltig seyn: immer wird es ein sehr wünschenswerther Alliirter, oder ein sehr furchtbarer Feind seyn. Sind England und Frankreich durch das Band einer auf edle Grundsäze gebauten Freundschaft vereinigt, so ist der Krieg auf ein Jahrhundert von der Erde verbannt: aber sezen sie, aus verachtungswürdigen Grundsäzen, ihren Zwist fort, so wird sie in Blut ersäuft. Wenn man an die Vermitelung der sich durchkreuzenden Interessen denkt, die zwei große, fast in unmittelbarer Berührung stehende Völker trennen; an die vielfachen Ursachen zum Zwist, welche Eigennuz aufsuchen, Eifersucht nähren, und falscher Stolz zum Kriege entzünden kan: so muß die Menschheit seufzend ihren Blik von der Zukunft abwenden. Einem blosen PrivatManne, wie ich, der keines der Talente besizt, die zum StaatsManne erfodert werden, und noch überdis durch den mühevollsten Beruf gefesset ist, kommt es nicht zu, die vielfachen Interessen GrosBritanniens, insofern sie gegen die Interessen Frankreichs anstoßen, mit Einem Blike zu messen: aber ich erkläre laut, daß ich nicht zu der vollen Kenntniß derselben, noch zu den hohen Stellen gelangen möchte, die mich in Stand sezen würden, davon Gebrauch zu machen, wenn ich nicht zugleich die Grundsäze und den Willen in mir fühlte, sie zum Wohl meines Vaterlands anzuwenden.

„Ohne Frieden, ohne einen auf feste Grundlage gebauten Frieden, kan die brittische Nation, bei all dem ungeheuren Handel, den alle ErdTheile ihr bieten, ihre Etablissements nicht erhalten; sie kan nicht anders, als aus dem Abgrunde des Bankerots, in den einer Revolution stürzen. Alle Talente der brittischen Minister für's Detail der Regierung sind demnach elend und unbedeutend, wann von den Eigenschaften die Frage ist, die sie als Stifter und Erhalter des Frieden haben mußten. Schlaukeit und Stolz sind keineswegs die Züge dieses Charakters. Man pflegt die FriedensStifter, um ihre Demuth und Einfalt zu bezeichnen, Kinder Gottes zu nennen. Um sich selbst zu erheben, haben die Minister nur schon allzulang ihr Vaterland erniedrigt: laßt sie endlich die Rollen wechseln; laßt sie sich erniedrigen, damit das Vaterland sich zu erheben anfange.

„Daß noch izt ein ehrenvoller Friede von Frankreich zu erhalten sey, wenn er auf eine vernünftige und aufrichtige Art gesucht wird, bestätigen alle Nachrichten, die wir aus diesem Lande erhalten. Vorfälle, die kaum noch das Signal zu enthusiastischem Beifall gewesen seyn würden, werden izt von dem aufgeklärtern Theile der Nation mit Unwillen aufgenommen; was sonst wildes Fest war, wird izt kaum noch als politische Erinnerung geduldet, und wir sehen die beiden gesezgebenden Räthe, selbst im ersten Enthusiasm über die beispiellosen Siege ihrer Armeen, diese Siege immer nur als Vorzeichen eines nahen allgemeinen Friedens begrüsen.

„Aber in dem gegenwärtigen Zustande der politischen Welt kan Friede allein GrosBritannien nicht wieder auf die Stufe von Sicherheit stellen, auf welcher der Krieg es fand. Von diesem Augenblike an muß es durch die edelsten Handlungen des Muthes und der SelbstVerläugnung, durch das strengste System von Oekonomie sich dazu vorbereiten, sich der Last seiner Auflagen, und der Corruption, wodurch sie erzeugt wurden, zu entledigen: jede unnütze oder zwekloſe Ausgabe muß abgeschnitten; die HilfsQuellen des Staats müssen tief geprüft; die Finanzen durch die planvollsten Bemühungen wieder gehoben werden. Aber kein Finanztalent, ja selbst keine Rechtschaffenheit der Minister vermag diesen grossen Zwek zu erreichen, wenn man nicht in allen Ständen, unter allen Klaſſen des Volkes, ein tiefes und warmes Intereſſe, die neuen Auflagen zu entrichten, und einen Enthuſiasm für die Conſtitution wekt, die sie in ihren Rechten schüzt.

„Ein solcher Zustand der Dinge ist durchaus unverträglich mit dem von unsrer jezigen Administration angenommenen System innerer Politik. Vergebens wird man Englands Wiedergeburt durch die SpringFeder des Mistrauens und des Schrekens zu bewirken suchen: das einzige Mittel gegen Volksbewegungen ist die Ausdehnung aller Rechte des Volkes auf deſſen ganze Maſſe. Wollt ihr dem Hauſe der Gemeinen in England die Verehrung und das Zutrauen des Volkes geben, so macht, daß Jeder, der unter seinem Dache ruht, mit edlem Stolze sagen könne, daß auch Er durch seine Abgeordneten darinn zugegen iſt. Immer schien mir die Furcht vor einer solchen Veränderung, zumal wenn das Parlament selbst, ohne Zwang, aus Gefühl ihrer Gerechtigkeit, sie verfügte, sehr sonderbar; aber daß sogar aufgeklärte Männer sie hegen konnten, ist mir vollends unbegreiflich. Die Erfahrung aller ZeitAlter, und die allgemeine Analogie der Dinge beweisen, daß die Stärke und Festigkeit einer Regierung vorzüglich auf einer weitumfaſſenden populären Grundlage ruht.

„Wenn eine Regierung von der gesammten Maſſe des Volkes ausgeht; wenn die delegirten Gewalten, welche der sehr weislich für immer festgesezten VollziehungsGewalt das Gegengewicht halten, abänderlich genug sind, um zu verhindern, daß eine bloſe Agentschaft nicht in Willkühr ausarte, und ausgedehnt genug, um das Organ des allgemeinen Willens zu seyn: so werden die Clubs, die Gesellschaften und VolksVerſammlungen, die izt ein wahres MedusenHaupt für uns sind, der Natur der Sache nach, unmöglich. Wenn das

Volk selbst den populären Theil der Gesezgebung wählt, der die Controle über die andern Theile derselben führen soll, die aus weisen Gründen nicht von seiner Wahl abhängen; und wenn selbst jene Wahl nur für eine bestimmte kurze Zeit ist: was für ein Grund zur Rebellion gegen ein solches Parlament wäre da gedenkbar, und wer in aller Welt sollten die Rebellen seyn? Wie sollte man es anfangen, um ein Volk dahin zu bringen, daß es sich den Ausflüssen seines eignen Willens widersezte? Und, auf der andern Seite, welches Laster, oder welche Schwäche, könnte sein gesezgebendes Organ gegen seine Gesinnungen sprechen machen? Ja auch angenommen, daß ein auf solche Art gebildetes Corps einmal sein Zutrauen täuschte, bietet sich ihm nicht ein Mittel dagegen, ohne Unordnung und ohne Revolution? Die Agentschaft geht ja, den Formen der Constitution gemäs, mit dem Ablauf einer kurzen Zeit zu Ende, und eine bessere tritt dann an ihre Stelle. Die Leidenschaften verdorbener Menschen können zwar Rotten im Staate erzeugen; aber vor einer kraftvollen und allgemeinen Repräsentation sind Rotten nur wie Wellen, die sich über dem Ozean erheben, und unvermerkt wieder in seinen Busen versinken: dagegen macht eine unvollkommene und eingeschränkte Repräsentation sie den Wellen gleichen, die in engen Schranken rasen, und diese durch das Ungestümm ihres Anprallens zerreissen.

„Dis war genau der Fall in Frankreich. Ehe es eine gehörige und rechtmäsige VolksRepräsentation hatte, welche über die andern Modificationen der Regierung (abgesehen von deren Form, welche hiebei nichts zur Sache thut) die Controle zu führen bestimmt war, verbreiteten die Clubs und andre Rottirungen Schreken und Verwirrung; und das Volk unterstüzte sie, weil es entweder in diesen Clubs und Rottirungen repräsentirt werden muste, oder gar nicht: es hatte keine andre Sicherheit gegen Tyrannen, als eine allgemeine Organisation derselben; der politische Körper ward demnach, so zu sagen, durch und in Factionen regularisirt. Diesem Zustande der Gesellschaft konnte durch kein ander Mittel abgeholfen werden, als durch eine rechtmäsige, von dem Volke ausgehende Macht. Gewalt würde das Uibel nur verschlimmert haben; aber, nachdem durch Einführung eines rechtmäsigen Organs des öffentlichen Willens die Ursache des Uibels getilgt worden war, zerfielen die Clubs von selbst. Zwar waren irregeführte Menschen nur zu sehr geneigt, sie fortzusezen; aber da die Masse des Volkes nun kein Interesse mehr hatte, sie zu unterstüzen, so wurden sie überall und ohne Kampf vernichtet: welche Fehler man auch immer der jezigen Regierung in Frankreich vorwerfen mag, so kan man nun doch zuverlässig nicht mehr sagen, daß ihre Operationen noch von Volks Gesellschaften gemeistert oder bedroht werden; und wollte man, im Gegentheil, finden, daß ihre Macht an Despotism gränze, so beweißt dis doch wenigstens, daß ausgedehnte Repräsentation eine Regierung keineswegs ihrer Stärke beraubt.

"Man sage nicht, daß diese Bemerkungen sich nur auf eine bestimmte Form der Gesellschaft, nur auf diese oder jene Nation anwenden lassen, und daß ich mit Unrecht sie allgemein mache, und in ein System bringe: man findet sie überall, in jedem Zustande der Gesellschaft, und in allen Zeitaltern; ja das nemliche Gesez umfaßt sogar die ganze Schöpfung, denn Kraft desselben existiren und erhalten sich alle Substanzen. Die Ausschläge des menschlichen Köpers, welche zuweilen dessen Schönheit verunstalten, und dessen Kräfte schwächen, sind an sich keine Krankheiten, sondern nur Zeichen, daß überhaupt der Körper krank ist; sie sind nur giftige Symptomen eines unvollkommenen Umlaufs, und aus diesem Gesichtspunkt muß man bei ihrer Heilung zu Werke gehen. Sucht man sie zu zertheilen, ohne ihre Ursache zu heben, so verschwinden sie zwar von der Oberfläche, und man beklatscht den medizinischen Quaksalber eben so, wie den politischen: aber der wahre Arzt entdekt in dieser falschen Genesung nur den Vorboten eines sichern Todes. Die Wissenschaft richtet daher ihre ersten Versuche der Heilung auf den Grundsiz der LebensKräfte selbst: sie bemüht sich, den Umlauf der Säfte durch die feinsten Kanäle des Körpers herzustellen; und ohne Scalpel oder Höllenstein schliessen sich die Geschwüre unmerklich zu, troknen ab, und Lazarus ersteht aus dem Grabe. Eben so im PflanzenReiche. Wenn der Saft, der zur Erhaltung des ganzen Baumes gehört, in seinem Laufe gehemmt ist, und sich nicht mehr nach den kleinsten Zweigen erstrekt, so sterben nicht nur zunächst diese Zweige ab, sondern der Stamm selbst, der izt alle die Nahrung aufzehrt, die er blos als Kanal durchführen sollte, wird bald angefressen, und bis auf die Wurzel getödet. Selbst die leblose Masse der Materie ist diesen Regeln unterworfen: es gibt eine allgemeine, obgleich verborgene Kraft, die deren Theilchen unter sich verbindet; und wird dieser Zusammenhang durch irgend eine Ursache gehemmt oder zerstört, so überzieht sich ihre Oberfläche mit einer zerstörenden Kruste, die nach und nach die härtesten Substanzen dieser Art auflöst, bis ihre Atomen in der Luft zerstäuben.

„Die, sehr natürliche, HauptTriebfeder, die uns im gegenwärtigen Augenblike in Bewegung sezt, ist der Schreken einer Revolution. Die Weisheit räth uns daher, deren Ursachen nachzuforschen, wenn wir uns nicht mitten in die Gefahr stürzen wollen, selbst durch unsern Eifer, ihr zu entgehen. Die Ursachen der Revolutionen liegen Jedem nahe, wenn nur der Stolz sich ein wenig büken will, um sie zu betrachten. Was für ursprüngliche Fehler die verschiedenen StaatsEinrichtungen auch haben mochten, so liefert uns doch die Geschichte wenig Beispiele gewaltsamer Veränderungen im Ganzen (mit Ausnahme derer, die durch Eroberungen bewirkt wurden), wenn diese Einrichtungen nicht auffallend von ihren Urgrundsäzen (von welchem Gehalt solche auch seyn mochten) ausgeartet waren. Alle UrRegierungen sind, in hohem Grade, auf bürgerliche Freiheit gegründet, wie mangelhaft sie diese auch sichern mögen. Ein Geist von Freiheit und Gleichheit charakterisirte sogar das Vasallagium der europäischen FeudalEroberer. Ein allzugroser MachtUebertrag, und dessen Misbrauch, dienten blos dazu, unverdorbene Menschen zu veranlassen, daß sie frühzeitig und bei dazu günstigen Umständen für Sicherung ihrer Rechte sorgten. Die ersten Veränderungen in der Gesellschaft trugen daher das Gepräge der Milde und Würde. Aber die Corruption macht thierisch und niederträchtig. Ihr zerstörend Gift kann inzwischen nicht die Masse einer Nation durchdringen: diese Masse, die mit Staunen dem WirbelGeiste und der Trunkenheit, wovon sie selbst nicht ergriffen ist, zusieht, wünscht natürlich das monströse

Gebäude umzustürzen, welches der Wahnsinn ihrer Obern aufgeführt hat; sie wird Reformator; ihr Misvergnügen und ihr Unwille brechen mit BlizesGewalt aus, und die trägen, verworfenen Männer, die ihre grosen Talente misbrauchten, werden auf den Kopf geschlagen, gleich den Seehunden, die die Ebbe schlafend am Ufer lies.

„Dis ist der wahre Schlüssel zu den Wundern um uns her. Die menschliche Natur ist überall und immer dieselbe. Die Corruption der ersten GrundEinrichtungen, zehntausendmal schlimmer als die rohste Tyrannei, änderte stets, und ändert noch izt die Gestalt der neuern Welt. Das alte Parlament von Frankreich war in nichts mehr dem neuen Parlament von Paris, zur Zeit des Umsturzes der Monarchie ähnlich. Die Staaten von Holland, wie sie unter dem unsterblichen Prinzen von Oranien waren, dauerten nur noch dem Namen nach fort, als die Franken über die Waal sezten, um sie zu vernichten: nicht das Zugefrieren dieses Stroms sicherte den leztern die Eroberung, sondern der Mismuth der Einwohner über die Misbräuche ihrer Regierung. Aus gleichem Grunde gieng auch Belgien verloren. Die Joyeuse entrée des guten Herzogs von Burgund ward, Jahrhunderte lang, durch Monopole und Einschränkungen befeilt, ehe die Belgier nur murrten. Man sicherte ihnen endlich die Herstellung dieser ehrwürdigen Constitution zu; aber das Anerbieten kam zu spät: wie alle Nachgiebigkeit, die das aus Noth hingibt, was sie ohnehin nicht länger behalten kan. Von der Art waren die Bewilligungen Karls I gegen sein Parlament, GrosBritanniens gegen Amerika, und des Königs von Frankreich gegen die Versammlung der Notablen. Weiß doch selbst das Roß zu unterscheiden, ob sein Reiter ihm aus Liebe oder aus Furcht schmeichelt.

„Ich endige hier meine Untersuchung.... Tiefdurchdrungen von ihrer Wichtigkeit, wovon jede Stunde, die verfliest, irgend einen neuen und schreklichen Beweis liefert, habe ich meine Bemerkungen, so wie sie sind; und mit allen ihren Mängeln, ohne Rükhalt, dem Publikum vorgelegt; ich habe sie mit meinem Namen zu unterzeichnen gewagt, obgleich ich gewiß bin, mir dadurch zahlreiche Verläumdungen zuzuziehen. Meine Meinung über die Vortheile einer GrundReform in der Repräsentation des Hauses der Gemeinen, soll keineswegs eine Beleidigung dieser erhabenen Versammlung seyn, die ich als ihr Mitglied und als Unterthan verehre, sondern fliest einzig aus redlicher und unbegränzter Anhänglichkeit für alle Zweige der Constitution her. Lange werden sie in Eintracht blühen, wenn sie sich immer mit dem Rang begnügen, den ihnen das ursprüngliche System anwies: nur durch den Versuch, ihre Verhältnisse zu ändern, oder die einen zum Nachtheil der andern zu erweitern, könnte ein Kampf veranlaßt werden, worinn alle ein Raub der Usurpation werden könnten.

„Ich erkenne sehr wohl die Unwirksamkeit meiner Schrift in dem jezigen Augenblike: die Wolke, die über unsern Häuptern schwebt, ist noch zu dicht, als daß ein so schwaches Licht sie durchbrechen könnte. Leichter kan man Laster niederstürzen, als Irthum heilen. Indolente Gleichgiltigkeit, furchtsame Unthätigkeit, irregeführte Tugenden — das sind die HauptUrsachen unsers gegenwärtigen Unglüks, und von diesen drei Ursachen ist die lezte die nachtheiligste; nicht nur weil Grundsäze von Energie gefährlicher sind, als solche, die den Menschen geneigt machen, sich blos leidend zu verhalten, sondern weil in der Tugend, auch wenn sie irrt, und durch ihre Irthümer verderblich wird, doch immer eine Art von Zauber liegt. Wahr ist es: die ausserordentlichsten Ereignisse haben uns plözlich in eine Lage hingerissen, die ganz neu ist, sowohl in Beziehung auf unser Gefühl als Menschen, als in Beziehung auf unsre Klugheit, als aufgeklärte Mitglieder der bürgerlichen Gesellschaft.

„Die Ereignisse, wovon ich hier spreche, würden, in jedem Falle, eine Klippe, selbst für die Aufgeklärtesten gewesen seyn; da vollends Ehrgeiz und Corruption sich dieser beispiellosen Conjunkturen zur Unterstüzung ihrer verzweifelten Projekte bedienten, so darf man sich nicht wundern, daß ihr Einfluß auf eine Zeitlang unwiderstehlich war; noch in diesem Augenblike ist er sehr mächtig, aber unvermerkt wird er seine Kraft verlieren. Ich hatte tausend Gelegenheiten, diesen Einfluß auf jene schäzbare Menschen-Klasse zu beobachten, die sich aufs lebhafteste für Alles interessirt, was ihr mit der moralischen Ordnung der Welt in Verbindung zu stehen scheint. So ehrwürdige Gefühle verdienen eine höhere Belohnung, als Menschen ihnen geben können; aber ohne grose Vorsicht können sie leicht den Menschen über die Sphäre seiner Pflichten hinausrüken. Die Uebertreibung eines frommen, aber irregeleiteten Eifers kan so viel Böses wirken, wie kaum die frechste Ruchlosigkeit. Menschen sind wahnsinnig für Stolz und Vermessenheit, wenn sie sich's herausnehmen, Resultate bestimmen zu wollen, die kein menschlicher Scharfsinn vorherzusehen vermag; sie sind Verbrecher, bis auf einen Grad, daß nur Wahnsinn sie gegen Strafe schüzen kan, wenn sie in ihrem eignen Vaterland die empörendsten Misbräuche und die verderblichste Verschwendung der Hilfs-Quellen künftiger Generationen unterstüzen, unter dem Vorwand, dadurch jene grosen und ewigen Welt-Revolutionen aufzuhalten, deren Folgen keine menschliche Kraft hemmen, kein menschlicher Verstand berechnen kan.

„Von dergleichen ausserordentlichen Zufällen würde man mehr Früchte einärndten, wenn man sich mit Bescheidenheit darauf einschränkte, sie aus dem Gesichtspunkte groser und wichtiger Lehren für unser Betragen und unsre Besserung zu betrachten.

„Die fränkische Revolution kan dadurch, daß sie die unwiderstehbare Gewalt der Volks-Wuth zeigt, den regelmäsigen Regierungen die Lehre geben, solche nicht durch Ungerechtigkeit und Unterdrükung, oder durch allmählige Ablenkung der politischen Einrichtungen von ihren grosen schüzenden Ur-Zweken, zu reizen; sie kan ihnen zeigen, daß sie weiser handeln werden, wenn sie, je nach Erfodern der unsteten und vergänglichen Natur aller bürgerlichen Einrichtungen, gemäsigte und unmerkliche Veränderungen vornehmen; vorzüglich aber kan sie an die durchaus allgemeine und unbestreitbare, aber, wie es scheint, zu wenig geachtete Wahrheit erinnern, daß, wenn die Menschen unter einer Regierung wirklich glüklich sind, sie ihre Raisonnements über politische Theorien nie bis zu ausschweifenden Folgerungen treiben, und noch weit minder daran denken, solche mit Gewalt, und mit Gefahr all' der Gräuel und Leiden, die jede Revolution unvermeidlich mehr oder minder erzeugt, praktisch zu machen.

„Eben so wichtig ist die Lehre für die Regierten. Sie kan allen Völkern zur Warnung dienen, die Art der Reform nicht zu voreilig an alte Misbräuche zu legen; solche nicht über den Rath der Klugheit und die Analogien der Erfahrung hinaus zu dehnen; die Regierung als etwas Praktisches zu betrachten, und nicht als eine abstracte Theorie, woran man immer umstoßen und ändern kan; lieber auf die geprüften Grundlagen zu bauen, welche Erfahrung und die Fortschritte des gesellschaftlichen Zustandes anweisen, als sich plözlich in die neue Praxis der Ur-Rechte des Menschen zu werfen, einzig aus dem Grunde, weil diese Rechte ihnen unstreitig gehören, da es doch viel weiser ist, in der von dem Volke ausfliesenden und schon wirklich bestehenden StaatsGewalt allmählich, durch unmerkliche und friedliche Operationen, diejenigen Veränderungen vorzunehmen, welche die Freiheit und das Glük des Bürgers sichern können. Mehr als Alles aber kan diese Lehre dazu dienen, wie mit der Stimme eines Donners die Völker sowohl als die Regierungen aufzufodern, sich nie in ihrem Eifer, jene, ihre Unabhängigkeit, diese; ihre Macht zu behaupten, von dem Geiste des Wohlwollens gegen ihre MitMenschen, diesem ersten Gebote unsrer Religion, zu entfernen, dessen Beobachtung der Schluß-Stein aller bürgerlichen Glükseligkeit, und dessen Uibertretung die Quelle all' des Unglüks ist, das, von Jahrhundert zu Jahrhundert, die Erde mit Blut, und die Annalen der Menschheit mit Schande angefüllt hat.

„Dis sind die Folgen, welche die Begebenheiten, wovon wir Augenzeugen waren, auf die Menschen und auf die Regierungen haben müssen. Künftige Jahrhunderte werden heilsame Lehren daraus ziehen, über das Betragen, welches Völker gegen Völker in solchen schreklichen Augenbliken zu beobachten haben: unsre Leiden und unsre Fehler werden sie überzeugen, daß ein Staat sich nicht in die Angelegenheiten eines andern mischen muß, als insofern seine eigne Unabhängigkeit und sein Gebiet dabei interessirt ist; sie werden die Gefahr jener blinden Vermessenheit erkennen, welche, den Gesezen der Natur und den heiligen Schlüssen der Vorsehung zum Troz, die Freiheit, die

— wenn auch mit noch so regelloser Wuth — gegen Usurpation kämpft, in ihrem majestätischen und schreklichen Laufe hemmen will; unsre Irthümer werden die NachbarRegierungen der Staaten, worinn der Geist der Reform sich äussert, mahnen, daß Mißbräuche der Gewalt die beständigen Vorläufer von Veränderungen sind, und in der Stille den Keim zu einer Revolution pflanzen, wodurch solche zerstört werden müssen.

„Aber noch muß das brittische Volk den kommenden ZeitAltern eine weitere Lehre geben. Es muß in der jezigen Krise volle Ruhe und Klugheit, vollen Gehorsam gegen seine bestehende Regierung, aber zugleich auch eine Festigkeit entfalten, welche diese Regierung erinnert, daß sie nur durch den Willen und für das Wohl des Volkes besteht. Nur dadurch kan das Vaterland noch gerettet werden. Dis majestätische und Ehrfurcht gebietende Betragen wird den künftigen Zeiten und allen Nationen beweisen, daß keine auch noch so unglükliche Lage ein großes Volk zur Verzweiflung bringen kan; daß Nationalunglük zwar auf einige Zeit, aber nur durch die Fehler einer in Corruption und Thorheit versunkenen MisRegierung, und durch schimpfliche Unterwürfigkeit gegen dieselbe, statthaben kan; und daß der grose Vorzug unsrer freien Constitution, die so sehr des Blutes werth ist, das unsre Väter für sie vergossen haben, und vielleicht unsre Nachkommen noch für sie vergiesen werden, darinn liegt, daß sie in sich selbst die Mittel zu ihrer Reform enthält; unschäzbare Mittel, die uns gegen Revolutionen sichern, das schlimmste aller Uibel, ausser Tyrannei und festgegründeter Unterdrükung, wogegen es kein andres HeilMittel gibt, als Revolution."

II.
Portugal
in seinen bisherigen Verhältnissen zu England, und in seinen künftigen Verhältnissen zu Frankreich.

§. 1.
Gemählde Portugals und seiner Colonien überhaupt.

Am äussersten Ende von Europa dehnt sich am Atlantischen Meere hin in einer Länge von ohngefähr 75 teutschen Meilen, und landeinwärts gegen Spanien in einer Breite von ohngefähr 30 Meilen, das Königreich Portugal. Sein ganzer FlächenInhalt beträgt 1845 QuadratMeilen. Seine zwei einzigen Nachbarn sind, wie gesagt, auf der einen Seite Spanien, auf der andern der Ozean. Zu dem erstern verhält sich's ohngefähr wie $\frac{1}{5}$.

Schon aus diesen ganz einfachen Angaben der blosen Geographie ergibt sich das politische System von Portugal. Von einem übermüthigen Nachbarn zu Lande umklammert, ohne hier mit irgend einer andern Macht Europens in Berührung zu stehen, ist es also nur eine überlegene SeeMacht, von der dis kleine Königreich, unvermögend sich durch eigne Kraft zu halten, im NothFall Hilfe erwarten kan. Daher die nun schon anderthalb Jahrhunderte alten Verbindungen Portugals mit England; daher — weil unter Staaten nichts umsonst geschieht — die unbändigen HandelsBegünstigungen, deren die Engländer in Portugal geniesen. Ihre Verhältnisse mit diesem Reiche waren bisher mit eine der HauptQuellen, woraus in den Schoos des stolzen Grosbritanniens jenes Gold zusammenflos, womit es auf allen Meeren herrscht, und in dem jezigen Kriege eine so furchtbare Rolle spielte.

Denn so klein Portugal an sich ist, so wichtig ist es doch für den Handel, der bekanntlich dadurch, daß er Reichthümer gibt, die Macht der Staaten bestimmt, und so sehr könnt' es auch in Europa figuriren, wenn es nur wollte, d. h. wenn es die Schäze, die die Natur ihm zuwarf, für sich behielte, statt daß es bis izt nur der Kanal war, durch den sie dem Auslande, und fast ausschliesend England, zugeführt wurden.

Das eigentliche Portugal hat 2¼ Millionen Einwohner; ausserhalb Europa hat es ohngefähr 1 Million Menschen: der ganze portugiesische Staat hat also eine Bevölkerung von 3 Millionen.

Im Klima, Boden, Fruchtbarkeit gleicht es durchaus Spanien. Es hat Mangel an Getraide, weil ein groser Theil des Landes ungebaut liegt. Dagegen hat es:

1. einen gesegneten Uiberfluß an Salz, das in Menge in's Ausland verführt wird.

   Die übrigen Produkte sind völlig spanisch:

2. Wein im Uiberfluß, und meist von vorzüglicher Güte. Er wird in weissen, der aus Lissabon, und in rothen, der aus Porto ausgeführt wird, eingetheilt. Nach einer der jezigen Königin übergebenen Rechnung wurden von 1770 bis 1777 jährlich 60,000 Pipen, die Pipe zu 60 bis 72 ReichsThaler, ausgeführt. England allein nimmt jährlich an 15,000 Tonnen Wein aus Portugal.

3. edle Früchte: Citronen, Pomeranzen, Sineser-Aepfel, Feigen, Ananas, Mandeln, Kastanien, ja selbst Datteln ꝛc.

4. Wolle, die zum Theil so fein ist, daß sie der besten spanischen nahe kömmt.

5. Oliven Oel, fast das beste in Europa, u. a. d. Produkte.

Aber noch weit wichtiger sind für seinen Handel die Länder, die es ausserhalb Europa besizt. Nicht ohne Grund sagte der berühmte Marquis von Pombal, so häufig, „Portugal sey ein kleiner Kof, der einen grosen Körper habe." Wir müssen hier, indem wir von

Portugals Colonien

sprechen, in die glänzenden Zeiten dieses Staates — denn auch er hatte sein goldenes Jahrhundert von Ruhm — zurükgehen.

Es war eine Zeit, da die Portugiesen das Erste See Volk der Welt waren. Durch sie kam, mittelst Auffindung der See Fahrt nach Ost Indien, die entscheidendste Erschütterung in den Gang des Welt Handels; sie machten dadurch überhaupt eine der grosen Epochen in der Welt Geschichte.

I.
Inseln im Atlantischen Meere.

1. Das erste Land, welches die Portugiesen, unter König Johann I, wo sie recht planmäsig auf Entdekungen ausgiengen, im grosen WeltMeer auffanden, war (1419) die Insel Madeira, nebst dem Inselgen PortoSanto. Jene ist ohngefähr 10 Meilen lang, und $2\frac{1}{2}$ breit. Ihren Namen hat sie von den vielen grosen Wäldern, die man darauf fand. Die Portugiesen brannten einen grosen Theil davon nieder, und sezten in die Asche WeinReben aus Candia; daher die neue Art Wein — der berühmte MaderaWein. Eine Pipe desselben kostet 90 ReichsThaler; jährlich werden 2 Millionen ReichsThaler daraus erlöst. Sonst ward hier auch Zuker gebaut, der einen eignen ViolenGeruch hatte;

aber seit dem verbesserten Anbau Brasiliens warfen diese Pflanzungen keinen Gewinn mehr ab, und werden also auch nicht mehr bearbeitet. Der übrige Handel der Insel besteht in Honig, Wachs, Gummi, und allen Arten frischer und eingemachter Orange Früchte. Auf Madera leben ohngefähr 70,000 Menschen, und auf PortoSanto 1200.

2. Die Azoren- oder HabichtsInseln, also genannt von der ungeheuren Menge Vögel dieser Art, die man bei ihrer Entdekung (1432) hier fand. Man nennt sie auch die Tercerischen, von der beträchtlichsten derselben, Terceira; es sind ihrer überhaupt 9; zusammen enthalten sie 60 bis 70,000 Einwohner. Ihr Handel ist unbeträchtlich, und sie tragen Portugal nicht so viel ein, als ihm ihre Unterhaltung kostet. Das Wichtigste, was man ehedem darauf baute, war Waid; es kamen dessen jährlich auf 200,000 Centner nach Europa: in der Folge aber gewöhnten sich alle Färber an den Indigo, der in solcher Menge auf den Antillen gepflanzt wird.

3. Die Inseln des grünen Vorgebirges, oder die Capverdischen Inseln, 10 an der Zahl, worunter St. Jago die größte ist. Sie sind sehr arm und unbedeutend, und nützen den Portugiesen blos zur Einkehr auf ihrer ungeheuren Reise nach OstIndien. Sie haben zusammen nicht mehr als 15 bis 16,000 Einwohner. Nur mit Salz wird Handel darauf getrieben; auch gibt es wilde Böke, deren Häute gebraucht werden. –

4. Die Aequator's- oder St. ThomasInseln, 4 an der Zahl, wovon aber nur noch die 2 beträchtlichsten, die St. Thomas- und die PrinzenInsel, mit ohngefähr 5000 Einwohnern, den Portugiesen gehören; die 2 andern, FernaoPo und Annaboa, sind an Spanien abgetreten worden. Sie sind arm, und ihr Klima höchst ungesund.

II.
Das feste Land von Afrika.

Vormals dehnten sich hier die portugiesischen Colonien von Tanger und Ceuta bis nach dem rothen Meere, d. i. um ganz Afrika her, aus. Davon sind izt nur noch einige Comptoirs auf der Küste von Guinea (unter denen Cacheo das beträchtlichste ist), die von Malaguette (welche aber zerstört, und in einem schlechten Zustande sind) das Königreich Congo, einige kleine Forts in Monomotapa, Kilimome, Quiloa, Melinde, Mombaza, Brava und die Insel und der feste SeeHafen Mozambico übrig. Diese Besizungen auf Afrika, die zusammen 80,000 Einwohner enthalten, gewähren übrigens der portugiesischen Krone mehr Prunk, als wahren Gewinn; mehr als 15 Könige dieses WeltTheils sind ihr zinsbar; aber die Tribute derselben, und der unbedeutende Handel ihrer Unterthanen in diesen Gegenden sollen ihr jährlich nicht einmal 1 Million Cruzaden einbringen. Die wichtigste unter den dortigen Colonien ist das Königreich Congo; der portugiesische Gouverneur hat hier seinen Siz in der SeeStadt Loanda de San Paulo, die über 5000 Weiße und 50,000 Negern oder Sklaven enthält. Portugal zieht aus Afrika jährlich 15 bis 18,000 Negern; ferner Elfenbein, Wachs, Gummi, weissen Pfeffer, Kupfer und etwas GoldStaub.

III.

Noch trauriger sieht es mit den weiland unermeßlichen Besizungen der Portugiesen in

OstIndien

aus. Nachdem unter Emanuel dem Grosen, im Jahre 1498, der berühmte Vasco de Gama endlich nach Calecut gelangt war, so eroberten sie in diesen östlichen Regionen ganze Kaiserthümer, gegen die ihr Reich in Europa kaum ein Pünktchen war. Ein volles Jahrhundert hindurch waren sie unumschränkte Gebieter des Meeres und der Küsten, die sich von dem rothen Meere und dem persischen MeerBusen bis nach China und Japan erstreken. Europa erstaunte über dis Glük. Nun fiel aber Portugal, im Jahre 1580, unter Spanien. Die Holländer, die sich gegen den Tyrannen Philipp II. empört hatten, durften izt nicht mehr nach Lissabon kommen, wo sie bisher die Gewürze erkauft, und von da durch den ganzen Nord verführt hatten. In ihrem Muthe fielen sie darauf, sie unmittelbar in OstIndien zu holen; sie griffen dort die Portugiesen an, und vertrieben sie von einem Plaze nach dem andern. Von da an war es um die Macht der Portugiesen in OstIndien geschehen, und von ihrem weiland ungeheuren Reiche, das an Ausdehnung die Eroberungen, und selbst die Plane Alexanders übertraf, ist ihnen izt nur noch die Stadt Macao auf der zu China gehörigen Insel dieses Namens, ein Theil der Insel Timor, Daman, Diu und Goa übrig. Die Verbindungen, welche diese elenden PflanzOrte unter sich, mit dem übrigen Indien und mit Portugal unterhalten, sind von geringer Bedeutung, zumal seitdem zu Goa eine ausschließende Gesellschaft für den Handel nach China und Mozambico errichtet ward. Gegenwärtig schikt Macao nach Timor, Siam und Cochinchina einige schwache Fahrzeuge von geringer Ladung. Es schikt 5 oder 6 nach Goa, die mit den zu Canton ausgeschossenen Waaren beladen sind, und größtentheils chinesischen Kaufleuten gehören. Diese Schiffe werden auf dem Rükwege mit SandelHolz, indischem Safran, Ingwer, Pfeffer, Leinwand und allen Waaren beladen, die Goa auf der Küste von Malabar oder zu Surate mit seinem Schiffe von 60 Kanonen, seinen 2 Fregaten, und seinen 6 bewaffneten KriegsSchaluppen einhandeln konnte. Die Folge dieser Unthätigkeit ist, daß die Colonie gegenwärtig für Europa nur 3 oder 4 Ladungen liefert, deren Werth die Summe von 1½ Million Gulden nicht übersteigt. So tief sind die kühnen SeeFahrer, die Indien entdekten, und die unerschrokenen Krieger, die es unterjochten, gesunken!

IV.

Aber sogleich die ersten Fahrten der Portugiesen nach OstIndien machten sie, durch Zufall, ein andres Land, in SüdAmerika, entdeken, das noch izt weit ihre wichtigste Colonie, und buchstäblich eine *wahre Gold=Grube* ist,

Brasilien.

Cabral, der erste nach Gama, der nach Indien fuhr, ward im Jahre 1500 durch einen heftigen Sturm weit von seiner Straße abgeworfen, und an die Küsten verschlagen. Dadurch gewannen die Portugiesen ein Land, 500 teutsche Meilen lang, eines der schönsten und fruchtbarsten auf Gottes ErdBoden. Alles wimmelt da von *wilden Ochsen*, deren Fleisch gar nicht geachtet wird; nur der Häute wegen geschehen grose Jagden. Eine der ersten Pflanzungen, die auch izt noch treflich gedeiht, war Zuker.

Gegen Ende des vorigen Jahrhunderts (1698) gieng eine Abtheilung portugiesischer Truppen tiefer in's Land, und kam unter Wilde, wo sie Angeln in Menge von *reinem Golde* fand. Bei näherm Nachforschen zeigte sich, daß der ganze Boden voll von GoldKörnern wäre, am häufigsten da, wo man Flüsse aus ihren Betten ableiten konnte. Offenbar muß dis Gold von Gebirgen abgerissen werden; aber diese hat man noch nicht gefunden: doch erträgt schon die bisherige Art es zu gewinnen,

die GoldWäsche, jährlich über 12 Millionen Reichs=
Thaler an Werth. Hievon bekommt der König den fünf=
ten Theil; er hat also seitdem jährlich über 2 Millionen
ReichsThaler mehr Einkünfte, als sonst. Dadurch ist
Brasilien für Portugal schlechterdings unschäzbar ge=
worden.

In eben der Erde, worin man den GoldSand findet,
liegt auch eine Menge andrer Steinchen. Nun kam im
Jahre 1720 ein portugiesischer GeneralGouverneur nach
Brasilien, der etwas von Mineralogie verstand; er er=
kannte bald, daß unter diesen Kieseln viele Diaman=
ten wären. Anfangs nüzte er diese Entdekung blos für
sich; aber in der Folge ward das Geheimniß verrathen,
und überall fand man Diamanten, in solcher Menge,
daß ihr Preiß bis auf ⅓ herunterfiel. Der portugiesische
Hof machte daher alles DiamantSuchen zum Mo=
nopol: eine Gesellschaft sollte das Recht haben, zu dem
Ende 800 Sklaven auszuschifen; für jeden sollte der Kö=
nig einen Piaster des Tags erhalten, und sie die Dia=
manten an denselben um einen gewissen Preis verkaufen.
Seit der Zeit stiegen diese leztern wieder zu ihrem vorigen
Preise. Noch izt besizt Portugal den gröſten Dia=
manten in der Welt, der aus Brasilien kam; er
ist 1680 Karat oder 12½ Unzen (25 Loth) schwer; sein
Werth 224 Millionen Pf. St. (über 2200 Millionen
Gulden) folglich unschäzbar.

Brasilien ist also izt der allgemeine Gold=
Lieferant von Europa. Auſſer diesem, und den
schon genannten Produkten, ziehen die Portugiesen aus
diesem reichen Lande neuerlich auch Silber; ferner Ta=
bak, Brasilien= und andres Färbe= Räucher=
und BauHolz, Kaffe, Cacao, Zimmt, auch
etwas Indigo, Baumwolle, die im Handel viel
höher, als die von den Antillen geschäzt wird, Reis,
und Piment oder NelkenPfeffer, nebst einigen Balsa=
men und andern ApothekerWaaren, besonders den Bal=

ſam Copaiva, und die Ipecacuanha; auch wird an den Küſten ein nicht unbeträchtlicher Wallfiſch-fang getrieben.

Die Zahl der Einwohner von Braſilien wird auf 800,000 geſchäzt. Die HauptHandelspläze ſind: San Salvador an der Bai Allerheiligen; Rio Janeiro, der Siz des ViceKönigs; Olinda, in der Provinz Pernambuco, und Para, am Ausfluſſe des Maranhao, oder AmazonenFluſſes, des gröſten Stromes in der Welt. Nach dieſen 4 SeeHäfen gehen jährlich von Liſſabon 4 beſondre Flotten, jede unter Bedekung eines oder zweier KriegsSchiffe ab, welche die Hin- und HerReiſe zuſammen in 7 bis 8 Monaten zurüklegen. Sonſt ward der Braſilianiſche Handel mit 90 bis 100 KauffahrteiSchiffen betrieben; aber unter der jezigen Regierung hat er ſich ſehr vermehrt, weil die jährlich nach Braſilien abgeſandten Waaren, und die von daher zurükgebrachten Schäze, izt weit anſehnlicher und manchfacher ſind, als vorher.

Aber in eben dem Portugal, das jährlich über 12 Millionen Reichsthaler in Golde aus Braſilien zieht, giebt es Leute in Menge, die nie das Glük hatten, ihren Souverain auf Gold zu ſehen. Hätte dieſes Reich nur das behalten, was die Natur ihm zugeworfen hat, ſo müßten darinn an 600 Millionen ReichsThaler courſiren; aber was es empfängt, gibt es wieder an andre hin — für Manufakturen. Jährlich für 20 Millionen Cruzaden Waaren kauft es, wovon es nur den vierten Theil mit Produkten zahlt; 14 Millionen baar Geld flieſen auswärts. Sein GrundUibel iſt: es hat nicht inländiſche Manufakturen genug. Tücher und andre wollene und ſeidene Zeuge, Gold- und SilberStoffe, Leinwand, Spizen, Strümpfe, Schuhe, Hüte, ja ganze Kleider, MetallArbeiten aller Art, und ſo viele andre Sachen, bis auf die geringsten Kleinigkeiten herab — alles kauft es auswärts.

Seine Staats Einkünfte belaufen sich jährlich auf mehr als 20 Millionen Cruzaden, (oder Gulden). Die von Dänemark betragen etwa 7 Millionen Thaler; die von Schweden nicht einmal so viel. Da nun heut zu Tage der Reichthum doch bekanntlich die Macht der Staaten bestimmt: wie müßte nicht Portugal, in dieser Rüksicht im politischen System von Europa unter den Staaten vom zweiten Range figuriren können, wenn es die minimam sapientiam hätte, durch eigne Manufacturen zu verhüten, daß seine Millionen nicht sofort wieder ausströmten! Aber gerade weil es das nicht thut, war es bisher ein so unschäzbares Land für das Industriereiche, krämerische England, für das eigentlich fast allein bisher alles Gold aus Brasilien herbeigeschaft ward. Nur von izt an dürfte sich hierinn eine grose Aenderung zutragen: nicht, als ob Portugal dadurch gewänne, sondern blos in sofern, daß der Ausfluß seines Goldes für ausländische Manufacturen von nun an zwischen England und Frankreich sich theilen wird, Kraft des neuesten Friedens, den die Furcht, von einer vereinten fränkisch=spanischen Armee zu Lande angegriffen und verschlungen zu werden, es den 10. August dieses Jahres mit der fränkischen Republik schliesen machte. Wir rüken hier zuerst diese wichtige Urkunde selbst ein, und werden sodann den wichtigsten Theil ihres Innhalts etwas näher beleuchten.

§. 2.

Friedens- und Freundschafts Vertrag zwischen der fränkischen Republik und der Königin von Portugal, geschlossen zu Paris, den 10 August 1797.

„Die fränkische Republik und Ihre allergetreueste Majestät, die Königin von Portugal, ihrem Verlangen gemäs, die Handels- und Freundschafts Verbindungen, welche zwischen beiden Staaten vor dem gegenwärtigen Kriege statthatten, wiederherzustellen, haben, um zu dem Ende in Unterhandlung zu treten, bevollmächtigt; und zwar

Das Vollziehungs Directorium, im Namen der fränkischen Republik, den Bürger Karl Delacroix, und

Ihre allergetreueste Majestät,
den Herrn Ritter von Aranjo Dazevedo, Rath Ihrer besagten Majestät, Kammerherrn, Ritter des Christi Ordens und Ihren ausserordentlichen Gesandten und bevollmächtigten Minister bei der Batavischen Republik;

„Welche, nach Auswechslung ihrer gegenseitigen Vollmachten folgenden Friedens Vertrag abgeschlossen haben.

Artikel 1.

„Es soll Friede, Freundschaft und gutes Einverständniß zwischen der fränkischen Republik und Ihrer allergetreuesten Majestät, der Königin von Portugal, seyn.

Art. 2.

„Alle Feindseligkeiten sollen, sowohl zu Land als zu Meer, von der Auswechslung der Ratificationen dieses Vertrags an, aufhören, und zwar: nach 14 Tagen, in Europa und auf den Meeren, die seine Küsten bespülen, so wie auf den Meeren von Afrika disseits des Aequators; nach 40 Tagen, in den Ländern und Meeren von Amerika, und von Afrika jenseits des Aequators; und nach 3 Monaten, in den Ländern und Meeren, die ostwärts des Vorgebirgs der guten Hofnung liegen.

Art. 3.

„Die Häfen, Städte, Vesten, oder jede andre LandesBesitzung der einen beiden Mächte, es sey in welchem

WeltTheil es wolle, die durch die Waffen der andern erobert und besezt seyn möchten, sollen gegenseitig, ohne daß irgend ein Ersaz oder Entschädigung gefodert werden kan, zurükgegeben werden, und zwar nach den in dem vorhergehenden Artikel bestimmten ZeitFristen.

Art. 4.

„Ihre allergetreueste Majestät macht sich verbindlich, die genaueste Neutralität zwischen der Republik und den andern kriegführenden Mächten zu beobachten. Gleiche Neutralität soll von der fränkischen Republik, im Falle eines Bruchs zwischen Portugal und andern Mächten Europens, beobachtet werden. Dem zu Folge soll keine der contrahirenden Mächte, während des gegenwärtigen Krieges, Kraft irgend eines (öfentlichen oder geheimen) Vertrags oder Uibereinkunft, den Feinden der andern irgend eine Unterstüzung an Truppen, Schiffen, Waffen, KriegsMunition, Lebensmitteln oder Geld, aus was für einem Grunde, oder unter was für einem Namen es seyn möchte, leisten können.

Art. 5.

„Ihre allergetreueste Majestät soll in Ihre grosen Häfen nicht mehr als 6 einer der kriegführenden Mächte zugehörigen KriegsSchiffe, und in die kleinen nicht mehr als 3 zumal einlassen können. Die von deren gegenseitigen KriegsSchiffen oder Korsaren gemachten Prisen sollen eben so wenig, als die Korsaren selbst, ausser im Falle eines Sturms oder dringender Gefahr, in die Häfen Ihrer allergetreuesten Majestät aufgenommen werden; sie sollen, sobald die Gefahr vorüber ist, wieder aus denselben auslaufen. Aller Verkauf genommener Waaren oder Schiffe ist streng verboten. Die fränkische Republik soll das Nemliche in Rüksicht der den europäischen Mächten, mit denen Ihre allergetreueste Majestät in Krieg gerathen könnten, zugehörigen KriegsSchiffe, Korsaren oder Prisen beobachten.

Art. 6.

„Ihre allergetreueste Majestät erkennt durch diesen Vertrag an, daß alle im nördlichen Theile der unten bezeichneten Gränzen zwischen den Besizungen der beiden contrahirenden Mächte gelegenen Länder zu vollem Eigenthum und Landeshoheit der fränkischen Republik zugehören sollen: sie entsagt, insoweit es nöthig seyn sollte, sowohl für sich, als für Ihre Nachkommen und Erben, allen Ansprüchen, die sie, unter welchem Titel auch immer, und namentlich vermöge des 8ten Artikels des zu Utrecht am 11 April 1713 abgeschlossenen Friedens, auf die besagten Länder machen könnte. Gegenseitig erkennt die Republik an, daß alle auf der südlichen Seite besagter Linie gelegene Länder, eben diesem Vertrage gemäs, Ihrer allergetreuesten Majestät zugehören.

Art. 7.

„Die Gränzen zwischen dem fränkischen und portugiesischen Guiana soll der Fluß bestimmen, den die Portugiesen Calmeme und die Franken Vincent Pinson nennen, der oberhalb des Cap Nord, ohngefähr 2 1/2 Grad nördlicher Breite, in den Ozean fällt. Sie sollen an dem besagten Flusse hinlaufen, bis zu dessen Ursprung, und dann soll von dem besagten Ursprung eine gerade Linie gegen Westen, bis an den Rio Blanco gezogen werden.

Art. 8.

„Die Mündungen, so wie der ganze Lauf des besagten Flusses Calmeme oder Vincent Pinson sollen der fränkischen Republik zu vollem Eigenthum und Landeshoheit zugehören; jedoch ohne daß die Unterthanen Ihrer allergetreuesten Majestät, die sich auf der südlichen Seite dieses Flusses niedergelassen haben, gehindert werden können, sich dessen Mündung, Laufes und Wassers frei, und ohne einer Abgabe unterworfen zu seyn, zu bedienen.

Art. 9.

„Den Unterthanen Ihrer allergetreuesten Majestät, die sich nordwärts der oben bezeichneten Gränzlinie niedergelassen haben, soll es freistehen, da zu bleiben, und sich den Gesezen der Republik zu unterwerfen; oder von da hinwegzuziehen, ihr bewegliches Vermögen mit sich zu nehmen, und die Ländereien, die ihr erweisliches Eigenthum sind, zu veräussern. Gleiche Erlaubniß hinwegzuziehen und über alle ihre bewegliche und unbewegliche Habe zu verfügen, ist gegenseitig auch den Franken vorbehalten, die sich südwärts von gedachter Gränzlinie niedergelaſſen haben. Dieſe Erlaubniß iſt aber, für jene wie für dieſe, auf die Zeit von 2 Jahren beſchränkt, von dem Tage an gerechnet, da die Ratificationen dieſes Vertrags gegenſeitig ausgewechſelt ſeyn werden.

Art. 10.

„Zwiſchen beiden Mächten ſoll, ſobald wie möglich, ein HandlungsVertrag auf billige und gegenſeitig vortheilhafte Grundlagen unterhandelt und geſchloſſen werden.

„Inzwiſchen wird Folgendes feſtgeſezt:

a) „Die HandlungsVerhältniſſe werden, ſogleich nach Auswechslung der Ratificationen, hergeſtellt, und die Bürger oder Unterthanen der einen Macht genieſen in den Staaten der andern aller der Rechte, Freiheiten und Vorzüge, deren dort die am meiſten begünſtigten Nationen genieſen.

b) „Ihren Erd- oder ManufacturErzeugniſſen und Waaren wird gegenſeitig die Einfuhr geſtattet, wenn ſolche gleichen Erzeugniſſen und Waaren andrer Nationen geſtattet iſt, oder noch in der Folge geſtattet wird. Auch dürfen gedachte Erzeugniſſe und Waaren keinem Verbot unterworfen werden, das nicht die gleichen Erzeugniſſe und Waaren, die durch andre Nationen eingeführt werden könnten, ebenfalls trift.

c) „Da jedoch die fränkiſche Republik an Portugal für deſſen Weine nur einen äuſſerſt mittelmäſigen Abſaz anbietet, und derſelbe die Einfuhr fränkiſcher Tücher in dis Königreich nicht erſezen kan, ſo ſollen die Verhältniſſe für dieſe beiden Artikel in ihrem bisherigen Zuſtand bleiben.

d) „Die Zoll- und andre Abgaben von Erzeugniſſen und Waaren aus dem Boden und den Manufacturen beider Mächte ſollen gegenſeitig auf den Fuß angeordnet und bezahlt werden, wie die darinn am meiſten begünſtigten Nationen ſolche entrichten.

e) „Von den auf dieſe Art beſtimmten Abgaben ſoll beiderſeitig eine Verminderung zum Vortheile derjenigen Waaren ſtatthaben, welche aus den Manufacturen oder dem Boden beider Staaten herkommen, wenn ſolche auf Schiffen ihrer eignen Nation eingeführt, auf Rechnung ihrer eignen Kaufleute geladen sind, und aus den europäischen Häfen der einen Macht in die europäischen Häfen der andern geradezu abgehen. Der Betrag dieser AbgabsVerminderung, so wie die Arten von Waaren, auf welche dieser Punkt anzuwenden ist, sollen durch den noch abzuschliessenden HandlungsVertrag zwischen beiden Mächten festgesezt werden.

f) „Übrigens sollen alle Bedingungen, die, in Betref des Handels, in den vorherigen zwischen beiden Mächten abgeschlossenen Verträgen gegenseitig bewilliget worden sind, einstweilen vollzogen werden, in so weit sie nicht dem gegenwärtigen Vertrage entgegen sind.

Art. 11.

„Ihr allergetreueste Majestät wird die fränkischen Kriegs- und Kauffahrteischiffe in Ihren Häfen auf die nemlichen Bedingungen, wie die Schiffe der in Ihren Staaten am meisten begünstigten Nationen zulassen. Auf völlig gleiche Art sollen die portugiesischen Schiffe in Frankreich aufgenommen werden.

Art. 12.

„Die fränkischen Consuls und ViceConsuls geniessen der Privilegien, des VorRangs, der Freiheiten, Vorrechte und Gerichtsbarkeiten, deren sie vor dem Kriege genossen, und deren die Consuls und ViceConsuls der am meisten begünstigten Nationen geniesen.

Art. 13.

„Der GrosBotschafter oder Minister der fränkischen Republik bei dem portugiesischen Hofe soll der nemlichen Freiheiten, Vorzüge und VorRangs geniesen, deren die fränkischen GrosBotschafter vor dem gegenwärtigen Kriege genossen.

Art. 14.

„Alle fränkische Bürger, so wie alle Personen, die zu dem Hause der von der fränkischen Republik angestellten und anerkannten GrosBotschafter, Minister, Consuls oder ViceConsuls gehören, geniesen in den Staaten Ihrer allergetreuesten Majestät, im Bezug auf Gottesdienst, eben der Freiheit, deren darinn die am meisten begünstigten Nationen genießen.

„Der gegenwärtige Artikel, und die zwei vorhergehenden sollen gegenseitig auch durch die fränkische Republik beobachtet werden, in Betref der GrosBotschafter, Minister, Consuls, und andrer GeschäftsFührer Ihrer allergetreuesten Majestät.

Art. 15.

„Alle von beiden Seiten gemachten Gefangenen, die SeeSoldaten und Matrosen mit einbegriffen, sollen innerhalb eines Monats, von der Auswechslung der Ratificationen dieses Vertrags an gerechnet, einander zurükgegeben werden. Doch sollen sie die Schulden bezahlen, die sie etwa während ihrer Gefangenschaft gemacht haben. Die Kranken und Verwundeten sollen noch ferner in den gegenseitigen Hospitälern gepflegt, und sogleich nach ihrer Genesung zurükgegeben werden.

Art. 16.

„An dem Frieden und der guten Freundschaft, welche durch diesen Vertrag zwischen der fränkischen Republik und Ihrer allergetreuesten Majestät hergestellt werden, soll, wie hiemit erklärt wird, auch die Batavische Republik gemeinschaftlichen Antheil haben.

Art. 17.

„Gegenwärtiger Vertrag soll ratifizirt, und innerhalb zweier Monate von heute an die gegenseitigen Ratificationen ausgewechselt werden.

„Geschehen, beschlossen, unterzeichnet und ausgefertigt, und zwar durch mich, Karl Delacroix, mit dem Siegel der auswärtigen Verhältnisse, und durch mich, den Ritter von Aranjo, mit meinem WappenSiegel, zu Paris, am 23 Thermidor, im 5 Jahr der fränkischen Republik, oder am 10 August 1797, nach der alten ZeitRechnung.

Unterzeichnet: Karl Delacroix.
Unterzeichnet: Anton von Aranjo Dazevedo.

§. 3.

Nähere Analyse dieses Friedens. Neue Epoche im Handel mit Portugal.

Auſſer den bisher in allen FriedensSchlüſſen der fränkiſchen Republik gewöhnlichen Bedingungen, sind es besonders zwei Punkte, die diesem Vertrage mit Portugal eigenthümlich sind.

Der erste ist die nähere Bestimmung der Gränze zwischen dem fränkiſchen und portugieſiſchen Guiana. Seit dem Jahre 1778 besizt nemlich Portugal, durch Vergleich mit Spanien, denjenigen Theil von Guiana, der sich über dem Maranhao oder AmazonenFluſſe bis an das NordCap erstrekt. Die Gränze zwischen den Ländereien beider Staaten in dieſen Gegenden, die biedahin noch nicht ganz fest war, soll von nun an der Lauf des Fluſſes reguliren, den die Portugieſen Calmeme, und die Franken Vincents-Pinson nennen, der oberhalb des NordCap's, ohngefähr $2\frac{1}{2}$ Grad nördlicher Breite, in den Ozean fällt: was südwärts von demselben liegt, soll den Portugieſen; was nordwärts liegt, den Franken gehören. Bei dieser Bestimmung dürfte wohl kein Theil viel verloren oder gewonnen haben.

Aber weit der wichtigste Artikel ist der 10te, der im Grunde schon für einen vollen HandlungsVertrag gelten kan, wodurch den fränkiſchen Bürgern und Kaufleuten in Portugal gleiche Freiheiten und Rechte, wie der in diesem Königreiche am meisten begünstigten Nation, zugestanden werden. Dieser Artikel, den die fränkiſche Republik allen ihren bisherigen FriedensSchlüſſen einverleibte, und den man eben daher, ohne nähere Kenntniß der Umstände, gerade nicht für besonders wichtig halten möchte, ist gleichwohl hier von dem entſchiedensten Intereſſe für die Republik, und ihr weit mehr werth, als wenn sie sich, unter der Rubrik von Entschädigung für die gehabten KriegsKosten, eine noch so beträchtliche Summe bedungen hätte; er ist der empfindlichste Schlag für England, aber zugleich vielleicht auch nicht minder nachtheilig für Portugal selbst.

Bisher beherrschte England fast ausschliesend, den Handel dieses Königreichs, und was Arnoul sagt, * „daß vorzüglich das Gold von Brasilien es sey, wel= „ches ihm jene GeldMacht verschaffe, womit es auf „dem festen Lande Truppen und Allianzen erhandle," ist keineswegs Uebertreibung. Wenn daher, Kraft dieses neuesten FriedensSchlusses, die Territorial= und Ma= nufakturErzeugnisse Frankreichs mit denen von England, die bisher einer so ungeheuren Begün= stigung genosen, von nun an in völlig gleiche Concurrenz gesezt werden: so kan man leicht ermessen, welch unermeßlicher Vortheil dadurch dem Handel von Frankreich zugehen, und welchen Stoß dagegen der von England leiden muß. Es ist der Mühe werth, einen Gegenstand von so weitgreifendem Interesse etwas näher zu beleuchten.

Wir müssen hier zuerst den Blik auf die politischen Verhältnisse Portugals überhaupt werfen.

Mit dem Wiener Hofe hat es keine andern Ver= bindungen, als die, welche etwa Verwandtschaft und der Wohlstand zwischen Monarchen festsezen.

Auf gleiche Weise verhält sich's mit den Höfen Italiens.

Mit der Pforte steht es nicht einmal in Correspon= denz.

Mit den Nordischen Mächten unterhält es eine Communication, blos aus Etikette. Schweden, Dä= nemark, und besonders Rußland, könnten wegen des ungeheuren Handels mit ihren Produkten, deren Portugal

* in seinem Systeme maritime et politique des Eu-
ropéens pendant le 18me siecle ets.

für seine Fahrzeuge, Arsenäle und ZimmerWerften bedarf, mehr Interesse für es haben: aber dieser Handel ist in den Händen entweder jener Nationen selbst, die ihre Produkte unmittelbar einführen, oder der Engländer und Holländer, die ihn als einen Theil ihres FactoreiHandels treiben.

Von Spanien, dessen Joch es 60 Jahre hindurch, (von 1580 bis 1640) trug, während welcher Zeit es seine schönsten Blüthen abgestreift werden sah, und das seitdem, und erst noch im Jahre 1762, es zu verschlingen drohte, ist es durch Mistrauen und NationalHaß getrennt, die selbst die neuerliche WechselHeirath der beiden königlichen Häusser nicht zu erstiken vermochte.

Vermöge des Bourbonischen FamilienVertrags muste Frankreich nothwendig diese Entfremdung mit Spanien theilen.

Also nur mit zwei östlichen Mächten, mit England und Holland, hatte Portugal bisher eigentlich fortwährende Verbindungen und unmittelbare, sich auf den Handel gründende Verhältnisse. Holland spielte indeß, seit dem Utrechter Frieden auch hierin, wie überall, eine sehr untergeordnete Rolle. England allein war der grose Gegenstand der Aufmerksamkeit, der Bestrebungen und Hofnungen, zuweilen auch der Furcht und der Beschwerden des Lissaboner Hofes.

Die HandelsVerträge zwischen England und Portugal wurden in Umständen geschlossen, wo jenes im Stande war, Gesetze vorzuschreiben, und wo, ohne seine Hilfe, das leztere sich für verloren betrachten muste: die beiden ersten Verträge, während des Acclamations Krieges, da Portugal in einem seine Kräfte übersteigenden doppelten Kriege, in Europa gegen Spanien, in Amerika gegen die Holländer, die schon einen Theil von Brasilien erobert hatten, vergebens überall anderwärts um Unterstüzung angesucht hatte; und der lezte Vertrag im Jahre 1703, zu Anfang des spanischen ErbFolgeKrieges, da Portugal in dem neuen katholischen

Könige, Philipp V, nur den Erben Philipp's II
sah, der bereit wäre, in ein von seiner ErbFolge losge=
rissenes Königreich wieder einzutreten, und darinn von
Ludwig XIV mit aller Macht unterstützt würde. In
diesem dritten Vertrage behielt England nicht nur alle
seine vorherigen Vortheile; es erlangte sogar neue, die
Portugal vollends in Abhängigkeit von ihm brachten.

„Von diesem leztern Vertrage hauptsächlich" —
sagt Favier* — „giengen bisher die in Lissabon
ansässigen englischen Kaufleute aus, um unerträgliche An=
sprüche aufzustellen — Ansprüche, die auf nichts Ge=
ringeres abzwekten, als aus der englischen Factorei
eine Art unabhängiger Republik im Schoose von Portugal
zu machen; sich von den Verordnungen der Polizei und
öffentlichen StaatsVerwaltung; ferner, von den Zöllen
und Auflagen, die nicht ausdrüklich in dem Vertrage ge=
nannt sind, so wie von der Untersuchung der Kauffahrtei=
Schiffe, und von dem Verbot der Ausfuhr des vermünz=
ten oder unvermünzten Goldes und Silbers, zu befreien;
endlich, mit Ausschließung der andern Nationen, ja
selbst der Portugiesen, den AlleinHandel dieses
Königreichs und der Produkte seiner Colo=
nien zu treiben.

„Die Kaufleute, woraus jene Factorei besteht,
sind eigentlich nur reiche und theure Commissionärs,
die für ihre Committenten in England arbeiten. Lon=
don schießt die Kapitale her, und zieht den Gewinn, der
aber durch die Habsucht, oft auch durch die Betrügereien
und Bankerotte jener englischen Häuser sehr vermindert
wird. Der Luxus, den sie treiben; die ausgesuchte Pracht
ihrer Villen oder Quinta's; die Verschwendung jeder
Art, die bei ihnen herrscht — alles dis spottet sowohl der

* in seinen Betrachtungen über das politische Sy=
stem von Europa, Kap. 11. eingerükt in den Geheimen
StaatsPapieren im königl. Pallast der Tuilerien gefunden,
B. 2, S. 78 ff.

Mäsigkeit andrer fremden Kaufleute, als der portugiesischen Frugalität, und noch mehr dem Mangel ihrer Committenten und Gläubiger in London.

„Daher kömmt es, daß man in England immer über den Verfall des Handels mit Portugal klagt: nicht, daß er weniger ansehnlich wäre, als vorher, denn die Masse der Aus= und Einfuhr nimmt vielmehr zu, statt sich zu vermindern; sondern weil der reine Ertrag davon, wegen der grosen Commissions=Provisions= und andrer Kosten, jährlich abnimmt, während das Risico, nach Verhältniß der Schwierigkeit, Kapitale herauszuziehen, und der öftern Bankerotte, gröser wird.

„Obgleich diese Ursachen bekannt sind, so ist es doch den Mitgliedern der Factorei bequemer, alle Unannehmlichkeiten, die daraus erwachsen, auf die Härte, den Geiz, die Bedrükungen und Erpressungen der portugiesischen Regierung, so wie auf deren Unredlichkeit in der Auslegung und Befolgung verschiedner Punkte der HandelsVerträge, zu werfen.

„Dis sind eben so viele Gegenstände von Beschwerden, die von den Londner Kaufleuten immer gut aufgenommen werden, weil sie, indem sie ihren Commissionärs und Schuldnern in Lissabon den Schuz der englischen Regierung verschaffen, sich auch schmeicheln, von ihnen bessere Zahlungen zu erhalten, und treuer bedient zu werden. Daher die grosen Versammlungen der Portugeuse merchants; ihre Ausschüsse, um Petitionen, DenkSchriften oder Vorstellungen abzufassen, und die Deputationen, um solche feierlich dem Könige, den StaatsSecretärs oder den HandlungsCommissairen zu überreichen. Diese Schriften werden nachher gedrukt, und mit einem, oft untreuen Auszuge der in Portugal gefertigten ActenStüke ausgegeben. Wenn nun die Regierung sich nicht mit Wärme für die Ansprüche der Kaufleute interessirt; wenn sie sich darum nicht mit dem Hofe von Lissabon abwirft: so werden die öffentlichen Blätter sogleich mit Briefen und

SchmähSchriften gegen das Ministerium angefüllt; irgend ein Schriftsteller von der Opposition entlehnt daraus seinen Stoff; er declamirt gegen die Unwissenheit und Nachläsigkeit, oder gegen die Schwachheit und Kleinmüthigkeit der Minister; er beschuldigt sie, daß sie an fremde Höfe verkauft seyen, und die Handlung und die Nation verriethen. Aber das Ministerium, hieran schon gewohnt, geht seinen Gang fort, ohne des Geschreies zu achten; zuweilen läßt es auch auf jene SchmähSchriften durch einen Schriftsteller von der HofPartei antworten, der solche gründlich widerlegt, und der in den Augen des Volkes immer Unrecht behält. Glaubt man hingegen, daß die Klagen gegründet sind, so schreibt man an den englischen Minister in Lissabon. Die Sache kömmt nun in Unterhandlung, wird in die Länge gezogen, hält aber doch das portugiesische Ministerium in Schranken: zulezt gibt dieses nach; und wenn die Beschwerden gegründet sind, so ist es sehr selten, daß man nicht Abhilfe derselben erlangte. Wird man hingegen von der Unredlichkeit der BeschwerdenFührer, von ihren Vergehungen und Chikanen überwiesen, so überläßt man sie ihrem Schiksal, und sie müssen sich nun mit dem Fiscus abfinden: nichtsdestoweniger verwendet sich der englische Consul auch dann noch für sie und, was sie auch sagen mögen, man behandelt sie mit Gelindigkeit.

„Darum hören sie nicht auf, sich zu beschweren. Dis ist der Geist des englischen Handels: überall unterdrükt er, und überall, wenn man seinen Declamationen glauben wollte, wird er unterdrükt. Raubsucht ist der Charakter des englischen Volkes; es zeigt ihn öffentlich während des Krieges, und verhüllt ihn in FriedensZeiten unter übertriebenen Ansprüchen, deren Zwek ist, die Rechte der Fürsten ungestraft zu kränken, allenthalben den Vorzug vor ihren eignen Unterthanen zu erlangen, und mit gewafneter Hand in allen vier ErdTheilen verbotenen Handel zu treiben. Das Ministerium von St. James beschüzt oft im Auslande diese Attentate, die es an den Küsten Englands nicht nur nicht dulten, sondern mit der grösten Strenge bestrafen würde: es weiß, daß der im Lande durch Auflagen niedergedrükte Handel sich auswärts nur durch gezwungene Mittel erhalten kan; aber weiser als die Kaufleute ist es nicht immer bereit, wegen des PrivatInteresse einiger Londner Bürger mit allen Höfen zu brechen; es sieht den Gegenstand im Grosen, und weiß, daß die so schwer zu gewinnende Popularität nur auf Kosten einer richtigen Politik erhalten werden kan.

„Diese Nekereien nähren zwischen den beiden Höfen von London und Lissabon einen Geist der Zwietracht, der oft in sehr lebhafte Zänkereien ausbricht. Das portugiesische Ministerium trägt mit Widerwillen das Joch, welches England ihm aufgelegt hat: von Zeit zu Zeit macht es einige Versuche, solches abzuwerfen; aber aus allen diesen Streitigkeiten entsteht doch nie ein Bruch. Das wechselseitige Bedürfniß und das gemeinschaftliche Interesse sind zu starke Bande zwischen beiden Nationen. Wenn jene Zwistigkeiten bis zu einem Grade von Hize gekommen sind, so thun beide Höfe ihrer Seits einige Schritte, um einander in der Aussöhnung entgegen zu kommen. Diese ist denn freilich, wenn man will, nur ein Palliatif, nur eine Art von WaffenStillstand; aber der Krieg, der dann wieder anfängt, ist auch nur ein FederKrieg. Indeß genießt England immer sogar der Rechte, die man ihm streitig macht; die Armee, die Flotte, die Festungen, ZimmerWerften, Arsenäle und KriegsSchulen Portugals, alles wird von Engländern, Schotten und Irländern commandirt oder geleitet; alles nimmt nach und nach Sitten, Ton und HandlungsArt der Engländer an; die Hofleute, die Minister selbst leben mit dem englischen Consul, so wie die portugiesischen Kaufleute in der innigsten Verbindung und Freundschaft mit den Engländern leben, und immer in den Zirkeln von Vergnügungen und Gastmalen anzutreffen sind, deren Kosten fast beständig diese Ausländer tragen. Der portugiesische Stolz hat sich schon zu sehr an den englischen Uiberfluß gewöhnt! Dieser Stolz hat noch einen andern, sehr dringenden Beweggrund, sich mit dem Troze einer Nation zu vertragen, die zwar immer fodert, aber bei der man auch immer Hilfs-Quellen findet. Die englische Faktorei hat beständig wenigstens 2 Millionen Pf. St. von dem Hofe, dem Adel, und den Kaufleuten in Portugal zu fodern: der Wunsch, fortdauernd dieselbe Bereitwilligkeit zum Vorschiesen zu finden, wird ihr daher auch beständig Bürge für die guten Dienste ihrer Schuldner seyn, deren sie in allen Zweigen der Staats Verwaltung hat. Hiezu kommt nun noch die Stärke der Gewohnheit, die Festigkeit einer ganz im Gange stehenden Maschine, und die Schwierigkeit, sie zu vernichten, um eine andre, die noch lange nicht dieselben Vortheile gewähren würde, an ihre Stelle zu sezen.

„Laßt uns annehmen" — fährt Favier fort — „daß der fränkische Handel dahin gelange, in Portugal gleicher Begünstigungen, wie der englische, zu geniesen, diesem das Gleichgewicht zu halten, sogar ihn zu vernichten. Wird er aber auch für's erste die der englischen Faktorei schuldigen 2 Millionen Pf. Sterl. bezahlen? und wird er im Stande seyn, in Zukunft immer so viel Vorschuß zu thun?... Aber wie soll man vollends das erste, das stärkste und unüberwindlichste Hinderniß heben, welches in der gegenseitigen Lage Englands und Portugals liegt?"

„Nur zwei Beweggründe können Portugal bewegen, dem Handel irgend eines andern Staats den Vorzug, ja auch nur die Gleichheit mit dem englischen zu bewilligen: das politische, und das mercantilische Interesse.

In Betref des erstern ist es notorisch, daß Portugal nicht im Stande ist, sich allein und durch seine eigne Macht zu erhalten. In diesem Zustande, zumal vermöge seiner topographischen Lage, da es zwischen Spanien und dem Welt Meer eingeschlossen ist, kan es nur von einer SeeMacht Hilfe verlangen und erwarten: es gibt eine solche, deren Unterstüzung es genießt — diese Macht ist England, und das Interesse, das es an Portugals Erhaltung nimmt, gründet sich auf Vortheile des Handels. England hat alle Factoreien dieses Staats in Händen; in seiner Gewalt steht es, die Brasilianischen Flotten zu deken oder wegzunehmen, diese unschäzbare Colonie zu beschüzen oder zu Grund zu richten, Lissabon mit Lebensmitteln zu versehen oder durch die Blokade seines Hafens auszuhungern; es herrscht unumschränkt auf dem Portugal umspülenden Meere, und hält auf solche Art mit der einen Hand die Regierung durch Furcht, mit der andern die Nation durch das Interesse an sich gefesselt. * Um sich Frankreich zu nähern, müste Portugal gleiches wagen, ihm dieselben Vortheile zu bewilligen, und folglich England der seinigen ganz oder zum Theil zu berauben. Möchte es nun dis nach reiflicher Überlegung wagen? und Frankreich selbst, würde es wohl im Stande seyn, Nuzen daraus zu ziehen? Man kennt den englischen Stolz, und den ausschliesenden Ton dieser Nation in Handlungs-Angelegenheiten: sie würde den Handel von Portugal, mit gewafneter Hand, wider dessen Willen, behalten; um sie davon auszuschliessen, oder ihn mit ihr zu theilen, müste man nicht nur Krieg mit ihr führen, man müste noch mehr — man müste sicher seyn, England zu Grund zu richten. Sehr richtig sind hierüber Dumouriez's Bemerkungen. ** „Verträge, die „durch Noth und Gewalt gegründet wurden, wie die un=

---

* S. Dumouriez's Gemählde von Portugal, B. 4. Kap. 9.
** a. a. O.

„streitig es sind, welche bisher Portugal an England „fesselten — können auch nur durch Noth und Gewalt zer= „rissen werden. Die Freundschaft oder Feindschaft der „Portugiesen hängt von dem glüklichen Erfolge des wei= „tern Krieges ab; dieser Gordische Knoten kan nicht ge= „löst, er muß zerhauen werden. Wenn dieser fürch= „terliche Krieg, wie Alles ankündigt, sich zum Vortheile „Frankreichs endiget; wenn es alle coalirten Mächte über= „wunden, und den Frieden auf dem festen Lande herge= „stellt haben wird: so hat es nur noch England allein „zu bekämpfen, welches durch seine ungeheuren Ausgaben „erschöpft, durch seine Parteien geschwächt, und eines ver= „derblichen Krieges müde ist, den das Ministerium wider „den Willen der Nation fortsezt. Da die Franken im „Besize von Belgien sind, und die SeeMacht Hol= „lands ihnen zu Gebot steht, so ist zu vermuthen, daß „das stolze Albion nicht länger despotisch auf den Mee= „ren herrschen, und das wieder werden wird, wozu die „Natur es bestimmte — eine Macht vom zweiten „Range. Dann werden Portugals Fesseln von selbst „abfallen."

Wendet man die Bemerkungen dieser zwei in so hohem Grade sachkundigen Männer auf den so eben geschlossenen Frieden zwischen Portugal und der fränki= schen Republik an, so findet man, daß das erstere den Schritt, die bisherigen ausschliesenden HandelsVor= theile der Engländer mit den Franken zu theilen, zu einer Zeit gethan hat, da noch so viel fehlt, daß die Vor= aussezung statthätte, unter der allein jene beiden Schriftsteller solchen es für thunlich und räthlich finden; die Voraussezung, daß Englands SeeMacht so tief herab gebracht wäre, daß die fränkische sie überflügelt hätte, oder ihr doch das Gleichgewicht halten könnte. Noch herrscht der brittische Trident auf allen Meeren; noch sind fast alle Häfen Frankreichs, Hollands und Spaniens von brittischen Flotten blokirt, und nur nach

Herstellung des allgemeinen Friedens auf dem festen Lande kan die Epoche eintreten, da Frankreich von diesem wichtigsten Artikel seines FriedensSchlusses mit Portugal Gebrauch machen, und Portugal selbst von Seiten seines bisherigen furchtbaren Beschützers deshalb nichts zu befürchten haben kan. Bisdahin dürfte eine so wesentliche Wunde, die mit seiner Einwilligung dem Handel Englands geschlagen ward, von diesem leztern gewiß nicht mit Gleichgiltigkeit aufgenommen werden; es müste sich denn damit trösten, daß der Handel Frankreichs izt in der That fast eine Nulle ist, mithin bei dem grosen Uibergewicht, welches der seinige noch lange in Portugal behaupten wird, diese Concurrenz ihm wenigstens vorerst keinen fühlbaren Nachtheil verursachen dürfte.

Aber der Stab, womit die Politik mißt, ist nicht nach Jahren, sondern nach Jahrzehenden und Jahrhunderten abgetheilt: früher oder später wird also England nun schon auch diese köstliche Quelle seiner Reichthümer, die es bisher allein faßte, mit Frankreich theilen müssen, und auch hierdurch von dem Gipfel von Macht, worauf es zu Anfang dieses Krieges stand, um viele Stufen herabsinken, während Frankreichs Bestimmungen, dafern es nicht sein eigner gefährlichster Feind ist, einen immer höhern Flug gewinnen müssen.

Ob Portugals Lage sich dadurch verbessern wird? ist eine andre Frage. — Wir kommen nun auf den zweiten Punkt, der einen Staat bestimmen kan, einer Macht eher als der andern Vorzüge im Handel zu bewilligen: das mercantilische Interesse. Bei der ersten flüchtigen Ansicht sollte man glauben, daß Portugal, welches bisher die Last der brittischen Fesseln so schwer fühlte, bei der Concurrenz Frankreichs mit England nicht anders als gewinnen könne; aber man betrachte die Sache etwas näher. Der HauptGegenstand bei allem Handel muß seyn, so viel man nur kan zu verkaufen, um das Uibergewicht auf seiner Seite zu haben, oder wenigstens um das Saldo zu vermindern: zu dem Ende muß ein Staat nothwendiger Weise vorzüglich mit demjenigen Staate unterhandeln, der sich am wenigsten ohne seine EinfuhrArtikel behelfen kan, und der das meiste von ihm braucht.

Dis ist genau der Fall Englands mit Portugal. England hat weder Weine, noch Salze, noch Früchte des Südens, und consumirt doch eine ungeheure Menge dieser Producte: dieser Verbrauch macht wenigstens zum Theil die Bilanz Portugals mit jenem Reiche. Ohne diesen Vortheil, und ohne die Begünstigungen, deren jenes in Rüksicht der zwei ersten Artikel genießt, würden alles Gold von Brasilien, seine Diamanten und seine andern Produkte unzureichend seyn, den Betrag der englischen Einfuhr zu zahlen.

Dis kan nie der Fall Frankreichs mit Portugal seyn. Frankreich hat Weine, Salze, Früchte, und alle Arten von Lebensmittel zu verkaufen; und seine Manufacturen können wenigstens eben so viel wie die englischen liefern. Was sollte es nun von Portugal einkaufen? — nichts, oder beinahe nichts. Es könnte also von diesem nur in Münze, oder in rohem Gold und Silber bezahlt werden. Portugal würde also — wie Favier behauptet — nach Verlauf von etwa 20 Jahren nicht einen Cruzado übrig behalten, oder vielmehr es würde Bankerot machen.

Das merkantilische Interesse konnte also Portugal nie bewegen, sich Frankreich zu nähern, und ihm für seinen Handel die Gleichheit mit England zu bewilligen. Die einzige Einschränkung der Einfuhr fränkischer Tücher kan die Nachtheile, die aus der Gleichstellung des fränkischen Handels mit dem englischen für Portugal entstehen müssen, solange dieses Königreich in seiner bisherigen dumpfen Unthätigkeit bleibt, nicht abwenden: nur dadurch, daß es in seinem Innern eine hinlängliche Menge eigner Manufacturen erschaft, kan es die Schäze, die die Natur ihm zuwarf, in seinem Schoose erhalten, und zu einer Selbstständigkeit gedeihen, die es in die Lage sezt, nicht mehr blos zwischen fremden Fesseln zu wählen, und aus einem verschlingenden Strudel in den andern zu fallen. Aber um diese Morgenröthe besserer Zeit über Portugal heraufzuführen, muß der Genius dieses Reichs erst wieder einen König, wie Emanuel, oder einen Minister, wie Pombal, weken. Exoriare aliquis!

III.
Geschichte des SeeKrieges in den Jahren 1796 und 1797.

I.
Einleitung.
Allgemeiner RükBlik auf den SeeKrieg. Lage der Dinge zu Ende des Jahres 1795.

So wie Frankreich, während des jezigen Krieges, auf dem festen Lande von Europa eine WaffenMacht entfaltete, die ewig das Erstaunen der Nachwelt seyn wird: so zeigte sich dagegen England auf den Meeren in einer nicht minder kolossalen Gröse. Seitdem es eine Geschichte gibt, schwamm nie eine Macht, der seinigen gleich, auf Gottes Ozean. Noch izt trozt es der Vereinigung Frankreichs, Spaniens und Hollands: ein Theil seiner Flotten blokirt alle Küsten, alle Häfen dieser Mächte, während der andre ihre auswärtigen Colonien hinweggenommen hat, oder bedroht. Es hat den Holländern das schon in seinem jezigen Zustande so wichtige, und noch einer unendlichen Verbesserung fähige Cap der guten Hofnung, die grose und reiche Insel Ceylan, und die unschäzbaren Molukken, das einzige GeburtsLand der edlern Gewürze, entrissen, und dadurch seinen zuvor schon übermächtigen Handel durch unermeßliche neue Zuflüsse verstärkt. Es hat die Franken (die einzigen Inseln Frankreich und Reunion am Eingang des Indischen Meeres, die Insel Guadeloupe und den gröfern von St. Domingo in WestIndien, und Guiana in SüdAmerika ausgenommen) aus allen ihren Niederlassungen in beiden Indien verdrängt. Es bedroht die unermeßlich reichen Besizungen Spaniens. Es sucht sich dem neuesten Frieden zwischen Frankreich und Portugal zu Troz, in seinem bisherigen HandelsMonopol mit diesem Reiche durch Gewalt der Waffen zu behaupten. Während die ganze übrige europäische Menschheit nach Frieden seufzt, berechnet es allein, kalt und selbstsüchtig, seine HilfsMittel für den weitern Krieg, seine Aussicht auf Gewinn bei dessen Fortsezung; und wenn Pitt einen Unterhändler nach Frankreich sendet, so geschieht es nur, um desto mehr Musse zur Redaction eines neuen Budget's zu gewinnen... Aber durch so ungeheure Anstrengungen gräbt England, troz all diesem blendenden Schimmer von Gröse, unter seinen Füssen einen Abgrund, worinn es zulezt seiner eignen Last erliegen muß: die Kraft, die es izt äussert, ist Uiberspannung; sie wälzt Bürden auf die Nation, worunter sie nothwendig entweder in gänzliche Ohnmacht versinken muß, oder wovon sie sich nur durch das verzweiflungsvolle Mittel einer Revolution befreien kan.

Da, durch den Bruch der in Lille wiederholt eröfneten FriedensUnterhandlungen zwischen Frankreich und GrosBritannien, der SeeKrieg, aller Wahrscheinlichkeit nach, sich wieder mit neuer Wuth entzünden dürfte, so liefern wir hier einen gedrängten, aber vollständigen Uiberblik von dessen bisherigem Gange; und gleichwie in Beschreibung des Krieges auf dem festen Lande von Europa Frankreich der CentralPunkt war, von dem Alles ausgieng, und auf den Alles zurükgeführt werden muste, so ist es hingegen, in dem SeeKriege, England, welches die HauptRolle spielt, nicht nur, weil es in dieser Rüksicht weit die gröste Macht entfaltet, sondern weil auch es hier Einer gegen Viele ficht.

Nicht so war es zu Anfang des Krieges. Als der NationalConvent, im Taumel über die ersten Siege der fränkischen Armeen, der ganzen Welt den FehdeHandschuh hinwarf, nach dem damaligen Saze: „je mehr Feinde, „desto mehr Triumphe," da schien es den entzündeten Geistern fast verächtlich, mit England allein in Kampf zu treten. Zugleich mit demselben ward auch Holland, und kaum einen Monat später auch Spanien, herausgefodert. Durch den Einfluß Englands und Spaniens hingerissen, waffnete nun auch Portugal sich zu Land und zu Meer gegen Frankreich. Rußland, über die Hinrichtung Ludwig's XVI aufgebracht, ließ gleichfalls ein Geschwader auslaufen, welches, vereint mit einem englischen, gegen Frankreich wirken sollte; und nachdem die Besizname des Hafens von Toulon ein für allemal die Macht der Franken im Mittelmeere gelähmt hatte, und nun keine Erscheinung eines La Touche mehr zu fürchten war, trat auch Neapel der Coalition gegen die von allen Seiten angefallene, wie es schien, im ungleichen Kampfe überall unterliegende Republik bei. Diese hatte nun also (Dänemark und Schweden ausgenommen) alle SeeMächte Europens gegen sich. Es ist der Mühe werth, ein so ungeheures MisVerhältniß in nachfolgender Tafel anschaulicher darzustellen.

Bilanz der SeeMacht in den beiden Feldzügen 1793 und 1794.

I. Die Coalition hatte; und zwar:

	Linien-Schiffe.	50 Kan. Schiffe.	Fregatten.	Kleinere Fahrzeuge.	Überhaupt.
1. England	158	22	135	107	422
2. Spanien	72	—	46	160	278
3. Holland	24	—	30	25	79
4. Portugal	13	—	14	—	27
5. Neapel	4	—	8	27	39
6. Rußland hielt in der Nord-See meist	10	—	7	—	17
Zusammen:	281.	22.	240.	319.	862.
II. Frankreich hatte:	81.		76.	64.	221.
Folglich weniger:	200.	22.	164.	255.	641.

Die Marine der kaum entstandenen Republik verhielt sich demnach zu jener der wider sie verbündeten Mächte ohngefähr wie 1 zu 4. Und hier war's so wenig der Fall, daß Güte die Menge ersezte! In keinem Zweige der fränkischen StaatsVerwaltung hatte die Revolution eine so schrekliche Verheerung angerichtet, wie gerade in der Marine. Die besten SeeOffiziere waren, als Anhänger des alten Systems, von ihren Stellen verdrängt, und diese meist an Untergeordnete, ohne studirte Kenntnisse, oft selbst auch ohne Erfahrung, vergeben worden. Auch fehlte es überhaupt an allen Vorbereitungen zu einem so vielfachen SeeKriege: der NationalConvent schien zu glauben, daß Flotten sich eben so leicht bilden würden, wie Armeen; er vergas den ungeheuren Unterschied, daß auf dem Lande nur Muth und Zahl, auf dem Meer hingegen fast nur das Manövre entscheidet, und daß dieses leztere, auf einem so wilden, tausenderlei Wechseln unterworfenen Element, nur durch die Erfahrung vieler Jahre erworben werden kan. Uiberdis hatte gerade izt selbst auch der LandKrieg den drohendsten Umschwung genommen; Dumouriez, aus Holland und Belgien zurükgedrükt, lies Frankreich, bei seinem Uibergang zu den Oestreichern, in fast rathloser Verwirrung; Valenciennes und Condé fielen in die Gewalt der Oestreicher; das so leicht gewonnene Mainz ergab sich den Preussen; die Spanier drangen bis an Perpignan vor; die Piemonteser überschwemmten wieder den Montblanc; die Vendee breitete sich immer weiter aus; der ganze Süd von Frankreich flammte von Gährungen; die Marine lag gelähmt in den Häfen von Brest und Toulon. In dieser fürchterlichen Krise fiel ein Schlag auf diese leztere nieder, der, noch ehe sie zum Gefecht gekommen war, beinah die Hälfte derselben zerstörte. Einer vereinten englisch-spanischen Flotte gelang es, durch geheime Einverständnisse in Toulon, daß sie in diesen Hafen aufgenommen ward, und dadurch die ganze SeeMacht Frankreichs im MittelMeere in ihre Gewalt bekam. Nach einer langen Belagerung ward Toulon endlich (18 Dec. 1793 von den Republikanern mit Sturm wiedererobert. In Frankreich sah man damals nur das Glänzende dieser WaffenThat; man frohlokte wie über einen Triumph: aber die Engländer hatten ihren Streich nicht verfehlt; vor ihrem Abzuge zerstörten oder führten sie dasjenige mit sich fort, wodurch eigentlich Toulon bis dahin für Frankreich so unschäzbar gewesen war; von nun an war der fränkischen Marine ihr einer Arm abgehauen. Erst neuerlich ist, aus Anlaß der zwischen England und Frankreich eröfneten FriedensUnterhandlungen, da, wie man behauptete, dieses leztere die Zurükgabe der in Toulon hinweggenommenen Schiffe foderte, ein **vollständiger Etat des damals der fränkischen Marine zugefügten ungeheuren Schadens** in's Publikum gekommen: er ist so merkwürdig für die Geschichte, daß wir ihn hier mittheilen.

Zerstörung der Marine in Toulon, am 18 Dec. 1793.

A. Verbrannt.

I. Durch die Engländer, im Arsenal und auf der kleinen Rhede, auf Befehl des Sir Sidney Smith.

a. LinienSchiffe:

1. Le Triomphant, von . . 84 Kanonen.
2. Le Duguay - Trouin . . 84
3. Le Commerce de Bordeaux 84
4. Le Destin 74
5. Le Lys 74
6. Le Suffisant 74
7. Le Centaure 74
8. Le Dictateur 74
9. Le Themistocle 74
10. Le Heros 74
11. Ein Schiff im Bau . . . 74

b. Fregatten und Corvetten:

 1. La Serieuse, von . . . . . 36 Kanonen.
 2. L'Iphigenie 36
 3. Eine Fregatte im Bau . . 36
 4. La Caroline 24
 5. L'Auguste 24
 6. L'Alerte 18

II. Durch die Spanier, auf der kleinen Rhede.

 7. Le Montréal, von . . . . 32 Kanonen.
 8. L'Iris 32

III. Durch die Sardinier.

 9. La Victoire, von 32

B. Fortgeführt durch die Engländer, unter Lord Hood.

 a. LinienSchiffe:

  1. La Commune de Marseille, von 120 Kanonen.
  2. Le Pompée 80
  3. Le Puissant 74

 b. Fregatten und Corvetten.

  1. L'Arethuse, von 40
  2. La Perle 40
  3. La Topase 38
  4. L'Aurore 36
  5. La Lutine 32
  6. La Poulette 26
  7. La Belette 24
  8. La Prosélite 24
  9. La Moselle 20
  10. La Sincere 18
  11. L'Amulette 18
  12. Le Tarleton 14

Also ohne einen KanonenSchuß verlor Frankreich, an Einem Tage, eine Flotte von 14 LinienSchiffen, und 21 Fregatten oder Corvetten! So viel würden kaum drei verlorene HauptSchlachten zur See ihm gekostet haben. Von nun an konnte man seine Macht im MittelMeere wie vernichtet betrachten. Die Britten eroberten nach langem Widerstande die Insel Corsika. In den entfernten Meeren spielten ihre Flotten ohnehin den Meister: sie entrissen den Franken alle ihre, ohnehin nur unbedeutende Niederlassungen in OstIndien; in NordAmerika nahmen sie ihnen die bei TerreNeuve liegenden Inselgen Miquelon und St. Pierre; in WestIndien die wichtigen Inseln Martinique, Guadeloupe, einen Theil von St. Domingo, die kleinen Inseln St. Lucie, Desirade, Marie galante, hinweg. Der fränkische Handel ward dadurch bis auf Nichts herabgebracht; seine köstlichsten HauptQuellen waren ihm abgegraben.

Aber was kümmerte man sich damals in Frankreich um Handel! Es war die Zeit der finstern SchrekensRegierung, da die Decemvirs von nichts, als dem Umsturze aller Thronen sprachen; da sie das aufgeklärte, hochverfeinerte Volk zwischen den Pyrenäen und dem Rhein, im Mittelpunkte von Europa, zum rohen Zustande eines NaturVolkes herabbringen wollten, das keine Bedürfnisse hätte, als Brod und Eisen, kein Buch, als den anarchischen Codex von 93. Man überließ die Colonien lediglich ihrem Schiksal. „Sind „sie vom Geiste der Freiheit beseelt, so werden sie sich „schon selbst zu vertheidigen wissen" — sagte man — „schmiegen sie sich aber unter das Joch, so sind sie ohnehin unsrer Sorge nicht werth."

Indeß kam es doch darauf an, das stolze Albion zu demüthigen. Die Decemvirs, die, in ihrer fürchterlichen Allgewalt, sich nichts für unmöglich hielten, wollten die erneuerte Szene von Rom und Karthago spielen. Im JacobinerClub zu Paris war es mehrere Wochen hindurch eine Art von PreisAufgabe, die Verbrechen Englands gegen das Menschengeschlecht und die Fehler seiner Constitution zu enthüllen. Man hatte das Aufgebot in Maſſe mit ſo groſem Erfolg gegen die Armeen der Könige ausgeführt: mit gleicher Energie wollte man nun auch Englands Flotten niederblitzen; man glaubte in vollem Ernſte, daß es auch hier nur auf's Wollen ankomme; daß auch hier der Allmacht des NationalEnthuſiasm nichts unmöglich ſey. Die Britten waren aus Toulon hinausgeſtürmt; die Spanier aus Rouſſillon, die Piemonteſer aus dem MontBlanc, die Preuſſen von Landau zurükgedrükt; die Oeſtreicher muſten den ſiegenden Franken wieder die Ebenen Belgiens überlaſſen; die Vendee war an den ſchrekliche Tagen von Mans und Savenay in Stüken gehauen worden; „Sieg oder Tod!" war überall das LoſungsWort der Decemvirs, und überall folgte der Sieg den dreifarbigen Fahnen. Alles glühte auch in den SeeHäfen von Thätigkeit; Toulon ſuchte die ihm von den Britten geſchlagene Wunde auszuheilen, und von Breſt lief eine furchtbare fränkiſche Flotte in den Ozean aus. Sie traf (1. Jun. 1794) auf die engliſche Flotte unter Admiral Howe. Die Schlacht begann, eine der heiſſeſten und ſchreklichſten, die je auf dieſem Element geſchlagen wurden. Die Franken thaten Wunder der Tapferkeit; aber die brittiſche ManövrirKunſt ſiegte. Howe nahm 6 LinienSchiffe, und bohrte 2 andre in Grund. Barrere, der die Siege der fränkiſchen Armeen jedesmal ſo neu und mit ſo vielem Pompe ankündigte, ſchwieg lange von der berühmten Schlacht vom 1. Jun; endlich ſtellte er dieſe entſchiedene Niederlage wie einen Triumph dar. Während er mit Worten die Britten ſchlug, ſollten neue Flotten ſie mit Kanonen bekämpfen: aber der Erfolg war ſtets derſelbe; nie kamen die Franken ohne den Verluſt mehrerer Schiffe aus den Treffen; und auch wo ſie ſich mit den Britten nicht ſchlugen, liefen ſie bei ſo ungünſtiger Witterung, oder mit ſo ſchlechten Manövres aus, daß ſelbſt ihre bloſen Kreuzfahrten meiſt eben ſo nachtheilig, wie ein verlores nes Treffen, für sie waren. Der lezte Streich, den sie im Grosen wagten, fällt in den Jun. 1795. Gegen=Admiral Vence, der von Brest ausgelaufen war, um eine ZufuhrFlotte aus dem Biscayischen MeerBusen zu deken, ward von einem englischen Geschwader unter Vice=Admiral Cornwallis bei Belle=Isle blokirt gehalten. Nun lief Admiral Villaret=Joyeuse selbst mit einer Flotte von Brest aus, um ihn hier wieder frei zu machen; er erreichte auch seine Absicht: aber auf dem Rükwege traf (22. Jun.) eine grösere englische Flotte unter Lord Bridport auf ihn; er ward geschlagen, und rettete sich noch mit Mühe, mit einem Verluste von 3 Linien=Schiffen, in den Hafen von L'Orient. Die Engländer vollzogen nun, ohne Hinderniß, die berühmte Landung der Ausgewanderten in der Bucht von Quiberon.

Die Franken hatten izt, von dem Anfange des Krieges bis zum 23. Jun. 1795, nicht weniger als 40 LinienSchiffe und 37 Fregatten, mithin die volle Hälfte ihrer Marine verloren. Die Trümmern derselben wurden von den Britten theils in den Häfen von Brest und L'Orient, theils in dem von Toulon blokirt gehalten.

Nun erst thaten die Franken aus Noth, was sie längst nach Plan hätten thun sollen. Bisher hatten sie nur mit grosen Flotten auf dem Ozean stolzirt; sie hatten Englands Macht von der Seite seiner KriegsMarine zu zerstören gesucht: aber diß war den Stier an den Hörnern gepakt. Nun, da ihre Flotten nach und nach verschwunden waren, beschloß der NationalConvent (10. August 1795), nothgedrungen, ein neues System von Seekrieg: alle Versuche der Franken waren von nun an gegen die englische HandelsMarine gerichtet: hier gab es für sie alles zu gewinnen, und fast nichts zu verlieren. Wie sie den LandKrieg, mit so grosem Erfolg, meist auf PostenGefechte zurükgeführt hatten, so izt auch den SeeKrieg. Kleine Geschwader stahlen sich aus ihren Häfen, lauerten den brittischen

KauffahrteiFlotten auf, und machten unermeßliche Beute. Der reichste Fang dieser Art war der, den GegenAdmiral Richery that, da er die englische Flotte aus dem MittelMeere (7. Oct.) auf der Höhe des Cap St. Vincent angrif, ein LinienSchiff, das sie begleitete, und gegen 40 reichbeladene KauffahrteiSchiffe nahm, und in den Hafen von Cadiz einführte.

Auf den bis dahin ganz verlassenen fränkischen Colonien war inzwischen, durch einen blosen Schluß des NationalConvents, ein gänzlicher Umschwung der Dinge bewirkt worden: unvermögend, ihnen Hilfe zuzuschiken, hatte er sich in ihrem Innern dadurch, daß er (4. Febr. 1794) die Freiheit aller farbigten und schwarzen Menschen proclamirte, eine furchtbare Macht erschaffen. Auf allen von den Britten genommenen Inseln in WestIndien (das einzige, zu stark befestigte Martinique ausgenommen) braußte nun der Aufruhr: die Negern, und der Rest von Ureinwohnern (Caraiben) sammelten sich um die dreifarbige Fahne her; bald wurden die Britten von ganz Guadeloupe verdrängt; auch St. Lucie ward ihnen entrissen; auf St. Vincent, Grenada ꝛc. standen die Caraiben, von kleinen fränkischen Trupps unterstützt, gegen sie in Waffen; auf St. Domingo verstärkten sich die fränkischen HeerHaufen immer mehr, theils durch die ihnen zuströmenden Negern, theils durch die ehemals von den Spaniern zu Gefangnen gemachten Franken, die nun, zugleich mit dem spanischen Antheil dieser Insel, und mit beträchtlichen KriegsVorräthen, an sie ausgeliefert wurden. Fürchterlich wütheten hier Seuchen unter den Britten; und selbst auf ihrer wichtigsten Besizung in WestIndien, der Insel Jamaica, hatten sich die Maroons, oder freien Negern, gegen sie empört. . . . Dis war die Lage der Dinge zu Ende des Jahres 1795; und nach diesem vorläufigen allgemeinen RükBlik auf dieselbe, fassen wir nun den abgebrochnen

Faden der Geschichte des SeeKrieges wieder auf, indem wir dessen Ereignisse in den Jahren 1796 und 97 erzählen.

II.
Geschichte des SeeKrieges im Jahre 1796.

§. 1.
Uiber die streitenden Theile und ihr Machts Verhältniß überhaupt.

Wir müssen zuerst die gegenseitigen Kampf-Parteien kennen lernen.

Bis zu Anfang des Jahres 1795 stand Frankreich allein allen obengenannten SeeMächten (England, Spanien, Holland, Portugal, Neapel, Rußland) gegenüber. In diesem Jahre aber fiengen die Verhältnisse an, sich zu ändern. Holland, von den Franken auf dem Eise erobert, verband sich mit ihnen, als Schuz- und TruzGenosse gegen England; und Spanien, dessen Armee schon über den Ebro zurükgetrieben worden war, trat vorläufig wenigstens von der Coalition zurük. Lange hatte es im Stillen Besorgnisse über Englands immer höher aufstrebende Uibermacht gehegt: wie endlich die grosen natürlichen Interessen immer zulezt über kleine Leidenschaften und Rüksichten des Augenbliks obsiegen, so schlos auch es nun im Laufe des Jahres 1796, ein Schuz- und TruzBündniß mit der fränkischen Republik, welches laut gegen England gerichtet war, und welchem bald die förmliche KriegsErklärung gegen diesen Staat folgte. Nun waren also die Verhältnisse folgende:

auf der einen Seite:	auf der andern:
Frankreich Holland Spanien (vom 3. Sept. an.)	England Portugall Neapel (bis zum 5. Jun.) Rußland.

Nur Frankreich führte gegen alle jene Mächte zumal; Spanien nur gegen England; Holland gegen England und Rußland Krieg. England also hatte izt mit den drei, nach ihm, grösten See-Mächten Europens zu kämpfen. Wir machen es daher, in Beschreibung der Geschichte des SeeKrieges, billig zum CentralPunkte; nicht nur, weil es diesen Kampf mit so viel Glanz und Glüke führte, sondern weil es allein izt beinah eine eben so starke Marine, wie das ganze übrige Europa zusammen, hatte. Hier ist der

Etat und Vertheilung derselben zur Epoche des 1 Januars 1796.

	Linien-Schiffe.	50 Kan. Schiffe.	Fregatten.	Kutter.
In den Häfen . . .	43	10	40	61
In dem Kanal und Irland	14	1	23	36
In den Dünen und der NordSee	4	4	20	10
In WestIndien und unterwegs	14	4	25	9
In Jamaica	6	—	6	9
In Amerika und TerreNeuve	3	—	5	6
In OstIndien oder unterwegs	7	1	6	8
Auf den Küsten von Afrika	—	1	2	1
In Gibraltar und im MittelMeer . . .	23	—	30	12
Summe der ausgerüsteten Schiffe . . .	114	21	157	152
In Reparation oder im Bau:	56	9	35	66
	170.	30.	192.	218.

Zusammen 610 KriegsSchiffe, worunter 170 LinienSchiffe sind. In keiner Epoche der Geschichte

schwamm je eine ähnliche Macht auf Gottes Ozean. Wir fangen mit der Geschichte von Englands leichtestem und gewinnreichstem Kampfe an.

§. 2.
England gegen Holland.
I.
Afrika und OstIndien.

Welche Beute bot nicht das eben so machtlose als reiche Holland dem brittischen Leoparden. Schon im Jahre 1793 hatten die Franken ihre, ohnehin nicht sehr beträchtlichen, Niederlassungen in OstIndien verloren. Aber Holland besaß hier noch immer die köstlichsten Trümmern seiner ehemaligen furchtbaren SeeMacht: noch gehörten ihm die grose und reiche Insel Ceylan, das Vaterland des besten Zimmts in der Welt; so manche Forts auf den Küsten des festen Landes von Ost-Indien; die Insel Java, mit der europäisch prächtigen HauptStadt Batavia; ferner nebst manchen andern Inseln vorzüglich die Molukken, die einzigen Länder in der Welt, welche die edlern Gewürze (Nelken, MuscatNüsse und MuscatBlüthe) liefern; und unten an der südlichsten Spize von Afrika, das Cap der guten Hofnung, eine Colonie, die leicht zu der Wichtigkeit eines eignen beträchtlichen Staates erhoben werden könnte. Besizungen von diesem Umfang machten, wenn sie in die Gewalt der Britten fielen, diese leztern vollends zu AlleinGebietern in OstIndien; keine andre europäische Macht dürfte dann leicht mehr hoffen, in diesen unermeßlich entfernten Regionen wieder festen Fuß zu gewinnen. Und die holländischen Colonien, nach der kläglichen Verfassung, worinn sie sich izt befanden, im Ganzen mit kaum 3 bis 4000 Mann besezt, durften nur angegriffen werden, um zu fallen.

Die erste Eroberung der Britten, die wir bereits (Jahrgang 1796, Heft 1.) erzählt haben, war (Sept. 1795.) das Vorgebirge der guten Hofnung. Admiral Elphinstone hatte solche ausgeführt; sein Geschwader lag seitdem hier im Hafen.

Ohngefähr um gleiche Zeit hatte die brittische Regierung zu Madras einen doppelten KriegsZug gegen die holländischen Besizungen in OstIndien veranstaltet: der eine war gegen die Insel Ceylan, der andere gegen Malacca und die übrigen Niederlassungen gerichtet.

Den 30. Jul. (1795) schifte sich Obrist Stewart aus dem Fort St. George am Bord der dort auf Station liegenden Kriegs= und TransportSchiffe ein, und kam (1. August) in der Bai von Trinconomale an, wo er dem holländischen Commandanten Fornbauer sofort den Zwek seiner bewafneten Erscheinung kund that: „die Franken hätten sich Hollands bemächtigt, und „drohten dessen ganze Verfassung zu zerstören; der Erb= „Statthalter, GeneralKapitain und GeneralAdmiral „der Union, habe sich daher nach England geflüchtet, „und in seinem Namen wolle nun König Georg III. die „holländischen Colonien einstweilen in Depot nehmen." Fornbauer weigerte sich, dieser Auffoderung zu entsprechen: selbst die Befehle seines Vorgesezten, des Gouverneurs (von Angelbek) in Colombo, 300 Engländer in das Fort Oostburg einzunehmen, wurden von ihm abgewiesen. Die brittischen Truppen landeten daher (3. August) 2 kleine Stunden nordwärts von Trinconomale, brachten ihre Artillerie, Munition rc. aus Land, und eröfneten (18. August) die LaufGräben. Ihre Batterien spielten mit solcher Wirkung, daß sie den 26sten schon Oefnung zum Stürmen gewonnen hatten. Die Veste ward nun aufgefodert, und ergab sich noch am nemlichen Tage. Vermöge der Capitulation ward die, nicht volle 600 Mann starke, Besazung kriegsgefangen, und sogleich nach Madras eingeschift; alle Munition, und alles Eigenthum der OstIndischen Compagnie, ward den Engländern ausgeliefert; 92 FeuerSchlünde fielen in ihre Gewalt. Die Belagerung hatte ihnen, im Ganzen, 20 Todte und 77 Verwundete gekostet. Nach dem Falle von Trinconomale bot der Commandant des Forts Oostburg, Hauptmann Hofmann, nun selbst die Capitulation an, die den 30. August auf gleiche Bedingungen abgeschlossen ward. — Obrist Stewart wandte sich hierauf sogleich gegen die übrigen holländischen Pläze auf Ceylan. Den 24. Sept. segelte er, mit einem starken TruppenKorps, mit dem LinienSchiffe Centurio, der Fregatte Bombay, und 3 Corvetten, von Trinconomale ab, und landete den 27sten zu Point Pedro, ohngefähr 9 Stunden von Jaffanapatnam, dessen er sich sogleich am folgenden Tag bemächtigte. Am 1. Oct. nahm Kapitain Page den KriegsPosten Mollitivoe, und am 8. Oct. Kapitain Barbutt das Fort und die Insel Manar und Tapia hinweg; an dem leztern Orte fanden die Britten 140 Kanonen und 700 Centner Pulver. Am 15. Febr. 1796 ergab sich ihnen endlich auch noch der wichtige Plaz Colombo, der Siz des holländischen Gouverneurs auf Ceylan: durch diese Capitulation fielen auch noch die Stadt Punte=Gale und das Fort Caliure, mit ihrem ganzen Bezirk, in ihre Gewalt: sie erhielten zugleich alle Artillerie, Kriegs= und WaarenVorräthe, und alles Eigenthum der holländischen Compagnie, so wie 2 holländische Schiffe, die in Colombo lagen. Die Besazung, die aus 1000 Europäern und 1500 Seapoys bestand, ward kriegsgefangen: jene wurden nach Madras abgeführt; diese, in ihre Heimat entlassen. Die Britten übernahmen vorläufig 50,000 Pf. Sterl. von dem auf Ceylan circulirenden PapierGelde. — Diese ganze Insel war nun unter ihrer Botmäßigkeit.

Eben so schnell waren ihre Fortschritte gegen die Be=

sizungen der Holländer auf dem festen Lande von OstIndien. Commodore Rainier nahm den 17 August (1795) die HalbInsel Malacca; die Besazung des Forts, die aus ohngefähr 100 Europäern und 60 Seapoys bestand, ergab sich kriegsgefangen: zugleich schikte die holländische Regierung den Commandanten zu Riouw und Perra den Befehl zu, diese Pläze den Britten einzuräumen. Nach lebhaftem Widerstande fielen auch Cochim, mit 200 Kanonen, 4000 Flinten, und einem MundVorrath auf 6 Monden; ferner Chinsurah mit seinen Zugehörungen, so wie das Fort Coilan, und alle holländischen Comptoirs zu Porca und Calicoilan, in dem Lande Travancore (auf der südlichen Küste von Malabar) in ihre Gewalt. Sie waren nun im Besize aller holländischen Niederlassungen auf dem festen Lande von OstIndien.

Von Ceylan aus hatte Admiral Rainier mittlerweile seine Unternehmungen in den Indischen Meeren fortgesezt, und sich der wichtigen, fast von aller Vertheidigung entblösten Molukken, oder GewürzInseln, bemächtigt. Den 16 Febr. nahm er, ohne alles Gefecht, Amboina, und den 8 März Banda, mit allen ihnen zugehörigen Städten und Pläzen, in Besiz. Er fand in den dortigen holländischen Magazinen. 147,787 Thaler in baarem Gelde; 315,940 Pfund GewürzNelken; 84,777 Pfund MuscatNüsse, und 19,587 Pfund MuscatBlüthe. Nur die Insel Ternate hielt sich noch.

So hatten denn die Holländer, im Laufe eines halben Jahres, weit den grösten und köstlichsten Theil ihrer Niederlassungen in OstIndien verlohren, ohne daß alle diese Eroberungen den Britten über ein paar hundert Mann kosteten. Aber Holland, ohne seine Colonien in andern WeltTheilen, ist der blose Leichnam eines Staates; nur der unermeßliche Gewinn, den es durch diese leztern zog, sezte es in Stand, seine Sümpfe in Europa zum Range der blühendsten Länder zu erheben, und den TorfMoor, worauf es hauſt, gegen das stets weiter vordringende Meer zu schüzen: es sinkt in's Nichts, sobald ihm sein Handel, diese einzige Quelle seines Wohlstands, abgegraben ist. Die Batavische NationalVersammlung bot daher, sobald ihr die Nachricht von der Hinwegnahme des Caps der guten Hofnung zukam, Allem auf, um nicht nur diesen Schlüſſel von OstIndien wieder zu erobern, sondern auch ihre übrigen Besizungen in beiden Indien, deren Verlust ihr noch unbekannt war, gegen feindliche Angriffe zu schüzen. Gegen Ende des Februars 1796 lief auch wirklich schon, mit dem günstigsten OstWinde, eine holländische Flotte, unter den Befehlen des ViceAdmirals Braak und des GegenAdmirals Lucas, aus dem Texel. Ihre Bestimmung war in das tiefste Dunkel gehüllt. Ein Beweiß, daß auch in Republiken Geheimniß möglich ist: der britische GoldRegen suchte umsonst dis Räthsel zu durchdringen. Die Admirale Duncan und Pringle, die mit zwei Geschwadern, jener aus den Dünen, dieser von Yarmouth ausliefen, suchten die holländische Flotte auf, um ihr eine Schlacht zu liefern — und fanden sie nicht. Sie täuschte alle ihre Wachsamkeit, segelte hinter Schotland und Irland hin, und nur nachdem sie bereits auf der Höhe der Azorischen Inseln angelangt war, erhielt man die erste sichere Nachricht von ihr, durch einen glüklichen Schlag, der ihr hier gelungen war; sie hatte nemlich eine englische SchiffsBegleitung, die aus OstIndien und von dem Cap zurükkam, angegriffen, geschlagen, und 24 grose, sehr reichbeladene Schiffe erbeutet. Nach dieser Unternehmung trennten sich die holländischen Admirale: Braak mit 1 LinienSchiffe, 4 Fregatten und 2 Sloops, nahm seinen Weg nach Surinam; Lucas, mit 3 LinienSchiffen, 5 Fregatten und einem mit Kriegs- und MundVorrath versehenen FrachtSchiffe, sezte seine Fahrt nach dem Cap der guten Hofnung fort, wo er (6 August), in der SaldanhaBai, Anker warf. Er zweifelte nun gar nicht mehr an dem Erfolg seiner Unternehmung: er zählte auf die alte Anhänglichkeit der Einwohner der Colonie für Holland, und auf die Ankunft eines fränkischen HilfsGeschwaders von den Inseln Frankreich und Reunion (Bourbon); auch vermuthete er die Britten weit nicht so stark, wie sie wirklich waren. Seiner Flotte von 3 LinienSchiffen und 5 Fregatten, die zusammen 1972 Mann trug, konnte Admiral Elphinstone, der durch den Admiral Pringle noch zeitig genug Verstärkung erhalten hatte, nun 8 LinienSchiffe, 5 Fregatten und 1 Sloop, deren Bemannung sich auf 4,782 Mann belief, entgegenstellen.

Sobald Elphinstone von der Ankunft des holländischen Geschwaders Nachricht erhalten hatte, krenzte er einige Tage auf der See herum, um die Operationen des Admirals Lucas zu beobachten. Dieser hatte indeß seine Artillerie und seine LandungsTruppen, 3000 Mann an der Zahl, ausgeschift. Der englische General Craig rükte diesem Corps an der Spize von 4 bis 5000 Mann entgegen; nicht, um es sogleich anzugreifen, sondern nur, um es einige Tage zu beschäftigen, bis Elphinstone sich in Bereitschaft gesezt haben würde, den HauptSchlag gegen die holländische Flotte auszuführen. Bald erschien dieser im Angesicht der SaldanhaBai, worinn Admiral Lucas vor Anker lag, mit allen seinen Schiffen. Lucas glaubte Anfangs, die gehofte fränkische HilfsFlotte segle heran; auch signalisirte Elphinstone so lange als Freund, bis er die Bai eingeschlossen hatte. Nun ließ er plözlich von allen Schiffen die brittische Flagge wehen. Sobald die holländischen Matrosen diese erblikten, stekten sie, unter dem Gebrülle: „Oranien oben!" die OranienKokarde auf, verließen ihre Kanonen, stürzten sich auf den Wein und BranntweinVorrath hin, und hörten in Rausch und Wuth auf kein Commando mehr. Admiral Lucas, auf seinen Schiffen den Aufruhr, zu Land und zu Meer mit überlegener Macht umzingelt, hatte nun keine andre Wahl mehr, als zu capituliren. So fiel (16 August) die ganze holländische Flotte, die so glüklich und mit so stolzen Hofnungen am Orte ihrer Bestimmung angekommen war, mit allem, was sie enthielt, ohne einen Schuß zu thun, in die Gewalt der Engländer.... Die holländischen Schiffe waren:

Der Dordrecht mit	66 Kanonen	...	370 Mann.
Die Resolution —	66 —	...	400 —
Der Tromp —	54 —	...	280 —
Der Castor —	44 —	...	240 —
Der Brave —	40 —	...	234 —
Die Bellona —	28 —	...	130 —
Die Sirene —	26 —	...	130 —
Der Havik —	18 —	...	76 —
Die Maria, FrachtSchiff		...	112 —
	324		1972

2.

WestIndien.

Hier kam Admiral Braak noch früh genug an, um Surinam und Curacao zu deken. Aber schon in der zweiten Hälfte des Aprils hatten die Britten sich der Niederlassung von Demerary und Essequebo bemächtigt, wo sie, ausser 70 reichbeladenen KauffahrteiSchiffen, noch eine holländische Fregatte von 24, und einen Kutter von 12 Kanonen erbeuteten.

3.

NordSee.

Zu Anfang des März war ein holländisches Geschwader aus dem Texel nach Bergen, in Norwegen, abgesegelt, um mehrere KauffahrteiSchiffe und gemachte Beuten, die dort lagen, zurük zu begleiten. Inzwischen hatten die zwei brittische Geschwader unter den Admiralen

Duncan und Pringle den ganzen März hindurch vergebens die um diese Zeit nach dem Cap der guten Hofnung ausgelaufene Flotte in den Nordischen Meeren aufgesucht. Duncan traf, zu Anfang des Aprils, auf eine kleine Abtheilung des holländischen Geschwaders, die wieder aus Norwegen zurükkehren wollte, und aus der Fregatte Argo und den drei Briks Mercur, Mug und Echo bestand. Die Argo mit 36 Kanonen und 237 Mann, und der Mercur mit 16 Kanonen, wurden von den Britten genommen; die beiden andern Briks aber auf den Strand gejagt, wo sie durch Winde und Brandungen zu Grund giengen — Da inzwischen die so lange räthselhafte Bestimmung der aus dem Texel gelaufenen Flotte sich näher enthüllt hatte, so trennten sich nun die beiden englischen Geschwader. Admiral Pringle segelte nach dem Cap der guten Hofnung, wo seine Schiffe, wie wir weiter oben sahen, bei Admiral Elphinstone eintrafen, als dieser so eben seinen grosen Schlag gegen den holländischen Admiral ausführen wollte. Admiral Duncan hingegen hielt nun die meiste Zeit hindurch den Texel blokirt, und bedrohte den ganzen Umfang der Küsten Hollands.

Auf solche Art hatte die Batavische Republik in der lezten Hälfte des Jahres 1795 und in der ersten des Jahres 1796 beinahe alle ihre Colonien und, ohne KanonenSchuß, eine ganze Flotte verloren. Ihr Handel ward dadurch an der Wurzel abgeschnitten. Schon im Jahre 1795 hatte ihre Schiffahrt sich um $\frac{2}{3}$ vermindert: im Texel waren, statt sonst 1800, nur 613, und im Vlie, statt sonst 1000, nur 667 Schiffe angekommen. Im Jahre 1796 erhielt er vollends den tödlichen Stoß. Von nun an gab es für die Holländer keine Gewürze mehr aus OstIndien einzuführen. Statt daß im Jahre 1790 ihr OstSeeHandel 2209 Schiffe beschäftigt hatte, schlich sich im Jahre 1796 nur 1 holländisches Schiff durch den Sund. Wenn es auch im künftigen Frieden den grösten Theil seiner Indischen Besitzungen zurük erhält, so darf es doch, bei dem Zustande von Schwäche, in den es versunken ist, nicht hoffen, je wieder, nicht nur nicht seine alte, sondern auch nur die HandelsBlüthe, worin es sich vor dem Ausbruche des jezigen Krieges befand, aufkeimen zu sehen; denn Belgien gehört Frankreich, und die Schiffahrt auf der Schelde ist frei.

(Wir haben hier des russischen Geschwaders, welches unter Admiral Chanikow sich in der NordSee befand, nicht erwähnt, weil es in diesem Jahre sich durch gar keine Unternehmung auszeichnete.)

§. 3.
England gegen Frankreich.
(Zugleich auch, unter der Rubrik: MittelMeer, England gegen Spanien.)

Einleitung.

Welch schwere und häufige Wunden auch immer die fränkische Marine in den bisherigen drei Jahren des SeeKrieges erlitten hatte, so war doch auch noch in diesem vierten Feldzuge von 1796 ihr Kampf mit England weit der furchtbarste. Den Mangel an gleicher SchiffsZahl und ManövrirKunst ersezte die Schlauheit, die Thätigkeit und der Muth der Franken; und am Schlusse dieses Feldzuges machten sie das stolze Albion selbst für sein SchwesterKönigreich Irland zittern.

Wir richten hier den Blik zuerst auf die entferntere KriegsSchaubühne, und erzählen erst dann die Ereignisse in den Meeren, die Europen umspülen.

In OstIndien sah und hörte man nichts mehr von Franken. Alle ihre dortigen Niederlassungen waren schon seit 1793 in der Gewalt der Engländer. Nur am Eingang des Indischen Meeres besassen sie noch die Inseln Frankreich und Reunion (ehedem Bourbon) wo eine Anzahl ihrer Fregatten von Zeit zu Zeit reiche, den Britten abgenommene Beuten einführte.

Desto gewühlvoller sah es in

I.
WestIndien.

aus. Wir haben oben bereits die höchstkritische Lage geschildert, worinn sich, am Schlusse von 1795, nicht nur die Eroberungen der Britten, sondern selbst auch **ihre eignen Colonien** befanden. Um bis Gewitter zu beschwören, lief in den ersten Tagen des Decembers (1795) eine aus 218 Segeln bestehende Flotte unter dem Admiral **Christian** mit einer grosen Zahl LandungsTruppen, welche General **Abercrombie** commandirte, nach WestIndien aus. Aber seit MenschenGedenken wütheten keine so anhaltenden Stürme auf dem Ozean, wie izt. Die englische Flotte ward auseinander geworfen: ein Theil der Schiffe lief entmastet in die Häfen von Portsmouth und Kork zurük; die meisten verwirrten sich; viele giengen unter; endlich, nachdem er 7 Wochen und 3 Tage lang die heftigsten WindStöße so unaufhörlich, wie man kein Beispiel weiß, ausgestanden hatte, lief Admiral **Christian** selbst (29 Januar) mit seiner Flotte wieder zu Spithead ein; von mehr als 200 Segeln, womit er abgegangen war, kamen nur 10 Kriegs- und 45 Kauffahrtei- und FrachtSchiffe, grosen Theils sehr beschädigt, mit ihm zurük. Inzwischen waren doch viele von den übrigen Schiffen, troz aller Wuth der Stürme, glüklich in WestIndien angekommen, und hatten auf **Barbados** 6000 Mann an's Land gesezt. Es war hohe Zeit, daß diese Verstärkung dort eintraf. Die Britten hatten durch das **gelbe Fieber** eine ungeheure Mortalität erlitten. Auf **Grenada** hatte eines ihrer Regimenter, das bei seiner Landung, am 1 April, 600 Mann stark gewesen war, bis zum 1 Nov. 408 Mann an dieser Krankheit verloren. Noch schreklicher wüthete sie auf St. Domingo: im November 1795 waren auf dieser Insel nur erst 100 Mann vor dem Feinde geblieben; und im März 1796 waren schon 129 ihrer Offiziere, und 5840 Gemeine gestorben. Während auf solche Weise ihre Macht in West-Indien sich so schreklich vermindert hatte, waren die Franken immer kühner in ihren Angriffen geworden. Die Lage der Dinge bei Ankunft der brittischen Verstärkungen war hier folgende.

Auf St. Domingo, der wichtigsten und, nach Cuba, der grösten Insel in WestIndien, hatten die Engländer noch die Posten Port au Prince, Mole St. Nicolas, St. Marc Arcahaye und Jeremie in. Im nördlichen Theile war das Cap, und was davon abhängt, in der Gewalt des fränkischen Generals Lavaux; im Süden commandirte General Rigaud; im Westen General Bauvais: hier besassen die Franken die Gonaives und Leogane. Vor der Revolution war St. Domingo die köstlichste Perle unter allen auswärtigen Besizungen Frankreichs. Diese Insel allein trug ihm mehr ein, als vier seiner schönsten Provinzen: sie hatte mehrere Städte, die selbst in Europa geglänzt haben würden, und nahe an 10,000 Anlagen, die meist einen schönern Anblik, als die grösten Dörfer in Frankreich boten; nicht selten waren in der Rhede des Kaps bis auf 300 Schiffe versammlet. Ihre Bevölkerung belief sich damals ohngefähr auf 40,000 weisse, 10,000 farbigte Menschen, und 400,000 Negern oder Sklaven. Noch im Jahre 1791 waren ihre weiten Gefilde mit den reichsten Aerndten bedekt; noch in den ersten Monden jenes Jahres genos sie einer gewissen Ruhe: aber bald kam, im Gefolge politischer Zwistigkeiten, der BürgerKrieg auf die Insel; die Parteien wütheten gegeneinander mit allem Feuer des Klimas, und von der Zeit an flos Blut in Strömen. Royalisten, und Republikaner, und die im ersten FreiheitsGefühl so wild aufwiehernden

Negern trieben sich unter einander herum. Sonthonax, der hier Anfangs zum CivilCommiſſair ernannt worden war, ſpielte bald die Rolle eines Dictators; um über die Weiſſen und Farbigten zu herrſchen, gewann er die Negern; ihm warf man deswegen die Einäſcherung des Caps vor: er übte auf St. Domingo die nemliche Härte und Willkür revolutionärer Masregeln, wie nur irgend Ropespierre in Frankreich; man nannte ihn daher auch den Robespierre der Antillen. Das Vollziehungs=Directorium ſchikte nun, im FrüheJahr 1796, drei Commiſſairs ab, die in Gemeinſchaft mit Sonthonax (denn entweder kannte es den Mann noch nicht, oder es glaubte, ihn ſchonen zu müſſen) Ordnung in die zerrütteten Angelegenheiten WeſtIndiens bringen ſollten: 14 Kriegs=Schiffe, worunter 3 von der Linie und die übrigen meiſt Fregatten waren, liefen, die eine Abtheilung unter Kapitain Thomas (21 März) von Breſt, die andre unter GegenAdmiral Thevenard (6 April) von Rochefort aus; ſie hatten zugleich eine beträchtliche Zahl Land=Truppen unter dem General Rochambeau an Bord. Glüklicher Weiſe hatte in dem Augenblike, da ſie ſich der Inſel näherten, General Rigaud im Süden eine Bewegung gemacht, um Port au Prince anzugreifen: der engliſche Admiral, der bisdahin die Bai des Caps eingeſchloſſen gehalten hatte, eilte nun dieſer Stadt zu Hilfe, und die beiden fränkiſchen SchiffsDiviſionen liefen, ohne Hinderniß, zu Ende des Mai hier ein. Aber Sonthonax wuſte ſein bisheriges Uibergewicht zu behaupten. Von den ihm zugeordneten Commiſſairs kehrten zwei, Giraud und Leblanc bald wieder nach Frankreich zurük; der dritte, Raymond, war das bloſe Organ von Sonthonax, der ſelbſt den General Rochambeau mit vielen andern verhaften ließ, und nach Frankreich zurükſchikte, wo ſie ſchon am 16 Sept. wieder ankamen.

Was hätten die Franken nicht izt für dieſe ihre wich=tigſte Colonie thun können, da hierin alles ſie ſo ſehr un=

terſtüzte! Das gelbe Fieber wüthete unter den Britten fort. Die Sterblichkeit war ſo gros, daß ſie nur auf Mole St. Nicolas vom 24 Mai bis zum 19 Jun. 600 Mann daran verloren. Uiberdis hatte Spanien, ſeinem FriedensVertrage mit der fränkiſchen Republik gemäs, zu Ende des Jahres 1795 alle in ſeiner Gewalt befindlichen fränkiſchen KriegsGefangenen in WeſtIndien freigelaſſen, 1 LinienSchiff und 1 Fregatte, die ihm hier beim Ausbruche des Krieges von KöniglichGeſinnten fränkiſchen Offizieren überliefert worden waren, wieder an ſie zurükgegeben, ſo wie überhaupt den ganzen, bis dahin ſpaniſchen Theil dieſer Inſel ihnen eingeräumt. Wenn, beſage der beſten Karten, der geſammte FlächenInnhalt von St. Domingo 30,000 engliſche Quabr. Meilen beträgt, ſo hatte, vor dem jezigen Kriege, Frankreich noch keine 9000 davon. Dennoch brachte ihm dieſer kleine weſtliche Theil der Inſel 125 Millionen Pfund Zuker, beinahe 2 Millionen Pfund Indigo, und mehr als 12 Millionen Pfund Kaffe; ohne noch die übrigen Produkte, als Cacao, Sirop, die Tauſende von wilden OchſenHäuten ꝛc. in Anſchlag zu bringen. Von nun an war Frankreich Herr von ganz St. Domingo; es hatte ſein dortiges Gebiete faſt um 19,000 engliſche Quabr. Meilen vergröſert. Dieſe waren von Spanien, das, wegen des Uibermaaſes ſeiner auswärtigen Beſizungen, keine derſelben gehörig zu warten und anzubauen vermag, nur ſchlecht benuzt worden; die reichſten Ebenen lagen wüſte. Was kan dagegen dieſe Inſel nicht einſt in den Händen einer ſo thätigen und volkreichen Nation wie die Franken werden! Wenn Frankreich ſchon vormals 347 Kauffahrer für die Produkte ſeines Antheils von St. Domingo in Bewegung ſezte: ſollte es da wohl zu viel geſagt ſeyn, wenn man behauptet, daß es durch die Beſizuehmung dieſer groſen, herrlichen Inſel den WeſtIndiſchen Handel ſelbſt auf ſeine Seite lenken wird?

Aber von allen dieſen ſchönen Ausſichten in die Zukunft dämmerte izt kaum eine entfernte Möglichkeit auf. Durch mehrjährige gränzenlose Verwirrung, durch die vereinten Gräuel eines auswärtigen und BürgerKrieges, waren AkerBau, Pflanzungen, Handel, Alles zu Grund gerichtet; so wenig Erspriesliches, ließ sich noch für das bessere Gedeihen dieser wichtigen Insel hoffen, daß man sich in Frankreich, durch das Gewühl widersprechender Gerüchte hindurch, die von hier aus dahin abgeschikt wurden, nicht einmal einen sichern Blik auf deren eigentliche Lage verschaffen konnte; daß Sonthonax den einen der feurigste und reinste Patriot, der wahre Retter von St. Domingo, den andern dessen Henker schien. Nur die beträchtliche Zahl Streiter von allen Farben, die die Franken hier unter Waffen hatten, und auf der andern Seite die grose Sterblichkeit, die unter den Britten wüthete, hemmten die Fortschritte dieser leztern: aber für die Herstellung der innern Ruhe und der ehemaligen Blüthe von St. Domingo war darum nichts gewonnen. Nicht einmal durfte man hoffen, die Britten endlich ganz von dieser Insel zu verdrängen, obgleich selbst im Schoose des brittischen Parlaments darauf angetragen ward, die unglüklichen Reste der englischen Armee, die zur Epoche des 3 Sept. 1796 hier schon 7500 Mann, und darunter kaum ein paar hundert durch das fränkische Schwert verloren hatte, freiwillig aus diesem Lande des Todes zurükzuziehen: vielmehr suchte selbst ein groser Theil der spanischen GutsBesizer auf St. Domingo, aus Besorgniß, in gleichen Ruin, wie die in dem alten fränkischen Antheil hingerissen zu werden, von ihrem bisherigen OberHerrn verlassen, nun förmlich um Englands Schuz an.

Diß war die Lage der Dinge auf St. Domingo.

Nach dieser Insel waren sonst Martinique und Guadeloupe weit die wichtigsten Besizungen der Franken in WestIndien.

Martinique war, seit die Britten es erobert hat=

ten, ihnen nie wieder auch nur zum Theil entrissen worden.

Guadeloupe hingegen war, im Laufe des Jahres 1795, wieder ganz in die Gewalt der Franken gefallen. Von hier aus verwüsteten ihre Corsaren weit umher den englischen Handel. Der RegierungsCommissair Hugues herrschte hier an der Spize von wenigstens 15,000 Mann, worunter etwa die Hälfte aus Negern bestehen mochte, mit eben so unumschränkter Gewalt, wie Southonax auf Domingo, und bot Allem auf, um von hier aus alle kleinern Antillen wieder zu erobern, und selbst die alten Besizungen der Britten zu bedrohen. Er schikte einzelne fränkische Trupps nach St. Lucie, St. Vincent und Grenada, die sich dort mit den Caraiben vereinigten, die Pflanzungen verwüsteten, und die brittischen Besazungen immer enger drängten. Aber die überlegene Macht, die sich endlich im März (1796) unter General Abercrombie auf Barbados sammelte, änderte nun bald die Lage der Dinge. Folgende chronologische Uibersicht zeigt die Ebbe und Fluth des Krieges-Glükes in WestIndien.

15 Oct. 1795.
Angrif der Franken auf Grenada gegen die Engländer unter ObristLieutnant Schaw. Diese müssen sich, mit beträchtlichem Verluste und mit Zurüklassung von 29 Kranken, aus Gouyave auf St. George zurükziehen.

= = =
Die englische Fregatte Mermaid nimmt den Republicain von 20 Kanonen, der 250 Mann und einen General, die nach Grenada bestimmt waren, an Bord hat.

8 Dec. =
60 Franken, mit 2 Kanonen, und mit WaffenRüstungen für 500 Mann, kommen in einer Goelette von St. Lucie nach Martinique, und verstärken sich durch Negers bald über 200 Mann, werden aber von der fränkischen Co-

lonischen Miliz und einer Abtheilung englischer Dragoner gänzlich aufgerieben.

9 Jan. 1796.

Angrif der Franken auf St. Vincent auf die befestigten Posten der Engländer unter General Stewart. Diese werden geworfen, verlieren 50 Todte, 109 Verwundete und 200 Gefangene, so wie alle ihre mit 9 ZwölfPfündern besezte Batterien, ihr sämmtliches Gepäke, ihr Lager bei Colonarie und den Posten von Biabou, und ziehen sich in wilder Unordnung nach Kingston zurük.

20 = =

Vergeblicher Angrif der Franken auf St. Vincent gegen das englische Lager bei Millars Ridge.

29 Febr. =

Die Engländer, unter Major Wright, müssen auf Grenada, aus Mangel an Wasser, den PilotsPosten räumen, und sich auf den von Sauteur zurükziehen.

17 März =

General Abercrombie kommt mit 2 Fregatten und 60 TransportSchiffen auf Barbados an, wo die Engländer nun 20,000 Mann und 13 KriegsSchiffe versammelt haben. Von hier aus gehen izt sogleich nach allen Inseln Verstärkungen ab.

17 bis
22 März =

Vergebliche Angriffe des englischen Generals Forbes, an der Spize von 4000 Mann, von Port-au-Prince aus gegen Leogane auf St. Domingo.

25 = =

General Nicols greift auf Grenada die auf der Höhe von PortRoyal versammelten Franken und Caraiben an, und nimmt die Höhe mit Sturm.

22 April =

General Abercrombie geht mit 12,000 Mann von Barbados nach St. Lucie ab. Diese Insel ergibt sich

25 Mai 1796.
an die Engländer, welche

26 = =
Besiz von Morne Fortune nehmen, wo sie auf dem Werfte 1 Schiff zu 3 Masten, 3 Briks, 5 Goeletten und 1 kleine Schaluppe erbeuten. Die 2000 Mann starke fränkische Besazung wird kriegsgefangen. Verlust der Engländer während der Belagerung: 600 Mann und 40 Offiziere, theils getödet, theils verwundet.

8 Jun. =
Das Fort Bombarde auf St. Domingo ergibt sich, mit seiner 300 Mann starken Besazung, an die Engländer.

10 = =
Die 2 bis 300 Mann starke fränkische Besazung von Gouyave auf Grenada, so wie

11 = =
die 700 Mann starke Besazung des Forts Vigie auf St. Vincent ergeben sich als Kriegsgefangne an die Engländer. Verlust der leztern bei der Wiedereroberung dieser zwei Inseln: 253 Mann.

Noch immer hielt sich zwar sowohl auf St. Lucie, als auf Grenada und St. Vincent ein Theil der Caraiben in den Wäldern: aber von nun an konnten doch ihre ZusammenRottungen nicht mehr die furchtbare Consistenz gewinnen, wie zuvor. Auch auf Jamaica wurden die freien Negern zur Unterwerfung gebracht. Das Gewitter, womit England in WestIndien bedroht worden war, hatte sich verzogen; diese Colonien waren ihm nun für izt gesichert.

2.
Südliche Küsten Frankreichs und MittelMeer.

Seit dem grosen Schlage, den die Britten gegen die fränkische SeeMacht in Toulon ausgeführt hatten, herrsch=

ten sie im MittelMeere; alle Häfen Italiens waren ihrer Flotte offen; Neapel hatte seine wenigen Kriegs=Schiffe mit ihr vereinigt; in Genua, in Livorno, fürchtete oder begünstigte man sie; Corsika war in ihrer Gewalt; Spanien zwar von der Coalition zurükgetreten, aber doch nicht ihr Feind; die fränkische Flotte lag gelähmt, unvermögend sich mit ihnen zu messen, im Hafen von Toulon, und eine Abtheilung derselben, die, unter dem GegenAdmiral Richery, den reichen Fang bei dem Cap St. Vincent gethan hatte, in Cadiz.

Eine englische Flotte, unter Admiral Jervis, war zu Anfang des Jahres 1796 in dem Hafen St. Fiorenzo auf Corsika vor Anker, und hielt Toulon im Auge. Eine andere, unter Admiral Mann, lag im Hafen von Gibraltar, um dem Geschwader des GegenAdmirals Richery aufzulauern. Zwar herrschte in Corsika seit geraumer Zeit eine dumpfe Gährung unter den Einwohnern, die schon zu Anfang dieses Jahres in Thätigkeiten gegen die Engländer ausbrach: zu Corti hatte ein in ihrem Solde stehendes Regiment Corsen sich empört, die Waffen gegen ein englisches Regiment ergriffen, und dieses mit einem Verluste von 14 Todten, weit mehreren Verwundeten und einigen Gefangenen, nach Bastia zu fliehen gezwungen; in Bastia selbst auch hatte man an einem Morgen 6 englische Offiziere vor einem KaffeeHause ermordet gefunden; auch in andern Städten der Insel waren Fälle dieser Art nicht selten. Die Engländer hoften jedoch, mittelst der Verstärkung durch einige Regimenter fränkischer Ausgewanderten, das unter der Asche glimmende Feuer leicht erstiken zu können; sie ahneten nicht, daß ein Landsmann dieser Corsen im Laufe dieses Feldzuges sie fast durch den Ruf seiner Thaten, aus seinem Vaterland und aus allen Häfen Italiens vertreiben würde.

Einer ihrer HauptPlane war, bei Eröfnung des Feldzuges die Operationen der östreichischen Armee vom Meere aus zu unterstüzen. Schon vom Ende des Februars an kreuzte Admiral Jervis auf der Höhe von Toulon. Als FeldZeugmeister Beaulieu den 11 April den VorTrab des rechten Flügels der Franken aus Voltri, am Genuesischen MeerGestade, zurükgetrieben hatte, unterredete er sich hier am folgenden Morgen mit Commodore Nelson über die nun in Gemeinschaft mit der englischen Flotte auf der Genuesischen Riviera weiter fortzusezenden Operationen. Aber während er sich hier mit dem Britten besprach, donnerte es von Montenotte her. Man kennt den Erfolg. Schlag auf Schlag zwang Buonaparte den König von Sardinien zu einem Frieden, wie das fränkische VollziehungsDirectorium ihn zu dictiren für gut fand; und schon zu Ende des Mai mußte Beaulieu mit den Trümmern seiner Armee sich in die Gebirge von Tirol zurükziehen. Die gröſten Plane glänzen nun vor Buonaparte's Geiſte auf; er wollte Italien in ein neues Modell umgieſen, und dasjenige als General ausführen, was bisher allen Admirals der fränkischen Republik unmöglich gewesen war — den Britten die Herrschaft des MittelMeeres und den Handel Italiens zu entreissen. Um seine Abſicht zu verhüllen, und mit Einem Zuge einen doppelten Schlag auszuführen, ließ er, damit der Papſt desto schleuniger beſtimmt würde, sich dem Geseze des Friedens, das die Republik ihm dictirte, zu unterwerfen, eine Colonne seiner Armee von Reggio über die Apenninen auf Piſtoja ziehen, und drohte durch Florenz auf Rom zu marschiren. Der GrosHerzog von Toscana, über diese Nachricht äuſſerſt beſtürzt, schikte seinen erſten Miniſter, Manfredini, eilig nach Bologna, um dem fränkischen General vorzuſtellen, „daß, da der Durch„zug durch seine Staaten erſt neuerlich den Neapolitani„schen Truppen verweigert worden, es ungerecht ſeyn „würde, wenn die Franken ein Gebiete verlezen wollten, „welches die Coalirten respectirt hätten." Buonaparte gab in so weit nach, daß er die HauptStadt zu ver-

melden, und von Piſtoja über Siena nach Rom zu=
ziehen verſprach. Den 26 Jun. kam die Diviſion des
Generals Vaubois in Piſtoja an. Am folgenden Ta=
ge ſezte General Murat, an der Spize des VorTrabs,
dem Vaubois ſelbſt mit einer HalbBrigade folgte, bei
Fucechio über den Arno, indem der Reſt der Diviſion
in Piſtoja blieb. Aber den 28ſten, beim Ausmarſche
aus Fucechio, ſtatt ſich nach Siena zu richten, än=
derte das Korps plözlich den Weg, und zog mit ſtarken
Schritten Livorno zu, wo es noch am nemlichen Abend
eintraf. In ſtürmiſcher Eile hatten die Britten dieſen
Hafen, der bisher ihre HauptNiederlaſſung am Mittel=
Meere geweſen war, geräumt, und ſich nach Corſika ge=
flüchtet. Vaubois blieb nun mit einer ſtarken Beſazung
in Livorno.

Der engliſche ViceKönig von Corſika, Elliot, um
ſich für dieſen Schlag zu rächen, ſchikte nun ſogleich 17
Schiffe, die 2000 Mann LandTruppen am Bord hatten,
vor den Toscaniſchen Hafen PortoFerrajo, auf der
Inſel Elba, die den 9 Jul. dort erſchienen, und den
Commandanten auffoderten, der, zu ſchwach, ihnen Wi=
derſtand zu leiſten, am folgenden Tage ihnen die Inſel
übergab. In der Capitulation ward feſtgeſezt, daß der
GrosHerzog im Beſiz der CivilGewalt auf derſelben, und
ſeine Wappen, Flaggen, Beſazung, Geſeze ꝛc. in ihrem
bisherigen Zuſtande bleiben ſollten; nach hergeſtelltem
Frieden, oder wenn nicht mehr zu befürchten wäre, daß
die Franken ſich der Inſel bemächtigen wollten, ſollte Eng=
land dieſelbe unverſehrt zurükgeben.... Man machte da=
mals dem General Buonaparte einen Vorwurf dar=
aus, daß er den Britten Zeit und Leichtigkeit ließ, Por=
to=Ferrajo zu beſezen, und nicht ſogleich bei ſeiner
Ankunft in Livorno Truppen dahin abſchikte, die dieſe
Feſtung und ihren Hafen gegen einen ſolchen Angrif in
Sicherheit geſezt hätten. Allein Porto=Ferrajo war
durchaus für keine ſeiner Operationen weſentlich; er wür=

de hier eine Abtheilung seiner Armee der Gefahr einer Belagerung blosgestellt, und sich derselben ohne allen Zwek beraubt haben. Nachdem er sie in diese Festung eingeschlossen, hätte er sie hier nicht unterstüzen können, solange die Britten noch Meister vom Meere waren; und diese leztern hatten sich derselben überhaupt mehr aus einer Art politischer Prahlerei bemächtigt, um den Schmerz, den die Verjagung von Livorno ihnen verursachte, durch den Schein einer neuen Unternehmung zu verhüllen. Eingeschlossen in Porto-Ferrajo, konnten sie keinen Einfluß auf das Schiksal Italiens haben: ja vielleicht war es sogar ein Fehler, wozu ihr Stolz sie hier verleitete; denn es läßt sich noch zweifeln, ob, wenn ihre Flotte in Corsika geblieben wäre, die Empörungen gegen sie, welche die Einverständnisse, die die Franken von Livorno aus dort unterhielten, gewekt hatten, und ihre sogenannte Blokade dieses Hafens nie zu hindern vermochte, jene Consistenz hätten gewinnen können, die ihnen nachher so verderblich ward, und sie zwang, Verzicht auf dis bereits mit der brittischen Krone vereinigte sogenannte Königreich zu thun, und ihren von da vertriebenen Vicekönig samt allen Engländern und den Korps der Ausgewanderten, die sie mit eben so grosen als unnüzen Kosten zur Behauptung dieser Insel herbeigeführt hatten, in den Felsen von Porto-Ferrajo zu flüchten. Buonaparte wuste, daß die Insel Elba nichts erzeugt, als Eisen; daß die Lebensmittel für deren Einwohner aus Toscana, oder von Rom, oder von Neapel bezogen werden müssen; daß es folglich, sobald Corsika wieder in der Gewalt der Franken wäre, hinreiche, wenn er — wie er that, die Gestade von Toscana wohl besezt hielt und dem römischen Hofe verbot, keine Ausfuhr von Lebensmitteln zu gestatten, um das englische Geschwader, von Hunger bedrängt, bald zu zwingen, einen so schlechten und unbedeutenden Posten zu verlassen, und auf dem MittelMeere herumzuirren, ruhiger Zuschauer seiner Tri

umphe in Italien, und von allen Häfen dieses Landes
ausgeschlossen. Die fränkische Republik, statt hier zur
See einen ungleichen Kampf fortzusezen, bemächtigte sich
der Länder, die sie umspült, und bewies dadurch, daß
jener so berühmte Saz: „wer Meister vom Meere
„ist, ist es auch vom Lande", nur von den Colo=
nien derjenigen Staaten wahr ist, die — wie soll man
sagen? — das Glük oder Unglük haben, dergleichen
zu besizen; denn immer noch ist dis ein Problem für den
Politiker, obgleich es keines für die HandelsVöl=
ker ist, die nicht glauben, daß man glüklich, groß und
mächtig seyn könne ohne einen ausgebreiteten SeeHan=
del, wie sehr uns auch das Beispiel der Römer vom
Gegentheil überzeugen kan, und wie gewiß immer das
lezte Resultat des KrämerGeistes die Corruption
aller damit behafteten Völker ist, die sie endlich zur leich=
ten Beute ärmerer, aber kriegerischer Völker macht.

Buonaparte's Absicht, als er eine fränkische Be=
sazung nach Livorno legte, war nicht nur, diesen Ha=
fen dem englischen Handel zu verschliesen, sondern sich zu=
gleich eine Communikation mit den Republikanisch Gesinn=
ten in seinem Vaterlande Corsika zu öfnen. Alle Cor=
sen, die während der Herrschaft der Britten ein Asyl in
Italien gesucht hatten, vereinigten sich nun bald in Livor=
no, und fiengen durch häufige Communicationen mit ih=
ren MitBürgern in dem Departement Liamone (der süd=
lichen Hälfte von Corsika; die nördliche bildet das Depar=
tement Golo) an, sich zu Abwerfung des englischen Jochs
insgeheim vorzubereiten. Der schlaue Paoli, der den
Sturm vorhersah, hatte sich, um ihm zu entgehen, eini=
ge Wochen zuvor, nach Florenz begeben, von wo aus
er seinen Weg nach Hamburg nahm, um seine noch
übrigen Tage in London zu verleben. Dieser Mann,
einst so berühmt, als er sein Vaterland gegen die Tyran=
nei von Genua vertheidigte und wohl regierte, war in
der Achtung der Welt schon sehr gesunken, als er, mehr

um sein Leben und Vermögen besorgt, zu der Zeit, da Frankreich dessen Eroberung machte, (1769) es weit nicht mehr mit der vorigen Energie vertheidigte. Er war nun Pensionär von England geworden, als nach 20 Jahren, bei der Morgenröthe der fränkischen Revolution, ein Schluß der constituirenden NationalVersammlung ihn auf's neue zum Spiele einer glänzenden Rolle berief. Bekanntlich hob diese Versammlung alle Proscriptionen gegen die Corsen auf, die, im Jahre 1769, ihn auf der Flucht begleitet hatten, und sezte sie wieder in alle ihre Güter ein, die inzwischen confiscirt worden waren. Paoli sagte nun, „daß sein Vaterland ihm wiedergegeben worden sey; daß „es, wie es Frankreich, seine Freiheit errungen habe; „und daß er, da er in keiner andern Absicht gefochten, „als um ihm solche zu verschaffen, nun, da eine große Na-„tion sie ihm zusichere, dahin zurükkehren wolle." Er reißte daher von London nach Paris ab, wo er ganz jenen Enthusiasm wekte, dem die Franken sich damals so gerne hingaben. Er schwur seinen BürgerEid im Schoose der NationalVersammlung, wo man ihn wie einen Märtyrer der weiland unumschränkten Monarchie betrachtete, und zum Befehlshaber von Corsika erkannte. General Biron, dem dis Gouvernement schon zugetheilt worden war, ward insgeheim eingeladen, sich nicht dahin zu begeben, damit Paoli den vollen Genuß des Ansehens haben möchte, welches ein Zutrauen ohne Gränzen ihm verlieh. Aber bald gieng die schöne Morgenröthe der Revolution in einen schwülen und wolkichten Mittag über. Frankreich tooste von innerm Kampfe, und auf Corsika überließ sich nun Paoli seinen alten Leidenschaften, schuf sich wieder eine Partei, entfernte oder verfolgte alles, was ehedem nicht seiner Fahne gefolgt, oder von ihr abgefallen war, um sich dem siegenden Frankreich zu unterwerfen. Unter denen, die er auf solche Art von dieser Insel vertrieb, war auch ein damals 24jähriger Jüngling, dessen Muth und Geist ihm Furcht einflöste, damals Commanbant eines Bataillons NationalGarden von Ajaccio, Neapolon Buonaparte, der sich nun nach Frankreich begab, wo er schnell, wie sein Talent und der immer wildere Gang der Revolution es mit sich brachte, die Stufen der militairischen Hierarche durchlief, erst als ArtillerieOffizier; bald darauf, bei der WiederEroberung von Toulon, als BrigadenGeneral der italienischen Armee; dann, am 13 Vendimaire (5 Oct. 1795), als Befehlshaber der republikanischen Macht gegen die Sectionen von Paris, sich auszeichnete, und nun in dem Feldzuge von 1796 mit so grosem Erfolg die italienische Armee commandirte. Indem Paoli sich eine Partei erschuf, hatte er sie eigentlich für England geworben; und da er voraussah, daß in den gichtrischen Zukungen der Revolution, die Frankreich erschütterten, sich leicht eine Gelegenheit bieten würde, mit diesem zu brechen, so zwekten alle seine Bestrebungen dahin ab, sich in eine Lage zu sezen, daß er dasselbe ohne Gefahr möchte verrathen können; sein Zwek gelang ihm ohne Mühe. Die Engländer wurden herbeigerufen, die Häfen ihnen geöfnet, und dem Könige von England die Krone von Corsika angeboten, die er auch annahm, und sogar seinem KanzleiTitel einverleibte. Man schmeichelte den Corsen mit dem Glüke, eine brittische Constitution zu besizen, und bald erschuf man ein Parlament, und schikte Elliot als ViceKönig nach Corsika. Indeß hatten die Britten, troz aller Bemühungen Paoli's, sich dieser Insel doch nicht ohne harten Kampf bemächtigt; der VolksRepräsentant Lacombe St. Michel, General von Metier, hatte sie über drei Monden lang vor Pläzen aufgehalten, deren Vertheidigung fast nur in seinem Muthe lag. Calvi hatte sich nicht eher ergeben, als nachdem es in einen SchuttHaufen verwandelt war; auch Bastia hatte langen und hartnäkigen Widerstand geleistet. Die RepublikanischGesinnten auf Corsika waren nun zwar besiegt, aber nicht vertilgt; und nach der Unterwerfung der Insel traten, über die Erpressungen und den trozigen Stolz der neuen Herrscher aufgebracht, selbst viele zuvor günstig für sie gesinnte Corsen auf ihre Seite über. Der Ruf der Thaten ihres Landsmann Buonaparte vermehrte diese Zahl immer mehr: jedes seiner Treffen schwächte hier die brittische Partei, und man kann sagen, daß er diese eben so oft auf Corsika schlug, als er auf dem festen Lande von Italien über ihre Alliirten siegte. Seit mehreren Monden hatten die englischen Besazungen sich nicht mehr aus dem Umkreise ihrer festen Pläze herauswagen dürfen. Der Vicekönig selbst war auf einer Reise durch die Insel angehalten, und nur auf die Bedingung entlassen worden, seine Truppen aus dem Innern zurükzuziehen: man zahlte hier keine Auflagen mehr, und erkannte überhaupt die brittische Herrschaft nicht mehr an. Die Patrioten, die nach und nach von Livorno dahin überschiften, brachten Unterstüzung und Weisungen mit sich. Jeden Augenblik sah man einer allgemeinen Explosion entgegen. Der Vicekönig Elliot kam ihr zuvor indem er erklärte, daß er die Insel räumen werde. Sobald man in Livorno hievon Nachricht erhielt, schikte General Gentili, selbst Corse von Geburt, dem Buonaparte zu dem Ende mehrere bewegliche Colonnen übergeben hatte, den BrigadenGeneral Casalta, gleichfalls einen Corsen, mit der 28sten Division der National Gendarmerie dahin ab. Dieser gieng den 17 Oct. unter Segel, und warf schon am folgenden Tage auf Corsika Anker. Sogleich sammelte sich eine beträchtliche Zahl von Republikanern um ihn her, und mit dieser Macht rükte er schnell gegen Bastia vor, wo er am Morgen des 20sten eintraf. Meister von den Anhöhen, und der Unterstüzung der Einwohner gewiß, foderte er die Engländer, die noch das Fort besezt hielten, auf, sich innerhalb Einer Stunde zu ergeben. Diese waren 3000 Mann stark, und hatten auf der Rhede einige Schiffe, die die Stadt zu einem SchuttHaufen niederzuschmettern drohten: aber die Besorgniß, daß ihnen der Weg nach dem Meere hin abgeschnitten werden möchte, beschleunigte ihre Flucht;-in Unordnung eilten sie ihren Schiffen zu, als General Casalta mit der Macht, die er gesammelt hatte, sich auf sie hinstürzte, ihnen 800 Gefangene, und einen grosen Theil der Magazine, die sie nicht mehr einschiffen konnten, abnahm.

Von Bastia aus rükte er, Tags darauf, mit 2 Kanonen gegen St. Fiorenzo. Er fand die Gebirgs-Fugen von San Germano von den Feinden besezt, die er nach einem lebhaften Widerstande warf, und sich der Stadt bemächtigte, wo noch ein Theil der Besazung, und einige Mörser und Kanonen in seine Gewalt fielen. Das brittische Geschwader, welches sich noch in der Bai von St. Fiorenzo hielt, zog sich auf KanonenSchuß-Weite zurük, und der Vicekönig mit den Truppen, die er von Bastia gerettet hatte, flüchtete sich nach Porto-Ferrajo. Auch die Besazung von Bonifacio ward, von den Einwohnern dieser Stadt, zu Gefangenen gemacht. General Gentili sezte izt selbst mit allen geflüchteten Corsen auf die Insel über. In nicht vollen drei Wochen waren die Britten nun gänzlich von dieser Insel vertrieben, und gezwungen, den Golf von St. Fiorenzo zu verlassen, von wo aus sie stets Frankreichs mittägliche Küsten bedroht hatten. Sie konnten nicht einmal mehr einige KriegsSchiffe retten, die man ihnen im Hafen von Ajaccio verbrannte. Die fränkische Republik schikte nun sofort einen Commissair (den Gesandten am Hofe von Florenz, Miot) nach Corsika, um daselbst die Constitution von 1795 in Gang zu sezen.

Ein HauptGrund, der mit die Britten bestimmt hatte, Corsika zu räumen, war die um diese Zeit gegen sie erfolgte KriegsErklärung von Spanien. Lange hatte Spanien über die immer höher aufstrebende Uibermacht der brittischen Marine geheime Besorgnisse gehegt; es kannte nur zu sehr die Herrsch= und Habgier dieses

Volkes, die es erst vor wenigen Jahren aus Anlaß der Streitigkeiten über den NootkaSund erfahren hatte; damals hatte, obgleich schon von den Zukungen der Revolution gerüttelt, Frankreich, dem Bourbonischen FamilienVertrage getreu, laut sich für Spanien wafnen zu wollen erklärt. Welchen Horoskop konnte dieses leztere sich nun stellen, wenn es **Frankreichs** Marine in dem ungleichen Kampfe ohne Unterstüzung sich immer milder ringen, **Englands** Marine eine immer furchtbare Superiorität gewinnen lies? Der **FamilienVertrag** war in Frankreich zugleich mit den **Bourbons** vernichtet worden: aber die **grosen und ewigen**, von der Natur selbst vorgezeichneten, FreundschaftsVerhältnisse zwischen beiden Staaten dauerten nach wie vor; und Leidenschaften und Gefühle des Augenbliks müssen doch zulezt den grosen natürlichen Interessen weichen. Am 19. August (1796) ward zu Madrid ein **Truz= und SchuzBündniß zwischen Spanien und Frankreich abgeschlossen, das schon laut gegen England gerichtet war**, und bald darauf (3. Sept.) erließ **Spanien eine förmliche KriegsErklärung gegen** dasselbe.

Schon einen Monat zuvor war endlich das fränkische Geschwader, unter Admiral **Richery**, 7 LinienSchiffe und 3 Fregatten stark, nach einem Aufenthalt von neun Monden, in Begleitung zweier spanischen Geschwader von Cadiz ausgelaufen. Wir werden die glüklichen Verrichtungen des erstern unter der Rubrik: Ozean, erzählen.

Die Existenz der Britten in dem MittelMeere ward nun immer zweifelhafter und bedrohter: aber in demselben Verhältniß bewiesen sie sich hier **immer troziger**. Schon zu Anfang des März war Admiral **Waldegrave**, der in den Gewässern der Afrikanischen Küste kreuzte, unter dem Vorwand, daß ein fränkischer Kaper ein englisches KauffahrteiSchiff innerhalb eines KanonenSchußes am Ufer von **Tunis** hinweggenommen, geradezu in den

Hafen von Tunis gesegelt, und hatte den Franken die Fregatte Nemesis, die Corvette Sartine und 1 Brigantine, die hier vor Anker lagen, genommen, und mit sich nach St. Fiorenzo hinweggeführt. — Zu Anfang des Septembers nahmen die Britten bei San Pietro d'Arena, in dem Hafen von Genua, eine fränkische Tartane hinweg; auf die darüber erhobene Klage des fränkischen Ministers Faypoult beschloß daher der Senat von Genua (11. Sept.), daß ihnen künftig alle Häfen der Republik förmlich geschlossen werden sollten. Von nun an behandelten sie die Genuesischen Schiffe wie feindliche, und bemächtigten sich (19. Sept.), mit 2 LinienSchiffen und 600 Mann LandTruppen, der kleinen, zu Genua gehörigen Insel Capraja, zwischen Fiorenz und Corsika, die sie jedoch am 15. Oct. wieder verließen.

Inzwischen hatte auch der König von Neapel, nachdem er schon in dem WaffenStillstande vom 5. Jun. seine Schiffe sobald wie möglich von der englischen Flotte zurükzuziehen versprochen, am 10. Oct. mit der fränkischen Republik Frieden geschlossen, und darinn sich verbindlich gemacht, allen zum Kriege bewafneten Schiffen der kriegführenden Mächte, wenn deren Zahl mehr als vier wäre, ohne Unterschied den Eingang in seine Häfen zu verwehren.

So sahen denn die stolzen MeerHerrscher sich aus allen Häfen Italiens verbannt, und hatten im MittelMeere nun ausser Frankreich auch noch die starke wohlbehaltene spanische SeeMacht zu bekämpfen.

Ihr HauptAugenmerk war nun dahin gerichtet, die Vereinigung zwischen den Flotten dieser beiden Mächte zu hindern. Admiral Jervis kreuzte zu dem Ende bis um die Mitte des Octobers vor dem Hafen von Toulon.

Inzwischen war von den beiden spanischen Geschwadern, die (am 4. August) zugleich mit Richery von Cadiz ausgelaufen waren, das eine, unter Admiral

Langara, (12. Sept.) wieder in diesen Hafen zurükgekommen, nachdem es den fränkischen Admiral bis auf eine gewisse SeeHöhe begleitet hatte; das andere, unter Apocada, 4 LinienSchiffe und 5 Fregatten stark, mit 5000 Mann LandTruppen an Bord, hatte seinen Weg nach Amerika fortgesezt.

Den 27. Sept. lief Langara, mit 19 LinienSchiffen, 12 Fregatten, 4 Corvetten und eben so viel Schebeken, aufs neue von Cadiz aus. Er stieß auf den Admiral Mann, der so eben mit 7 LinienSchiffen, 3 Fregatten und 26 FrachtSchiffen mit englischen LandTruppen, aus Corsika zurükkam, und gab ihm die Jagd; aber Mann rettete sich (4. Oct.) noch in den Hafen von Gibraltar, von wo aus er bald darauf mit seinem Geschwader glüklich auslief, und 30 KauffahrteiSchiffe seiner Nation nach England begleitete.

Das spanische Phlegma, das schon in frühern Kriegen selbst den Aerger des ganz gleichgiltigen Auslands erregt hatte, äusserte sich auch izt wieder. Die schöne, noch ganz neue Fregatte Mahonesa mit 34 Kanonen und 275 Mann Besazung, die (13. Oct.) von Carthagena aus der Flotte des Admirals Langara nachgeschikt worden war, ward nach einem Gefechte von 7 ViertelStunden auf der Höhe vom Cap Gate von der englischen Fregatte Terpsichore genommen, und nach Gibraltar geführt, ohne daß man in Carthagena, wo man die Kanonade hörte, und wo 1 LinienSchiff von 74 Kanonen und 6 Fregatten lagen, sich nur die Mühe gab, zu untersuchen, was vorfiel.

Die Flotte des Admirals Langara selbst war inzwischen, zu Ende des Octobers, in Toulon eingetroffen, während die brittische Flotte unter Admiral Jervis, nachdem sie die Inseln Capraja und Elba verlassen, und die Räumung von Corsika vollendet hatte, nun, da sich von der MeerEnge Siciliens bis über Carthagena hinaus nirgend mehr ein wirthlicher Hafen für sie bot, (3. Nov.) 14 LinienSchiffe, 6 Fregatten und 20 TransportSchiffe stark, nach Gibraltar, und von da nach einem kurzen Aufenthalt, in den Tajo eingelaufen war.

Denn alle Bewegungen in den fränkischen und spanischen Häfen kündigten eine Operation von der grösten Wichtigkeit an: alles glühte darinn von Rüstungen, die auf irgend eine Landung deuteten; nur war noch ungewiß, ob solche Portugal, oder einem der drei Königreiche GrosBritaniens gelten sollte? Da die Britten, nach ihren bisherigen HandelsVerbindungen mit Portugal, diesen Staat wie eine ihrer wichtigsten Colonien betrachteten, so wollte Admiral Jervis dessen HauptStadt Lissabon, die zugleich der HauptHandelsPlaz des Reichs ist, mit seiner Flotte, die zu dem Ende noch Verstärkung erhielt, gegen einen feindlichen Angrif schüzen. Inzwischen lief das spanische Geschwader unter Langara, ohne irgend einen Schlag ausgeführt zu haben, von Toulon wieder in Carthagena ein.

Aber in dem Hafen von Brest wurden die Rüstungen zu der Unternehmung, auf welche die Franken eigentlich den Plan des ganzen SeeFeldzuges von 1796 berechnet hatten, immer eifriger betrieben. Wir werden diese Unternehmung sogleich ausführlicher erzählen, nachdem wir vorher die kleinern Ereignisse, die an den übrigen Küsten Frankreichs und im Ozean statt hatten, der ZeitFolge nach, in einer kurzen Uibersicht aufgestellt haben werden.

3.

Nördliche und westliche Küsten Frankreichs und Ozean.

Noch den ganzen Feldzug von 1795 hindurch hatte Pitt, durch einen SchiffsCordon um die fränkischen Küsten her, und durch Landungen der Ausgewanderten auf denselben, sein schrekliches System eines Aushungerungs- und BürgerKrieges in Frankreich fortgesezt. Nachgerade erkannte er die Ungereimtheit, die in dem erstern lag; und in Betref des leztern überzeugten ihn der Tag von Quiberon und der fruchtlose lange Aufenthalt des vereinten ArmeeKorps von Britten und Emigrirten auf dem Inselchen D'Yeu, daß der BürgerKrieg in Frankreich nicht von aussen hinein, sondern von innen heraus bewirkt werden müsse. Zu Anfang dieses Jahres (1796) waren daher keine englischen Flotten mehr an den fränkischen Küsten. Nur die Inselchen Marcou, (unfern Cherbourg, an der Küste der ehemaligen Normandie) waren noch von ihnen besezt. Hier lag Commodore Sidney Smith mit der Fregatte Diamond und einem Geschwader von Kanonier Chalouppen, welches den Havre und die Mündung der Seine blokirt hielt... Nach dieser kurzen Einleitung folgt hier die

Chronologische Reihe der KriegsEreignisse selbst.

10 März 1796.
Der fränkische Kutter Aspic, mit 10 Kanonen und 57 Mann, wird bei den Sorlingen durch das englische Schiff Quebec genommen.

11 = =
Die fränkische Corvette la bonne Citoyenne, mit 20 Kanonen und 145 Mann, wird auf der Höhe von Cap Finisterre durch die Engländer genommen.

17 = =
Commodore Sidney Smith stekt mit seinem Geschwader von KanonierSchaluppen in der Bai von Herqui die fränkische Corvette L'Etourdie von 16 Kanonen, 1 Lougre, 4 Briks und 2 Sloops in Brand, nachdem er durch ausgeschifte Truppen die Artillerie in den Batterien dieser Bai hatte vernageln lassen.

20 März 1796.

Admiral Warren greift in der Bucht von Audierne eine von 4 Fregatten begleitete fränkische FrachtFlotte von 64 Segeln an, nimmt 4 Schiffe davon, und die Fregatte Etoile mit 30 Kanonen und 160 Mann, Kap. Bertelier.

7 April.

Warren nimmt bei dem Bac du Raz 4 Briks und 2 Sloops, die zu einer fränkischen ZufuhrFlotte gehören.

9 = =

Commodore Pellew, auf der Seehöhe von Quiberon, nimmt 6, versenkt 3 fränkische Brigantinen, und jagt 2 Corvetten auf den Strand.

13 = =

Warren nimmt eine fränkische Corvette mit 20 Kanonen und 200 Mann.

= = =

Die englische Fregatte Revolutionaire, von Pelew's Geschwader, nimmt die nur 7 Jahre alte fränkische Fregatte Unité, einen der besten Segler der fränkischen Marine, mit 38 Kanonen und 255 Mann, worunter 8 Todte und 11 gefährlich Verwundete waren.

15 = =

Warren nimmt die fränkische Corvette Robuste, mit 22 Kanonen und 145 Mann, die von Brest nach Orient segelte.

Das englische Schiff Cleopatra nimmt die fränkische Corvette Aurore mit 50 Mann.

18 = =

S. Smith verfolgt mit der Fregatte Diamond den fränkischen Kaper Vengeur bis vor den Hafen von Havre. Da lezterer sich zwischen die Felsen rettet, wohin die Fregatte ihm nicht folgen kan, so legt er seine Böte aus, erobert und besteigt den Kaper: allein da das AnkerSeil von diesem abgehauen wird, treibt die Fluth ihn in den Hafen, wo er sich, nach einem heftigen Gefechte von 40 Minuten, samt 32 der Seinigen an einen fränkischen Kutter und 5 KanonenBöte ergeben muß. Auf Befehl des Vollziehungs-Directoriums wird er, als Mordbrenner, nach Paris abgeführt, und in den Tempel eingesperrt, woraus keine von englischer Seite gemachten Vorstellungen ihn zu befreien vermögen. Seit der Zeit hört alle Auswechslung von Gefangenen zwischen Fränkreich und England auf. Man rechnet, daß lezteres zu dieser Epoche deren 16,000, ersteres aber nur 4000 in seiner Gewalt hatte.

20 April 1796.
Pellew nimmt mit dem LinienSchiffe Indefatigable bei dem Cap Lizard die Fregatte Virginie mit 44 Kanonen und 340 Mann, die schönste und größte Fregatte, der fränkischen Marine, Kap. Bergeret. Verlust der Franken in dem 2stündigen, äußerst hartnäckigen Gefechte: 15 Todte und 27 Verwundete.

1 Mai =
Der fränkische Kutter Cigne, mit 14 Kanonen und 60 Mann, durch die englischen Schiffe Doris und Hazard genommen.

2 = =
Der fränkische Kutter Abeille, mit 14 Kanonen und 70 Mann, bei dem Cap Lizard durch das englische Schiff Dryade genommen.

Jun. 1796.
Eine fränkische Corvette mit 24 Kanonen an den Küsten von Irland durch die Engländer genommen.

4 Sept. =
Der (am 4 August von Cadix ausgelaufene) fränkische Admiral Richery erscheint plözlich vor der Insel NeuFoundland, bemächtigt sich der OchsenBucht, deren Einwohner sich in die Wälder flüchten, fügt den englischen Fischereien ungeheuren Schaden zu, zerstört eine Menge Wohnungen, verbrennt oder versenkt über 60 Schiffe, aus

denen er das Beste auf seine Flotte genommen, und kommt mit 300 Gefangenen (nachdem er die übrigen auf ihr Ehrenwort nach Hallifax entlassen.)

5 Nov.
wieder glüklich in Rochefort, und von da im Dec. in Brest an.

4.
Landung der Franken auf Irland.

Lange schon hatte man, wie wir bereits bemerkt, zu dieser grosen Unternehmung unermeßliche Zurüstungen getroffen. Von dem Texel an bis über Rochefort hinaus waren in allen Häfen platte Fahrzeuge in Menge zum Einschiffen von Truppen erbaut worden; die ganze Fronte der Küsten Englands und Irlands war dadurch bedroht. An der Wirklichkeit einer nahen grosen Unternehmung konnte das brittische Kabinet nun nicht mehr zweifeln. Zwischen zwei Punkten war Anfangs die Besorgniß getheilt: man wuste nicht bestimmt, ob alle diese ungeheuren Rüstungen Portugal oder Irland gelten sollten? Eben dieser Ungewißheit wegen war die englische Flotte im Mittel Meere unter Admiral Jervis in den Tajo eingelaufen, während Admiral Colpoys vor dem Hafen von Brest, dem Haupt Sammelpunkte der fränkischen Rüstungen, kreuzte. Aber bald entschied sich's, daß der Schlag auf Irland niederfallen sollte.

Die fränkische Flotte in Brest ward izt dem Commando eines alten, berühmten See Mannes, des Admirals Morard de Galles, anvertraut. Die Landungs-Truppen sollte General Hoche, der Bezwinger der Vendee, einer der talentvollsten und kühnsten Generale der Republik, commandiren: sie bestanden aus ohngefähr 25,000 Mann, wovon weit der gröste Theil, aus der Armee der Ozeans Küsten gezogen, schon unter diesem General gefochten hatte. Man schifte auf die Flotte Waffen und Kleidungen aller Art und für eine weit grösere Zahl von Streitern ein, als sich an Bord befanden. Schon hieraus klärte sich's auf, daß die Unternehmung ein Land gelten sollte, wo man auf eine Menge Anhänger rechnete, die man nur mit dem Nöthigen zu versehen braucht, um sie unter die fränkischen Fahnen zu sammeln; und wer sich irgend auf politische Symptomen verstand, muste fortan erkennen, daß der grose ZielPunkt der fränkischen Rüstungen Irland wäre. Diß wichtige, sehr bevölkerte Land, aus dem England bisher seine meisten und besten Soldaten zog, ward noch immer, während das nicht so beträchtliche Schotland aller Rechte seiner Union mit England genos, mehr wie ein UnterthanenLand als wie ein SchwesterReich behandelt. Seit König Heinrich II (d. i. seit der Hälfte des zwölften Jahrhunderts) war es eine Eroberung der Britten. Nach der berühmten Revolution von 1689, der England die volle Ausbildung seiner jezigen glüklichen Constitution zu danken hat, hatte Irland mit Hartnäkigkeit die Partei des vom Thron gestürzten Jacob's II festgehalten; und bei all der weltberühmten Feinheit des Kabinets von Versailles hatte Ludwig XIV damals versäumt, der brittischen Macht, wie er konnte, einen bleibenden HauptStoß zu versezen. Hätte er, statt alle drei Kronen auf Jacob's Haupte befestigen zu wollen, sich begnügt, ihm nur Irland zu sichern, und das leztere dadurch von GrosBritannien abzureissen: so hätte die HauptRivalin Frankreichs, dadurch auf immer ihres rechten Arms beraubt, von nun an allem Gedanken von Rivalität entsagen müssen, und Frankreichs Uibergewicht wäre ausser Streit gewesen. Statt dessen entschieden die Schlachten am Boyne und bei Aghrim für Wilhelm; Irland blieb eine Provinz von England. Leicht hätte man es nun mit GrosBritannien auf's innigste amalgamiren, und dadurch allem fremden Einfluß das Thor verschliessen können; aber man begnügte sich, das Uibel für izt erdrükt zu haben, ohne seine Quelle zu verstopfen. Irland behielt sein Parlament; aber alle Katholiken, über $\frac{2}{3}$ der Bevölkerung dieses Reichs, waren von demselben, so wie von allen Aemtern und Würden, ausgeschlossen: und noch bis auf die neuesten Zeiten bestand man hier mit unwankbarem Eigensinn auf Vorurtheilen, deren Zeit vorüber war. Vergebens sprachen die Irländer, deren Blut seitdem in allen Kriegen in Strömen für Englands Größe floß; vergebens sprachen selbst das irländische und brittische Parlament mit aller Kraft der Beredsamkeit für die Emancipation der Katholiken auf dieser Insel, d. h. für deren Gleichstellung in Rechten mit dem weit kleinern Theile der protestantischen Einwohner. Man machte ihnen zwar Hofnung dazu; aber nur, um sie zu täuschen. Und dis that man zu einer Zeit, da die unverjährbaren MenschenRechte das LieblingsThema aller Nationen geworden waren; da Frankreich so emsig den Anlaß zu nützen suchte, England in seinem eignen Busen eine Wunde zu schlagen! Dumpfes Misvergnügen gohr daher schon seit geraumer Zeit in Irland. Geheime Verbindungen von Unzufriednen, die sich Defenders, und ihre insgeheim Bewafneten die schwarze Armee nannten, bildeten sich, vorzüglich in den nördlichen Grafschaften der Insel. Der ViceKönig, Lord Camden, suchte die Fortschritte des Uibels durch Proclamationen, und bald auch durch militairische Gewalt zu hemmen; aber die unpolitische Härte, womit man sich dieser leztern bediente, empörte die ohnehin gereizten Geister nur noch mehr. Schon fieng BürgerBlut an zu fliesen: und die Misvergnügten dehnten ihre Plane immer weiter aus; bald war es nicht mehr Emancipation der Katholiken nur, sondern Streben nach Losreissung von England, nach eigner republikanischer StaatsForm.

Auf diese Vordersäze hin hatte das fränkische VollziehungsDirectorium den Plan einer Landung in Ir-

Land entworfen. Sie sollte, um den Schreken desto weiter zu breiten, und überall die Misvergnügten unter Waffen zu rufen, zugleich auf mehreren Punkten bewerkstelligt werden. Von Zurüstungen, wie die im Hafen von Brest waren, und von einem Feldherrn, wie Hoche, war man zu grosen Erwartungen berechtigt. Ganz Europa hatte seinen Blik auf diese Unternehmung geheftet, die noch immer ein Räthsel war; denn gerade weil die Franken ihr Vorhaben, auf Irland zu landen, so laut ankündigten, konnte man kaum glauben, daß dis ihre eigentliche Absicht wäre. Endlich, den 16 Dec., lief die Flotte mit gutem Winde aus, und nahm in der That ihren Weg nach Irland: den VoranZug, oder die 2te Escadre, führte GeneralAdmiral Bouvet; das Korps de Bataille, oder die 1ste Escadre, der OberAdmiral Morard de Galles; und den NachZug, oder die 3te Escadre, GegenAdmiral Nielly. Der SeeMinister Truguet hatte selbst sich nach Brest begeben, um ihre Ausfahrt anzuordnen. Sie bestand, als sie die Anker lichtete, aus 17 LinienSchiffen, wovon aber eines (le Seduisant) sogleich beim Auslaufen scheiterte, aus 13 Fregatten, 6 Corvetten und 8 FluthSchiffen, zusammen aus 44 Segeln: auf der Rhede blieben noch 5 LinienSchiffe und 4 Fregatten, und eben so viel auch im Hafen zurük, um im Fall des Gelingens zu einer zweiten Unternehmung ausgerüstet zu werden. Die Flotte selbst war für ihre Bemannung auf 6 Wochen, und für die LandungsTruppen auf 2 Monden mit LebensMitteln versehen. Der Plan war, in der Bai von Bantry, am südwestlichen Ufer von Irland, ein beträchtliches TruppenKorps an's Land zu sezen, welches durch EilMärsche sich der wichtigen SeeStädte Kork und Kinsale bemächtigen sollte, während ein andres Korps an der Mündung des Flusses Shannon, und ein drittes weiter oben, im Nord der Insel, landen würde.

Pitt hatte, durch seine Verbindung mit den Royalisten in Frankreich, aus dem Bureau topographique des VollziehungsDirectoriums sich den Bericht zu verschaffen gewußt, den Carnot über die Landung auf Irland verfaßt hatte. Gleichwohl war izt, bei all der ungeheuren SeeMacht GrosBritanniens, doch keine englische Flotte im Meeee, die sich der fränkischen hätte entgegenwerfen können. Die nemlichen Winde, womit die leztere ausgelaufen war, hatten den Admiral Colpoys, der bis dahin auf der Höhe von Quessant gekreuzt hatte, in den nächsten Hafen einzulaufen genöthigt. Auch Lord Bridport, der mit einer andern Flotte in St. Helen segelfertig lag, konnte nicht in See stechen, so lange der Wind so heftig von SüdOst wehte; zum auffallenden Beweise, daß auch die größte brittische SeeMacht nicht immer Meister ist, einer weit schwächern fränkischen Flotte die Landung in einem der drei Königreiche zu verwehren! Auch ältere Beispiele bestätigen schon die Wahrheit dieses Sazes. Im Jahr 1689 landeten die Franken auf Irland, obgleich Lord Torrington mit einer furchtbaren Flotte sich in See befand; und im folgenden Jahre konnte Admiral Russel, troz aller angewandten Mühe, sie nie hindern, die nemliche Landung zu wiederholen.

Aber wenn die Elemente in dieser Rüksicht das Projekt der Franken begünstigten, so kämpften sie auf der andern Seite desto schreklicher gegen dessen Ausführung. Bald nach ihrer Abfahrt drehte sich der Wind; schon am zweiten Tage (17 Dec.) verlor sich die Fregatte Fraternite', die den Admiral Morard de Galles und den General Hoche trug, von den übrigen Schiffen, und Abends trennte ein WindStoß die ganze Flotte; nur die Abtheilung des GegenAdmirals Bouvet hielt sich beisammen. Am 21 Dec. schlosen auch die zwei andern Abtheilungen sich wieder an ihn an, und die ganze Flotte — nur die Fregatte Fraternite' ausgenommen — war izt im Angesicht der Bucht von Bantry vereint: aber ein neuer WindStoß kam, und trennte sie abermals; nur 10 Schiffe ankerten in der Bucht, und erwarteteten drei Tage lang vergeblich die übrige Flotte. In der Nacht vom 23 auf den 24 Dec. litt diese Abtheilung einen neuen WindStoß von Osten. Am Morgen des 24sten foderte General Grouchy den GegenAdmiral Bouvet auf, die nöthigen Anstalten zu treffen, um am folgenden Tage die Landung zu vollziehen. Bouvet fand dis Vorhaben zu gefährlich. Aber Grouchy drang darauf, mit seinen 6000 Mann LandTruppen sogar auf seine eigene Gefahr ausgeschift zu werden; der GegenAdmiral möchte dann für seine Schiffe nach Gutdünken sorgen. Während des Streits ward der Sturm heftiger; einige Schiffe, die schon Anker geworfen hatten, wurden durch einen WindStoß losgerissen, und aus der Bucht herausgeworfen; Bouvet gab nun das Zeichen zur Rükfahrt, und kam den 1 Januar (1797) mit seiner Division wieder auf der Rhede von Brest an.

Bis zum 6 Januar hatten die Schiffe von der fränkischen Flotte, die bald in größerer bald in minderer Anzahl vereint erschienen, die Küsten Irlands bedroht. Ueberall in diesem Königreiche herrschte Schreken und Verwirrung; aller Verkehr, alle Zahlungen stokten; man bot in Eile den regulirten Truppen und der LandMiliz auf, um zugleich den Unternehmungen des auswärtigen Feindes und den innern Bewegungen Einhalt zu thun. Hätten indeß für Irlands Sicherheit die Elemente nicht mehr wie die brittische Marine gethan, so wäre dieses wichtige Reich der Schauplaz eines weitaussehenden BürgerKrieges geworden; Frankreich hätte an England die fürchterlichste Rache für Toulon und Quiberon genommen, und aller Wahrscheinlichkeit nach würde unter der Zahl neuer Republiken bald auch Irland figurirt haben. Aber die Stürme zwangen nun die so mit grosen Hofnungen ausgelaufene fränkische Flotte, zerstreut, zu Divisionen und halben Divisionen, ja selbst zu einzelnen Schiffen, nach den fränkischen Häfen zurükzulaufen. Den 13 Januar kam auch die Fregatte Fraternité, den Admiral Morard de Galles und den General Hoche an Bord, in Begleitung eines einzigen Schiffes, wieder in Rochefort an.

Den 20 Dec. hatte die brittische Admiralität von dem Auslaufen der fränkischen Flotte Nachricht erhalten. Lord Bridport war nun sogleich beordert worden, schleunigstmöglich mit 9 LinienSchiffen in See zu stechen, und das Geschwader des Admiral Curtis an sich zu ziehen. Den 25 Dec. hatte er in St. Helen seine Flagge aufgestekt; aber erst den 3 Jan. hatten ihm die Winde erlaubt, unter Segel zu gehen. Durch diesen Vorzug war es der fränkischen Flotte gelungen, ohngeachtet ihrer Vereinzelung, doch weit dem grösten Theile nach, wieder in ihre Häfen einzulaufen, beinahe ohne allen andern Verlust, als den sie durch die Gewalt der Stürme erlitt. Ihr Stand nach geendigter Unternehmung war folgender:

A. Zurükgekommene Schiffe:
1. LinienSchiffe: 15
2. Fregatten . . . 10
3. Corvetten . . . 4
4. FluthSchiffe . 4

33.

B. Verlorene Schiffe:
1. LinienSchiffe . . 2
(gescheitert.)

2. Fregatten . . . 3
(wovon 2 versunken, und eine durch die Engländer genommen.)

3. Corvetten . . . 2
(durch die Engländer genommen.)

4. FluthSchiffe . . 4
(versunken, und 3 durch die Engländer genommen.)

11.

„Diese grose Unternehmung" — sagt ein fränkischer Schriftsteller — „beweißt indeß selbst in ihrem Mislingen, daß der Plan einer Landung auf England nichts weniger als ausschweifend oder unmöglich ist; ein Saz, den übrigens ohnehin die Erfahrung bewährt, da noch alle grose Landungen gelangen, die bis izt auf dessen Küsten unternommen wurden. Und die nothwendige Folge einer solchen Landung müste seyn, daß das Gleichgewicht, welches die brittische Constitution mit so vieler Sorgfalt zu handhaben sucht, gebrochen, und dadurch eine der fränkischen ähnliche Revolution hervorgebracht würde.

„Jede Landung würde unmittelbar einen Plan von TerritorialVertheidigung nothwendig machen, der in die Hand des Königs eine grose LandMacht gäbe, welches für ein Volk, das so eifersüchtig auf seine Freiheit, und so oft in Gefahr, sie zu verlieren, ist, ein mächtiger Grund zu Beschwerden und Widersezlichkeit seyn würde, so daß, bevor in einem Lande, wo die Organisation einer LandMacht sich mit den wichtigsten politischen Fragen verschlingt, noch die lezten Beschlüsse gefasst wären, schon der größte Theil von dem Gebiete eines der drei Königreiche, oder gar aller drei zusammen, in feindlicher Gewalt seyn kan.

„Ein solcher Überfall kan wohl nicht leicht starken Widerstand finden, da die englische LandArmee zugleich auf der ganzen Linie der Küsten zerstreut stehen muß, wodurch sie in der That fast eine Nulle wird.

„Man kan mit Wahrheit behaupten:

1) „daß der Übergang nach England oder Irland nicht schwerer ist, als ein RheinÜbergang;

2) „daß der Übergang nach England den Franken unendlich mehrere und weiterreichende Vortheile gewährt, und für England ohne Vergleich gefährlicher ist, als der RheinÜbergang für Oestreich.

„Frankreich, wenn es England auf den in dem europäischen System ihm eigentlich gebührenden Rang herabbringen will, muß durchaus einen OffensivKrieg gegen dasselbe führen, und diesen kan nur eine Landung auf England bewirken.

„Die Grundsäze der KriegsWissenschaft, die Erfahrungen in

den verschiedenen Kriegen, die Rheinübergänge der fränkischen Armeen zu verschiedenen Epochen haben gezeigt, daß der Uibergang über diesen Fluß nur auf gewissen Punkten stattfindet, die alle bekannt sind, daher man annehmen kan, daß diese Punkte immer wohl besezt sind, und daß der Feind hier einem Uibergange alle Hindernisse zumal entgegensezt. Die fränkischen Armeen haben diese Hindernisse mehrmals besiegt; aber wenn sie auch den Uibergang wirklich bewerkstelligt hatten, so waren darum doch noch nicht alle Schwierigkeiten überwunden. Wenn sie auch das rechte Ufer des Stromes gewonnen hatten, so musten sie nun erst noch mehr als einmal die furchtbarste Macht des Continents schlagen; sie musten den Widerstand mehrerer festen Positionen überwältigen, die dem Feinde wieder Angrifsweise zu Werk zu gehen verstatteten; sie musten jene vielen und wichtigen Festungen bezwingen; in die der Feind zu seinem grosen Vortheil starke Besazungen legt, die es ihm möglich machen, sie im Rüken zu bedrohen. Aber dis ist noch nicht alles; bei allen Siegen der Franken, und troz der wiederhohlten Niederlagen des Feindes, hat nun doch der GrundSiz seiner Macht fast noch nichts zu fürchten; die ErbStaaten des Hauses Oestreich sind noch von den Gränzen der Republik durch eine lange Linie andrer Staaten, die, vermöge des teutschen ReichsVerbands, eine VorMauer um solche herbilden, so weit abgesondert, daß, wenn alle diese kleinern Mächte durch die Plagen des Krieges zu Grund gerichtet seyn sollten, die eigne Macht des Kaisers sich doch nur wenig dadurch geschwächt sehen würde. Und doch ist der HauptZwek bei den Unternehmungen der Franken nach einem Rheinübergang nicht gegen die ReichsKreise, sondern gegen Oestreich gerichtet. Sie müssen, in diesem Falle, nach allen Seiten hin, siegen, eine Menge fester Posten oder Pläze bezwingen, 20 Schlachten auf einer Ausdehnung von mehr als 100 Meilen gewinnen, ehe sie diesen furchtbaren Feind auf seinem eigenen Gebiete angreifen können. Leicht könnte man, wenn man dis alles näher betrachtet, einen solchen Plan des Feldzuges kaum für ausführbar halten. Und wenn man nun vollends an die Wechsel des KriegsGlükes denkt; wenn man sich einen solchen Feind denkt, wie er, nachdem er die Franken wieder zurükgedrängt hat, kühn durch seinen Sieg, und um erlittene Beleidigungen zu rächen, sie zwingt, über jenen Fluß wieder mit den Trümmern einer zu Grund gerichteten Armee zurückzugehen, die nun gegen das jenseitige Ufer keinen Widerstand mehr entgegensezen kan, der vermögend wäre, auch nur ihr eignes zu sichern! …

„Im Gegentheile können die Franken überall, wo sie wollen, auf den Küsten der drei brittischen Königreiche landen, und eine solche Unternehmung gewährt ihnen den Vortheil, die Engländer nicht nur für ihr eignes Land, sondern zugleich auch für das Schiksal ihrer Colonien zittern zu machen. Auf der andern Seite ist die Lage ihrer Küsten gegen den Küsten Englands über von der Art, daß sie in 24 Stunden einen Uibergang bewerkstelligen, und selbst auf dem entferntesten Punkte landen können. Zwar hat man oft gesagt, „sie könnten keine Landung wagen, ohne zuvor die See „gereinigt und die englische Flotte geschlagen zu ha„ben." Dagegen hat nun aber, fürs erste, die lezte Unternehmung, so wenig Erfolg sie auch hatte, doch bewiesen, daß sie die Küsten von England, Schotland oder Irland gewinnen können, ohne gezwungen zu seyn, sich zu schlagen, und ihre SeeMacht mit der brittischen zu messen. Zweitens hat ihre Flotte, die sich auf einen bestimmten Punkt hinrichtet, nur einer einzelnen Linie zu folgen, während die englische Flotte, die sich ihr entgegenwerfen und sie angreifen will, nothwendig kreuzen, und die See in allen Punkten und nach verschiedenen Richtungen durchstechen muß.

„Hiebei muß man nun nicht vergessen, daß die meisten Winde, welche die Ankunft der Franken auf der Küste ihrer Feinde begünstigen, die Engländer zwingen, in ihre Häfen zurükzulaufen. Durch den Wind fast sofort, als sie aus dem Hafen war, von den Britten getrennt — erschien da nicht die fränkische Flotte, die noch dazu einen der entferntesten Punkte ausgewählt hatte, an dem Orte der Landung, ohne irgend andre Hindernisse, als die der Elemente, welche nie in einen Kalkul kommen können, erfahren zu haben? Kehrte sie nicht zu Divisionen und halben Divisionen zurük, ohne auf den Feind zu treffen, dessen ganze Macht in See war? …

„Laßt uns die Sache noch unter einen andern GesichtsPunkt stellen. Der für den Angrif gewählte Punkt ist nothwendig ein Geheimniß; und dis Geheimniß zwingt den Feind, überall auf seiner Hut zu seyn. Wir wissen, daß die Küsten der drei Königreiche allenthalben grose Leichtigkeit zur Landung gewähren, daß also die Britten nicht anders vollkommen auf ihrer Hut seyn können, als wenn sie ihre ganze Macht längs ihrer Küsten zerstreuen. Aber diese Macht, die — wie wir so eben gezeigt — im Grunde nichts ist, selbst wenn sie vereinigt ist; was vermag sie vollends, wenn sie so getheilt ist?

„Das Gewinnen eines festen Fuses in England ist wohl nicht mit grösern Schwierigkeiten verknüpft. Auf der einen Seite sind hier keine Festungen, worinn man eine Macht aufstellen könnte, um sich den Fortschritten der Franken zu widersezen, oder, durch öftere Ausfälle, in der Offensive fortzufahren. Die englischen VertheidigungsMittel liegen einzig in der beweglichen KriegsMacht, die wohl nicht hinreichend seyn dürfte, in einem Lande, welches die Natur auf gewisse Art gegen feindlichen Einfall geschüzt, und welches, vermöge seiner insularen Lage, die innern VertheidungsMittel vernachläßigt hat. Diese bewegliche Macht kan überhaupt nicht sehr beträchtlich seyn bei einem Volke, dessen SelbstPflicht und Politik es war, nie die Existenz einer grosen militairischen Macht zu gestatten, und das eine solche Waffe nicht der Verfügung seines Monarchen übergeben konnte, ohne zugleich seine Constitution und Freiheit zu dessen Füssen niederzulegen.

„Auf der andern Seite ist es gewiß, daß jede der fränkischen Armeen einzeln schon stärker ist, als die vereinten Armeen der drei Königreiche, die, wie wir bereits bemerkt, nothwendig überwunden werden müssen, da selbst ihre concentrirte Macht, die nun aber längs ihren Küsten zerstreut werden muß, kaum hinreichend seyn würde, sich der fränkischen Avantgarde zu widersezen.

„Man kan demnach eine Landung schon wie die volle Eroberung des ganzen Landes betrachten; denn man würde nur eine, oder höchstens zwei Schlachten gewinnen dürfen, um Meister von dem Size der Regierung, von der Bank, den HauptHandelsStädten, den Manufacturen und BergWerken zu werden, da bekanntlich alle diese Pläze nicht weit von der See entfernt liegen.

„Eine Landung unter den jezigen Umständen würde demnach die Vernichtung GrosBritanniens nach sich ziehen. Die Tapferkeit der brittischen Truppen wird wohl nicht als ein unübersteigliches Hinderniß gegen die Ausführung eines solchen Entwurfs aufgestellt werden. Man erinnere sich desfalls nur an die Ereignisse auf dem festen Lande während der bisherigen sechs Feldzüge! Uiberdis kan England keine Verstärkung von seinen Alliirten erwarten: es ist lediglich auf seine LocalStärke eingeschränkt, und seine Küsten sind überall verwundbar für eine kriegerische und Enthusiasmusvolle Nation, welche alte und schwere Beleidigungen zu rächen hat, und wohl weiß, wie man den Sieg fesselt. Alle Folgen einer solchen Unternehmung können nicht anders als vortheilhaft für Frankreich und verderblich für England seyn.

„Obgleich nun die kühne lezte Unternehmung fehlgeschlagen hat, so muß sie doch wie eines der wichtigsten militairischen Ereignisse im ganzen Laufe der Revolution betrachtet werden. Nur eine solche Unternehmung kan für die Franken einen glorreichen und dauerhaften Frieden herbeiführen; nur dis System von Angrif vereinigt und bewirkt zumal alle Zweke, die bisher weder durch die FriedensSchlüsse, noch durch die HandelsVerträge Frankreichs erreicht werden konnten — so gros ist die Aehnlichkeit zwischen der brittischen Treue und der Punica fides des alten Karthago!... Endlich dann weiß die Republik, wie sie mit England den OffensivKrieg führen, und daß sie es nur in seinem eignen Schoße angreifen muß. Diß ist das Ereigniß, wofür die brittische Regierung sich so sehr fürchtet."

Gleicher Meinung ist auch ein entschiedener Kenner des KriegsWesens. „Die politische Gestalt Europens" — sagt Dumouriez * — „fängt an, sich gänzlich zu verändern. Frankreich hat schon mehrere Staaten verschlungen und seine Gränzen erweitert. Ist der Krieg auf dem festen Lande geendigt, so wird es seine ganze Macht gegen England

* In der Vorrede zu seinem statistisch-politischen Gemählde von Portugal.

wenden; es wird ihm die Herrschaft über die Meere eben so leicht entreissen, wie es auf dem festen Lande alle besiegte, von denen es angegriffen ward. Die Britten haben schon gesehen, wie schnell Frankreich, wenn es will, eine Flotte zu bauen und auszurüsten versteht: was es unter Ludwig XIV und Ludwig XV nur zur Hälfte ausführte, wird es desto vollständiger als Republik thun; seine Colonien in WestIndien, die durch die Hälfte von St. Domingo vermehrt wurden, wird es wiedererobern, oder durch den Frieden sich zurükgeben lassen; es wird Spanien Gibraltar und Jamaica, und den Holländern alles, was ihnen von den Britten abgenommen ward, wieder verschaffen; es wird das Reich dieser leztern am Ganges erschüttern, und die Indischen Nationen gegen ihre Tyrannen bewafnen. Die Landung auf England, zu der die fränkische Regierung so oft Vorbereitungen traf, und die das Kabinet von St. James so oft zu hintertreiben wuste, wird bewerkstelligt werden, sobald die Franken es mit Hartnäkigkeit wollen. Der Friede allein kan diesen Schlag abwenden, der England zu Grund richten, und eine der fränkischen ähnliche Revolution hervorbringen würde."

(Die Geschichte des SeeKrieges von 1797 folgt, aus Mangel an Raum, künftig.)

Bei **Friedrich Frommann**, Buchhändler in Züllichau, sind, unter mehrern andern, folgende Bücher herausgekommen:

Arnold, S., kurzgefaßte Englische Grammatik, verbessert von M. J. B. Rogler, gr. 8. 16 gr.

Ejusd. Vocabulary English and German, oder vollständig kleines Wörterbuch. Englisch und Deutsch. Durchaus verbessert und vermehrt mit einem Deutsch-Englischen Wörterbuche von M. J. B. Rogler, 5te Aufl. gr. 8. 1 Thlr. 8 gr.

Bayley, N. compleat English Dictionary, oder vollständiges Englisch-Deutsches und Deutsch-Englisches Wörterbuch. 2 Thle. 9te Aufl. völlig umgearbeitet von J. A. Fahrenkrüger in Hamburg, gr. 8. 3 Thlr. 12 gr.

Halbkart, C. W. Psychologia Homerica seu de Homerica circa animam vel cognitione vel opinione commentatio. 8. 18 gr.

Löhlein, G. S., Anweisung zum Violinspielen mit prakt. Beispielen erläutert. 3te Aufl. umgearbeitet von J. F. Reichardt, 4to. 1 Thlr.

Meide, J. G. C. über die Redetheile. Ein Versuch zur Grundlegung einer allg. neuen Sprachlehre. 8. 3 gr.

Schneider, I. G,, Amphibiorum Physiologiæ, Specimen I. et II. editio repetita, 4to. à 9 gr. 18 gr.

Tellers, Dr W. A., neues Magazin für Prediger 6ter Bd. 1tes Stük. gr. 8. mit dem Bildniß des Herrn Dr. W. Fr. Hufnagel. 18 gr.

Populäre Abhandlungen aus dem Gebiete der praktischen Philosophie; zur Beförderung einer vorläufigen Bekanntschaft mit Kantischen Ideen, von F. Chr. Greiling. 13 Bogen gr. 8. Züllichau. Frommann. 14 gr.

Der durch seine: „Briefe über die sittlich-religiöse Erziehung" und andere Arbeiten rühmlichst bekannte Verf. hat durch diese Abhandlungen denjenigen Religionslehrern, Aerzten, Juristen und andern Geschäftsmännern, denen es an Zeit fehlt, aus den Quellen der Kantischen Philosophie selbst zu schöpfen, eine vorläufige Bekanntschaft mit Kants Ideen über die wichtigsten praktischen Angelegenheiten des Menschen geben wollen, und wird sich durch dieselben alle seine Leser sehr verpflichten. Er hat zwekmäßige, allgemein interessirende Gegenstände gewählt, und alle diese 6 Aufsätze zeichnen sich durch Leichtigkeit des Vortrags, faßliche Wahrheiten, praktisches Interesse und Bestimmtheit der Begriffe aus. Die aus Kants Schriften ausgehobenen und höchst schiklich mit dem Ganzen verwebten Stellen, sind sehr geschikt, manche ungegründete und lächerliche Vorurtheile über den grossen Denkers Denk- und Schreibart zu zerstreuen; sie sind Beweise für die Bestimmtheit, Präcision, Deutlichkeit und öftere Eleganz seines Vortrags. Gewiß giebt dies Bändchen kein unwürdiges Seitenstük zu den allgemein geschäzten Garveschen Abhandlungen. Es enthält 1) über den Einfluß des Familiengeistes auf Sittlichkeit und Menschenwohl. 2) Das getreue Zeitalter. 3) Ueber Charakterschwäche. 4) Ueber die Verwandtschaft des ästhetischen Gefühls mit dem Moralischen.

5) Ueber den Werth der positiven Religion. 6) Ueber den Unterschied der Klugheit von der Sittlichkeit, und der Klugheitslehre von der Pflichtenlehre.

Ueber die Redetheile. Ein Versuch zur Grundlegung einer allgemeinen Sprachlehre von J. G. C. Neide, Rector der Stadtschule zu Magdeburg, 8. Züllichau. Frommann 3 gr.

Herr R. Neide versucht in dieser kleinen, aber sachreichen Schrift eine Anwendung der Kantischen Philosophie auf die Grammatik, und liefert dadurch einen wichtigen Beitrag zur Erweiterung dieser Philosophie. Er entwikelt in der Vorrede den Begriff einer allgemeinen reinen, und angewandten Grammatik, zeigt, daß durchaus die allgemeine Grammatik auf sichere und feste Principien zurükgeführt werden müsse, wenn man mit Sicherheit die besondere Grammatik einer Sprache bearbeiten wolle, und sucht denn in der Schrift selbst eine Grundlage dazu zu entwerfen. Der Hr. Verf. ist zu bescheiden, zu behaupten, alles geleistet zu haben, was hier geleistet werden konnte und mußte, ist aber doch überzeugt, daß der von ihm eingeschlagene Weg, der einzig richtige sey. Gewiß verdient die ganze Idee so wie deren Ausführung die genauste Prüfung der Philosophen und Sprachforscher, und diese kleine Schrift die Aufmerksamkeit aller Schulmänner.

Fülleborn, G. G., Beiträge zur Geschichte der Philosophie 8tes Stük. Züllichau bei Frommann kl. 8. 14 gr.

Herr Pr. F. hat dieses Stük seiner allgemein geschäzten Beiträgen, ausser einigen Bemerkungen zu des Parmenides Fragmenten, von Hrn. Heinrich in Breßlau, selbst zwar nur mit einer, aber um so wichtigern Abhandlung: „Abriß einer Geschichte und Litteratur der Physiognomik" ausgestattet. Sie verdient eben so sehr durch das Interesse ihres Gegenstandes als ihrer Behandlung allgemeine Aufmerksamkeit. Er hat mit großem Fleiße und Scharfsinne alle ältern und neuern Quellen studirt, und theilt nun mit der ihm so eigenen Präcision, Bestimmtheit und Anspruchlosigkeit die Resultate seines Studiums mit. Je weniger er auf Vollständigkeit Anspruch macht, je mehr wird man ihm Dank wissen, bei diesem ersten Versuche so viel geleistet zu haben.

Schneider, J. G., kritisches Griechisch=Deutsches Handwörterbuch beim Lesen der griechischen profanen Scribenten zu gebrauchen. 1ster Band, A—K. med. 8. 2 Thlr. 12 gr.

Ist in lezter Ostermesse bei mir wirklich fertig geworden. Es ist bis jezt nur Eine Stimme über die Vorzüglichkeit dieses Lerikons, und die Anzeige seines Daseyns ist ihm die beste Empfehlung. Der Druk des 2ten und lezten Bandes ist schon wieder weit vorgerükt, und ich hoffe ihn noch nach meinem Versprechen liefern zu können. Züllichau im August 1797.   Friedrich Frommann.

Philosophische Geschichte der französischen Revolution, von der Zusammenberufung der Notablen, bis zur Auflösung der National=Convention, von Ant. Sautin. Desodoards französischer Bürger, 2 Thle. gr. 8. Züllichau bei Friedrich Frommann. Schreibp. 2 Thlr. 16 gr. Drukpap, 2 Thlr. 8 gr. Der erste Band schließt mit dem Tode Ludwigs, der zweite mit dem 26. Oct. 1795.

Bei der großen Menge von Schriften über die französische Revolution, hat es uns bisher immer noch an einem Buche gefehlt, welches eine vollständige Localuebersicht dieser großen Begebenheit gewährte, und den wahren Zusammenhang und Aufschluß der wunderbaren Vorfälle, die wir einzeln mit Erstaunen hörten, in so zusammengedrängter Darstellung lieferte, daß auch der Geschäftsmann welcher keine weitläuftige Werke studieren kann, hinlänliche Auskunft und Belehrung erhielte. Dieser allgemeine Wunsch ist endlich in dem vorliegenden Werke, auf eine sehr befriedigende Art erfüllt, und der Uebersezer verdient viel Dank, daß er auch uns Deutschen ein Buch bekannt gemacht hat, welches in Frankreich von allen Klassen begierig gelesen ward. Ganz eigentlich war auch F. Desodoard zum Geschichtschreiber der französischen Revolution berufen; selbst Augenzeuge in Paris, nie Theilnehmer oder Anhänger, mit, durch seine frühern Beschäftigungen, geschärftem Blik, sahe er mit dem Auge eines Geschichtsforschers, und schrieb mit ruhiger Unpartheylichkeit und freimüthiger Wahrheitsliebe.

Mit strenger Auswahl sind aus der großen verworrenen Menge der Begebenheiten, die wichtigsten ausgehoben, das, was von absichtlichen Unternehmungen und zufälligen Vorfällen grossen Einfluß in den Gang der Revolution gehabt hat, ist umständlicher erzählt, Nebensachen von geringern Einfluß sind nur kurz erwähnt, und überall ist dafür gesorgt worden, daß der Leser den Faden der Geschichte nie aus den Augen verliere. Vorzüglich musterhaft ist die deutliche Auseinandersetzung der wahren Beschaffenheit der verschiedenen nach und nach auf- und abtretenden Personen, welche hauptsächlich den Gang der Revolution leiteten, die Jacobiner (Anarchisten) Cordeliers (Orleanisten) Girondisten (Democraten) u. s. w., und sehr wichtig zum Theil ganz neu sind des Verf. Bemerkungen über Ludwig XVI., Dumouriez, Boissot, der Vendeekrieg, Robespierre, und manche wenig bekannte Hauptpersonen. Styl und Vortrag ist durch die warme Liebe des Verf. für Vaterland, Wahrheit und Tugend so lebhaft, das ganze Gemählde der Revolution mit so ausgesuchten Farben, und so richtiger Vertheilung von Licht und Schatten dargestellt, daß man sich in Frankreich selbst versezt glaubt, und unwillkührlich an den Schiksalen des Landes den innigsten persönlichen Antheil nimmt. Fortdauernd wird das Herz des Lesers bald von Furcht, Wehmuth, Abscheu oder Entsezen erschrekt, gerührt, erdrükt, erschüttert, bald von Liebe, Achtung, Verlangen und Hofnung gehoben, erweitert und gestärkt. — Die Uebersezung hat den Geist des Originals sehr treu aufgefaßt. Die Zusäze enthalten theils kurze Berichtigungen einzelner Angaben, theils einen größern Nachtrag zum erſten Theile, zur Geſchichte des unglüflichen Aufenthalts der Preuſſen in Champagne, wovon Ueberſezer Zeuge war.

So eben iſt in meinem Verlage fertig geworden und an alle Buchhandlungen verſandt:

Encyclopädiſches Wörterbuch der kritiſchen Philoſophie, oder Verſuch einer faßlichen und vollſtändigen Erklärung der in Kants kritiſchen und dogmatiſchen Schriften enthaltenen Begriffe und Säze, mit Nachrichten, Erläuterungen und Vergleichungen aus der Geſchichte der Philoſophie begleitet, und alphabetiſch geordnet von G. S. A. Mellin. 1ſter Band 1ſte Abtheil. 1 Alph. 7 Bogen 1 Kupfertafel. med. 8. 1 Thlr. 8 gr.

Innhalt: A posteriori á priori. Aberglaube. Abgeleitet. Abſolut. Abſondern. Abſprung. Accidenz. Achtung. Acroamatiſch. Aehnlichkeit. Aeſthetik. Affectloſigkeit. Afficirt. Affinität. Afterdienſt. Aggregat. All. Allerperſönlichſt. Allgemeingültig. Anphibotie. An ſih. Analogie. Analogie der Erfahrung, der Subſtanzialität, der Urſache und Wirkung, der Wechſelwirkung. Analyt. Urtheil. Anaxagoras. Andacht. Andächtelei. Anfang. Anfangen. Angebohren. Angebot. Angebotene. Angenehm. Animalität. Anlage. Anlagen des Menſchen zum Begehren. Anleihe. Anleiher. Annehmen. Annehmlichkeit. Annehmung. Anrathungen. Anreize. Anſchauung. Anſchießen. Anſtiftung. Anthropologie. Anthropomorphismus. Antinamie. Antithetik. Anziehungskraft. Apodictiſch. Apperception. Apprehendiren. Apprehenſion. Archaeologie. Architechtonik. Ariſtokratie. Ariſtoteles. Art. Articulation. Atomus. Atomiſtik. Attraction. Aufenthalt. Aufgabe. Aufklärung. Auflöſung. Aufmunterung. Ausdehnung. Ausführlichkeit. Auslegung. Ausrottungskrieg. Auſſer. Autokratie. Autonomie. Axiomen. Axiomen der Anſchauung.

Schon dieſe kurze Inhaltsanzeige wird den Sach-Reichthum dieſer erſten Abtheilung darlegen. Ueber Plan, Zwek und Umfang des ganzen Werks, verweiſe ich auf die frühere Ankündigung deſſelben, auf die Vorrede, und auf dieſen erſten Theil ſelbſt. Der Hr. Verf. hat, zur Bequemlichkeit der Leſer, in demſelben ſoviel zuſammengedrängt, daß er nur den Buchſtaben A umfaßt; dies kommt den folgenden Abtheilungen wieder zu gute, und das Ganze wird deshalb nicht weitläuftiger. Der höchſt-ökonomiſche und doch ſich empfehlende Druk beweißt hinlänglich, wie wenig Verfaſſer und Verleger eine zwekloſe Ausdehnung des Werks beabſichtigen. Der Druk der 2ten Hälfte des erſten Bandes geht ununterbrochen fort, und wird im October oder November beendigt ſeyn. Züllichau im September 1797.   Friedrich Frommann.

Franz Joſeph Bodmann's theoretiſch-praktiſche Erörterung der Grundſäze, wornach die Kriegsſchäden jeder Art feſtzuſtellen, zu erſtatten, und zu peräquiren ſind,

nebſt deren Anwendung auf den gegenwärtigen Krieg,
gr. 8. 2 Thlr. oder 3 fl.

Wir machen dieſes, für den praktiſchen Amts- und Geſchäfts-
mann aller Stände äuſſerſt intereſſante Werk, welches ſich nicht
nur durch die reine Theorie, ſondern auch die allenthalben demſelben beigedrukte Muſter für den praktiſchen Gebrauch, auf das
vortheilhafteſte empfiehlt, um ſo mehr öffentlich bekannt, als noch
vor Kurzem ein Leitfaden dieſer Art, in Hinſicht auf den gegenwärtigen Krieg, der allgemeine Wunſch aller Litteratoren und
Geſchäftsleute geweſen iſt. Es ergieſſet ſich ſowohl über Länder-,
als Amts-, Gemeinds-, Korporations- und Individualſchäden,
— jeder Art und Eigenſchaft, giebt ſowohl dem Richter, als
Rath, Commiſſär, Verwalter, Ortsvorſtand, und jedem einzel-
ſten, zur Gewinnung einer gründlichen Baſis in Kriegsſchadens-
ſachen den weſentlichen Fingerzeig, — und legt es darauf an, wie
dereinſt Ländern und Gemeinden bei wiederhergeſtellter Ordnung
der Dinge wieder aufzuhelfen ſeye. Für die allgemeine Brauchbar-
keit der Grundſäze in Deutſchland, vorzüglich am Rheinſtrome,
hat der Verfaſſer abſichtlich geſorgt, und deshalb überall einen
überſchauenden Blik zum Grunde gelegt. Schriften ſolcher Art
bedürfen keiner Anpreiſung, zumahl die Feder des Herrn Verfaſ-
ſers einen zu entſchiedenen Werth hat, als ſolchen erſt dadurch
zu erheben; wir laſſen es daher lediglich bei dieſer Anzige bewen-
den. Frankfurt im Sept. 1797.
Andreäiſche Buchhandlung.

In der Andräiſchen Buchhandlung in Frankfurt am
Mayn iſt erſchienen, und in allen Buchhandlungen
Deutſchlands zu haben:

Röſchlaubs, A. Dr., Unterſuchungen über Pathogenie oder Einleitung in die mediciniſche Theorie, gr. 8. 1798. 2 fl. oder
1 Thlr. 8 gr.

Almanach zur Beförderung des allgemeinen und häuslichen Glüks, allen Guten gewidmet; mit Kupfern, gezeichnet von Pozzi und Peroux; geſtochen von Sigriſt.

Dieſes Taſchenbuch wird ſich ſowohl im Aeuſſern als Innern zu ſeinem Vortheile unterſcheiden. Der Herausgeber hat es
zum Begleiter von gebildeten Leſern auf Spaziergängen und Rei-
ſen; zum Geſellſchafter in einſamen Stunden beſtimmt. Dieſe Aufſäze werden daher neben dem Intereſſe der Mannigfaltigkeit, das
reine Gepräge des zum Ziele der Humanität empor ſtrebenden Zeit-
alters tragen, und ſind hauptſächlich darauf berechnet, die Phan-
taſie aus den Regionen des Wunderbaren, des täuſchenden Romanhaften, in den ſtillen Kreis herabzuziehen, wo Freundſchaft und
Liebe Kränze winden, wo häusliches Glük, fern von äuſſerndem
Schimmer, ſeines Daſeins ohne Reue genieſt. Die vorzüglichſten
Aufſäze dieſes erſten Jahrgangs ſind: Szenen aus der bekannten
Verſchwörung gegen Maltha im Jahr 1748. — Familiengemälde.

— Blumen aus der Lebensweisheit — Oekonomie — Naturhistorische und diätische Bruchstüke — Anekdoten zur Ehre und Schande des schönen Geschlechts — Kleine Reisen — Gedichte u. s. w. An äusserer Schönheit wird dieser Almanach seinen zahlreichen Geschwistern keineswegs nachstehen. Ohne Besorgniß wird ihn die Mutter in den Händen ihrer Tochter erbliken; und der Jüngling wird ihn der Geliebten, der Bruder der Schwester zum ehrenvollen Geschenke machen können. Das schöne Titelkupfer stellt eine Mutter vor, die ihre Kinder zu dem Gemälde des Mannes der Natur und der Wahrheit führt — die übrigen nicht minder vorzüglichen Blätter gehören zu Aufsäzen aus dem Taschenbuche selbst. Schon zu Ende des Monats Oktober, längstens in der Mitte Novembers wird dieses Taschenbuchs in meinem Verlage erscheinen, und auch gleich darnach in allen soliden Buchhandlungen Deutschlands zu haben seyn. Wer noch vor dessen Erscheinung Bestellung darauf macht, wird den Vortheil der ersten Kupferabdrüke erhalten.

Behrens'sche Buchhandlung
in Frankfurt am Mayn.

Fr. Meinert, die landwirthschaftliche Bauwissenschaft, 2ter und letzter Theil, mit 9 Kupfertafeln, Halle gr. 8. 1797.

Mit diesem zweiten Theil erhält das Publikum den Beschluß eines Werkes, welches nach dem Urtheil aller Kenner für dieses Fach der bauwissenschaftlichen Kenntnisse einzig in seiner Art ist. Der erste Theil dieses mit Beifall aufgenommenen Werks enthält die Vorrathsgebäude und Stallungen, und der zweite die Wohngebäude und Gehöfte nebst andern auf dem Lande vorkommenden merkwürdigen Gebäuden. Ob der Herr Verfasser in der Folge noch einen speciellen Theil, welcher die technischen Kenntnisse der Bauarbeiter enthalten soll, nach dem Wunsche verschiedener anerkannten Sachverständigen, ausarbeiten wird, soll lediglich vom Verlangen des Publikums abhängen.

Der LadenPreiß der gegenwärtigen beiden Theile dieses Werks ist 5 Rthlr.

Damenkalender auf 1798, herausgegeben von Huber, LaFontaine, Pfeffel, Sulzer, mit niedlichen Kupfern von Karcher, Penzel ꝛc. 16mo.

Es bedarf wohl keiner Entschuldigung, daß wir die große Anzahl der Calender mit einem neuen vermehren, da die Namen der Herausgeber für die Vorzüglichkeit desselben bürgen.

Unsre Absicht — dem schönen Geschlecht ein Taschenbuch jährlich zu liefern, dessen Inhalt so geeignet seye, daß es wirklich als Taschenbuch getragen und benuzt zu werden verdiene — erreichen wir gewiß, da in diesem Jahrgang nichts aufgenommen ist, was sich nicht öfters lesen ließe und was nicht eine wiederholte Lektüre verdiente. Was läßt sich auch von den angezeigten Verfassern anders erwarten, als daß der Inhalt ihrer Aufsäze jener Absicht vollkommen entspreche? Sie zweken einzig dahin ab, Geist und Herz zu veredlen, für alles Schöne und Wahre empfänglicher zu machen, und dadurch die höchste Stufe der menschlichen Glükseligkeit, das eheliche und häusliche Glük, fester zu gründen und allgemeiner zu verbreiten.

Diesem innern Gehalt entspricht ein würdiges Aeussere: vorzügliche Kupfer, niedlicher Druk, schönes Papier, geschmakvoller Einband — Zu den Kupfern ist folgendes gewählt: das Titelkupfer stellet die bekannte schöne Stelle aus Schillers Würde der Frauen:

Ehret die Frauen! sie flechten und weben
Himmlische Rosen ins irdische Leben
vor.

Diesem folgen 4 Kupfer mit Moden. Aber auch diese sind nach dem Zwek des Taschenbuchs gewählt — es sind nicht Moden der Zeit, wandelbar und veränderlich, sondern was unter allen unverdorbenen Nationen Mode war und Mode bleiben wird, haben einige vorzügliche Künstler in 4 vortreflichen Gemälden dargestellt — es sind die 4 HauptVerrichtungen mütterlicher Treue und Zärtlichkeit: Eine Mutter, die ihr Kind stillt — Eine Mutter, die ihr Kind einschläft — Eine Mutter, die ihr Kind spielend unterhält — endlich eine Mutter, die ihrem Kind den ersten Unterricht giebt. — Wer wird an diesen 4 Moden nicht Gefallen finden! Wen wird es nicht freuen, sie aufs niedlichste dargestellt zu sehen! Ein treflicher Commentar begleitet sie. Auf diese 4 Kupfer folgen sodann von Penzels MeisterHand Darstellungen aus Julchen Lerse, eines Romans, dessen ästhetische Vollkommenheit ihn eben so sehr zu einer Lektüre für das schöne Geschlecht eignet, als die moralische Seite desselben, indem der würdige Verfasser — wer verehrt ihn nicht als Verfasser von Mädchenwerth und Mädchenglük? — an dem Faden der anziehendsten Geschichte alle Pflichten des Mädchens, der Tochter, der Bürgerin, der Geliebten, der Braut und der Ehegattin aufs schönste und richtigste darstellt.

Dieses Taschenbuch — ein schikliches Weihnachts- und Neujahrsgeschenk — wird in der Mitte Octobers in allen Buchhandlungen für 1 Rthlr. 8 gr. sächs. oder 2 fl. 24 kr. rhein. zu haben seyn. Wer sich bis dahin unmittelbar an uns wendet, soll das Ex. für 2 fl. erhalten und von den ersten Kupfer-Abdrüken bekommen. Wer auf 5 Ex. unterzeichnet erhält das 6te gratis; wobei wir uns noch verbindlich machen, die Ex. zu aufzunehmen, falls die Erwartungen, die wir durch diese Anzeige erregen, nicht gegründet gefunden werden sollten.

Tübingen, den 1 Sept. 1797.
J. G. Cotta'sche Buchhandlung.

Ankündigung eines unter der Presse befindlichen Französisch-Deutschen und Deutsch-Französischen Handwörterbuchs für Liebhaber beyder Sprachen. gr. 8.

Dictionnaire portatif françois - allemand et allemand-françois redigé d'aprés les meilleurs Dictionnaires des deux Langues. gr. 8.

Seit einiger Zeit fühlt man mehr, als jemals das Bedürfniß eines Französisch-Deutschen und Deutsch-Französischen Handwörterbuchs, welches das Mittel hielt zwischen der unfruchtbaren Trockenheit der kleinen Vocabulaires und Dictionnaires de poche, die zwar auf Reisen sehr bequem, aber für den Anfänger und Liebhaber der Sprache zu mager, zu unvollständig sind — und zwischen der Reichhaltigkeit der grossen Wörterbücher, die nur den einzigen Fehler haben, daß sie für einen grossen Theil von Sprachfreunden, besonders für junge Leute, allzukostbar und theuer sind. Wir sprechen aus Erfahrung, und waren daher um so geneigter, den Verlag dieses Handwörterbuchs zu übernehmen, das nach dem schon lang geäusserten Wunsche eines grossen Theils des Publikums zur Ausfüllung dieser Lücke dienen soll.

Das Französische Handwörterbuch, das wir hier dem Publikum ankündigen, wird die möglichste Vollständigkeit mit der möglichsten Kürze verbinden. Es enthält alle Wörter beider Sprachen mit allen ihren eigentlichen und abgeleiteten Bedeutungen, und wird hierinn die dicksten Wörterbücher übertreffen. Von Phrasen sind hingegen nur sehr wenige darinn aufgenommen, und zwar nur solche, in welchen ein Wort eine ganz besondere Bedeutung hat, oder solche, die zum Verständniß durchaus erforderlich sind. Man findet hingegen in diesem Handwörterbuche alle poetischen Ausdrücke, alle Kunstwörter, alle neugemachte Worte u. s. w. und bei der Angabe der Bedeutungen ist die sorgfältigste Ordnung und die möglichste Vollständigkeit beobachtet worden.

Der Verfasser ist ein französischer Gelehrter; er ist beider Sprachen vollkommen mächtig, und hat bei dieser Arbeit nichtsdestoweniger die besten deutschen und französischen Wörterbücher, und andre Schriftsteller sorgfältig zu Rathe gezogen, und das Ganze in einem Zeitraume von vier Jahren mit dem anhaltendsten Fleiß ausgearbeitet.

Wir hoffen daher, daß das Publikum dies neue Handwörterbuch günstig aufnehmen werde. Es soll nur aus einem Bande zwischen 2 bis 4 Alphabet stark bestehen, und den gewöhnlichen Wörterbüchern in Format und Druck gleich seyn. Wir gedenken es zur nächsten Ostermesse 1798 zu liefern.

Wer bis dahin subscribiren oder mit 2 fl. 15 kr. pränumeriren will, erhält solches um den vierten Theil wohlfeiler, als der nachherige Ladenpreis seyn wird.

Auch wird auf 10 Exemplare eines gratis gegeben.

Stettinische Buchhandlung in Ulm.

In unserm Verlage ist erschienen, und in allen Buchhandlungen zu haben:

Historisches, Statistisch-Topographisches Lexikon von Frankreich und dessen sämtlichen Nebenländern und eroberten Provinzen, nach der ehemaligen und gegenwärtigen Verfassung, oder vollständige alphabetische Beschreibung aller vormaligen Provinzen, Gouvernements und Herrschaften und jezigen Departemente und Distrikte von Frankreich; aller darinn gelegenen Städte, Vestungen, Seehäfen, Flekken, Schlösser und anderer merkwürdigen Oerter; aller Flüsse, Seen, Kanäle, Berge, Thäler und bemerkenswerthen Gegenden, nach ihrer vormaligen und gegenwärtigen Verfassung, und mit Bemerkung aller ihrer Natur- und Kunstseltenheiten, u. s. w. Welchem allem auch die Erklärung der alt- und neufranzösischen statistischen Kunstwörter, Münzen, Maasse und Gewichte beigefügt ist; Erster und Zweiter Band, gr. 8. Ulm 1795 und 1797, jeder Band 3 fl.

Dieses Wörterbuch ist nach allen vorhandenen Hülfsquellen von einem sachkundigen Mann ausgearbeitet, und hat bisher in Deutschland allgemeinen Beifall gefunden. Es enthält in gedrängter Kürze eine genaue und so viel möglich ausführliche Schilderung aller historischen, statistischen und topographischen Merkwürdigkeiten von Frankreich, und gibt bei allen Artikeln die alte und neue Verfassung und Eintheilung an. Der Verfasser hat es mit möglichstem Fleiße ausgearbeitet, und hoft, daß es ein dem Geographiefreunde sowohl, als dem Geschäftsmann willkommenes und brauchbares Handbuch seyn werde. Es folgen noch zwei Bände nach, die gegenwärtig unter der Presse sind, und dann mit diesen zwei erstern ein vollständiges Ganzes bilden werden.

Stettinische Buchhandlung in Ulm.

In der Baumgärtnerischen Buchhandlung zu Leipzig sind zur Oster-Messe 1797 folgende Bücher erschienen:

Abbildung und Beschreibung einer neuen englischen Maschine zur schnellen Abfuhrung des Heues von den Wiesen, bey eintretendem Regenwetter, oder schnell entstehender Ueberschwemmung, erfunden von Johann Middleton, aus dem Englischen übersetzt. Herausgegeben von F. G. Leonhardi ordentl. Prof. der Oekonomie, in 4. mit einem Kupfer. 6 gr.

Ackermann, M. Wilhelm, vom Berufe und Stande des Soldaten. Eine den gegenwärtigen Zeitumständen angemessene Predigt, gr. 8. 3 gr.

Archiv merkwürdiger Aktenstücke, sonderbarer Rechtshändel, seltner Rechtsfragen und nicht alltäglicher Anekdoten, gr. 8. 16 gr.

Balmis, D. Franz Xaver, über die Amerikanischen Pflanzen Agave und Begonia, als zwey neuentdeckte specifische Mittel gegen die Lustseuche, Scropheln und andere dahin sich beziehende Krankheiten; aus dem Spanischen ins Italienische, aus diesem ins Deutsche übersetzt, nebst Anmerkungen von D. und Prof. Friedr. Ludw. Kreißig, gr. 8. mit 2 Kupfern in Folio. 16 gr.

Barthelemy's Portrait. 3 gr.

Beschreibung der von Herrn Benjamin Wiesemann neu erfundenen Segelwindmühle mit horizontalliegenden Flügelbäumen nebst allen den Theilen, welche zur Maschinerie derselben gehören und dazu nothwendig sind; in gr. 4. mit 4 Kupfern. 12 gr.

Beschreibung und Abbildung der neuen eisernen Brücke in Niederschlesien, mit 1 Kupfer. 6 gr.

Beschreibung von Leipzig für Fremde und Reisende, die ihren Aufenthalt zweckmäßig und angenehm benützen wollen. Mit zwey Plans und einer Karte und Post-Cours, kl. 8. 9 gr.

Dalzel, Andreas, ΑΝΝΑΛΕΚΤΑ ΕΛΛΗΝΙΚΑ ΗΣΣΟΝΑ. Siue collectanea graeca minora, cum notis philologicis quas partim collegit, partim scripsit, curauit et paruum Lexicon analyticum adjecit J. G. Grohmann Prof. Lips. gr. 8. 20 gr.

Diktionnär für Pferdeliebhaber, Pferdehändler, Bereiter, Kur und Hufschmiede, oder vollständiges Handwörterbuch der sämmtlichen Roßkunde, von Karl Friedrich Buschendorf, Privatgelehrten in Leipzig. 1r und 2r Theil, gr. 8. mit Kupf. 3 Rthlr.

Grohmann, J. G. Neues historisch-biographisches Handwörterbuch, oder kurzgefaßte Geschichte aller Personen, welche sich durch Talente, Tugenden, Erfindungen, Irrthümer, Verbrechen oder irgend eine merkwürdige Handlung von Erschaffung der Welt bis auf gegenwärtige Zeit auszeichneten. Nebst unpartheyischer Anführung dessen, was die scharfsinnigsten Schriftsteller über ihren Charakter, ihre Sitten und Werke geurtheilt. 3r und 4r Theil. gr. 8. 3 Rthlr.

Guide to Health, oder Anleitung seine Gesundheit zu erhalten, sein Leben zu verlängern, und in Krankheiten sein eigner Arzt zu seyn, von Townsend, aus dem Engl. übersetzt von einem praktischen Arzt, gr. 8. 1 Rthlr.

Hunter, William, Reisen durch Frankreich, die Türkey und Ungarn bis Wien, nebst einer Beschreibung dieser Stadt. Uebersetzt aus dem Engl. von D. Gruber, gr. 8. 18 gr.

Lagrange, B. vollständige Apothekerwissenschaft, 3r. 4r und letzter Theil, mit Kupf. gr. 8. 1 Rthlr. 12 gr.

Lebensbeschreibung des Generals Buonaparte, 2te Aufl. mit einem Kupfer, 16 gr. Dessen Portrait in ganzer Figur in Fol. 24 Zoll hoch in Kupfer gestochen. 1 Rthlr. 16 gr.

Leipziger Meß-Schema, Churfürstl. Sächsisches privilegirtes, oder vollständiges alphabetisches Verzeichniß aller Kauf-

und Handelsleute, die die Leipziger Messen besuchen, mit welchen Waaren sie handeln, und wo sie feil halten, oder zu finden sind? — Ingleichen, ein vollständiger Unterricht von den hiesigen drey Messen, dem Meßgeleite, Meßabgaben, der Zoll- und Meßfreyheit, vom Wechsel-Recht und genauen Verhältnisse des Maaßes, Gewichts und Geldsorten, als ein nützliches Handbuch für Jedermann, der die Leipziger Messe besucht, mit einem Plan, und Postenlauf. 8. 16 gr.

Leonhardi, Fr Gottl., Magazin für das Jagd- und Forstwesen, mit 7 illum. und schwarzen Kupfern in Folio und in 4to brochirt 1r Heft. 1 Rthlr.

— — von dem Kartoffelbaue, wie derselbe nach den auf Befehl der Englischen Regierung von den Landwirthen eingesendeten Berichten am vortheilhaftesten getrieben werden kann. Aus dem Engl. übersetzt und umgearbeitet mit 4 Kupfern in 4to, der Text in gr. 8. 12 gr.

Modelles für Tischler, Schlosser und Zimmerleute zu Thüren, Fenstern, Gartenstühlen und andern Verzierungen in dem besten gothischen und neuesten englischen Geschmack kl. Fol. mit 10 Kupfern brochirt. 1 Rthlr.

Neues Bilderbuch für Kinder, enthält: Gegenstände aus dem Reiche der Natur, der Wissenschaften, der Künste und Handwerke, getreu abgebildet und in vier Sprachen faßlich beschrieben; gr. 4. brochirt mit fünf illuminirten Kupfern. 1s u. 2s Heft, wird fortgesetzt. 16 gr.

Reith, D. Militärisches Magazin mit Plans und Kupfern in 4to brochirt.

Sammlung neuer Zimmerverzierungen und Meubles als: 1 Pariser, 1 Berliner, 1 Leipziger Zimmer; 1 Gothischer, 1 Egyptischer und 1 Persianischer Saal, ingleichen 4 verschiedene Muster zu Tischen und 5 zu Stühlen. Quer-Fol. 1 Rthlr. 12 gr.

Schatters Prediger-Arbeiten, wie sie bey einem Prediger im Amte vorkommen, 1s Bändchen gr. 8. 18 gr.

Schmieblein, D. Gottfried Benedikt, Handwörterbuch der Naturgeschichte, über die drey Reiche der Natur, nach dem Französischen frey bearbeitet, und mit Zusätzen vermehrt, gr. 8.

Stiehler, D. Leonhard Gottl., Handbuch für Richter und Advokaten, oder Darstellung streitiger Rechtsfragen und deren Beantwortung, nach der Entscheidung der Churfürstl. Sächs. höchsten Landes-Collegien, gesammelt und bearbeitet, gr. 8. 20 gr.

Taschenschmidt, Vornehmer Herren, oder Taschen-Roßarzt; Unterricht, wie man die Krankheiten seiner Pferde heilen, und was man bey deren Einkauf zu beobachten: aus dem Engl. übersetzt; neu umgearbeitet und mit Zusätzen vermehrt von Seifert von Tennecker, Sous-Lieutenant beym Churfürstl. Sächs. Husaren-Regiment. 7te Auflage mit 3 Kupfern. Taschenformat. 8 gr.

Trauer-Monumente für alle Nationen und Religionen mit 8 Kupfern. Fol. 1 Rthlr.

Versuch einer neuen Theorie der Religions-Philosophie nebst einer kritischen Darstellung des Verhältnisses, in welchem der

Judaism und der auf ihn gegründete Christianismus zum wahren Interesse der Religion stehen. gr. 8.

Wie sind freye Plätze vor volkreichen Städten, und namentlich der Platz vor dem Grimmischen Thore zu Leipzig zu verschönern? gr. 8. 2 gr.

Verlagsbücher von Ernst Felisch. Ostermesse 1797, welche in allen Buchhandlungen zu haben sind.

Anthologie, Römische, oder Sammlung vorzüglicher Stücke derjenigen Lateinischen Dichter, die gewöhnlich auf Schulen nicht gelesen werden. Zum Gebrauch für Schulen. gr. 8. 16 gr.

Moritz, C. P., grammatisches Wörterbuch der Deutschen Sprache. 3 B. 2te Abtheilung. gr. 8. 12 gr.

Virgils vier Bücher von der Landwirthschaft. Aus dem Lateinischen übers. und mit Anmerkungen begleitet von J. H. Jacobi. 8. 12 gr.

Schale, C. F., leichte Vorspiele für die Orgel und das Clavier, 4s und letztes Heft, Querfolio. 20 gr.

Dreßel, J. C. S., Predigten über einige Sonn- und Festtags-Evangelien. Zur Beförderung christlicher Erkenntnisse und Gesinnungen bei häuslicher Andacht. gr. 8. 1 Rthlr. 12 gr.

Rambach, F., Abriß einer Mythologie für Künstler zu Vorlesungen. 2r und letzter Band. 8. 1 Rthlr.

Florencourt, W. C. von, Mittheilungen über verschiedene Gegenstände. Niedergeschrieben auf einer Reise in Briefen an einen Freund. 8. 1 Rthlr.

Repertorium, allgemeines, homiletisches, oder möglichst vollständige Sammlung von Dispositionen über die fruchtbarsten Gegenstände der Glaubenslehre, Moral und Weltklugheit, in alphabetischer Ordnung. 4 B. 1s. gr. 8. 12 gr.

Marshall, H., Beschreibung der Landwirthschaft in der Grafschaft Norfolk. Aus dem Englischen vom Grafen von Podewils. gr. 8. 20 gr.

Unterricht für die Königlich-Preußische Infanterie, über den Dienst in der Garnison, auf Werbungen und im Felde, 8. 16 gr.

The Goddesses transleted from the german of Mr. Engel. 8. 3 gr.

Ueber Arzneikunst und Aerzte; bei Gelegenheit einer gelehrten Disputation zweier Berliner Aerzte am Krankenbette. 8. 2 gr.

Ramiro und Gianetto. Ein teuflisches Matrimonial-Fragment aus den Ehestands-Akten der Hölle. 8. 8 gr.

Morale enseignée par exemple. Ouvrage composée pour l'instruction de la jeunesse par C. Z. avec XX fig. 8. 16 gr.

Wallis, S., Kunst, Krankheiten vorzubeugen und die Gesundheit wieder herzustellen. Ein Buch für jedermann. Aus dem Engl. 2r Band. gr. 8. 1 Rthlr. 16 gr.

Colendod des Grafen, Schilderung des Zustandes von England, Schottland und Irrland unter der Regierung Carls d. 6 Ersten; nebst einem Versuch über das Leben des Grafen Strafford, 2 Bde. 8. 1 Rthlr. 12 gr.

Handlungs-Anzeige.

Eulers, Martin, Vorübungen zu Komtoir-Geschäften, verbessert und für neuere Zeiten eingerichtet von Johann Heinrich Stricker. gr. 8. Frankfurt 1797. bei P. H. Guilhauman.

Ein Werk, welches verdient von einem jeden Kaufmanne gelesen zu werden. Es sind darinn Themata gegeben, worin ganze Dispositionen, durch Schreiben und Gegenschreiben, durch Berechnungen, welche dabey vorkommen, und wie das Geschäft zu Buche gebracht wird, auseinander gesetzt werden. Besonders sollte es jeder sich der Handlung widmende nicht unbenutzt lassen, und die, so sich aufs Franz. Ital. und Engl. legen, würden auch für ihre Wißbegierde Nahrung finden, weil besonders in beiden ersten Sprachen nebst der teutschen Korrespondenz und Buchhalter geführt wird. Das erste Kapitel handelt von der Privatübung im Handlungsstyl und allgemeine Abhandl. von der kaufmännischen Korrespondenz: das zweite handelt von der Art, den Jüngling zur Handlung vorzubereiten, das 3te enthält zwanzig Aufgaben von Handlungsgeschäften mit ihren praktischen Auflösungen. Das 4te von Behandlung der Wechselbriefe und Erklärung derselben. Das 5te handelt §. 1. von der Revision der Hauptbücher ꝛc. in Zwistigkeits- oder legalen Fällen, §. 2. von der doppelten Buchhaltung beym Detail oder Kleinhandel, §. 3. Etwas von Fabriken. Das 6te Kapitel enthält ein kleines Handlungs-Wörterbuch für Anfänger, sammt einem Anhange für Cassirer; dieses Buch ist für 1 fl. 15 kr. in allen Buchhandlungen zu haben.

In der Riennerschen Buchhandlung in Wirzburg ist so eben erschienen:

Reuß, (M.) theoretisch und praktische Philosophie. Zweiter Theil, welcher die Metaphysik enthält, 24 Bogen in gr. 8. 1 fl. 36 kr.

Der Verfasser ist durch seine philosophischen Arbeiten zu rühmlich bekannt, als daß es noch vieler Empfehlung bedürfe. Eben diese Handlung hat von folgenden zwei Werken, um jedermann den Ankauf zu erleichtern, eine Anzahl Exemplare ausgesetzt, die um den beigesezten Preiß verkauft werden. Sobald sich aber die bestimmte Anzahl vergriffen hat, findet der ordentliche Ladenpreiß wieder statt.

Schmidts Thesaurus Juris franconici in 13 Bänden oder 39 Heften cplt. Ladenpreiß 27 fl. um 13 fl. 30 kr.

Feders Magazin des Schulwesens in 3 Bänden compl. Subscript. Preiß 3 fl. 36 um 2 fl. 24 kr.

Briefe und Gelder erwartet man Postfrei.

Verlagsbücher der Steinischen Buchhandlung in Nürnberg für die Jubilatemesse 1797.

Achermanni, J. C. G. Opuscula ad Medicinae Historiam pertinentia, c. figg. 8 maj. 2 fl. 30 kr. oder 1 Thlr. 16 ggr.

Anleitung, gründliche, zum Anbau des unächten Accacienbaums, mit 1 illum. Kupfertafel, 8. 15 kr. oder 4 gr.

Dorn, J. L. Bemerkungen über Luxus, Luxusauflage und deren Gegenstände, vornemlich politischen Inhalts, 8. 40 kr. oder 10 gr.

Hagens, F. W. biblisch prophetische Anthologie für Gymnasien und Schulen, 1stes Bändchen, auch unter dem Titel: Versuch einer biblisch prophetischen Anthologie ꝛc. 8. 40 kr. oder 10 gr.

— — zwey Predigten über einige Gegenstände der häuslichen Glückseligkeit, 8. 12 kr. oder 3 gr.

Heldenberg, Fr. der Förster oder neue Beiträge zum Forstwesen, 1stes Stück, 8. 48 kr. oder 12 ggr.

Preislers, J. D. theoret. und prakt. Unterricht im Zeichnen, 1r u. 2r Theil, mit Kupf. 2te verbesserte Auflage, gr. fol. 2 fl. 30 kr. oder 1 Thlr. 16 gr.

Schellhorns, Prof., Sammlung von Sprichwörtern und sprichwörtlichen Redensarten, 8. 54 kr. oder 14 gr.

Schranks, Fr. von Paula, Fauna Boica, oder Verzeichniß der in Bayern einheimischen oder zahmgemachten Thiere, gr. 8. Wird zu Johannis fertig.

Siebenkees, J. P. Anecdota graeca e praestantissimis Italicar. Bibliothecar. Codicibus descript. Edid. et praefat est J. A. Goetz, 8 maj. Wird zu Johannis fertig.

Späths, J. L., Inhalts-Anzeige der Privat-Vorlesungen über das Forstwesen, gr. 8. 10 kr. oder 3 gr.

— — dessen Anleitung die Mathematik und physikal. Chemie auf das Forstwesen und forstl. Camerale nützlich anzuwenden, mit Kupf. gr. 8. 3 fl. 30 kr. oder 2 Thlr. 8 gr.

Staats-Subjections- und Exemtions-Vertrag zwischen Sr. Königl. Majestät von Preussen und der Reichsstadt Nürnberg, gr. 8. 6 kr. oder 2 gr.

Theophrasti Characteres graece, ad fidem Cod. Palat. Vaticani recens. J. P. Siebenkees, edidit animadv. adjec. J. A. Goetz, 8 maj. Wird zu Johannis fertig.

Wedekind, G. C. Th. de morborum primarum viarum vera notitia et curatione nec non de morbis ex earundem affectionibus oriundis, atque cum iisdem complicatis Dissertatio, Edit. nova. 4. 1 fl. 15 kr. oder 20 gr.

Anweisung, baumwollen Garn ächt türkisch roth, dann mit Waid und Indig blau zu färben, 8. 40 kr. oder 10 gr.

Geißlers, J. F. Bonifaz der Teutschen Apostel, 8. 36 kr. oder 9 gr.

Spåth, J. L. über die örtliche progressive Wachsthumszunahme der Waldbäume, in Anwendung auf den möglichsten Ertrag eines Waldbodens, 8. 36 kr. oder 9 gr.

www.ingramcontent.com/pod-product-compliance
Lightning Source LLC
Chambersburg PA
CBHW030401230426
43664CB00007BB/697